MAPPLE まっぷる
哈日情報誌

附錄 ❶

附錄 ❶
可以拆下使用

淺草 & 東京晴空塔城®

淺草 & 東京晴空塔城® 導覽手冊

導覽手冊

淺草
果然還是想去人氣屹立不搖的人氣景點！

已經10週年的紀念景點 東京晴空塔城®

contents

玩到底
盡情玩遍!
東京觀光的正中心
下町 淺草

想要享受東京旅行,就不能錯過經典的淺草。
附錄一次介紹淺草寺、老店美食、下町體驗等
多種玩樂方式。還可以步行到東京晴空塔喔!

⤵與仲見世通交會的傳法院通。
白天人潮洶湧,非常熱鬧。

🚃 交 通 方 式

東京站	新宿站	品川站	羽田機場 第1、第2 航廈站
¥330円 ⏱約18分	¥340円 ⏱約27分	¥420円 ⏱約22分	¥560円 ⏱約38分
⬇JR山手線	⬇JR中央線	直通京急 線／地鐵 淺草線	直通京急線／ 地鐵淺草線
上野站	神田站		
地鐵 銀座線	地鐵 銀座線		

淺草站

路線圖

這是什麼街?

留存濃濃下町風情的街道。從江戶時代起就
因觀光而繁榮,雷門知名的淺草寺等觀光景
點吸引行人絡繹不絕。還有許多江戶前料
理、洋食老店,身為美食之町也很出名。

淺草拍照景點 📷

可愛的貓熊信箱

⬆位在日本首座遊樂園「淺草
花屋敷」入口前,非常好拍。

⤵在傳法院通可以租借和服的
店家屋頂上,發現了鼠小僧的
人偶!

 隈研吾設計的建築物

屋頂上的鼠小僧

⬆蓋在雷門對面的觀光服務處
「淺草文化觀光中心」。8樓有
免費入場的瞭望露台

⤵以菠蘿麵包聞名的「淺草花月堂 本店」隔壁牆
上掛了許多風車。以這面牆為背景拍照留念吧!

風車牆

快樂遊淺草　額外行程

租借和服

租借和服漫步在下町街道，讓旅遊興致更加高昂。在「KYOTO KIMONO RENTAL wargo」有許多款式可挑選，從古典風到流行設計款式都有。

↑陳列種類豐富的和服。手提袋等小配件可免費借用

←可免費做簡單的髮型設計。編髮等額外設計需付費

↑店家會免費提供換裝服務，不用擔心

※照片皆為古典和服方案

KYOTO KIMONO RENTAL wargo 東京淺草店
きものレンタルワーコとうきょうあさくさてん

☎03-4582-4864　📍台東区浅草1-30-2 2F　🈺無休
🕙10:00〜17:00（最後歸還16:30）　💰自選標準和服方案3300円
🚇地鐵淺草站1號出口即到
MAP附錄②P.7 D-6

確認一下　主要觀光區

淺草六區
●あさくさろっく
這裡有寄席、劇場，從以前就很熱鬧。聚集了帶有下町風味的古樸居酒屋，是愛酒之人的必去景點。

↑北野武等人才輩出的「淺草演藝廳」

雷門
●かみなりもん
掛著斗大燈籠的「淺草門面」。周邊有許多的餐廳、甜品店、居酒屋等餐飲店。

↑必拍景點。建議白天早一點去

觀音裏
●かんのんうら
位在淺草寺後方的區域。過去有許多料理亭，近年來作為美食區而備受大眾矚目。

↑也會看到人力車奔走的情景

淺草寺
●せんそうじ
淺草的代表性觀光名勝。標準行程是先來這邊參拜。境內西側留有古老的商店街。

↑供奉本尊的本堂。前來參拜，讓身體被常香爐的煙霧洗滌吧

仲見世通
●なかみせどおり
連結雷門與淺草寺的參道，日本最古老的商店街。沿路有許多餅乾、雜貨店可遊逛。

↑大白天人聲鼎沸。可在淺草寺參拜前後順道逛逛

淺草文化觀光中心
除了能拿到觀光宣傳手冊，還能免費閱覽觀光情報誌

在淺草公會堂前及其前方沿路，列有藝人、演員、歌手等名人的手印

被譽為藪御三家之一的名店。特徵是沾麵醬汁濃郁

水上巴士的淺草站。順隅田川而下，往濱離宮恩賜庭園和台場方向

淺草寺周邊

下町散步

出發體驗
江戶人的
街道散步吧♪

從雷門出發，遊賞歷史悠久的淺草寺與懷舊
氛圍滿溢的遊樂園，盡情享受江戶風情。一
邊品嚐下町美食一邊逛街也很有趣！

從淺草的象徵性山門
雷門開始！

START

1 雷門

●かみなりもん

高3.9m、重達700kg的燈籠懸掛在
淺草寺的總門。兩側立有揹著連太
鼓的雷神及手持風袋的風神。別忘
了仔細欣賞燈籠底部的龍雕刻。

MAP 附錄②P.7 D-6

2 仲見世通 →P.6

●なかみせどおり

延續約250m的街道，滿是販售民
俗藝品、雜貨、零食點心等的店
家。要吃點心，就在該家店前品
嘗吧。

→「粋れん」(→P.6)
的可愛「3寸口金包」

步行4分

步行**即到**

「舟和 仲見世3號店」(→P.7)的「番薯羊羹霜淇淋」
整年觀光客都絡繹不絕的淺草寺參道

漫步於日本
最古老的商店街

參拜供奉本尊
的本堂

本堂（觀音堂）高
約30m，陡峭的屋
頂很美

參拜前，先
在手水舍清潔
雙手、漱口

步行
即到

3 淺草寺

●せんそうじ

都內最古老的寺廟，自628年創建至
今。據說所有的願望都會實現，是非
常有名的神明庇佑許願靈驗地，也被
信眾暱稱為「淺草觀音」。擁有許多
歷史性建築。

📞03-3842-0181 🏠台東區淺草
2-3-1 休無休 🕕6:00～17:00(10～
3月為6:30～) 🚇地鐵淺草站6號出口
步行5分 **MAP**附錄②P.7 D-4

東京觀光的正中心 淺草

下町散步

在歷史悠久的遊樂園
盡情玩耍！

4 ヨシカミ

以標語「太好吃了真對不起」而廣為人知的洋食店。有燉煮牛五花的「燉牛肉」2600円與「煎豬排」1550円等許多招牌菜色。

☎03-3841-1802
🏠台東區淺草1-41-4
休週四（逢假日則營業）
🕐11:30～21:30
🚇地鐵淺草站6號出口步行7分
MAP附錄②P.7 B-3

於1951年創業。以懷舊風味的洋食決勝負

蛋包飯 1350円

以光滑細緻的蛋包裹加了雞肉的番茄醬炒飯，該店的自信之作

使用燉煮牛肉醬汁的「香雅飯」1350円

吃飽之後就去遊樂園玩玩吧♪

充滿懷舊風味的洋食老店

步行5分

是日本現存雲霄飛車中最古老的設施「狂歡節」的玩法是在傾斜12度的設施上旋轉

5 淺草花屋敷
● あさくさはなやしき

1853年開始營業的遊樂園。擁有多種遊樂設施，從日本現存最古老的雲霄飛車、自由落體等讓人驚叫連連的刺激型，到供小朋友玩耍的溫和型都有。

☎03-3842-8780　🏠台東區淺草2-28-1
休無休（維修時休園）　🕐10:00～18:00（視時期、天候而異）　💴入園費1000円、小孩500円、設施通行券（入園費另計）2500円、小孩2200円
🚇筑波快線淺草站A1出口步行3分
MAP附錄②P.7 B-2

步行4分

7 淺草電門 龜十
● あさくさかみなりもんかめじゅう

創業於大正末年，以90多年歷史為傲的和菓子老店。外皮柔軟的「銅鑼燒」為職人親手烤製，受到落語家、演員等許多藝人鍾愛，極度美味。

☎03-3841-2210
🏠台東區雷門2-18-11
休不定休（每月1次左右）
🕐10:00～19:00
🚇地鐵淺草站2號出口即到
MAP附錄②P.7 C-3

⬆事先預約取貨的日期時間就不用排隊（預約有名額限制）

步行6分

龜十有名特製銅鑼燒360円

內餡使用北海道十勝產的紅豆

將和菓子老店的銅鑼燒當作伴手禮

GOAL

柔軟蓬鬆的名產美式鬆餅

美式鬆餅套餐 1100円

在鐵板上一片一片煎烤加入發酵奶油的麵糊

軟軟的鬆餅和奶油的香氣讓人一口接一口！

6 珈琲天国
● こーひーてんごく

點餐後才會開始用鐵板煎烤的招牌料理「美式鬆餅」保有古早風味。套餐附的咖啡為原創特調，為了搭配美式鬆餅而帶有些許酸味。

☎03-5828-0591
🏠台東區淺草1-41-9
休週二（逢假日則翌日休）
🕐12:00～18:30
🚇筑波快線淺草站A1出口即到
MAP附錄②P.7 B-3

⬆飄溢懷舊氛圍的咖啡廳。店內有15個座位

淺草寺的參道
仲見世通

名店 巡禮

仲見世通 ●なかみせどおり →P.4

☎03-3844-3350（仲見世會館） **MAP**附錄②P.7 D-6

在充滿下町風情的仲見世通，林立許多販售淺草知名點心與傳統日式雜貨的店家！參拜完後，就來盡情尋找仲見世美食和伴手禮吧。

三 木村家人形燒本舖

●きむらやにんぎょうやきほんぽ

創業於1868年的老字號人形燒店。名物「人形燒」的內餡，店家自豪100％使用北海道產紅豆製成，也販售未包餡的款式。

☎03-3844-9754 所台東区浅草2-3-1 休無休 ⏰9:30～18:30（週五～日、假日為～19:00）交地鐵淺草站6號出口步行6分

MAP附錄②P.7 D-5

在店前的製作區不停烤製

形狀可愛的麵衣裡塞滿了紅豆餡

人形燒
8個600円～

人形燒的形狀有鴿子、五重塔等與淺草相關的形狀

一 染絵手ぬぐいふじ屋

●そめえてぬぐいふじや

手巾是以江戶時代工法將木綿布染色製成。除了傳統的圖案之外，也有很多像是東京晴空塔這類原創的設計。

☎03-3841-2283 所台東区浅草2-2-15 休週四（逢假日則營業）⏰11:00～17:00 交地鐵淺草站6號出口步行6分

MAP附錄②P.7 D-5

染色職人做的可愛手巾

手巾
（招福貓）
2200円

寫有福字的招福貓與粉色的背景形成鮮明對比

手巾
（淺草風景）
2420円

描繪了東京晴空塔與觀音像，展現下町的新舊風貌

四 粋れん

●すいれん

供應許多以傳統技術製成，設計卻很時尚的商品。原創商品占了半數，高品質但價格實惠這點也令人開心。

☎03-3843-5373 所台東区浅草1-18-10 休週二、三 ⏰11:00～18:00 交地鐵淺草站1號出口步行3分

MAP附錄②P.7 D-6

3寸口金包
1155円

適合放入小物或當作藥盒使用，非常方便

時尚日式雜貨 職人手作的

十二生肖不倒翁
825円

十二生肖不倒翁皆為手作，因此每隻表情都不太一樣。坐墊另售

水引首飾
淡路結耳環
1650円

水引結職人自製的原創商品。也有純鈦耳環1430円

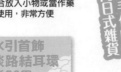

二 浅草きびだんごあづま

●あさくさきびだんごあづま

能品嘗到在店門口現煮、口味純樸且口感柔軟的「吉備團子」，備受好評。冬天配甘酒，夏天就配冰抹茶一起享用吧。

☎03-3843-0190 所台東区浅草1-18-1 休不定休 ⏰10:00～19:00（售完打烊）交地鐵淺草站1號出口步行3分

MAP附錄②P.7 D-6

在店門口現煮，所以都是現做的

溫熱柔軟的現煮團子大口吃

吉備團子
5串350円

沾上滿滿的黃豆粉，Q彈柔軟的團子

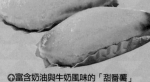

↑→「淺草肉餅」1個300円，撒上芥菜籽也很好吃。亦可從官網購入（冷凍）

十一 淺草メンチ ●あさくさメンチ

販售的炸肉餅將神奈川稀有的高座豬與牛肉混合，裹上生麵包粉，炸得酥酥脆脆。來品嘗高級肉品的美味與濃厚的風味吧。

📞 03-6231-6629　📍台東區淺草2-3-3
⏰ 10:00～19:00　休無休
🚇地鐵淺草站6號出口步行6分
MAP 附錄②P.7 D-5

傳法院通也有很多知名美食！

傳法院南側約200m的街道上，林立許多重現江戶街景的商店。去看看這些饒富趣味的街區吧！
MAP 附錄②P.7 C-5

↑老店、傳統工藝品店和餐飲店比鄰而立

十 おいもやさん興伸 淺草伝法院東通店
●おいもやさんこうしんあさくさでんぼういんひがしどおりてん

從1876年創業的番薯批發商轉型成番薯糕點專賣店。尤其推薦依季節嚴選出美味番薯，並裹上大量糖蜜製成的「大學芋」。

📞 03-3843-3886　📍台東區淺草1-36-6
休無休　⏰9:00～20:00
🚇地鐵淺草站6號出口步行6分
MAP 附錄②P.7 D-5

↑富含奶油與牛奶風味的「甜番薯」各340円

九 淺草 安心や ●あさくさあんしんや

幾乎跟臉一樣大的現炸「炸雞排」很受歡迎。辛香料的香氣連正統台灣人都讚不絕口。通常中午過後就會賣完，最好早一點來。

📞 03-5830-3288　📍台東區淺草1-37-11
休無休　⏰11:30～傍晚左右（售完打烊）
🚇地鐵淺草站6號出口步行6分
MAP 附錄②P.7 D-5

↑樹薯粉麵衣酥酥脆脆的「炸雞排」600円

淺草寺 P.4

※請勿邊走邊吃。購買後請在該店門口食用。

仲見世通

金龍山淺草餅本舖（炸饅頭）

六 淺草九重
二 染繪手ぬぐいふじ屋
三 木村家人形燒本舖

淺草メンチ

九 淺草安心や
十 おいもやさん興伸淺草伝法院東通店
なかつか（雷米果、人形燒）
三鳩堂（人形燒）
龜屋（煎餅、人形燒）

中富（雷米果）

步行1分

五 壱番屋
松寿堂（菓子）
杵屋
淺草花月堂新仲店
菊水堂（炸饅頭）

舟和 仲見世3號店 七
海老屋總本舖（佃煮） 八 喜久屋
モリタ寺子屋本舖直營店

粋れん 四
淺草きびだんご あづま
本舖梅林堂（人形燒）
豆舖 梅林堂

雷門

雷門通　淺草站→

番薯奶油銅鑼燒 380円

把使用「番薯羊羹」的特製內餡與奶油夾起來

變得更時髦 將番薯羊羹

番薯羊羹霜淇淋 350円

「番薯羊羹」的柔和甜味在口中蔓延

七 舟和 仲見世3號店 ●ふなわなかみせさんごうてん

1902年創業的老店，招牌是僅用番薯、砂糖跟鹽製成的「番薯羊羹」。由此再變化一番的限定甜點也很受歡迎。

📞 03-3844-2783　📍台東區淺草1-20-1
休無休　⏰10:00～19:00
🚇地鐵淺草站6號出口步行4分
MAP 附錄②P.7 D-6

以嚴選食材製成的彈牙團子

烤團子 1串400円～

分成「御手洗」、「艾草（紅豆粒、紅豆泥）」2種口味。口感柔軟，瞬間就吃完了

八 喜久屋 ●きくや

招牌團子除了使用上新粉之外，也運用了嚴選的日本國產食材。也很推薦使用十勝產紅豆與滋賀產糯米「羽二重」製成的「大福」300円。

↑在店內品嘗剛烤好的美味

📞 03-3841-5885　📍台東區淺草1-20-1
休週一（逢假日則翌日休）
⏰10:00～17:30（售完打烊）
🚇地鐵淺草站6號出口步行4分
MAP 附錄②P.7 D-6

五 壱番屋 ●いちばんや

糯米酥酥脆脆又香氣四溢

1884年創業的手烤仙貝老店。炭火烘烤的的仙貝等，袋裝的「鍋巴仙貝」大受好評，也有賣米香餅、人形燒等經典伴手禮。

📞 03-3842-5001　📍台東區淺草1-31-1
休無休　⏰8:00～17:00（週六、日為～18:00）
🚇地鐵淺草站6號出口步行4分
MAP 附錄②P.7 D-6

鍋巴仙貝 400円

使用糯米製作，口感輕盈、香氣四溢的鍋巴仙貝

六 淺草九重 ●あさくさここのえ

廣受好評的「炸饅頭」使用最頂級芝麻油炸得酥脆。在店內現做現賣，剛炸好的饅頭會不停地在店前上架。

📞 03-3841-9386　📍台東區淺草2-3-1　休無休
⏰9:30～19:00左右　🚇地鐵淺草站6號出口步行6分
MAP 附錄②P.7 D-5

口感酥脆的繽紛炸饅頭

炸饅頭 1個130～350円

紅豆、抹茶、櫻花、文字燒饅頭等，備有13種豐富的口味

在鐵鍋中四溢
牛肉與蔬菜的滋味

既然來到淺草就要吃這個！
老店餐點

長年以來受到當地人與觀光客愛戴，聚集了許多名店的淺草。代代相傳的傳統滋味同時也在不斷改良，敬請享受職人展現的好手藝。

1936年創業
洋食 ぱいち

歷經三代傳承的洋食店。由第二代老闆構思的招牌料理「燉牛肉」其特色醬汁需熬煮1週以上。炸里肌豬排、炸蝦等主要定食為平日限定，各1320円。

📞03-3844-1363
🏠台東区浅草1-15-1
🕐週日 ⏰11:30～14:00、17:00～20:00
🚉地鐵淺草站1號出口步行4分
MAP附錄②P.7 B-3

↑第三代老闆將「燉牛肉」的風味繼續傳承下去

→端上來的牛肉與蔬菜軟嫩鮮香

燉牛肉
2310円
經過9小時以上以燉煮的牛肉入口即化。以鐵鍋供餐也是承襲前代老闆的風格

↑靜佇在街道內的瓦片建築富有風情

1895年創業
壽喜燒 淺草今半 国際通り本店

●あさくさいまはんこくさいどおりほんてん

初代老闆著眼於牛肉，以牛肉飯餐廳起家。現在提供以日本產黑毛和牛製成的極上壽喜燒與涮涮鍋。壽喜燒是以祕傳醬汁如烤肉般烹煮一片片肉。

📞03-3841-1114 🏠台東区西浅草3-1-12
🕐無休 ⏰11:30～20:30 🚉筑波快線淺草站A2出口即到
MAP附錄②P.7 B-2

↑結合了老店意趣與現代設計的建築物

能用划算價格
品嘗名店的壽喜燒

明治壽喜燒丼
2530円
僅於午餐時段供應，每天限定20份。添加黑毛和牛、煎豆腐、長蔥與溫泉蛋等食材

1913年創業
蕎麥麵 並木藪蕎麦

●なみきやぶそば

藪蕎麥三名店之一，堅守不辱其名聲的豐潤口味。製作耗時1週以上，被評為東京最辣的沾醬，能突顯蕎麥麵的香氣與味道。菜單僅以蕎麥麵一決勝負。

📞03-3841-1340
🏠台東区雷門2-11-9
🕐週四、第2、4週三
⏰11:00～19:00
🚉地鐵淺草站A4出口步行3分
MAP附錄②P.7 B-4

像江戶人一樣
吸吮極辣的沾醬吧

蕎麥冷麵
800円
以入喉的美味自豪，香氣十足的十割蕎麥。沾滿極辣的重口味沾醬來品嘗吧

↑位於雷門正面延伸而去的大馬路旁

非常有飽足感的
炸天然明蝦丼飯

**大入江戶前
天丼 3800円**

以高品質芝麻油炸天然
明蝦製成的天婦羅，幾
乎要從碗中滿出來的豪
邁擺盤

條小巷弄裡

位於新仲見世通一

丼飯的うまい店
ゆ○○

1947年創業

天婦羅丼　**まさる**

知名料理「大入江戶前天丼」堅持使用當日現
撈的明蝦，由技術熟練的師傅以芝麻油酥炸而
成。與完全不使用砂糖和化學調味料的醬汁簡
直是絕配。

☎03-3841-8356
所台東區浅草1-32-2
休週三、日　⏰11:00～
15:00(售完打烊)
地鐵淺草站1號出口步行
3分
MAP 附錄②P.7 D-6

伴著絕景一起享用
高級鰻魚料理

約220年前創業

鰻魚　**鰻 駒形 前川**

●うなぎこまがたまえかわ

知名美食家暨文豪池波正太郎
的愛店。油脂豐富的高品質
「鰻重」使用了幾近天然的日
本產養殖鰻魚。從創業時期流
傳至今的辣醬也是老店獨有的
美味。

☎03-3841-6314
所台東區駒形2-1-29　休無休
⏰11:30～20:30
地鐵淺草站A2出口即到
MAP 附錄②P.7 C-4

**鰻重
4800円～**

烤鰻魚肉質豐厚又柔
軟，附日式清湯、漬
物、水果

店內可望見東京晴
空塔®

➔飄盪昭和風情的咖啡廳有種溫馨感

**拿坡里
義大利麵
800円**

加了香腸與青椒等的古
早味義大利麵

連銀座一流主廚也讚不絕口的招牌料理

1929年創業

麥飯山藥泥　**淺草むぎとろ本店**

●あさくさむぎとろほんてん

山藥泥料理的專賣店。每月更新的全
餐料理，有滿滿的山藥泥與當季食材。
午餐除了平日限定的「麥飯山藥泥吃
到飽」之外，在頂樓享用的「天空山藥
泥自助buffet」3000円也很受歡迎。

☎0120-36-1066　所台東區雷門2-2-4
休無休　⏰11:00～21:00
地鐵淺草站A3出口步行3分　**MAP** 附錄②P.7 C-4

➔「麥飯山藥泥吃到
飽」在本店1樓

**麥飯山藥泥
吃到飽
1500円**

平日11:00～14:00(最
後受理)提供
※照片為示意圖

可盡情享用山藥泥的
吃到飽午餐

1801年創業

泥鰍　**駒形どぜう**

●こまかたどぜう

料理手法從江戶時代延續至今的泥
鰍料理專賣店。「泥鰍火鍋」以特製
的淺鐵鍋燉煮而成。店面打造成商家
模樣，重現創業時的外觀，廣闊的用
餐環境很吸引人。

☎03-3842-4001　所台東區駒形
1-7-12　休無休　⏰11:00～
21:00　地鐵淺草站A1出口即到
MAP 附錄②P.7 B-4

➔別具風情的出桁造
建築物也是一大看點

**泥鰍火鍋
2050円**

燉煮嚴選泥鰍，鋪上青
蔥，還可依個人口味添
加山椒或七味

將江戶口味
傳承至今的火鍋料理

1973年創業

咖啡廳　**ロッジ赤石**

●ロッジあかいし

提供豐富的洋食菜單，持續受當地常客喜愛的
咖啡廳。帶有微酸和輕盈風味的「特調咖啡」
500円，非常適合搭配三明治等輕食。

☎03-3875-1688
所台東區浅草3-8-4
休週一　⏰9:00～翌
2:00(週日、假日為～
翌日1:00)　筑波快
線淺草站A1出口步行
7分
MAP 附錄②P.7 B-1

美麗時尚午餐

在舒適空間內享用♪

富有歷史的淺草街道上，時髦咖啡廳和餐廳正在增加中。在時尚空間內品嘗充滿少女心的菜色吧！

搭配鬆軟吐司的厚切三明治

↑除了桌位座，還有吧檯座跟露天座位

這裡是POINT!
清水混凝土牆與木質室內裝飾搭配的氛圍很棒

←口感偏硬的「焦糖濃厚布丁」650円。懷舊的外觀很受歡迎

三明治午餐飲料套餐 1100円
三明治口味有2種，附優格與飲料

←格局會讓人聯想到國外的咖啡廳，但位置雖然有點隱密，卻是絡繹不絕的人氣咖啡廳

FEBRUARY CAFÉ
●フェブラリーカフェ

以自家烘煎特製咖啡廣受好評的咖啡廳。想在小巧的舒適空間裡，配著使用淺草老麵包店麵包的吐司套餐及三明治一同品嘗。

☎03-6802-7171 🏠台東区駒形1-9-8 休無休
🕗8:30～17:30 🚇地鐵淺草站A1出口即到
MAP 附錄②P.7 B-4

MISOJYU特製套餐 1518円
「蔬菜與角煮豬肉味噌湯」附飯糰、溏心蛋與小菜

這裡是POINT!
店家自豪的還有使用原創混合有機米的飯糰，各種口味242円

各有不同風味的特色味噌湯

MISOJYU
●ミソジュウ

由書法家武田雙雲成立的「TEAM地球」監製的味噌湯專賣店。提供多種加入了豬肉角煮、番茄等食材的創意味噌湯。

☎03-5830-3101 🏠台東区浅草1-7-5 休無休 🕗8:00～19:00（早餐為～10:00）
🚇地鐵淺草站1號出口步行4分
MAP 附錄②P.7 B-3

←商標是一個可愛的碗，令人印象深刻

↑沉穩的木質店內裝潢。古董家具也很棒

iriya plus café
●イリヤプラスカフェアットカスタムそうこ

將有50年歷史的木造倉庫改裝而成的咖啡廳。平日午餐有帕尼尼、生義大利麵、麥飯3種選項，每天輪流供應不同套餐。也很推薦加價100円就可享用的咖啡拿鐵和焙茶拿鐵。

☎03-5830-3863 🏠台東区寿4-7-11 休週一、二（逢假日則營業）🕗10:00～18:00
🚇地鐵田原町站2號出口即到
MAP 附錄②P.7 B-4

午餐時光 帕尼尼套餐 1200円
夾著大量起司與蔬菜，附綠色沙拉以及一杯咖啡或紅茶。午餐時段（11～14時）以外，附沙拉與一杯飲料的價格為1700円

酥脆的帕尼尼拼盤午餐

這裡是POINT!
擠上大量鮮奶油的柔軟鬆餅也很受歡迎

炭烤土司與飲料套餐 650円
用炭火仔細燒烤特製烤網上厚3cm的吐司。附特製果醬

老字號吐司店的美麗焦痕吐司

Pelican CAFÉ
●ペリカンカフェ

由1942年創業的人氣店家「Pelican」直營的咖啡廳。配合食材予以絕妙烘烤程度，各種吐司都廣受好評。

☎03-6231-7636 🏠台東区浅草3-9-11 休週日、假日
🕗9:00～17:00 🚇地鐵田原町站2號出口步行4分
MAP 附錄②P.7 A-4

這裡是POINT!
唯麵包店才有的菜單「炸吐司邊」360円為黑糖黃豆粉口味

↗位於「Pelican」附近

將完美料理拍得更美味！

「旅行攝影」Tips

協助「哈日情報誌」取材的攝影師提供的「旅行攝影」重點建議

美食篇

在旅遊地就是想跟朋友分享美味的料理！如果攝影技術厲害的話一定能派上用場。剛做好的料理是最棒的。在某些店家拍照可能要打聲招呼比較好，拍完就可以早點享用了。

Tips 1 構圖

基本上以坐的位置為鏡頭方向，這樣才有自然的臨場感。以擷取餐盤的方式稍微從上往下拍，畫面比較有質感，看起來也更美味 1。若餐點的擺盤堆疊得比較高，建議由下往上拍，可以呈現出分量感 2。定食等從正上方拍攝，可讓食物看起來更豐盛 3。一般人可能很常靠近餐點用廣角鏡頭拍，但如此一來側邊會變形，建議鏡頭離遠一點，用「變焦放大」功能來拍。

Tips 2 採光

當坐在咖啡廳等靠窗座位時，好好利用自然光吧！將料理放在窗邊以逆光或斜光拍攝，即可營造出立體感，照片會很漂亮 1。雖然大多時候不要用閃光燈比較好，但食物拍起來太暗的話，還是要調整一下相機的功能。

Tips 3 加入配角

只拍料理跟甜點也不錯，但如果能把飲料跟背景一起拍進去，就可以呈現店內的氛圍 1。也很推薦從正上方連同盤子、餐墊一起攝影的角度 2。百匯等較高的甜點就以側面一決勝負吧！設定好相機，將背景調成景深，呈現百匯的立體感 3。若看到繽紛時尚的牆壁，忍不住想拍照的話，不妨練習看看 4。別忘了不要打擾到周圍的客人……

※照片為示意圖。

使用滿滿蘿蔔的健康定食

白蘿蔔全享結緣定食 1100円

有豬五花蘿蔔等，每週更換主菜。本日主食是鰤魚蘿蔔

這裡是 POINT! 午餐過後，推薦來份店家自製布丁、餅乾等小點心

溫馨的空間也很有魅力

ごはん×カフェ madei

●ごはんカフェマデイ

熱門菜單為白蘿蔔全享定食的店家，該料裡源自於對面供奉白蘿蔔的佛寺「待乳山聖天」。包含主菜、炊飯等，所有餐點都有使用白蘿蔔入菜。

☎03-6802-4590 所台東区浅草7-3-12 テイトビル聖天1F 休週一、二 營11:30～17:30(午餐為～14:30) 地鐵淺草站8號出口步行10分
MAP附錄②P.7 D-2

BRACALI イタリア料理店

●ブラカリイタリアりょうてん

米其林2星的義大利托斯卡納名店「BRACALI」。由曾為該店副主廚的現任老闆兼主廚提供義大利鄉土料理。

☎03-6379-3367 所台東区花川戸2-9-10 1F 休週一 營11:30～14:00、17:45～21:30 地鐵淺草站7號出口步行7分
MAP附錄②P.7 C-2
在店內寬敞的空間享受放鬆氛圍

在淺草享用義大利托斯卡納的2星級美味

這裡是 POINT! 午餐義大利麵為每天更換菜單，有3～4種可選。午餐為1320円～

手打義大利麵全餐 2200円

手打義大利麵附前菜拼盤、麵包、甜點及飲料

平底鍋英式早餐 1250円

自製麵包附手工香腸及培根、豆煮番茄等配菜

SUKE6 DINER

●スケろくダイナー

這家店從早午餐到晚餐的菜色都很豐富。餐點以三明治與漢堡為主，自製培根等煙燻料理是店家引以為傲的品項。

☎03-5830-3367 所台東区花川戸1-11-1 あゆみビル1F 休週一(逢假日則翌日休) 營8:00～21:00(週六、日、假日為～20:00) 地鐵淺草站5號出口步行3分
MAP附錄②P.7 C-3
1～2樓為挑高設計，開放感十足的店內。裝潢也很時尚

講究的煙燻料理與剛出爐的麵包

這裡是 POINT! 以3樓系列麵包工房「Manufacture」烤製的天然酵母吐司

FRUIT PARLOR GOTO

●フルーツバーラー ゴトー

以新鮮當季水果與自製冰淇淋為傲的甜點店。在1946年以水果店起家，所以對挑選水果的眼光很有自信。根據不同季節使用最美味熟成水果製成的百匯及新鮮果汁備受好評。夏天還會有刨冰。

☎03-3844-6988 所台東区浅草2-15-4 休週三、其他不定休 ㄥ11:00～18:30 ㄴ筑波快線淺草站A2出口即到

MAP 附錄②P.7 B-2

⬆清水混凝土風格，氛圍美麗又時髦的店

➡店內設有透明櫃，也有在販賣水果。店裡充滿了香甜的果香

從老店到最新流行

和洋

美味甜點

淺草除了自古以來持續受到喜愛的老字號甜點店，還有各種需要排隊的名店、時尚咖啡廳等林立。到添加巧思變得更時髦的下町味十足的傳統品項，處處都是甜美的誘惑！

盛裝滿滿美麗水果的百匯

食材每天替換！

絕品MENU
本日水果百匯
950円

依當天成熟狀況挑選食材。照片中的百匯配的是西瓜、香蕉、巨峰葡萄、鳳梨、奇異果等

絕品MENU
粟善哉
792円

以五分糯小米做成粟餅並仔細炊煮，放在熱騰騰紅豆泥上的料理

從江戶時代保留到現在的深厚味道

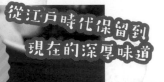

淺草 梅園

●あさくさうめぞの

1854年在淺草寺別院梅園院開設的店。代表菜單為使用糯小米製作的「糯小米紅豆湯」。微澀的糯小米與香甜的紅豆巧妙地搭配在一起。其他還有「紅豆蜜」770円等廣受好評。

☎03-3841-7580 所台東区浅草1-31-12 休每月2次週三不定休 ㄥ10:00～18:30 ㄴ地鐵淺草站1號出口步行5分

MAP 附錄②P.7 D-6

⬆本店以餐券方式點餐。「豆大福」216円等伴手禮也很豐富

梅むら

●うめむら

將外觀也很美麗、帶有光澤的豌豆，以最能發揮豆類風味的方式炊煮而成。彈牙的手工寒天與使用黑糖卻不會太甜的黑蜜交織在一起，能享受豐厚的滋味。

☎03-3873-6992 所台東区浅草3-22-12 休週日 ㄥ12:30～18:30 ㄴ地鐵淺草站6號出口步行10分

MAP 附錄②P.7 C-1

引出豆類風味的始祖豆寒天

巷內 ⬆位在淺草寺北側的小

絕品MENU
豆寒天
500円

店家招牌為炊煮至軟嫩的北海道產豌豆、以伊豆諸島產石花菜製成的寒天

壽々喜園×ななやコラボショップ

●すずきえんななやコラボショップ

位在茶葉批發商「壽壽喜園」內的義式冰淇淋店。人氣「抹茶義式冰淇淋」使用了高品質的靜岡產抹茶，滋味相當濃厚。有7種等級的濃度可選這點也令人開心。

☎03-3873-0311 所台東区浅草3-4-3 休不定休 ㄥ11:00～17:00 ㄴ地鐵淺草站6號出口步行8分

MAP 附錄②P.7 C-2

⬆店內深處還設有立食內用區

有7種濃度可選的正統抹茶義式冰淇淋

絕品MENU
雙球義式冰淇淋
1個520円～

可從抹茶NO.1～NO.7、焙茶和黑芝麻等13種口味中選2種口味

和洋美味甜點

鯛魚燒店所製的
鬆軟口感刨冰

淺草浪花家

●あさくさなにわや

麻布十番的「浪花家総本店」是廣為人知的鯛魚燒名店，而這店家就是該店的分號。口感鬆軟的刨冰，會依季節變換刀刃的角度和冰的溫度，連細節都徹底講究。

☎03-3842-0988 🏠台東区浅草2-12-4 🚫不定休 ⏰10:00～19:00 🚃筑波快線淺草站A2出口即到

MAP 附錄②P.7 B-2

絕品MENU
宇治白豆沙金時
900円

白豆沙上淋濃厚的抹茶醬。冰裡面還藏有滿滿的粗粒紅豆餡。為期間限定菜單

↑座位的距離間隔較寬，能您閒舒適地放鬆

老店「舟和」經手的日西合璧甜點

絕品MENU
番薯羊羹
霜淇淋百匯880円

使用「番薯羊羹」霜淇淋製成的番薯甜點。也有放入切片的「番薯羊羹」

ふなわかふぇ浅草店

●ふなわかふぇあさくさてん

以使用番薯的甜點、飲品引起話題的和菓子店「舟和」設立的咖啡廳。用招牌商品「番薯羊羹」1條173円（店內為176円）變化而成的料理廣受喜愛。可以吃到百匯、蛋糕、布丁等各種形式的甜點。

☎03-5828-2703 🏠台東区雷門2-19-10 🚫不定休 ⏰10:00～19:30 🚃地鐵淺草站2號出口即到

MAP 附錄②P.7 C-3

雖然分量很多
吃起來卻很輕盈爽口

紅鶴

●べにづる

麵團使用了米粉，以輕盈口感為特徵的鬆餅大受好評。想吃鹹食的話，則推薦「培根與荷包蛋」1700円。由於用餐需預約，開店前就會大排長龍，所以最好早點來。

☎03-3841-3910 🏠台東区西浅草2-1-11 🚫週三 ⏰10:00～16:00(預約受理為8:30～) 🚃筑波快線淺草站A2出口步行3分

MAP 附錄②P.7 B-3

↑店內僅有8個吧檯座。可從座位直接看到調理的過程

絕品MENU
大納言紅豆與
黑蜜的黃豆粉抹茶
1800円

在3層高的厚鬆餅上，以煮至膨脹的大納言紅豆、黑蜜等為配料

完善明亮。店內採光良好，非常

店家正對著薯雷門通，有屋頂的露天座位也很

好想帶回家吃！

淺草伴手禮

將淺草的風味帶回家吧！
以下嚴選3項商品可滿足想購買和洋甜點的需求。

東京抹茶金鍔
6個入 1080円

淺草 滿願堂 オレンジ通り本店

●あさくさまんがんどうオレンジどおりほんてん

抹茶風味與紅豆的甘甜真是絕妙

招牌是古早風味會於口中蔓延的「金鍔」。「東京抹茶金鍔」揉進了抹茶，香氣十足。

☎03-5828-0548 🏠台東区浅草1-21-5 🚫週二 ⏰10:00～18:00(週六、日、假日為～19:00) ※可能變更 🚃地鐵淺草站6號出口步行7分

MAP 附錄②P.7 C-6

松屋淺草 ●まつやあさくさ

淺草才有的原創甜點

淺草唯一的百貨公司。伴手禮很多也是淺草的一大特色，這裡也有販售許多淺草店家原創甜點及下町精緻點心。

☎03-3842-1111 (大代表) 🏠台東区花川戸1-4-1 🚫不定休 ⏰10:00～20:00 🚃直通東武晴空塔線淺草站

MAP 附錄②P.7 C-3

銀座文明堂
淺草三笠山
3個入 670円

1袋594円～

雷米果

常盤堂雷おこし本舖

●ときわどうかみなりおこしほんぽ

說到淺草招牌伴手禮就是這個！

從江戶時代創業起歷史超過200年的伴手禮店。淺草伴手禮必吃的「雷米果」有黑糖、花生等多種口味。

☎03-3841-5656 🏠台東区浅草1-3-2 🚫無休 ⏰10:00～18:30 🚃地鐵淺草站1號出口步行7分

MAP 附錄②P.7 D-6

人氣店集結！

當地人相當喜愛的麵包店

下町淺草可是經過麵包狂認證的麵包店寶庫。
從以前就備受喜愛的老店一直到
話題新店，在此介紹多家
人氣麵包店。

靜靜佇立在大樓3樓的隱藏麵包店

1～2樓有咖啡廳！
→P.11

Manufacture

マニュファクチュア

跟「SUKE6 DINER」（→P.11）同大樓的系列店。
硬麵包堅持使用天然酵母、日本國產小麥等食材，
有很多種類可選擇。越嚼越好吃。

☎03-5830-3377　📍台東区花川戸1-11-1　あゆみビル3F　休無休　🕐10:00～18:00　地鐵淺草站4號出口步行3分
MAP 附錄②P.7 C-3

雜糧麵包
1/2 400円

雜糧麵團中加了
南瓜籽與葵花子
等等

蔓越莓&胡桃
1個250円

莓果和堅果的不同
口感值得玩味！

巧克力貝果
250円

可可風味十足，
潤濃厚的貝果很有溫
嚼勁

↑陳列蔬菜的桌面搭配很時尚，引人注目

烙印「淺草」字樣的紅豆麵包很有名

パン工房 COURAGE

パンこうぼうクラージュ

帶有烙印的四角紅豆麵包很適合當淺草
伴手禮。採用高級蛋「御用蛋」、裏海優
格的麵團裡加了鮮奶油與紅豆餡雙層內
館，很有分量。

☎03-6231-6882　📍台東区浅草1-7-1　休週二、三　🕐9:00～19:00　地鐵淺草站1號出口步行5分
MAP 附錄②P.7 B-3

↑淺草紅豆麵包的立體模型讓人印象深刻

淺草紅豆麵包
1個280円

中間的紅豆可選紅豆
泥餡或紅豆粒餡

蔥捲
180円

大量青蔥與培
根超級合拍

咖哩法蘭克福熱狗捲
180円

咖哩醬上盛放著香腸
的麵包

吐司
450g 430円

麵包體扎實且不輕，
卻蓬鬆柔軟

小麵包捲 10入
680円

一個個手工捲成，
受顧客愛戴的麵包

在淺草延續80年的老店
每天都想吃的好味道

附近有咖啡廳！
→P.10

Pelican

パンのペリカン

創業於1942年，只有賣吐司跟麵包捲這兩
種。不過還是有很多粉絲，常常不到打烊時間
就賣完了。

☎03-3841-4686　📍台東区寿4-7-4　休週日、假日　🕐8:00～17:00　地鐵田園町站2號出口步行3分
MAP 附錄②P.7 A-4

上午買到 有時候沒有預約也能在平日

卡門貝爾起司可頌
1個216円～

將卡門貝爾起司捲起來的棒狀
可頌

奶油乳酪培根湯種披薩
238円～

在富有彈性的湯種麵包中添加
丹麥產奶油乳酪

100種以上的麵包
很快就銷售一空

SEKINE BAKERY

セキネベーカリー

1947年開店以來，每天持續提供
讓人感到親切的麵包。披薩和三明
治等鹹食類的種類也很豐富。

☎03-3875-3322　📍台東区浅草3-41-10　休週日　🕐7:00～19:00　筑波快線淺草站A1出口步行6分
MAP 附錄②P.7 B-1

↑店面充滿懷舊感，也設有內用空間

鎮店雙寶為可品嘗食材原味的麵包與和菓子

CAKE SHOP TERAZAWA

テラサワ・ケーキ・パンショップ

於1950年創業，店家以從創業至今不變的食材、工法所製的麵包為傲。也擅於製作西點，所以加了自製鮮奶油的螺旋麵包也頗受好評。

☎ 03-3875-5611　📍台東区浅草6-18-16　🚫週日、假日　🕐7:30～18:30(週六為～17:00)　🚇地鐵淺草站6號出口步行10分
MAP 附錄② P.7 D-2

➡ 建於淺草觀音寺後面的老麵包店

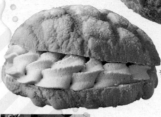

特大號菠蘿麵包
250円
低溫發酵而成，吃起來外酥內軟

抹茶冰淇淋菠蘿麵包
550円
在溫熱「菠蘿麵包」中夾入冰涼的抹茶冰淇淋。依季節有3～6種

鮮蝦漢堡
422円
將充滿彈性的鮮蝦夾進香噴噴麵包中

炒麵麵包
1個184円
難得有圓形的炒麵麵包。協調感十足

鮮奶油螺旋麵包
216円
在螺旋麵包裡填滿輕盈的鮮奶油

1天可賣3000個！超大菠蘿麵包

淺草花月堂 本店

あさくさかげつどうほんてん

好幾天大排長龍的名店。淺草名產「特大號菠蘿麵包」尺寸有直徑15公分那麼大，口感卻很輕盈，可以大口大口吃完。

☎ 03-3847-5251　📍台東区浅草2-7-13　🚫無休　🕐10:00～售完打烊　🚇筑波快線淺草站A1出口步行3分
MAP 附錄② P.7 C-4

➡ 本店就位於淺草寺西參道上。雷門附近也有分店

紅豆泥麵包
1個180円
使用北海道產紅豆，綴以鹽漬櫻花

小倉紅豆麵包
180円
吃得到紅豆顆粒的內餡，是創業起不變的好滋味

咖啡紅豆麵包
190円
滴漏萃取100%阿拉比卡咖啡豆，麵包跟內餡都有用到

連續好幾天大排長龍！目標就是咖哩麵包

豐福

とよふく

1天可以賣800個的「黑毛和牛咖哩麵包」，關鍵在於使用黑毛和牛與自製香料、花8個小時以上燉煮的炒麵糊。

☎ 03-3843-6556　📍台東区浅草2-3-4　🚫不定休　🕐10:00～18:00(售完打烊)　🚇地鐵淺草站6號出口步行3分
MAP 附錄② P.7 D-5

➡ 位在傳法院通的商店也排了極長的隊伍，很好認

黑毛和牛咖哩麵包
1個350円
中間是塞滿餡料的炒麵糊

使用店家自豪的豆沙
紅豆麵包一字排開

あんですMATOBA

あんですマトバ

使用了自家工房直送豆沙的紅豆麵包種類豐富，平常就會陳列約20種。除了經典口味小倉紅豆、紅豆泥之外，還有「咖啡紅豆麵包」等等。

☎ 03-3876-2569　📍台東区浅草3-3-2　🚫週日、假日　🕐7:30～18:30　🚇地鐵淺草站6號出口步行10分
MAP 附錄② P.7 C-2

➡ 位於淺草寺後面的言問通沿街，是紅豆麵包名店

CAFE MEURSAULT

●カフェムルソー

在這間咖啡廳可眺望來回行駛於隅田川上的船隻。店名取自卡謬小說《異鄉人》的主角名字。香氣濃郁的綜合茶與咖啡，搭配每日替換的手作蛋糕一起享用吧。蛋糕也可以外帶。

☎03-3843-8008
所台東区雷門2-1-5
⏰11:00〜22:30（週六、日、假日為〜21:30）交地鐵淺草站4號出口即到
MAP附錄②P.7 C-4

↑「每日蛋糕套餐」1210円。自家製的2種蛋糕，搭配飲料的套餐是人氣菜單
↓位於大馬路與隅田川之間的小巷弄裡。標誌是綠意環繞的樓梯

CHECK 景觀
從2、3樓的靠窗座位望出的景觀邊閣放鬆。可望見從河川對岸大樓之間突出的晴空塔

東京晴空塔®與隅田川的雙重景觀

眺望下町美景

以景觀自豪的咖啡廳

隅田川沿岸和大樓的高層樓等，散布著視野景觀良好的咖啡廳。眺望晴空塔、淺草寺的同時，好好度過一段放鬆時光吧！

CHECK 景觀
從窗邊的吧檯座和室外的露天座位能望見晴空塔，也能夠盡情欣賞隅田川的景色

位在公園裡的絕景咖啡廳

cafe W.E

●カフェウイ

這家時尚的咖啡廳靜佇在隅田公園內的河川旁，講究空間的店內和擁有開放感的露天座位，從這兩處望見的景觀都很漂亮。果汁與甜點之外，還有漢堡排和義大利麵等餐食菜單。

☎03-5830-3687
所台東区花川戶1-1先隅田公園內
休無休 ⏰9:00〜20:00
交地鐵淺草站5號出口步行5分
MAP附錄②P.7 D-2

←「滿月百匯」600円，放有淺草名點「憧泉堂」的「憧仙貝」與蕨餅。黑蜜醬超適合搭配霜淇淋

充滿開放感的景觀

CHECK 景觀
從3樓的玻璃窗和1樓的露天座位望去，可看到麼橋後方的東京晴空塔

Riverside Cafe Cielo y Rio

●リバーサイドカフェシエロイリオ

可以輕鬆享用小酒館料理，建於隅田川沿岸的咖啡餐廳。甜點菜單的種類很豐富，由甜點師製作的講究甜點頗有人氣。

☎050-3503-8121 所台東区蔵前2-15-5
休無休 ⏰餐廳11:30〜15:00(週六、日、假日為11:00〜)、17:30〜21:00；咖啡廳11:30〜21:30(週六為11:00〜22:00，週日、假日為11:00〜21:30) 交地鐵蔵前站A7出口即到
MAP附錄②P.7 B-5

↓盛有雷米果的「阿芙佳朵加雷米果」820円

→人氣甜點「天使蛋糕香草焦糖」720円

R Restaurant & Bar

●アールレストランアンドバー

小酒館風格的餐廳＆酒吧，以西餐基礎製作的佳餚廣受好評。白天也可當作咖啡廳來光顧。

☎03-5826-3877（ザ・ゲートホテル雷門）
所台東区雷門2-16-11 ザ・ゲートホテル雷門13F 休無休 ⏰6:30〜23:00
交地鐵淺草站2號出口即到
MAP附錄②P.7 B-3

CHECK 景觀
從店內的桌位座和室外的露天座位，能夠望見晴空塔和朝日啤酒總公司的大樓群

下町的街道展現在眼前

江戶下町 文化體驗

下町淺草可稱為日本文化的寶庫。來挑戰做做東西或是撈金魚，有很多體驗下町淺草文化的玩樂方法。

完成

THE GLASS FACTORY
創吉 淺草店

●グラスファクトリーそうきちあさくさてん

販售玻璃上畫有纖細美麗圖案的江戶切子，以及噴砂等的原創製品。在建築內的工房裡，能體驗製作切子。

☎03-6802-8948 ㊐台東區雷門2-1-14 ㊡無休 ㊐11:00～19:00（週六日、假日為10:00～18:00）體驗為10:15～、13:00～、15:00～（週六日、假日為8:30～、16:45～）㊐地鐵淺草站4號出口即到

MAP附錄②P.7 C-3

→也販售古董和名牌商品

自己獨有的一品
製作江戶切子

❶ 在底部描繪草圖
選擇喜歡的玻璃杯與圖案，先把尺靠在底部，預描草圖

❹ 製作側面的圖案
用研磨機照著側面的草圖削磨，把圖案描繪出來，再用水洗就完成了

❸ 預描側面的草圖
把尺靠在側面，和底部一樣預描草圖

❷ 用研磨機削磨底部的圖案

將杯底的部分用研磨機一點一點削磨，描繪出圖案

←體驗時，一開始可從樣品中挑選喜歡的顏色、形狀與圖案

體驗DATA	
費用	3300円～
所需時間	1小時30分
當日報名	可
預約方法	電話或至HPhttp://www.sokichi.co.jp 填寫江戶切子體驗預約表格

挑戰師傅手藝
飴細工

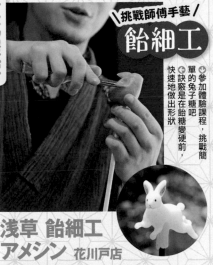

參加體驗課程，挑戰簡單的兔子糖吧。訣竅是在飴糖變硬前，快速地做出形狀

淺草 飴細工
アメシン 花川戶店

●あさくさあめざいくアメシンはなかわどてん

眾所熟悉的飴細工在江戶時代是平民娛樂。使用剪刀、手指，將溫熱的飴糖做出造型。

體驗DATA	
費用	3100円等
所需時間	1小時30分～2小時
當日報名	不可（名額未滿則可）
預約方法	電話或至HPhttp://www.ame-shin.com 填寫預約表格（回電後才完成預約）。最晚接受前日預約

☎080-9373-0644 ㊐台東區花川戶2-9-1 堀ビル1F ㊡週四（可能臨時休業）㊐10:30～18:00 ㊐地鐵淺草站6號出口步行5分

MAP附錄②P.7 C-2

淺草きんぎょ

●あさくさきんぎょ

菠蘿麵包很受歡迎的「淺草花月堂」，在總店旁經營撈金魚迷你主題樂園，並販售金魚主題的雜貨。

☎03-3847-5251（淺草花月堂 本店）㊐台東區淺草2-7-13 ㊡無休 ㊐10:00～16:00 ㊐地鐵淺草站6號出口步行8分

MAP附錄②P.7 C-4

←用普通紙網撈到的金魚，最多可帶走5隻

每天都像參加廟會
撈金魚

以來玩撈金魚

→一整年每天都可

體驗DATA	
費用	300円（2個紙網）
所需時間	不特別耗時
當日報名	可
預約方法	不需預約

顏色鮮豔的玻璃珠
製作蜻蛉球

→用噴槍將玻璃融化

再塑形

↓運用小蘇打等做出各種花紋、玻璃圖案的作品

淺草とんぼ玉工房

●あさくさとんぼだまこうぼう

在「蜻蛉球」工房能製作流行於江戶時代、中間有孔洞的玻璃珠，也販售首飾等物品。

體驗DATA	
費用	標準課程3300円～
所需時間	1小時30分～
當日報名	請洽詢
預約方法	HPhttps://asakusatombodama.art填寫預約表格。最晚接受前日中午12時預約

☎03-6316-7604 ㊐台東區西淺草3-6-13 大西ビル1F ㊡週二（週一、三不定休，需洽詢）㊐10:00～17:00（需洽詢）㊐筑波快線淺草站A2出口步行3分

MAP附錄②P.7 A-2

在明治創業的酒吧
盡情品嘗招牌雞尾酒

↑ 吧檯飄盪著古樸的風情
← 神谷大樓本館已登錄為有形文化財

在淺草寺的雷門與仲見世通附近微醺一下。

雷門附近

神谷バー

預算 1000～2000円

☎ 03-3841-5400
所 台東区浅草1-1-1
休 週二
⏰ 11:00～20:30
🚇 地鐵淺草站3號出口即到
MAP 附錄② P.7 C-3

● かみやバー

創業於1880年的日本第一家酒吧。以白蘭地為基酒的雞尾酒「電氣白蘭」尤其有名。雖然是酒精濃度30度的烈酒，但芳香醇厚、帶微甜滋味，跟日、西、中式料理都很合拍。

↑ 「串炸」500円、「燉煮物」600円、「生啤酒中杯」830円
→ 「電氣白蘭」300円

在2大區域買醉一場 下町續攤酒吧

以淺草寺為中心延伸的熱鬧街區，大眾酒場及酒吧林立。其中又以雷門與六區周邊集結了許多會忍不住讓人想續攤的名店！

本鯨魚料理店牢牢抓住了藝人的胃

從明治時代就很繁榮，是淺草首屈一指的歡樂街。

六區附近

← 名店店長河野認識所有淺草的藝人。大鍋燉煮的是「燉牛肉」630円

↓ 「鯨龍田揚」1400円

正ちゃん

預算 1000円～

● しょうちゃん

在淺草一帶最早是賣「燉菜」起家，已經有約70年歷史。繼承創業以來的口味，使用日本國產牛製成的「燉牛肉」好吃到沁人肺腑。坐在吧檯體驗一下大眾酒場的醍醐味吧。

☎ 03-3841-3673
所 台東区浅草2-7-13
休 不定休
⏰ 中午過後～20:00（週六、日為11:00～）
🚇 筑波快線淺草站A2出口即到
MAP 附錄② P.7 B-2

← 右起是「燉雞翅」、「燉牛肉」、「馬鈴薯燉牛肉」，後方則是「白Hoppy」各500円
← 店內過中午就會客滿，氣氛熱鬧非凡

捕鯨舩

預算 2000円～

● ほげいせん

北野武的名曲《淺草小子》也有唱到的名店。店內牆上掛滿藝人、名人的簽名。堅持以南冰洋小鬚鯨做的鯨魚料理沒有腥味，容易入口。

☎ 03-3844-9114
所 台東区浅草2-4-3
休 週四
⏰ 16:00～22:00
🚇 筑波快線淺草站A1出口即到
MAP 附錄② P.7 B-2

燉菜加HOPPY 只要1000円

編輯部特別推薦

平價&方便 旅行小物3選

「MAPPLE」編輯部要來分享一些旅途中實際會用到的便利小物！

其1 S型掛勾

在巴士或餐廳座位上吊掛行李、在包包上掛帽子等，想掛東西時的便利小物。

↑小巧而不占空間，攜帶方便

如果想掛在後背包上，推薦使用鋁合金扣環

其2 包袱巾

打包衣服或行李太多時，可以用包袱巾裝起來，變成提包。這也是用途很廣的好用小物之一！

↑不需要時就摺起來，輕巧方便

其3 隱形眼鏡盒

若是只住1晚左右的小旅行，像防曬乳或隔離霜這種用品，拿隱形眼鏡盒裝就夠用了。不容易外漏，可以安心攜帶。

↑體積很小的話，也可以放入首飾

其他推薦小物包括：餅乾等零食拆封後，可以將開口封起來的「紙膠帶」，以及即使溫掉也馬上就乾的「手巾」等，都是很多人愛用的法寶。想買的東西實在太多了，下次旅行時不妨塞進背包試試？

ニュー淺草 本店

預算 1000～2000円

●ニューあさくさほんてん

1957年創業的大眾居酒屋，以採購鮮魚的好眼光自豪，從生魚片到種類豐富的炸物等，供應眾多大眾料理。

☎03-3841-1272
所台東区浅草1-35-3　休週一（逢假日則週三休）
L11:30～21:00（週日、假日為～20:30）地鐵淺草站6號出口步行4分

MAP附錄②P.7 D-6

↑大燈籠令人印象深刻
→「生魚片拼盤」1600円、「滷下水」480円、沙瓦類380円～

沉浸在昭和昔日風貌 大啖大眾料理

ひょうたんなべ 雷門店

預算 1000～2000円

●ひょうたんなべかみなりもんてん

☎03-3842-1522　所台東区浅草1-2-9　休無休
L16:00～22:00（週六為13:00～21:00，週日、假日為12:00～20:00）地鐵淺草站1號出口即到

MAP附錄②P.7 D-6

使用日高昆布、柴魚、扇貝貝柱等食材煮出高湯，再以此為湯底的關東煮是店家自豪的料理。除了有30種以上多樣的關東煮，也很推薦新鮮的生魚片。

→「松」為7樣拼盤1320円。關東煮為1樣180円～
↓櫃檯前擺滿了適合搭配關東煮的酒

熱騰騰的關東煮 盛於清澈的湯頭中

淺草ビアホール D's diner

預算 3000円～

☎03-5806-5566　所台東区浅草1-15-6
休週四（逢假日則營業）　L16:00～23:00（週六、日、假日為12:00～）筑波快線淺草站A1出口步行3分

MAP附錄②P.7 B-3

●あさくさビアホールディーズダイナー

網羅日本國內外各種啤酒，由賣酒店直營的啤酒館。「香腸」638円～等下酒菜選擇也很豐富。

適合下酒的多樣料理

↑生啤酒528円～
↑右前方為「西班牙烘蛋」858円等等

鈴芳

預算 1500円～

☎03-3841-6081
所台東区浅草2-5-1　休週二
L11:30～21:30（週六、日、假日為11:00～）地鐵淺草站1號出口步行7分

MAP附錄②P.7 B-2

●すずよし

淺草首屈一指的飲酒街HOPPY通的人氣店。有名的「杯裝生啤酒」600円可以輕鬆暢飲，和老闆娘自豪的煮物非常搭。

從中午就很熱鬧 HOPPY通的老店

←吧檯擺滿了種類豐富的煮物料理
↓「韓風冷豆腐」450円（前）、「韓風煮牛筋」650円（中）等

↑稍微架高的和式座位，氣氛宛如身處鄉下老家
←師傅在廚房依序炊煮釜鍋

食材與高湯的風味
隨著熱氣散發出來

觀音裏美食

隱藏版 美食在這裡

位於淺草寺北側的觀音裏區，是內行人才知道的美食景點。有和食、洋食及異國料理等，盡情享受種類豐富的美食！

釜めし むつみ

●かまめしむつみ

中午常常絡繹不絕的釜飯人氣店。耗時約30分鐘精心炊煮而成的釜飯鬆軟好吃，食材美味都滲進了米飯當中。可以在和式座位悠閒品嘗。

☎03-3874-0600
🏠台東区浅草3-32-4
🚫週三、隔週週二
🕐11:30〜15:00、17:15〜21:00（釜飯以外為〜21:30）🚇地鐵淺草站6號出口步行10分
MAP附錄②P.7 C-1

美食MENU
五目釜飯
1100円

加進雞肉、海瓜子、蝦子等的必吃料理，附味噌湯、漬物。來品嘗剛做好的熱騰騰釜飯吧

---

grill GRAND

●グリルグランド

1941年創業的洋食店，招牌料理是花2週仔細燉煮的「燉牛肉」與「香雅飯」2420円。美味的關鍵在於味道柔和的高級法式多蜜醬汁。

☎03-3874-2351
🏠台東区浅草3-24-6
🚫週日、一
🕐11:30〜13:45、17:00〜20:30
🚇地鐵淺草站6號出口步行8分
MAP附錄②P.7 C-1

↑1樓為桌位席。2樓也有和式座位

美食MENU
燉牛肉 3630円

用7小時燉煮出來的牛肉軟嫩到幾乎入口即化

堅守傳統之餘
持續進化的老店

已經吃飽的話就來這裡

在咖啡廳小憩片刻

正餐過後，在氣氛很好的時髦咖啡廳，來杯講究的咖啡休息一下。

FUGLEN ASAKUSA

フグレンアサクサ

本店位於挪威的正統烘焙咖啡店。店員受過世界咖啡師大賽日本參賽選手的指導，提供高品質咖啡。

☎03-5811-1756
🏠台東区浅草2-6-15
🚫無休
🕐7:00〜22:00（週三、四為〜翌日1:00、週五、六為〜翌日2:00）
🚇筑波快線淺草站A1出口即到
MAP附錄②P.7 B-2

挪威發跡的道地咖啡

「咖啡拿鐵」580円
也有販售咖啡豆

活用木質風格的時尚店內。

---

cafe michikusa

カフェミチクサ

每天出爐的多種司康與鬆餅大受歡迎。司康套餐附有味道類似奶油的凝脂奶油、自製蘋果果醬。

☎03-3876-2004
🏠台東区浅草4-6-5
🚫週五、其他不定休（週六、日、假日為〜17:30）
🕐11:00〜18:30
🚇地鐵淺草站6號出口步行10分
MAP附錄②P.7 C-1

享用紅茶與甜點
度過悠閒時光

人氣「特製司康拼盤」580円、「熱格雷伯爵茶」600円。位於住宅區

淺草旅行導覽

景點 淺草神社
あさくさじんじゃ

與淺草寺相鄰的神社。祭祀與淺草寺起源有關的檜前兄弟、創始者土師真中知命。

☎03-3844-1575
所台東区淺草2-3-1
休無休 ⏰9:00～16:00
地鐵淺草站1號出口步行7分
MAP 附錄②P.7 C-2

 社殿為國家重要文化財

玩樂 TOKYO CRUISE
（東京都觀光汽船）
トウキョウクルーズとうきょうとかんこうきせん

連結淺草與日之出棧橋、台場方向的觀光船。根據不同航線，有各具特色的觀光船在航行。

所台東区花川戶1-1-1（淺草營業所）
休無休 ⏰視航線而異
¥乘船費用860円～
※費用及航線、時間等資訊請見東京都觀光汽船官網，參照HPhttp://www.suijo-bus.co.jp
地鐵淺草站5號出口即到
MAP 附錄②P.7 C-3

 松本零士設計的近未來船隻「HOTALUNA」

購物 まるごとにっぽん

陳列從日本各地嚴選產品的「支援地區的專賣店」。也設有酒種豐富的飲酒區。

☎03-3845-0510
所台東区淺草2-6-7 東京樂天地淺草大廈1F
休無休
⏰11:00～20:00
筑波快線淺草站A1出口即到
MAP 附錄②P.7 B-2

 位在有服飾店、餐飲店進駐的「東京樂天地淺草大廈」1樓

購物 NOAKE TOKYO
ノアケトウキョウ

這家甜點店提供活用素材原味、充滿驚喜的甜點。也很適合送禮。

☎03-5849-4256
所台東区淺草5-3-7
休週日、一
⏰11:00～18:00
地鐵淺草站6號出口步行12分
MAP 附錄②P.7 C-1

 內含煎香蕉的「焦糖香蕉磅蛋糕」2782円

購物 玉屋 淺草
たまやあさくさ

販售天然石與首飾的店。使用深海藍玻璃珠的原創首飾很受歡迎。

☎03-5830-7900
所台東区淺草1-28-2
休無休
⏰11:00～19:00
地鐵淺草站6號出口步行7分
MAP 附錄②P.7 B-3

 屋頂有雷神標誌。以天然石製成的雜貨一字排開

正統喀拉拉料理 當地主廚所做的

SOUTH PARK asakusa
サウスパークあさくさ

可品嘗南印度喀拉拉邦家庭料理的餐廳。來自喀拉拉邦的主廚所重現的家鄉料理，特徵是以椰子為基底的溫和辣味。

☎03-6802-8484
所台東区淺草2-17-4 休週三 ⏰11:30～14:30、17:30～22:30 筑波快線淺草站A1出口步行3分
MAP 附錄②P.7 B-2

能在舒適的空間悠閒用餐

美食 MENU
喀拉拉邦套餐 1790円～
由2種咖哩、米飯、沙拉、湯品和甜點等組成的套餐。午餐為1200円～

おにぎり 淺草 宿六
おにぎりあさくさやどろく

創業於1954年，是東京最古老的飯糰專賣店。2019年因為刊登在米其林指南上而引起話題。以大釜炊製的越光米中，包有從日本全國精選的滿滿高級食材。

☎03-3874-1615 所台東区淺草3-9-10 休無休 ⏰11:30～、17:00～（週二、三僅白天營業，週日僅晚上營業，午晚皆米飯用完即打烊）筑波快線淺草站A1出口步行5分
MAP 附錄②P.7 B-1

滿了配料 吧檯前的玻璃櫃擺

蘊含店家的用心 專賣店的飯糰

戶前有香海苔包裹以釜炊製的飯 富有香氣的江

美食 MENU
飯糰 1個297円～
嚴選配料有鮭魚、山牛蒡、鹽辛等18種左右，相當豐富。也可以外帶292円～

丹想庵 健次郎
たんそうあんけんじろう

將玄蕎麥以石臼研磨，再用外一比例製成的「蕎麥麵」、「田舍蕎麥麵」備受好評。從日本各地精選當季品質最好的蕎麥粉，手打成麵。適合配麵的季節單點料理及地酒的種類也很豐富。

☎03-5824-3355 所台東区淺草3-35-3 休週日、假日 ⏰12:00～14:00、17:30～20:00（週六僅晚上營業）筑波快線淺草站1號出口步行5分
MAP 附錄②P.7 B-1

香氣十足的蕎麥麵 在隱密店家品嘗

美食 MENU
田舍蕎麥麵 1100円
以嚴選蕎麥粉手打而成，每天供應的數量有限。優質香氣與入喉的口感讓人停不下來

 被木質暖調與和風小物圍繞，頗具風情的店內

幾乎位於**淺草**與**東京晴空塔城**®的**正中間**

隅田公園 西區 東區
隅田川 W W W W W W W E E E E E E 東京晴空塔站
淺草站 01 02 03 04 05 06 07 01 02 03 04 05 06 07
北十間川
親水露台

也可以享受散步樂趣的水岸商業設施

東京MIZUMACHI® 的注目Topics

作為嶄新下町交流景點而受到大眾矚目的「MIZUMACHI」。在此詳細介紹能在風情滿溢的風景中，享受個人美好時光的景點。

來SUMIDA RIVER WALK® 可輕鬆往來兩地！

這座位於隅田川的人行橋連結了東京晴空塔地區與淺草地區。不需要繞路即可往來兩地，非常方便。

☎03-5962-0102
（東武鐵道客服中心）
📍台東区花川戶1-1～墨田区向島1-1地先　休無休　⏰7:00～22:00（視時期而異）　¥免費　🚃東武晴空塔線淺草站北口即到
MAP 附錄②P.7 D-3

東京MIZUMACHI
●とうきょうミズマチ

誕生於東武鐵道高架橋下的複合設施。以來自海外的人氣店為首，還有東京都內的人氣咖啡廳、獨特的運動設施等豐富陣容。也可以沿著河岸漫步、享受下町風景，是散步之餘也能順道去的魅力景點。

🚩視店鋪而異
📍墨田区向島1　⏰視店鋪而異　🚃東武晴空塔線東京晴空塔站正面剪票口步行3分、地鐵淺草站5號出口步行7分
MAP 附錄②P.7 D-3

Topic 1
講究食材的餐廳

以安心安全的食材製作原創料理

介紹2家食材及原創性都非常講究的實力派餐廳。來確認人氣餐廳的美食味道如何吧！

E06 ## Shake Tree DINER
シェイクツリーダイナー

本店位於兩國的人氣漢堡店2號店，使用手切肩里肌肉與腿肉製成的粗絞肉，製成100%牛肉肉排，鮮美多汁且口感十足。微甜的特製漢堡包也非常美味，建議肉食主義者點「WORLD FAMOUS WILD OUT」。也有三明治和熱狗。

☎03-6658-8017　休週二（逢假日則翌日休）　⏰11:00～20:30

➡店內氛圍就像道地的美式餐廳。漢堡也可以外帶

➡取代漢堡包，用肉排夾起司及番茄的「WORLD FAMOUS WILD OUT（附薯條）」1750円

以肉為主角的漢堡連細節也不放過

↑夾在隅田公園和北十間川之間的店內視野絕佳。也推薦天晴時選擇露天座位
➡五彩繽紛的早餐菜單（9～11時）「市集蔬菜的沙拉碗」附湯種麵包為1350円

W01 ## LAND_A
ランドエー

在這間以東京、大阪為中心展店的「BALNIBARBI」所經手的餐廳，可以享用講究產地和季節、盛有滿滿新鮮食材的豐盛料理。也有附設露天市集，供應合作農家的蔬菜與食材。提供多種享用美食的方法，例如在露天座位享用BBQ、外帶可麗餅或熟食等等。

☎03-5637-0107
休不定休　⏰早餐9:00～10:50，午餐11:00～14:30（週六、日、假日為～15:30），下午茶14:30～17:00（週六、日、假日為15:30～），晚餐17:00～19:00，可麗餅11:00～17:00

盡情享用咖啡廳菜單上的人氣吐司美味

Topic 2
人氣店經營的咖啡廳

在由表參道的烘焙坊、曳舟當地知名和菓子店經手的咖啡廳，度過療癒的悠閒時光。

↩使用Mou的「鐵鍋法式吐司」900円。附娟珊牛奶冰淇淋與自製餡料醬

W07 むうや

表參道的熱門烘焙咖啡廳「BREAD, ESPRESSO&」為人氣餐點「Mou」吐司設立的專賣店。可在內用空間享用以Mou製成的三明治與法式吐司。

☎03-6240-4880　休不定休　🕐9:00～21:00

↩以白色為基調的店面。以Mou為形象的裝潢也很醒目

W04 いちや

本店位於曳舟的人氣和菓子店「いちや」所經手的甜點店。可以品嘗職人手作白玉的百滙與餡蜜。吃起來軟軟的「軟黏蕨餅」770円堪稱絕品。盡情享用甜點後，還可以外帶店家自豪的銅鑼燒和大福回家。

☎03-6456-1839　休週二
🕐10:00～17:30（銷售為～18:00，售完打烊）

↩跟本店一樣到了假日就大排長龍。想買銅鑼燒跟大福的話建議早點來

嚴選食材的自製甜點

↩盛有北海道產最高級紅豆粒餡、白玉和冰淇淋等的「いちや特製餡蜜」1200円

W05 DEUS EX MACHINA ASAKUSA

デウスエクスマキナアサクサ

這家生活型態商店來自以衝浪和機車文化立基的澳洲。由舒適的咖啡廳與擺賣原創商品的流行服飾店構成。馬克杯和瓶裝啤酒也很適合作為伴手禮。

☎03-6284-1749　休不定休
🕐10:00～19:00（咖啡廳為～18:00，飲料為～18:30）

↩在東京東區首次設店。置於店門口的機車十分吸睛

以時髦商店×咖啡自豪的咖啡廳

↪淺草店限定的T恤為每件6000円。與咖啡廳有關的設計也很可愛

也有附設咖啡廳！

咖啡廳除了拿鐵、啤酒等飲品之外，也有提供三明治、焗烤飯等分量十足的餐點。

↩以木紋和紅色為基調的店內一角也有附設藝廊
↩最受歡迎的餐點「BBQ手撕豬肉三明治」1300円

Topic 3
流行敏銳度高的店家

在來自澳洲的生活風格店家與藏前的獨特商店，購買僅此才有的商品！

↩使用防潑水牛皮革製成，巴掌大小的「小零錢包」各6600円。共8色

眾多創意商品為日常妝點加分

↩尾端為梳子、前端為鏟子，做料理或甜點都有幫助的「Happy Bird」各1100円

W02 KONCENT

コンセント

在製造業興盛的街區藏前創業的設計商品店鋪。從皮革小物到文具、廚房用品，陳列許多講究使用方便性又充滿玩心的商品。其高度創意與設計點子令人驚訝。

☎03-5637-8285　休不定休　🕐11:00～20:00

↩擺滿原創商品。最適合來此挑禮物了

結合咖啡站與運動的新設施

↩攀岩館的體驗時間為2小時起。設施內也會舉辦活動

Topic 4
運動複合設施

在可以享受正統咖啡與運動的新型態設施，輕鬆地動動身體吧！

E07 LATTEST SPORTS

ラテストスポーツ

表參道人氣咖啡站所經營的運動設施。除了由JazzySports監製的攀岩館、自行車商店和咖啡站之外，還有使用澳洲海灘白沙的戲沙場，大人跟小孩都可以樂在其中。

☎03-6240-4300　休不定休　🕐10:00～23:00（週六、日、假日為～22:00，咖啡廳為～22:00，自行車商店為～19:00）

↪咖啡師所沖泡的自家烘焙拿鐵1杯500円～

↩除了多人共住之外，也有單間的雙床房

也有時尚的青年旅館！
長住下町就以河岸為據點吧

E01 WISE OWL HOSTELS RIVER TOKYO

ワイズアウルホステルズリバートーキョー

以合租形式提供住宿的青年旅館，1樓附設咖啡吧檯，也會舉行活動和現場表演。

☎03-5608-2960　💰多人共住2000円～

可能還會遇見
晴空塔妹妹！

還有宛如**珠寶盒**的夜景！

東京晴空塔
官方吉祥物
晴空塔妹妹

持續進化的
"東京王道名勝"

東京晴空塔城®的

景點全部 徹底 解析！

「東京晴空塔城」以「東京晴空塔」為中心，集結了商業設施與娛樂設施。從基本情報到想搶先得知的好康資訊，全部一次檢視！

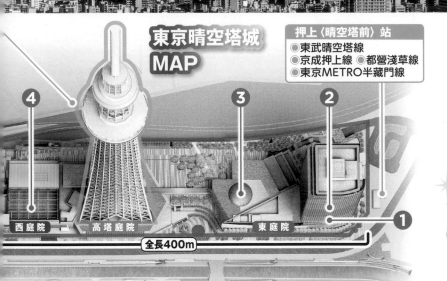

東京晴空塔城 MAP

押上〈晴空塔前〉站
- ●東武晴空塔線
- ●京成押上線 ●都營淺草線
- ●東京METRO半藏門線

④ 西庭院　高塔庭院　③　②　東庭院　①

全長400m

Access

電車

東京站	新宿站	羽田機場第1、2航廈站	上野站	淺草站
約20分 200円	約30分 350円	約50分 560円	約15分 280円	約3分 150円
東京METRO丸之內線	JR總武線	京急線（也有直通電車）	東京METRO銀座線	東武晴空塔線
大手町站	淺草橋站	泉岳寺站	淺草站	
東京METRO半藏門線	都營淺草線	都營淺草線	都營淺草線	東京晴空塔站

押上〈晴空塔前〉站

路線圖

東武スカイツリーライン
とうきょうスカイツリー
押上〈スカイツリー前〉

池袋　山手線　上野　淺草
秋葉原　御茶ノ水　錦糸町
新宿　丸ノ内線　半藏門線　淺草橋
中央線　大手町　浅草線
東京
渋谷　新橋
目黒　泉岳寺　浜松町　品川
舞浜
新木場
京浜東北線・東海道本線
蒲田
京急蒲田　京急線
羽田空港 第1・第2ターミナル

巴士

晴空塔穿梭巴士®
從羽田機場、主要觀光景點直通晴空塔城的接駁巴士。最新資訊請至東武巴士官網確認。

上野・淺草	羽田機場	「東京迪士尼度假區」
約30分 220円	約50~70分 940円	約45~55分 800円

東京晴空塔城®

Tickets｜東京晴空塔®入場券

票種		購買方式・內容	成人 (18歲以上)		國高中生 (12～17歲)		小學生 (6～11歲)	
天望甲板	當日券	每天10時開始於東京晴空塔售票櫃檯（4F）售票。不可指定時間	平日 2100円 假日 2300円		平日 1550円 假日 1650円		平日 950円 假日 1000円	
	指定日期時間券	於官方網站和7-Eleven的多功能事務機台販售。可事先指定日期與時間	平日 1800円 假日 2000円		平日 1400円 假日 1500円		平日 850円 假日 900円	
天望回廊	當日券	僅於天於天望甲板內的售票櫃檯販售。不可指定時間	平日 1000円 假日 1100円		平日 800円 假日 900円		平日 500円 假日 550円	
天望甲板＋天望回廊	當日券	可進入天望甲板與天望回廊兩處觀景台。僅當天於東京晴空塔售票櫃檯（4F）販售。不可指定時間	平日 3100円 假日 3400円		平日 2350円 假日 2550円		平日 1450円 假日 1550円	
	指定日期時間券	可進入天望甲板與天望回廊兩處觀景台。在官方網站購買。可事先指定日期與時間	平日 2700円 假日 3000円		平日 2150円 假日 2350円		平日 1300円 假日 1400円	

※詳細資訊請見東京晴空塔官網 HP https://www.tokyo-skytree.jp
※5歲以下幼兒、6歲以下學齡前兒童免費

出發前先確認一下！ 搶先了解 Point

大推更為優惠的指定日期時間券

從2019年4月起，指定日期時間券大幅降價了！比當日券更便宜，如果決定好要去的日期，就先去買票吧。

票券變優惠券別錯過票券優惠

在東京晴空街道的店鋪出示晴空塔、水族館及天文館的入場券，就會獲得特別優惠！詳情請於網站等處確認。

憑淺草行程套票暢遊「SKYTREE ENJOY PACK」！

絕對不能錯過這個方案，內含晴空塔展望台的入場券、晴空塔城內的設施票券、能在淺草體驗日本文化等的設施票券，成套販售超級划算！

高634m！ 象徵東京的高塔
東京晴空塔® →P.26

別錯過從2處觀景台眺望的東京景色。閃耀的夜景也值得一見。

634m的高塔聳立在東京晴空塔城的中心。澄淨的冬季觀景色看起來特別美麗。在空氣

○東京觀光絕對不可錯過的景點！

娛樂景點 →P.32

① 千葉工業大學 東京晴空塔城®校區
② 郵政博物館
③ 柯尼卡美能達天文館「天空」in 東京晴空塔城®
④ 墨田水族館

要用餐的話！

○種類豐富，可以隨喜好挑選想吃的

東庭院 6・7F	晴空街道餐廳
東庭院 30・31F	晴空街道餐廳 晴空塔景觀
西庭院 3F	晴空街道 美食廣場

要買伴手禮的話！

東庭院 4F	日本紀念品區
高塔庭院 2F	Food Marche
西庭院 2F	Food Marche

○眾多甜點適合分送多人

豐富多元的商店齊聚在「新下町」
東京晴空街道® →P.28

位於東京晴空塔腳下的商業設施。裡面有種類多元的餐廳、個性豐富的商店，以及期間限定、連袂合作的咖啡廳等300間以上的店家，設施內容充實，不分男女老少都能樂享其中。

○能玩上一整天的設施

☎0570-55-0102（東京晴空街道 call center11:00～19:00）　所墨田区押上1-1-2　A不定休
L全館10:00～21:00(6-7樓；30-31樓餐廳樓層為11:00～23:00)　※部分店鋪有異　MAP附錄②P.6 F-3

東京晴空塔站
●東武晴空塔線

樓層圖

東京晴空塔®

31F	晴空塔街道餐廳	EV
30F	晴空塔街道景觀	EV
29F	辦公室	
11F		
10F	生活&文化	
9F	郵政博物館 Dome Garden	
8F	生活&文化	
7F	天文館「天空」 晴空塔街道餐廳	
6F	晴空塔街道餐廳	EV
5F	Japan Experience Zone	
4F	日本紀念品區	
3F	流行時尚／雜貨	
2F	女性流行時尚／雜貨	
1F	晴空街道商店街	EV
地下1F		
地下3F		

東京晴空塔入口樓層
東京晴空塔出口樓層

晴空街道 美食廣場
6F	墨田水族館
5F	墨田水族館
4F	電視卡通人物
3F	P
2F	Food Marche
1F	站台街道
地下1F	

餐廳

西庭院 **高塔庭院** **東庭院**

東京晴空塔站　東京晴空塔團體櫃檯　押上＜晴空前＞站

Q&A

Q.1 所需時間大概是？

A. 僅遊覽觀景台的話，大概是1～2小時。要玩遊樂設施、品嘗人氣美食、逛商店的話，加起來會超過半天的時間。

Q.2 觀景台之外的景點有？

A. 其他景點有商業設施「東京晴空街道」，可見到約260種生物的水族館，以及運用最新技術的天文館等多樣設施。

Q.3 晚上的景點是？

A. 從展望台望去的夜景格外美麗。塔外的夜間點燈必看，在2020年2月之後，除了增加新的常設點燈之外，還有季節性的特別點燈呢！

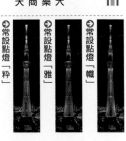

○常設點燈「粹」　○常設點燈「雅」　○常設點燈「幟」

世界第一高塔

享受把東京盡收眼底的絕景！

東京晴空塔

位於距離地面350m、450m兩處的觀景台，可眺望整個東京的寬廣全景之外，商店與咖啡廳等景點也非常多。欣賞無與倫比的景色，創造美好回憶吧！

東京晴空塔® とうきょうスカイツリー

建築形象是向天空延伸的大樹，高達634m，為世界最高的獨立式電波塔。在2處觀景台可以享受各種角度的美景，即使遇雨也別有一番風味，令人開心。

☎0570-55-0634(東京晴空塔call center11:00～19:00)
🚇墨田区押上1-1-2 休無休 🕙10:00～20:00
MAP 附錄②**P.6 F-3**

340～350m
天望甲板

從4F晴空廣場往上吧！
首先前往4樓的售票櫃檯買票吧。搭乘每分鐘600m的高速電梯「天望穿梭電梯」，一口氣到達。

⬆⬇在340樓能喝到「晴空塔拿鐵」700円

⬆⬇在這裡才能見到的震撼景色！

實際感受340m的高度！
玻璃地板
可從透明玻璃的地板往下探望地面的景點，也提供1張1500円的拍攝服務。

眺望景色稍作休息
SKYTREE CAFE
能享受到原創菜單的咖啡廳。350樓的用餐席為站式，340樓的則是座位式。
🕙10:00～20:15

⬆在350樓能吃到「晴空霜淇淋(佐覆盆子醬)」550円

在世界第一高塔許願吧！
W1SH RIBBON
由寫有「願望」的緞帶集結而成的紀念碑。飽含了每個人不同的心願！

⬆緞帶附徽章500円

夜晚可盡情欣賞動態影像
SKYTREE ROUND THEATER®
投影在天望甲板窗戶上的影像、帶有魄力的音樂，帶來精彩表演。
🕙時程表須於官網確認
¥免費(天望甲板的入場費另計)

⬆上映內容會隨活動變換

2021年OPEN!
SKYTREE® ARCHIVES
スカイツリーアーカイブス

4樓入口經過整新翻修，全新展示區登場！
可以認識晴空塔所在的押上地區及其周邊地區的歷史、電波塔的功用等，各種晴空塔相關知識的「學習區」。過去展示在1樓團體樓層的「隅田川數位繪卷」也移到此處了。

⬆120英寸的大型8K螢幕放映著從晴空塔眺望的景致

⬆介紹開幕典禮「開關之儀」的情景，以及野村萬齋穿過的服裝

⬆「隅田川數位繪卷」。不但描繪了江戶時代的橋，還有各種裝置！

\ 在官方商店 /
晴空塔伴手禮 Check!

在官方商店裡，除了晴空塔妹妹商品，還有眾多獨家商品！

KURUTOGA ADVANCE
各814円

→上有晴空塔圖案的自動鉛筆。細緻的圖案採極光色印刷，非常酷炫。是345樓的限定商品

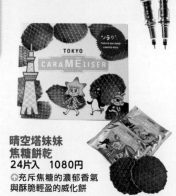

晴空塔妹妹焦糖餅乾
24片入　1080円

↑充斥焦糖的濃郁香氣與酥脆輕盈的威化餅

東京晴空塔法蘭酥
6片（2片×3袋）入　各460円

↑原創罐子裡裝有「上野凮月堂」的法蘭酥。有3種口味

晴空塔妹妹半圓年輪蛋糕
7片入　1080円

→味道既柔和又溫潤，入口即化的年輪蛋糕

東京晴空塔®晴空塔水晶雪球
980円

→在水晶雪球裡發光的晴空塔，最適合當作旅遊的紀念品

●●● 在這裡買得到！ ●●●
THE SKYTREE SHOP
ザスカイツリーショップ

| 天望甲板 345樓 | ⏱ 10:00～20:30 |
\ 無觀景台入場券也OK！/
| 高塔庭院 5F | ⏱ 10:30～20:45 |

從展望台一覽東京街景

←晴空塔展示燈光設計時，室內照明也會隨之變換

話，有可能會看到雲海！

春、秋季的清早上來的

從天望甲板往上囉！
如果要去天望回廊，推薦購買搭配天望甲板的套票券！沒有套票券的話，就在350樓購買天望回廊的當日券吧。

想在雲端留下回憶

天望回廊 445樓拍攝服務

運用合成技術，拍出宛如飄浮在宇宙，不可思議的照片。1張的費用是1500円。

↑走在緩坡設計的回廊，一邊享受空中散步的感覺一邊往上走

→拍攝服務會附上特製的裱紙，能留下只在晴空塔才有的珍貴照片

↑可以拍出不可思議又有趣的照片

晴空妹妹來導覽♪

能感受到神奇體驗的最高抵達點
晴空佳境

高度達451.2m的最高抵達點。在這個空間可透過光和玻璃，體驗到開闊感、浮游感、地球的圓弧感等。

↑也會根據活動裝飾現場（照片為舉辦萬聖節活動時）

進一步了解東京晴空塔吧！
可以快樂地學習構造與特徵，還有東京晴空塔的小知識。
⏱ 10:00～21:00　¥ 免費

↑位於最高處的避雷針，重現出實際大小！

→新穎的展示，能實際感受東京晴空塔的規模

←位於1樓團體樓層的免費參觀，能免費參觀建設當時的珍貴照片等

←從店內的大片窗戶可望見晴空塔

TOPLUNCH
1人 2800円

有豐盛前菜的歡樂塔擺盤是人氣全餐。2人以上起餐

↑主菜料理會隨季節替換，可從魚類或肉類料理中挑選

能享受晴空塔®造型和四季美味

口袋名單都集中在這裡！

限定美食&特別推薦甜點

既然難得來到東京晴空街道，就要吃點好東西。用高級感滿溢的餐點填飽肚子，肯定會留下美妙的回憶！

東京晴空街道®

東庭院 31F
晴空街道餐廳 晴空塔景觀

天空LOUNGE TOP of TREE
てんくうラウンジトップオブツリー

適合紀念日、女生聚會等多種情境的咖啡酒吧。店內無論哪個位置都能眺望晴空塔，除了有供應晚餐之外，也能享受酒吧時光。

☎03-5809-7377 ⏰11:00～22:00
（午餐為～15:00）

想依喜好選擇♡

限定美食

分量驚人！令人印象深刻的特大豪華天婦羅丼

特製
豪華天丼
4290円

將特大炸蝦與炸星鰻、炸海鮮什錦等豪邁地擺盤

←風語大樹在門口迎接來客，店內充滿木質溫暖的感覺

東庭院 4F

KIRBY CAFÉ TOKYO
カービィカフェトーキョー

以「星之卡比」為主題的角色咖啡廳。從正餐到甜點，都可以嘗到以卡比和夥伴們為造型的各種餐點。

☎03-3622-5577 ⏰10:00～21:00

©Nintendo / HAL Laboratory,Inc.

卡比的軟呼呼鬆餅
1628円

在有相當厚度的鬆軟鬆餅上，放上一球卡比造型的草莓冰淇淋

好捨不得吃掉！超可愛的卡比餐點

東庭院 7F
晴空街道餐廳

たまひで いちの

日本橋人形町軍雞（鬥雞）料理老店「玉ひで」的姊妹店。使用的醬汁由「玉ひで」第8代老闆和女兒いちの開發，製作出的親子丼堪稱絕品。

☎03-5809-7228 ⏰11:00～15:00、17:00～21:30

←有寬敞舒適的桌位座與吧檯座

東庭院 7F
晴空街道餐廳

江戶 東京 寿し常
えどとうきょうすしつね

可吃到正統江戶前壽司與和食的老店。也有能盡情欣賞職人精湛技巧的吧檯座，可品嘗傳統的江戶壽司。

☎03-5809-7083 ⏰11:00～22:00

一共24個座位

店內僅有吧檯座，

品嘗原創菜單中的老字號親子丼

粋親子丼
1628円

使用川俁軍雞的雞腿肉及雞胸肉的奢華料理。僅在晚餐時段供應

限定 美食&特別推薦 甜點

受到大家喜愛！重新發現香蕉的美味

經典香蕉果汁 400円(S)

堅持以完熟香蕉與牛奶製作滋味簡樸的香蕉果汁

| 西庭院 3F | 晴空街道 美食廣場 |

バナナ日和
バナナびより

可品嘗需多花一些工夫準備的香蕉甜點與果汁。除了招牌菜單霜淇淋、果汁之外，小巧雞蛋糕和巧克力香蕉也很受歡迎。

📞03-6658-8707 ⏰10:00～20:50

內用 外帶

▲適合小憩片刻或肚子小餓時來訪

| 東庭院 6F | 晴空街道餐廳 |

祇園辻利
ぎおんつじり

1860年創業，歷史悠長的京都宇治茶專賣店。使用抹茶或焙茶等製作的甜點很受歡迎。

📞03-6658-5656
⏰11:00～21:45
©TOKYO-SKYTREETOWN

▲店家前也有空間可以坐下品嘗

內用

辻利塔霜淇淋（抹茶）690円

濃醇的抹茶霜淇淋與紅豆、白玉簡直是絕配

飯後滿心期待
特別推薦 **甜點**

盡情品嘗濃厚的宇治抹茶吧

濃縮美味精華的完美起司蛋糕

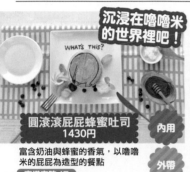

沉浸在嚕嚕米的世界裡吧！

圓滾滾屁屁蜂蜜吐司 1430円

內用

富含奶油與蜂蜜的香氣，以嚕嚕米的屁屁為造型的餐點

| 高塔庭院 1F | |

moomin café
ムーミンカフェ

以童話《嚕嚕米》世界為主題的咖啡廳。主要以外帶方式供應多種餐點，例如以北歐食譜為基礎的料理、甜點和飲品等。

📞03-5610-3063 ⏰10:00～20:30
© Moomin Characters ™

店內散發自然而沉靜的氛圍

| 高塔庭院 2F | Food Marche |

CHEESE GARDEN
チーズガーデン

因為「御用邸起司蛋糕」而大受歡迎，來自栃木縣那須高原的店家。除了起司蛋糕外，也有陳排許多烘焙點心、生菓子等起司點心。在咖啡廳不僅能品嘗甜點，還可以吃到麵包餐點、湯品等。

📞03-6658-4534 ⏰10:00～21:00

▲明亮又寬廣的店內。銷售區的品項也很豐富

御用邸起司蛋糕（切片）510円（單點）

內用 外帶

人氣第一名的餐點。果醬的口味每天都會更換

▲室內裝潢採用鹿沼組子及烏山和紙，值得注目

滿滿的栃乙女草莓！奢侈的義式冰淇淋

栃乙女牛奶義式冰淇淋 450円

栃木縣栃乙女的果酸味是絕妙的滋味（12時～販售）

外帶

| 東庭院 4F | 日本紀念品區 |

とちまるショップ

栃木縣的特產直銷商店。能買到加工食品等栃木獨有的縣產商品。在外帶區還可以享用「栃乙女果昔」等。

📞03-5809-7280 ⏰10:00～21:00（外帶為12:00～17:00）

時尚的私房咖啡店

| 東庭院 2F | 女性流行時尚／雜貨 |

BE A GOOD NEIGHBOR COFFEE KIOSK
ビーアグッドネイバーコーヒーキオスク

「BEAUTY & YOUTH UNITED ARROWS」內的咖啡店。能喝到講究咖啡豆產地的正統咖啡。

📞03-5619-1692
⏰10:00～21:00(閉店)

▲「拿鐵咖啡」460円～

▲氛圍時髦，非常適合在購物中途稍作休息

草莓控會忍不住的店！

| 東庭院 4F | 日本紀念品區 |

STRAWBERRY MANIA
ストロベリーマニア

全年都可以吃到草莓的「草莓甜點專賣店」。從和菓子到西點、飲品，各種品項都有用到草莓！

📞03-6456-1584
⏰10:00～21:00

▲酸酸甜甜的「草莓果昔」600円

▲草莓色調的店內擺滿商品

堅持茶葉品質的芳香茗品

| 東庭院 1F | 晴空街道商店街 |

THE ALLEY
ジアレイ

話題飲品店在晴空街道開幕囉。口感Q彈的珍珠和香醇奶茶實在是太對味了！

📞03-6284-1917
⏰10:00～22:00(閉店)

▲色彩漸層的美麗飲品「黑糖抹茶拿鐵」702円

▲面向1樓的「晴空街道廣場」，好找的明亮店家

口渴的話 飲品店

散步在晴空街道，走累了就喝杯好喝的飲料，稍微休息一下吧！

給自己，都一起買回去吧！

伴手禮

晴空街道的伴手禮種類眾多，或許會迷惘不知該買什麼。這裡依類型選出推薦的食品、雜貨伴手禮。也參考限定標記挑選採買吧。

雜貨

A 東京晴空塔城限定KARAKURI 吸油面紙（3包一組）　1188円

有好多用起來開心的美妝保養品

晴空街道限定

吸油就會浮現和原本圖案相異的設計

©TOKYO-SKYTREETOWN

A 金箔靚肌面膜 4片入　2420円

繼承金箔老店所製作的貼式金箔面膜。透過純度999.9%的純金金箔面膜，讓肌膚變得水潤光滑！

D 紙膠帶　各110円

晴空塔城設計的紙膠帶。推薦一次購齊
©TOKYO-SKYTREETOWN

很好用

不突兀的設計

不會跟別人重複的特色繡章！

C 奔跑忍者繡章（左）
金遁之術繡章（右）　各440円

也能當貼紙使用的忍者刺繡徽章。可以別在背包或手機殼上裝飾

B 出川哲朗的《歐兜邁冒險趣》
鑰匙圈（出發）　550円（左）
徽章（LOGO）　385円（右）

東京電視台的人氣節目《歐兜邁冒險趣》原創鑰匙圈及徽章

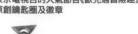

別在包包上裝飾吧！

©TV TOKYO

晴空街道限定

價格實惠，能分送給大家♪

分送用

伴手禮

H 東京晴空塔®
Crispy Chocolat
8個入　540円

晴空塔造型的可愛巧克力

保存期限…約7個月
品嘗得到蔓越莓的果酸香味，口感酥脆的美味巧克力
©TOKYO-SKYTREE

挑選可愛餅乾的過程也很有趣

F 東京晴空塔®
芝麻蛋
12個入　1190円

東京晴空塔®的原創包裝

保存期限…製造日起30天
講究黑芝麻的可愛蛋型點心，是常見的東京伴手禮
©TOKYO-SKYTREE

圓滾滾的可愛蘋果造型

G 袋裝餅乾
8個入　1080円

保存期限…60天
1袋有3種餅乾的組合包。花朵圖案的包裝最適合當作小禮物了
（包裝設計可能變動）

食品

E 費南雪
10個入　1350円

保存期限…製造日起60天
使用了蘋果泥與發酵奶油，可同時品嘗到清爽又濃郁的滋味

G　高塔庭院 2F
Food Marche

Fluria
フルーリア

擺放多種餅乾、葉型酥派等烘焙點心，也有外觀華麗且口味柔和的西點。
☎03-5637-8810
🕙10:00～21:00

E　高塔庭院 2F
Food Marche

りんごとバター。

陳列許多以芳香蘋果與濃郁奶油製成的甜點。除了費南雪之外，也有塔類點心。
☎03-5637-8690
🕙10:00～21:00

C　東庭院 4F
日本紀念品區

京東都
きょうとうと

結合傳統京都與流行最前線東京的設計，頗有人氣的刺繡品牌。
☎03-6274-6840
🕙10:00～21:00

A　東庭院 4F
日本紀念品區

まかないこすめ

源自老牌金箔店女性們的智慧，使用天然素材的日式美妝保養品專賣店。自然又實用的美妝頗受歡迎。
☎03-6456-1552
🕙10:00～21:00

H　高塔庭院 2F
Food Marche

Morozoff
モロゾフ

來自神戶的西點店，以布丁和巧克力聞名。活用食材的美味很受歡迎。
☎078-822-5533（客服中心）
🕙10:00～21:00

F　東庭院 1F
晴空街道商店街

空の町
そらのこまち

提供多種東京人氣品牌點心的名產選物店。光是用眼睛欣賞就很令人開心。
☎03-5809-7058
🕙10:00～21:00

D　西庭院 1F

NATURAL KITCHEN &
ナチュラルキッチンアンド

以實惠價格販售自然風雜貨和廚房商品的店家。
☎03-5610-2746
🕙10:00～21:00

B　西庭院 4F
電視卡通人物／餐廳

**電視台官方商店
~Tree Village~**
テレビきょくこうしきショップツリービレッジ

綜合娛樂商店內販售各種類型的電視節目及藝人等相關商品。
☎03-5610-3181
🕙9:00～21:00

給大家、給重要的人、

東京晴空街道®

類型別

類型別伴手禮

L Hello Kitty 朱印帳套
1980円
Hello Kitty Japan原創商品。設計成能招來好運的招財貓，非常推薦作為禮品送人！

可愛的招財貓設計也許能帶來好運♪

©2022 SANRIO E 21011801

具有玩心的原創商品琳瑯滿目！

東京名勝的圖樣有夠可愛

J つまみ寿司 鮪魚中腹肉 3520円
重現沾到醬油碟的瞬間，非常獨特的模型

K TOKYO緹花橫長小包 1870円
以緹花織法重現東京獨有的圖案，可裝文具，非常方便

J 抹茶百匯東京晴空街道店限定
2200円
DIY食物樣品模型「さんぷるん」的系列商品
©TOKYO-SKYTREETOWN

晴空街道限定

個性商品齊聚一堂！

I 糖果髮圈天空女孩 1650円
閃閃發亮的糖果是撩動少女心的商品

I 糖果耳環小顆草莓球 1430円
耳環讓耳垂顯得更可愛

職人專業製作可愛閃耀的糖果搖身變成首飾

I 糖果造型吊飾摩登女孩 1650円
將金平糖、琥珀糖串在一起是亮點

少人數用

伴手禮

P 飴細工「金魚」 2980円
保存期限…6個月
由於是手工製作，姿勢等細節都各有不同

P 團扇飴 各630円
保存期限…6個月
像是扇子一般的糖果。美麗的圖案會隨季節更換

宛如藝術作品的美麗飴細工

O 晴空街道限定茶2種
（各50g罐裝） 各920円
保存期限…2年
「Over the Rainbow」（左）為紅茶，「Jack and the Beanstalk」（右）為南非國寶茶

用香氣豐饒的好茶來段品茶時光

晴空街道限定
©TOKYO-SKYTREE

將美味梅乾變化一番做成的輕巧伴手禮也很推薦！

N 立ち喰い梅干し屋的橄欖油漬Shirara梅
1296円
保存期限…製造日起6個月
將南高梅以黃金比例入味，打造義式風味

跟其他品項稍有不同的有趣點心！

M 貓熊年輪蛋糕 540円
保存期限…製造日起35天
直接從旁邊吃或把圖案壓出來吃都行的壓模年輪蛋糕

O 東庭院 1F
晴空街道商店街

LUPICIA
ルピシア
紅茶、綠茶、烏龍茶等世界茶葉專賣店。晴空街道限定的茶葉帶有水果的清香。
☎03-5610-2795
🕘9:00～22:00

M 高塔庭院 2F
Food Marche

Katanukiya
カタヌキヤ
可將圖案分離的年輪蛋糕專賣店。能開心享用以鐵板一層層仔細烤製的年輪蛋糕。
☎03-5610-2694
🕘10:00～21:00

K 東庭院 4F
日本紀念品區

ぽっちり
來自京都的口金包品牌。擁有許多原創商品，外觀設計讓人看了心情愉悅又兼具實用性。
☎03-5809-7137
🕘10:00～21:00

I 東庭院 4F
日本紀念品區

にっぽんの飴プロジェクト by nanaco plus+
にっぽんのあめプロジェクトバイナナコプラス
販售的飾品都是師傅用真正的糖果製作而成。商品的種類也很豐富。
☎03-5608-6868
🕘10:00～21:00

P 東庭院 4F
日本紀念品區

淺草 飴細工 アメシン
あさくさあめざいくアメシン
師傅精巧手作的飴細工專賣店。在店裡還可參觀師傅的手藝。
☎03-5808-7988 (淺草本社)
🕘10:00～21:00

N 東庭院 4F
日本紀念品區

立ち喰い梅干し屋
たちぐいうめぼしや
以立食風格享用從日本全國嚴選的梅乾。跟茶、酒一起搭配食用吧。
☎03-5809-7890 🕘10:00～21:00(內用為20:40L.O.)

L 東庭院 4F
日本紀念品區

Hello Kitty Japan
ハローキティジャパン
於2019年2月整新開幕，能買到和風三麗鷗商品的店鋪。也有陳列許多東京晴空塔聯名商品。
☎03-5610-2926 🕘10:00～21:00

J 東庭院 4F
日本紀念品區

元祖食品サンプル屋
がんそしょくひんサンプルや
創業超過90年的食品模型專賣店。擺滿有趣商品讓人想拿起來看看。
☎03-5809-7089
🕘10:00～21:00

邊玩邊學真快樂！

娛樂景點

東京晴空塔城娛樂景點

東京晴空塔城裡除了晴空塔，還有許多好玩的景點。大人小孩都一起來暢快遊玩吧！

↑室內型水族館獨特的展示大受歡迎

西庭院 5・6F ↑必看1天3次的「餵食秀」！

墨田水族館 すみだすいぞくかん

能見到約260種生物的室內型水族館。2020年7月增設了包含水母水盤型水槽在內的2個區域。也別忘了看看新穎的展示方式以及期間限定活動。

☎03-5619-1821
休無休 ⏰10:00～20:00（週六、日、假日為9:00～21:00）¥2300円，高中生1700円，中小學生1100円，幼兒（3歲以上）700円
MAP 附錄② P.6 E-3

企鵝、海豹

日本規模最大的室內泳池型水槽，能近距離觀察企鵝與海豹。在5樓和6樓能從不同角度參觀，趣味十足

伴手禮 Check!

水族動物小點心
各250円，6入套組1500円
↑以海洋生物為造型，味道也很正統的大福與練切

抱枕
「花園鰻」「橫帶園鰻」
各2090円
↑人氣花園鰻、橫帶園鰻做成抱枕。抱起來感覺也超好

小笠原大水槽

可見到約45種棲息在小笠原的魚類的大型水槽。根據小笠原的海洋特色，重現深厚又清澈的大海顏色

珊瑚礁

在這個區域能360度觀看美麗的珊瑚礁、和聚集在珊瑚礁裡的生物。高人氣的花園鰻，從沙中探出頭來的模樣非常有特色

Big Schale

在長軸7m的橢圓形水槽中，漂浮著約500隻海月水母。站在鋪於水槽上方的整面玻璃甲板，可體驗彷彿站在海上的浮沉感

←能體驗配送郵件的模擬遊戲
能快樂學習郵政歷史的博物館

東庭院 9F

郵政博物館 ゆうせいはくぶつかん

介紹郵政歷史的博物館。展示眾多與郵政相關的國內外珍貴資料，還有遊戲讓兒童同樂。

☎03-6240-4311 休不定休
⏰10:00～17:00
¥300円，中小學生、高中生150円
MAP 附錄② P.6 F-3

↑郵票展示竟然多達約33萬種

深受情侶喜愛的限定座位3席，材質與設計都很講究

沉浸在浪漫的星空中

東庭院 8F

千葉工業大學 東京晴空塔城® 校區
ちばこうぎょうだいがくとうきょうスカイツリータウンキャンパス

由千葉大學營運的體驗型遊樂設施區。能夠實際體驗到機器人技術、人工智慧、行星探查等各種最新科技。

↑小行星探測器「隼鳥2號」的實體大模型

親身體驗最尖端的科技吧！

☎03-6658-5888
休不定休
⏰10:30～18:00 ¥免費
MAP 附錄② P.6 F-3

東庭院 7F

柯尼卡美能達天文館「天空」
in 東京晴空塔城®
コニカミノルタプラネタリウムてんくうインとうきょうスカイツリータウン

人氣天文館以「Magic Blue（特別的瞬間）」為構想概念，使用最新的投影系統，能在此觀賞到真實的星空。

↑入口等處的牆壁全部都是光雕投影

☎03-5610-3043
休無休（作品更換期間休館）⏰10:30～22:00（週六、日、假日為9:30～）
¥1500円～，4歲～小學生為900円～
MAP 附錄② P.6 F-3

TOKYO

・散步 MAP・

Tokyo Tower

CONTENTS

可以拆下使用

MAPPLE
まっぷる
哈日情報誌

●關於本書刊載的地圖

係根據測量法經日本國土地理院長認可（使用）R 3JHs 23-295897 R 3JHs 24-295897 R 3JHs 25-295897

此外，超過1萬分之1比例尺的地圖製作，使用了以航空攝影照片為基礎製成的資料庫MAPPLE2500。

東京廣域

P.22 上野

上野站

東京晴空塔

東京站

東京鐵塔

品川站

P.4 東京中心部

P.14 台場

── 銀座 松崎煎餅 P.39
── まめや金澤萬久 P.39
── Anniversary P.39
── ISHIYA G P.38
── TOKYO BANANA WORLD P.38
── 叶 匠壽庵 P.38
── CLUB HARIE P.38
── FROZEN to GO P.38

羽田機場 P.38

東京迪士尼度假區

P.153 東京迪士尼樂祥飯店

P.152 東京迪士尼樂園大飯店

東京迪士尼度假區 P.138

P.140・142 東京迪士尼樂園　P.152迪士尼大使大飯店

P.153 東京迪士尼海洋觀瀾景大飯店

東京迪士尼海洋 P.146

東京迪士尼度假區玩具總動員飯店 P.141

0　100　200m　N
舞濱

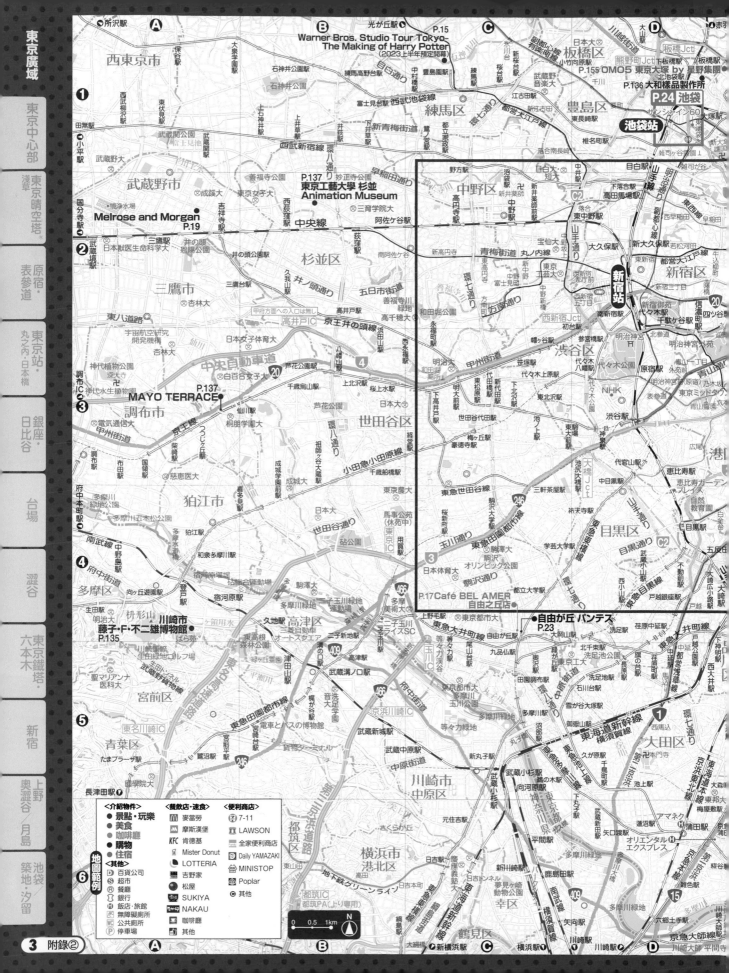

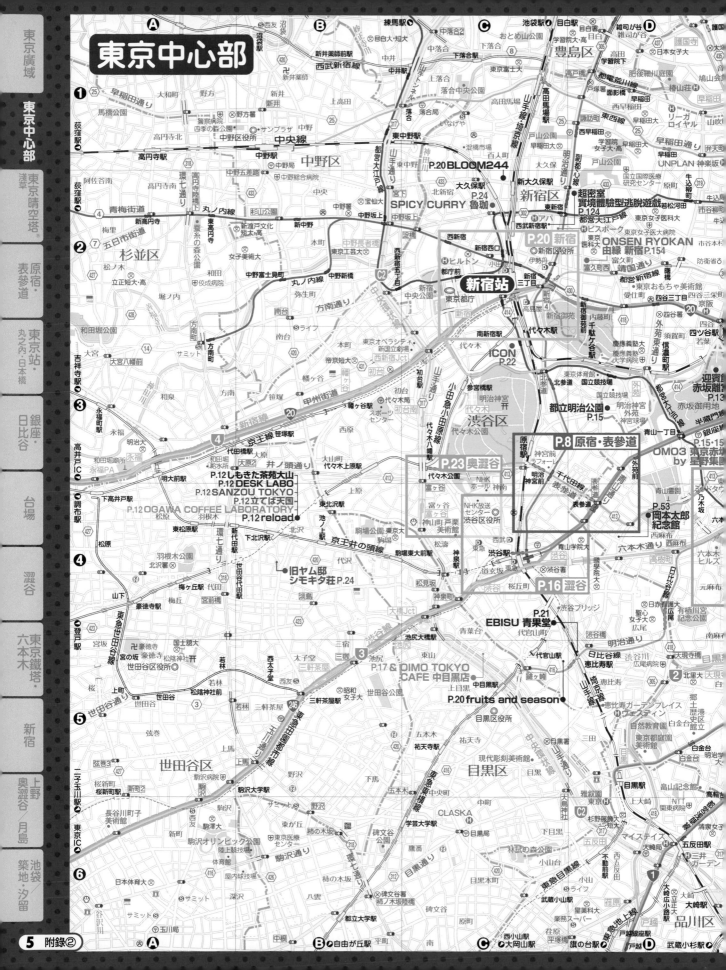

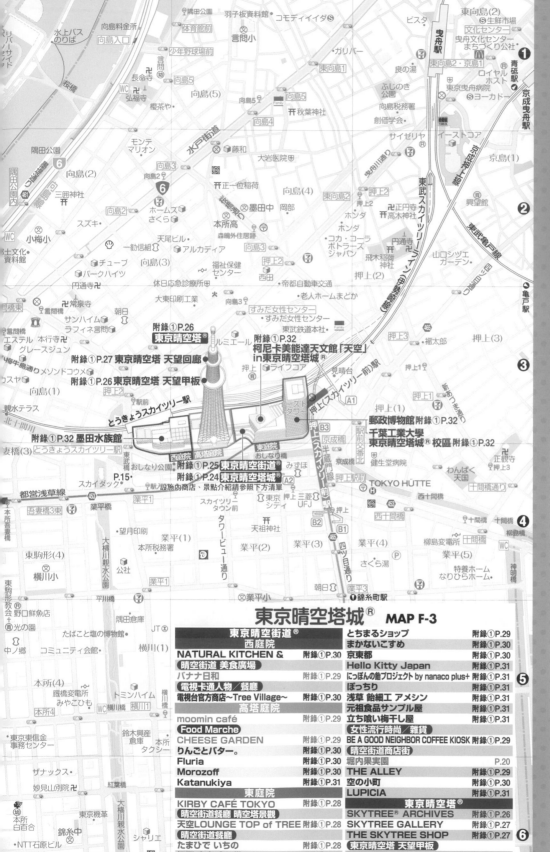

東京晴空塔®

世界第一高塔聳立在下町區域

淺草

●とうきょうスカイツリー・
●あさくさ

這樣就不會迷路！

往各景點的路線

東京晴空塔®

走出東武晴空塔線東京晴空塔站的正面口、東口即到。地鐵半藏門線、都營淺草線等的押上〈晴空塔前〉站從地下3樓走的話，走出B3出口即到。

✆ 0570-55-0634（東京晴空塔call center）
✆ 0570-55-0102（東京晴空塔call center）
➜ 附錄①P.24 **MAP** 附錄②P.6 F-3

淺草寺

從地鐵銀座線淺草站1號出口走到地面後直走，雷門就在右手邊。穿過雷門，沿著仲見世通前進，就會看到寶藏門位在本堂等建築前。

✆ 03-3842-0181 **MAP** 附錄②P.7 D-4

➜ 附錄①P.4

まるごとにっぽん

筑波快線淺草站從A1出口出來，往右走到五叉路就會看到。

✆ 03-3845-0510
➜ 附錄①P.21 **MAP** 附錄②P.7 B-2

東京晴空塔城® MAP F-3

東京晴空街道®		
西庭院	とちまるショップ	附錄①P.29
NATURAL KITCHEN & 附錄①P.30	まかないこすめ	附錄①P.30
晴空街道 美食廣場	京東都	附錄①P.30
バナナ日和 附錄①P.29	Hello Kitty Japan	附錄①P.31
電視卡通人物／餐廳	にっぽんの飴プロジェクト by nanaco plus+ 附錄①P.31
電視台官方商店～Tree Village～ 附錄①P.30	ぽっちり	附錄①P.31
高塔庭院	浅草 飴細工 アメシン	附錄①P.31
moomin café 附錄①P.29	元祖食品サンプル屋	附錄①P.31
Food Marche	立ち喰い梅干し屋	附錄①P.31
CHEESE GARDEN 附錄①P.29	**女性流行時尚／雜貨**
りんごとバター。 附錄①P.30	BE A GOOD NEIGHBOR COFFEE KIOSK 附錄①P.29
Fluria 附錄①P.30	**晴空街道商店街**
Morozoff 附錄①P.30	堀内果実園	P.20
Katanukiya 附錄①P.31	THE ALLEY	附錄①P.29
東庭院	空の小町	附錄①P.30
KIRBY CAFÉ TOKYO 附錄①P.28	LUPICIA	附錄①P.31
晴空街道餐廳 晴空塔景觀	**東京晴空塔®**
天空LOUNGE TOP of TREE 附錄①P.28	SKYTREE® ARCHIVES	附錄①P.26
晴空街道餐廳	SKYTREE GALLERY	附錄①P.27
たまひで いちの 附錄①P.28	THE SKYTREE SHOP	附錄①P.27
江戸 東京 寿し常 附錄①P.28	**東京晴空塔 天望甲板**
祇園辻利 附錄①P.29	SKYTREE ROUND THEATER®	附錄①P.26
日本紀念品區	SKYTREE CAFE	附錄①P.26
STRAWBERRY MANIA 附錄①P.29		

附錄② **6**

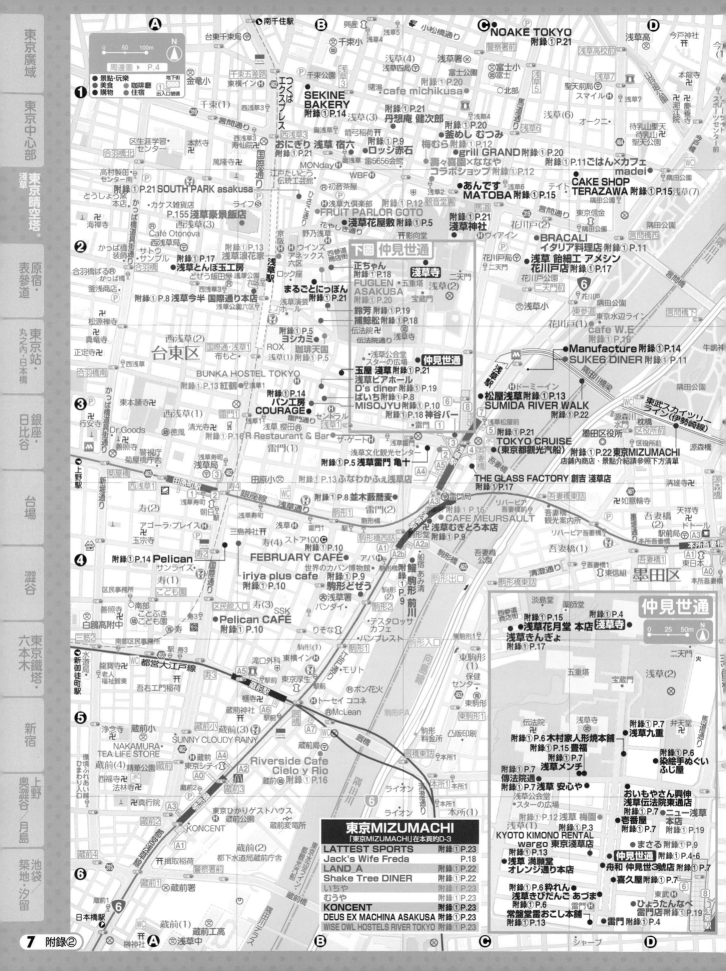

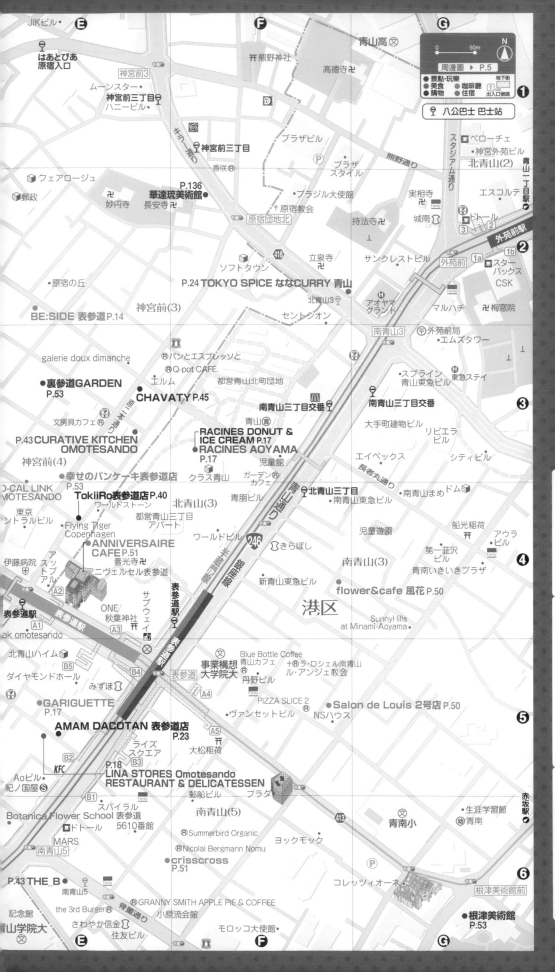

Map labels (原宿・表参道):

E　F　G

0　50m　N

周邊圖　P.5

● 景點・玩樂　地下街
● 美食　地下鐵
● 咖啡廳　出入口號碼
● 購物　● 住宿

八公巴士 巴士站

JIKビル・
はあとぴあ
原宿入口

ムーンスター
神宮前三丁目
ハニービル・

神宮前3

青山高⊗
開熊野神社
高徳寺卍

キラー通り
神宮前三丁目

香咲⑭

プラザビル
プラザスタイル
プラザ
スタイル

熊野通り
北青山(2)
・神宮外苑ビル

スタジアム通り
青山一丁目駅
エスコルテ

⑭フェアロージュ
⑭郵政
妙円寺卍
華達琉美術館● P.136
長安寺卍

原宿団地北

原宿教会
持法寺卍

ブラジル大使館
実相寺卍
城南卍

スタジアム通り
外苑前駅

⑭ドトール
Family

外苑前駅
1b
1a
スターバックス
CSK

・原宿の丘
BE:SIDE 表参道 P.14

ソフトタウン
418
立泉寺卍

サンクレストビル
北青山3⑭

南青山3

マルハチ
卍梅窓院

P.24 TOKYO SPICE ななCURRY 青山

神宮前(3)
セントジオン

アオヤマグランド

外苑前局
エムズタワー

galerie doux dimanche
⑭パンとエスプレッソと
⑭Q-pot CAFE.
エルム

都営青山北町団地

・スプライン
青山東急ビル
東急ステイ

裏参道GARDEN
P.53

CHAVATY P.45

青山⑭

南青山三丁目交番

大手町建物ビル
リビエラビル

文房具カフェ
P.43 CURATIVE KITCHEN
OMOTESANDO

RACINES DONUT &
ICE CREAM P.17
RACINES AOYAMA
P.17

児童館
クラス青山
ガーデンカフェ

エイベックス
シティビル

長者丸通り
北青山三丁目

南青山まめドム

神宮前(4)
幸せのパンケーキ表参道店
P.53

TokiiRo表参道店 P.40
ワールドストーン

北青山(3)
都営青山三丁目
アパート

青朋ビル

・南青山東急ビル

児童遊園

船光稲荷

D-CAL LINK
OMOTESANDO

東京セントラルビル
・Flying Tiger
Copenhagen

246
ワールドビル
きらぼし

第一韮沢ビル
アウラビル
Family

伊藤病院
アップルストア
ANNIVERSAIRE
CAFE P.51
アニヴェルセル表参道
善光寺卍
ONE
秋葉神社

南青山(3)

青南いきいきプラザ

flower&cafe 風花 P.50

表参道駅
A2
A1
ak omotesando
表参道駅

サブウェイ
A3

新青山東急ビル

港区

Sunnyl lills
at Minami-Aoyama

北青山ハイム
B5
ダイヤモンドホール
みずほ

表参道
B4

Blue Bottle Coffee
青山カフェ
事業構想大学院大
丹野ビル
ラ・ロシェル南青山
ル・アンジェ教会

GARIGUETTE
P.17

表参道
A4

PIZZA SLICE 2
ヴァンセットビル
NSハウス
Salon de Louis 2号店 P.50

AMAM DACOTAN 表参道店
P.23

A5
ライズスクエア
大松稲荷

Ao ビル
紀ノ国屋
KFC
B2
B3
P.18
LINA STORES Omotesando
RESTAURANT & DELICATESSEN

郵船ビル
プラダ

赤坂駅

Botanica Flower School 表参道
5610番館
B1
スパイラル
⑭ドトール
MARS
南青山5

南青山(5)

413
青南小
青南
・生涯学習館

⑭Summerbird Organic
⑭Nicolai Bergmann Nomu
ヨックモック

P.43 THE_B ●
南青山5
the 3rd Burger
記念館

crisscross
P.51

コレッツィオーネ

根津美術館前

青山学院大
⑭GRANNY SMITH APPLE PIE & COFFEE
さわやか信金
住友ビル
小原流会館

骨董通り
モロッコ大使館

根津美術館 P.53

E　F　G

Right side panel (vertical title):

可愛東西和美食的熱潮發信地

原宿・表参道

●はらじゅく・おもてさんどう

這樣就不會迷路！

往各景點的路線

竹下通

走出JR原宿站竹下口，穿越人行道後，正面就是竹下通的入口。

→ 本書 P.46
MAP 附錄② P.9 C-2

表參道新城

從地鐵銀座線・半藏門線・千代田線表參道站A2出口走到地面上，接著一直直走，就會逐漸出現在右手邊。

☎ 03-3497-0310（綜合資訊）

→ 本書 P.49　MAP 附錄② P.9 D-3

Laforet原宿

從地鐵明治神宮前＜原宿＞站5號出口出來後，往右手邊前進。在神宮前十字路口左轉，即會出現在左手邊。

☎ 03-3475-0411

→ 本書 P.48
MAP 附錄② P.9 C-3

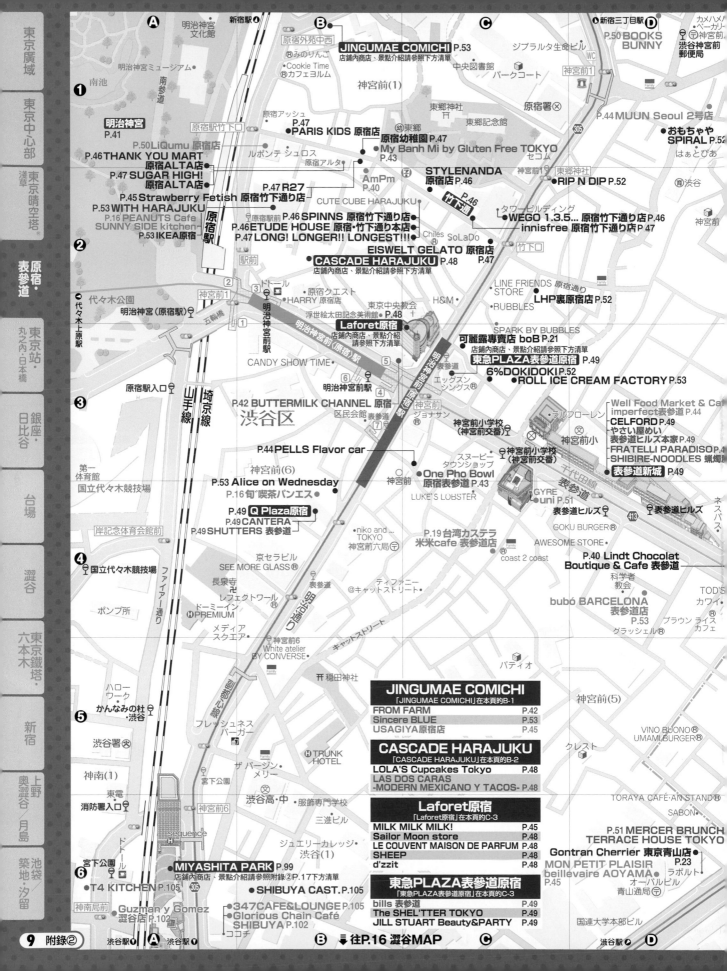

東京廣域
東京中心部
淺草・東京晴空塔®
原宿・表參道
東京站・丸之內・日本橋
銀座・日比谷
台場
澀谷
東京鐵塔・六本木
新宿
上野／奧澀谷／月島
築地・汐留／池袋

地圖標示（由上而下、由左而右）

明治神宮文化館
明治神宮ミュージアム
南池
南参道
明治神宮 P.41
P.46THANK YOU MART 原宿ALTA店
P.50LiQumu 原宿店
P.47 SUGAR HIGH! 原宿ALTA店
P.45Strawberry Fetish 原宿店
P.53 WITH HARAJUKU
P.16 PEANUTS Cafe
SUNNY SIDE kitchen
P.53 IKEA原宿
原宿駅
代々木公園
代々木上原駅
明治神宮（原宿駅）
五輪橋
神宮1
CANDY SHOW TIME
原宿駅入口
明治神宮前駅
山手線
埼京線
渋谷区
P.42 BUTTERMILK CHANNEL 原宿
P.44 PELLS Flavor car
P.53 Alice on Wednesday
P.16旬°喫茶パンエス
P.49 Q Plaza原宿
P.49 CANTERA
P.49 SHUTTERS 表參道
第一体育館
国立代々木競技場
国立代々木競技場
岸記念体育会館前
SEE MORE GLASS®
京セラビル
長泉寺
レフェクトワール
ドーミーイン
PREMIUM
メディアスクエア
White atelier
BY CONVERSE
ファイア通り
ハローワーク
かんなみの杜・渋谷
渋谷署
神南（1）
消防署入口
ザ・バージン・メリー
宮下公園
sequence
MIYASHITA PARK P.99
T4 KITCHEN P.105
Guzman y Gomez 澀谷店 P.102
SHIBUYA CAST. P.105
347CAFE&LOUNGE P.105
Glorious Chain Café SHIBUYA P.102
ココチ
神南局前
渋谷駅

原宿駅竹下口
原宿アッシュ
ルポンテ シュロス
P.47 PARIS KIDS 原宿店
Cookie Time
カフェヨルム
原宿幼稚園 P.47
原宿アルタ
My Banh Mi by Gluten Free TOKYO P.43
AmPm P.40
P.47 R27
CUTE CUBE HARAJUKU
P.45Strawberry Fetish 原宿竹下通り店
P.46 SPINNS 原宿竹下通り店
P.46 ETUDE HOUSE 原宿・竹下通り本店
P.47 LONG! LONGER!! LONGEST!!!
EISWELT GELATO 原宿店 P.47
CASCADE HARAJUKU P.48
店鋪內商店、景點介紹請參照下方清單
原宿クエスト
HARRY 原宿店
東京中央教会
浮世絵太田記念美術館 P.48
Laforet原宿
店鋪內商店、景點介紹請參照下方清單
明治神宮前〈原宿〉駅
ジョナサン
H&M
BUBBLES
SPARK BY BUBBLES
LINE FRIENDS STORE
LHP裏原宿店 P.52
原宿通り
可麗露專賣店 boB P.21
店鋪內商店、景點介紹請參照下方清單
東急PLAZA表參道原宿 P.49
6%DOKIDOKI P.52
ROLL ICE CREAM FACTORY P.53
神宮前小学校（神宮前交番）
スヌーピータウンショップ
One Pho Bowl 原宿表參道店 P.43
LUKE'S LOBSTER
台湾カステラ P.19
米米cafe 表參道店
coast 2 coast
AWESOME STORE
表參道
@キャットストリート
ティファニー
キャットストリート
穏田神社
パティオ
TRUNK HOTEL
フレッシュネスバーガー
渋谷高・中
服飾専門学校
三進ビル
ジュエリーカレッジ・渋谷（1）

原宿外苑中西
みのりんご
JINGUMAE COMICHI P.53
店鋪內商店、景點介紹請參照下方清單
中央図書館
パークコート
原宿署
神宮前（1）
東郷神社
東郷記念館
STYLENANDA 原宿店 P.46
竹下通
WEGO 1.3.5... 原宿竹下通り店 P.46
innisfree 原宿竹下通り店 P.47
タワービルディング
RIP N DIP P.52
ジブラルタ生命ビル
MUUN Seoul 2号店 P.44
おもちゃや SPIRAL P.52
はぁとぴあ
渋谷神宮前郵便局
P.50 BOOKS BUNNY
神宮前1
Well Food Market & Cafe
imperfect表參道 P.44
CELFORD P.49
やさい屋めい 表參道ヒルズ本家 P.49
FRATELLI PARADISO P.49
SHIBIRE-NOODLES 蝋燭屋
表參道新城 P.49
GYRE
uni P.51
表參道ヒルズ
GOKU BURGER®
P.40 Lindt Chocolat Boutique & Cafe 表參道
bubó BARCELONA 表參道店 P.53
ラフローレン
千代田線
表參道駅
表參道ヒルズ
科学者教会
TOD'S カワイ
ブラウン ライス カフェ
グラッシェル®
VINO BUONO®
UMAMIBURGER®
クレスト
TORAYA CAFÉ・AN STAND®
SABON®
P.51 MERCER BRUNCH TERRACE HOUSE TOKYO
Gontran Cherrier 東京青山店 P.23
MON PETIT PLAISIR
beillevaire AOYAMA P.45
オーバルビル
青山通局
国連大学本部ビル
ラボルト

JINGUMAE COMICHI
「JINGUMAE COMICHI」在本頁的B-1

FROM FARM	P.42
Sincere BLUE	P.53
USAGIYA原宿店	P.45

CASCADE HARAJUKU
「CASCADE HARAJUKU」在本頁的B-2

LOLA'S Cupcakes Tokyo	P.48
LAS DOS CARAS -MODERN MEXICANO Y TACOS-	P.48

Laforet原宿
「Laforet原宿」在本頁的C-3

MILK MILK MILK!	P.45
Sailor Moon store	P.48
LE COUVENT MAISON DE PARFUM	P.48
SHEEP	P.48
d'zzit	P.48

東急PLAZA表參道原宿
「東急PLAZA表參道原宿」在本頁的C-3

bills 表參道	P.49
The SHEL'TTER TOKYO	P.49
JILL STUART Beauty&PARTY	P.49

東京站・日本橋 丸之內

・とうきょうえき・まるのうち・にほんばし

COREDO室町露台
「COREDO室町露台」在本頁的F-1

誠品生活日本橋	P.73
郭元益	P.27
FERME LA TERRE BIEI	P.27
南阿蘇TEA HOUSE	P.27
あげづき	P.70
ISHIYA NIHONBASHI	P.71

大丸東京店
「大丸東京店」在本頁的E-4

あげもちCocoro	P.28
Sable MICHELLE	P.29
牛たん かねざき	P.61
創作鰻処タキモト	P.61
MAiSEN邁泉豬排	P.61
Delices tarte&cafe	P.73

日本橋高島屋S.C.
「日本橋高島屋S.C.」在本頁的F-4

〈新館〉

HARNN 日本橋	P.56
TOUCH & FLOW	P.56
Yonemura the Store	P.56
AKOMEYA TOKYO	P.56
café VAVA	P.71
PARIYA	P.71

這樣就不會迷路！
往各景點的路線

丸之內BRICK SQUARE
走出JR東京站丸之內南口，穿越行人穿越道，往皇居方向直走。在三菱大樓的轉角左轉，穿越東通即到。
☎03-5218-5100（丸之內call center）
→ 本書P.67 MAP 附錄②P.11 C-5

JPTOWER「KITTE」
走出JR東京站丸之內南口，穿越行人穿越道即到。
☎03-3216-2811（10:00～19:00）
→ 本書P.66 MAP 附錄②P.11 C-5

COREDO室町
地鐵銀座線三越前站剪票口附近有A6出口，直通COREDO室町1・2的地下樓層。旁邊的A4出口可以直通COREDO室町3的地下樓層。
☎03-3242-0010（日本橋案內所）
→ 本書P.73 MAP 附錄②P.10 F-2

東京廣域
東京中心部
淺草·東京晴空塔®
原宿·表參道
東京站·丸之內·日本橋
銀座·日比谷
台場
澀谷
東京鐵塔·六本木
新宿
上野·奧澀谷／月島
築地·池袋·汐留

九段下駅

3a

B 九段下駅
氣象廳前
4
・3号館

神保町駅 C

御茶ノ水駅 D
鎌倉橋
竜閑橋
農中信託
内神田(1)
スポーツ
センター
内神田(2)
千代田
合同庁舎

Metro link 日本橋
巴士站

景點·玩樂
美食
購物
咖啡廳
住宿
地下街
出口
出入口编號

天神濠

大手濠

東西線

東京消防庁
日経ビル
JAビル
経団連会館

神田橋
グランキューブ
C2b
神田橋出入口
鎌倉橋

NTTコミュニケーションズ
ビル 神田橋Jct

N

周邊圖▶ P.4

旧二の丸
二の丸庭園
旧三の丸

宮内庁病院田
・三の丸尚蔵館

WC

フォーシーズンズ H
Otemachi One

C2a
・KDDIビル
・星のや東京

C1
C2c

大手町1

サウスタワー
ノースタワー

神田橋Jct

A1
A2

大手町駅

大手町(2)
NTT
データ
アーバン
ネット

皇居東御苑

済寧館

大手門

神田橋
読売新聞ビル
サンケイ
ビル

E1 A4
E2

A5

P.57
大手町PLACE
RRR OTEMACHI
P.57
grand comptoir
P.57

皇宮警察⊗

大手門

大手町パーク
ビルディング
大手町ホトリア

大手町センタービル・
SMBC信託

C4
C3
C5
C6b

C6a

C7

大手町ビル
大手町(1)

A2

総武本線
上野
中央線東京ライン
山手線
京浜東北線

皇居東御苑

富士見櫓

桔梗濠

パレスビル
三井住友本店

C8
C9
大手町
Family
ファースト
スクエア

大手町タワー
OOTEMORI

野村ビル

大手町(2)
新大手町ビル

M2

皇居

旧枢密院

窓明館

H パレスホテル東京

C10
C11 C12

C13b C13a

C14

B1
大手町駅

B2a

B2b

中央線

③

和田倉噴水公園

D5

iiyo!!(イーヨ!!)

丸の内センター
ビルディング

B2b
丸の内オアゾ

B2c
B4

P.58 RIGOLETTO WINE AND BAR
P.63 Marunouchi HOUSE Terrace
P.63 eric'S by Eric Trochon
P.63 焼肉 The INNOCENT CARVERY
P.63 Kushi-ageはん亭
P.67 Dr. Vranjes Marunouchi
P.67 蜂蜜專賣店 L'ABEILLE
P.67 MITAN
P.67 THE PENINSULA BOUTIQUE & CAFÉ 新丸之內大樓店

和田倉門

和田倉
噴水公園

D3

新丸之內大樓

P.67

三菱UFJ
信託

M&C CAFE P.59

DEAN & DELUCA
CAFE 丸の内 P.59

P.59

日本生命ビル

丸の内北口

M13

丸ノ内

メトロポリタン

B5

東京站

⊗
蛤濠

桔梗門

D2
D1

東京海上日動ビル
武田倉

M9
M11 北口
M8

・東京車站美術展覽室

P.58 the ringo marunouchi
P.63 ISOLA SMERALDA
P.66 FRUITS SUGI
P.66 Hotel Chocolat
P.66 Chianti
P.66 CLASSICS the Small Luxury 丸之內店

6

行幸通り

P.66 丸之內大樓

M7
M10
M4
東京駅
Echika fit東京

GRANSTA 八重洲

東京動漫人物街

P.4

千代田区

皇居外苑

内堀通り
馬場先濠

三菱商事
5
三菱ビル
郵船ビル

東京站站內MAP請見本書P.68

GRANSTA
GRANSTA東京
丸の内

P.62 東京站

M1
南口
ecute東京

東京甜食街

④

P.66 CLASKA Gallery & Shop "DO" 丸の内店
P.66 伊織／SHINE EHIME
P.66 SAZA COFFEE
P.66 INTERMEDIATHEQUE

皇居前広場

三井ビル
丸の内
CAFE GARB R
丸の内仲通りビル
スカイバス東京

P.59
Marunouchi
Happ.

②
岸本
ビル

⑩

●東京站酒店
P.155

三菱ビル

南口
GRANSTA

GRANSTA東京

東京品店
南口
エキュート京葉ストリート

⑧

JP TOWER「KITTE」

P.66

丸ノ内線
東京中央局

八重洲
南口

東京拉麺街
エアポートバスTYO-NRT
乗車場所

P.66 焼肉MARUGO
P.57
P.57 Ta-im 丸の内

⑤

二重橋前
MY PLAZA
明治生命館

②

B6

丸の内(2)
丸の内パークビル
丸の内ブリックスクエア

丸之內BRICK SQUARE P.67
LA BOUTIQUE de Joel Robuchon
丸之內店 P.67

三菱UFJ
東京ビルTOKIA

2

駅八重洲口
パシフィック
センチュリープレイス・
フォーシーズンズ

常和ビル Y

B5 P.57

二重橋
Square

①

馬場先門
一号館広場

B4

楠正成像

永田町駅

楠公レストハウス®
東京會館 Sweets & Gifts

二重橋前駅

B3

⑥

六本木駅

日比谷公園

六本木駅
①
晴海通り

P.57
三菱一號館美術館
P.67 Café 1894
Store 1894
P.67

一号館
東京會館
本館

新東京ビル

⑫

⑦

7
国際フォーラム前
フォーラム西 フォーラム東

国際フォーラム前
相田みつを美術館
丸の内(3)
東京国際フォーラム

1

東京駅

鍛冶橋

横須賀線

東京駅

丸ノ内線

三井ビル

京葉線

国際ビル
帝国劇場
出光美術館
三菱UFJ

新日石ビル
丸の内
3
丸の内署
(仮称)

丸の内出口

日東紡
ビル
京葉線
鍛冶橋通り

B2

DNタワー21
有楽町(1)

新国際ビル

新東京ビル

丸の内

西銀座Jct

P.73

福岡

有楽町線

日比谷濠

日比谷通り

有楽町駅
往P.13
銀座·日比谷MAP▼

B2
B1

C
有楽町駅
D4
D9

商工中金
福岡ビル

FARMACYS Gallery
Ginza P.25

小松ビル

A
B
C
D

這樣就不會迷路！
往各景點的路線

歌舞伎座

從地鐵日比谷線、都營淺草線**東銀座站3號出口**走到地面上即到。從地鐵銀座線・丸之內線・日比谷線**銀座站A7出口**走到地面上，背對銀座4丁目十字路口，沿著晴海通**直走**。穿越昭和通，就會逐漸出現在**左手邊**。☎03-3545-6800

→本書P.76　MAP附錄②P.12 F-4

GINZA SIX

從地鐵銀座線、丸之內線、日比谷線**銀座站**走**地下通道**可以直達。☎03-6891-3390　MAP附錄②P.13 D-4

→本書P.34・77・78

銀座三越

走出地鐵銀座線、丸之內線、日比谷線**銀座站A7出口**，眼前就有銀座三越的入口。☎03-3562-1111（大代表）MAP附錄②P.12 E-3

→本書P.35・76

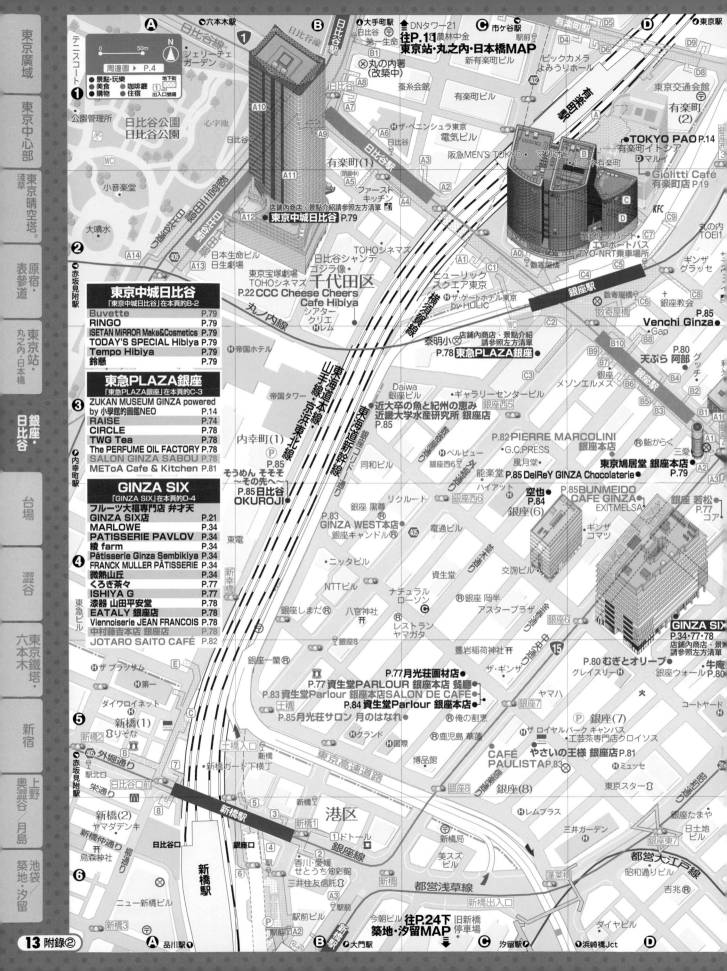

地圖標示（Map labels）

青海南ふ頭公園
臨海青海特別支援
青海2
テレコムセンター
テレコム駅前
テレコムセンター前
テレコム駅前
東京港湾合同庁舎
合同庁舎前
東京港湾
クルーズターミナル
海の広場
ゆりかもめ
青海(3)
青海ふ頭公園
産業技術研究センター
青海フロンティアビル
タイム24ビル
青海(2)
P.90 日本科學未來館
フジテレビ湾岸スタジオ
国際大学村
日本科学未来館前・青海客船ターミナル
警察署前
東京湾岸署
東京国際クルーズターミナル
シンボルプロムナード公園前
宗谷
BMW GROUP Tokyo Bay
東京国際交流館
船の科学館駅前
船の科学館入口
東京国際クルーズターミナル
東八潮緑道公園
青海トンネル
青海1
パレットタウン前
青海
東京国際クルーズターミナル駅前
別館展示場
船の科学館
東八潮
パラアリーナ
青海(1)
出会い橋
水と緑のプロムナード
噴水広場
センタープロムナード
シンボルプロムナード公園
しおかぜ丸
日だまり広場
P.93 DiverCity Tokyo 購物中心
店鋪內商店、景點介紹請參照右下方清單
臨海副都心出入口
潮風公園南
東京港トンネル
13号地換気所
テレポート駅前
A駅
東京テレポート駅
13号地底トンネル入口
台場中央
湾岸線
B
グランドニッコー東京 台場
レストハウス・サニーテラス北
潮風公園入口
台場フロンティアビル
トレードピア台場
台場(2)
フジテレビ前
台場
台場駅前
売店
太陽広場
太陽の広場
街の広場
H ヒルトン東京お台場
りんかい線
台場(1)
海上バス待合所
マリンハウス
自由女神像 P.95
海に向う広場
お台場海浜公園（おだいばビーチ）
TOKYO CRUISE
● TOKYO NO KABA P.95

品川区

大井Jct

大井町駅

鳥の島

第三台場
台場公園
史跡記念碑

レインボーブリッジ

第六台場

新橋駅

左下清單（Left列表）

DECKS東京Beach P.93
-台場Illumination「YAKEI」P.95
-ISLAND MALL
　-東京JOYPOLIS P.90
　-東京樂高樂園探索中心 P.90
　-東京杜莎夫人蠟像館 P.91
　-東京幻視藝術館 P.91
　-Brave Point 台場店 P.93
-SEASIDE MALL
　-台場一丁目商店街 P.93
　-東京恋テラス P.93
　-台場章魚燒博物館 P.93
　-OCEAN CLUB BUFFET P.94
　-ISLAND VINTAGE COFFEE 台場店 P.94
　-ハイカラ横丁 P.95

富士電視台本社大樓 P.89
Gachapin與Mukku博物館 P.86
球體瞭望台「八玉」P.89
鬧鐘天空 P.89
恰恰特快車＆吉祥物商店 P.89
富士電視台周邊店 Fujisan P.89
海螺小姐 Sazae-san商店 P.89

● AQUA CiTY ODAIBA P.92
#C-pla P.92
Flying Tiger Copenhagen
AQUA CiTY ODAIBA P.92
MUSEUM & MUSEUM P.92
東京ラーメン国技館 舞 P.92
Eggs 'n Things台場店 P.94
cafe LA BOHEME P.94
H.B. GRILL P.95

DiverCity Tokyo 購物中心

「DiverCity Tokyo 購物中心」在本頁的F-3

TYFFONIUM ODAIBA	P.91
hexaRide	P.93
實物大小獨角獸鋼彈立像	P.93
THE GUNDAM BASE TOKYO	P.93
東京便便博物館	P.95
CHEESE CRAFT WORKS	P.93
Carl's Jr.	P.95
HELLO KITTYのこんがり焼	P.93
哆啦A夢未來百貨公司	P.95
DECORA CREAMERY	P.95

右側欄（右邊專欄）

這樣就不會迷路！
往各景點的路線

富士電視台本社大樓
從百合海鷗線**台場站**閘票口往**右手邊**（**南口**）前進。一直直走，就會逐漸出現在**左手邊**。
☎03-5531-1111（視聽者綜合中心）
➡本書 P.89　MAP 附錄② P.14 E-4

DiverCity Tokyo 購物中心
走出臨海線**東京電訊站B出口**，往前直走，就會逐漸出現在隔著道路的正對面。
☎03-6380-7800
➡本書 P.93　MAP 附錄② P.14 F-3

日本科學未來館
走出百合海鷗線**遠程通信中心站北口**，沿著左手邊西長廊內的**公園直走**，就會逐漸出現在左手邊。
☎03-3570-9151
➡本書 P.90　MAP 附錄② P.14 F-2

東京廣域

東京中心部

淺草 東京晴空塔®

原宿・表參道

丸之內・日本橋 東京站

銀座・日比谷

台場

澀谷

六本木 東京鐵塔・

新宿

上野 奧澀谷／月島

築地／汐留 池袋

A ─ 100m

周邊圖 ▶ P.4

● 景點・玩樂　● 咖啡廳
● 美食　　　　● 住宿
● 購物

地下街
出入口號碼

有明花園
「有明花園」在本頁的A4

泉天空之湯 有明花園	P.92
無印良品 東京有明	P.92
WTW	P.95
BRIDGE	P.92

ゆりかもめ車庫

多目的ふ頭岸壁

10号地その2ふ頭（東岸壁）

東京水辺ライン・都觀光汽船

フェリー埠頭公園 WC

有明(4)

江東区

10号地ふ頭（西岸壁）

南展示棟

有明西ふ頭公園

西展示棟

水上バスのり場

東京ビッグサイト
会議棟

東展示棟

エントランスホール
レセプションホール

エントランスプラザ

有明客船ターミナル

フェリー埠頭入口

あけみ橋

灣岸アンダー出口

東京ビッグサイト前

やぐら橋

東京ビッグサイト正門

水の広場ふ頭公園

フェリーふ頭入口

灣岸アンダー

東京ビッグサイト

トラスティ H

P.88 森大廈 數位藝術博物館：
EPSON teamLab Borderless ●
（已於2022年8月底閉館）

P.88 EN TEA HOUSE 幻花亭

・東京ベイコート倶楽部

有明(3)

有明セントラルタワー

有明フロンティアビル

東京ファッションタウン
東館 西館 ワンザ有明

アニヴェルセル
東京ベイ

そなエリア東京
バーベキューガーデン

東京ベイ有明
ワシントン

サイゼリヤ

癌研有明病院前
国際展示場入口前

花の広場

● 癌研有明病院 H

東京臨海
広域防災公園

有明駅前

イーストプロムナード

シンボルプロムナード公園
センタープロムナード

つどい橋

夢の大橋

武藏野大前

本部棟

ダイワロイネット

国際展示場駅

相鉄グランドフレッサ H

NTT有明
センタービル

武藏大

有明3

東京ビッグサイト
青海展示棟

新木場駅

有明出口

有明中央橋南

・パナソニックセンター東京
TOC有明

りんかい線

有明2

● 東京都水科學館 P.95

有明橋

辰巳Jct

有明中央橋北

B 灣岸線

357

灣岸道路 有明クリーンセンター

有明2

クリーンセンター
（都清掃工場）

新都橋

有明橋西

有明Jct

フェニックス S

レインボー入口

海浜公園入口

お台場
海浜公

シーリア前

有明(2)

ヴィラフォンテーヌ H

P.86・92 有明花園
店鋪內商店、景點介紹
請參照右上方清單

有明1

有明コロシアム

クラブハウス

P

有明テニスの森公園

有明スポーツセンター

有明水再生センター

有明1

のぞみばし

11

都觀光汽船・東京港遊上バス

台場線

シーリア
お台場三番街

港陽中・小

港区

シーリア前

お台場
五番街

お台場
海浜公

レインボープロムナード

かえつ学園西

有明コロシアム東

有明コロシアム前

有明テニスの森

有明コロシアム前

SMALL WORLDS TOKYO P.90

有明体操競技場

有明テニスの森

有明(1)

有明西学園 ⊗

有明アーバンスポーツパーク

UNIQLO
CITY TOKYO

台場出入口

お台場
公園

13号地ふ頭

港陽中・小

レインボーブリッジ

台場料金所
シーリア
お台場

台場口

東雲運河

有明北緑道公園

有明北橋

豊洲ぐるり公園

豊洲(6)

P.128
● 東京都中央批發市場 豊洲市場
市場內商店、景點介紹請參照附錄②P.4右下方清單

A 市場前駅

5街区
青果棟

7街区
管理施設棟

B 7街区
水産卸売市場棟

C

D

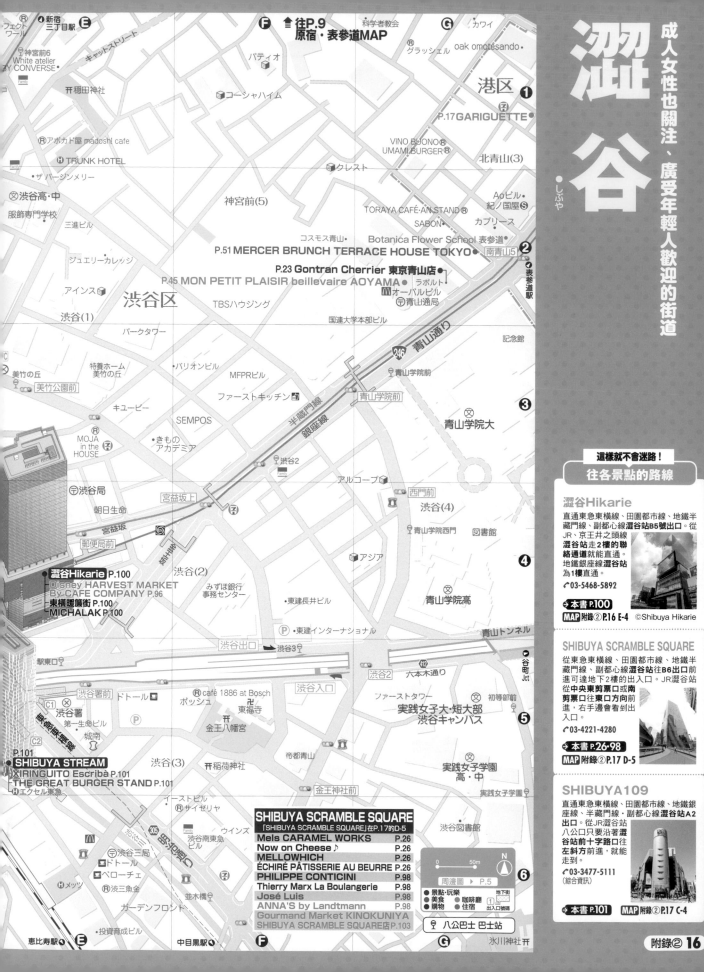

フェクト ワール

⑧ グラッシェル　oak omotesando

⑭宮前6 White atelier BY CONVERSE・
ⓕ Family

港区 ❶

キャットストリート

開穂田神社

⑰ P.17 GARIGUETTE

コーシャハイム

パティオ

⑰アボカド屋 madoshi cafe

VINO BUONO ⑰
UMAMI BURGER ⑰

北青山(3)

Ⓗ TRUNK HOTEL

・ザ バージンメリー

⑪クレスト

神宮前(5)

Aoビル ⑤
・紀ノ国屋

⊗渋谷高・中

TORAYA CAFÉ・AN STAND ⑰
SABON ●

服飾専門学校

三進ビル

カプリース

コスモス青山・

Botanica Flower School 表参道●

南青山5 ⑩

❷

ジュエリーカレッジ

P.51 MERCER BRUNCH TERRACE HOUSE TOKYO●

♻表参道駅

アインス ⑧

渋谷区

P.23 Gontran Cherrier 東京青山店●

ラポルト

⑩オーバルビル

渋谷(1)

TBSハウジング

P.45 MON PETIT PLAISIR beillevaire AOYAMA ●

Ⓜ
⑪青山通局

国連大学本部ビル

パークタワー

青山通り

記念館

C

特養ホーム
美竹の丘

246

・バリオンビル

⑧美竹の丘

MFPRビル

⑰美竹公園前

⑦青山学院前

キユーピー

ファーストキッチン⑧

青山学院前

SEMPOS

半蔵門線

・きもの
アカデミア

銀座線

青山学院大 ⊗

MOJA
in the
HOUSE ⑦

⑪渋谷2

❸

⑪渋谷局

朝日生命

アルコーブ ⑪

⑰西門前

宮益坂上

渋谷(4)

宮益坂

⑦

⑰青山学院西門

郵便局前 ⑯

渋谷(2)

図書館

⊗

渋谷Hikarie P.100

⑪アジア

❹

Disney HARVEST MARKET
By・CAFE COMPANY P.96

みずほ銀行
事務センター

東横暖簾街 P.100
MICHALAK P.100

・東建長井ビル

青山学院高 ⊗

Ⓟ⑪東建インターナショナル

渋谷3

❺

渋谷出口

青山トンネル

駅東口

渋谷2

谷町
Jct

⑰

六本木通り ⑫

café 1886 at Bosch ⑰

渋谷入口

ファーストタワー

⑪
渋谷署前
⑪渋谷署
第一生命ビル

ボッシュ
卍
東福寺

初等部前 ⊗

実践女子大・短大部
渋谷キャンパス

⑤

C1

⑪

城南

卍
金王八幡宮

帝都青山

P.101
SHIBUYA STREAM

C2

渋谷(3)

開稲荷神社

実践女子学園
高・中

XIRINGUITO Escribà P.101
THE GREAT BURGER STAND P.101

Ⓗエクセル東急

金王神社前

実践女子学園 ⊗

イーストビル

⑧サイゼリヤ

❻

渋谷図書館

恵比寿急

ウインズ

渋谷南東急
ビル

ⓕ Family

Ⓜ

⑪渋谷三局

ドトール

⑪ベローチェ

Ⓜメッツ

⑰渋三魚金

ガーデンフロント

並木橋

E 恵比寿駅

・投資育成ビル

F 中目黒駅

G 氷川神社开

0 ─ 50m

N

周邊圖 ➤ P.5

●景點・玩樂
●美食
●購物
●住宿

地下街
出入口編號

♟八公巴士 巴士站

成人女性也關注、廣受年輕人歡迎的街道

渋谷

（しぶや）

這樣就不會迷路！

往各景點的路線

澀谷Hikarie

直通東急東橫線、田園都市線、地鐵半藏門線、副都心線澀谷站B5號出口。從JR、京王井之頭線澀谷站走2樓的聯絡通道就能直通。地鐵銀座線澀谷站為1樓直通。

✆03-5468-5892

➔本書 P.100

MAP 附錄② P.16 E-4

©Shibuya Hikarie

SHIBUYA SCRAMBLE SQUARE

從東急東橫線、田園都市線、地鐵半藏門線、副都心線澀谷站往B6出口前進可達地下2樓的出入口。JR澀谷站從中央東剪票口或南剪票口往東口方向前進，右手邊會看到出入口。

✆03-4221-4280

➔本書 P.26・98

MAP 附錄② P.17 D-5

SHIBUYA109

直通東急東橫線、田園都市線、地鐵銀座線、半藏門線、副都心線澀谷站A2出口。從JR澀谷站八公口只要沿著澀谷站前十字路口往左斜前方前進，就能走到。

✆03-3477-5111
（綜合資訊）

➔本書 P.101

MAP 附錄② P.17 C-4

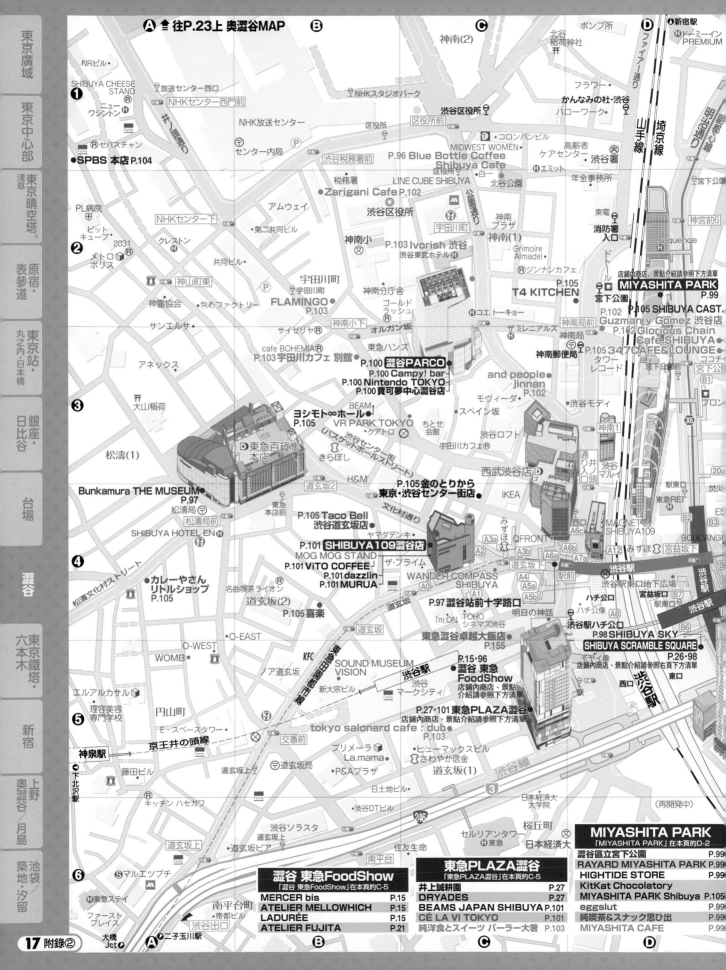

高質感的大人城市
東京鐵塔・六本木
・とうきょうタワー・ろっぽんぎ

這樣就不會迷路！

往各景點的路線

六本木新城
地鐵日比谷線六本木站1C出口直達。都營大江戶線六本木站從3號出口出來地面後往左手邊前進，**直走一段路後就會在左手邊看到。**

☎03-6406-6000（綜合資訊）

→本書P.108
MAP 附錄②P.19 B-4

國立新美術館
地鐵千代田線乃木坂站6號出口直達。地鐵日比谷線六本木站從4a出口出來地面，不要過眼前的交叉路口直接左轉。右手邊是東京中城，經過中城後在交叉路口左轉就會在正面右手邊看到。

☎03-5777-8600（代館諮詢）

→本書P.111 MAP 附錄②P.19 A-2

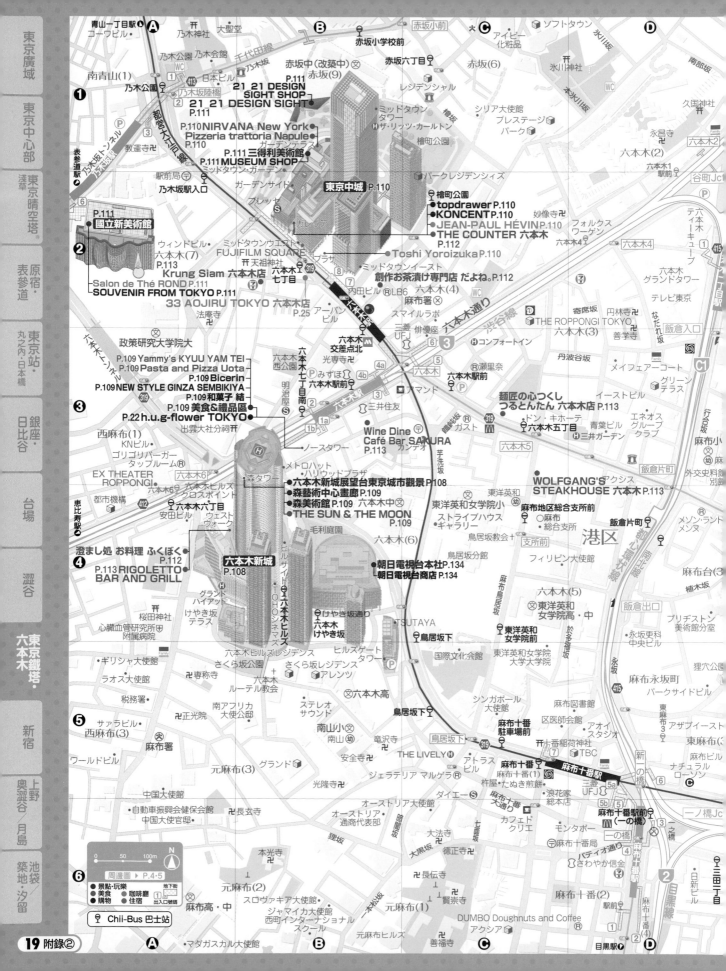

伊勢丹新宿店

「伊勢丹新宿店」在本頁的F-2

pâtisserie Sadaharu AOKI paris	P.32
鈴懸	P.32
Fika	P.33
NAVARASA	P.33
HOLLANDISCHE KAKAO-STUBE	P.33
noix de beurre	P.33
latte chano-mama	P.123
Café Prunier Paris	P.123

NEWoMan新宿

「NEWoMan新宿」在本頁的E-4

＜JR新宿站剪票口外＞

BAKERY&RESTAURANT SAWAMURA	P.120
800°DEGREES NEAPOLITAN PIZZERIA	P.120
CARAMELMONDAY	P.120
THE MATCHA TOKYO	P.120
TORAYA AN STAND	P.120

＜JR新宿站剪票口外＞ ※進場需入場券

Made in PIERRE HERMÉ NEWoMan新宿	P.32
仁々木	P.32
Butter Butler	P.32
AND THE FRIET	P.32
ICHIBIKO	P.33
和菓子 結	P.33
QBG Lady Bear	P.120

這樣就不會迷路！

往各景點的路線

東京都廳

直通都營大江戶
線都廳前站A4出
口。
☎03-5320-7890
（平日10:00～
17:00，展望室專
用導覽電話）
→本書 P.124
MAP 附錄②P.21 A-4

伊勢丹新宿店

地鐵丸之內線、副都心線新宿三丁目
站B3、B4、B5出口即到
☎03-3352-1111（代）
→本書 P.32　MAP 附錄②P.20 F-2

LUMINE新宿

JR、小田急線、京王線新宿站南口即
到。京王新線、都營新宿線、都營大江
戶線新宿站京王線口出來右邊，沿著
道路直走就會看到。
☎03-3348-5211（代）
→本書 P.121　MAP 附錄②P.21 D-4

上野

●うえの

能遇見熊貓、藝術、超便宜商品的街區

A | B | C

浄延院　正行院　正行院
大泉寺　SCAI THE BATHHOUSE
本妙院　谷中(6)
日暮里駅　德川家墓地
根岸(1)　カンデオ

❶ 妙福寺　少年センター　上野桜木(2)
岡楚栄泉　寛永寺靈園
上野桜木(1)

金嶺寺　大行寺　大雄寺　谷中
上野中
土田病院　本堂根本中堂
寛永寺

一乗寺　妙善院　円珠院　上野桜木
旧吉田屋酒店　東京藝大附属音楽高
東京文化財研究所

仏心寺　本光寺　ルネ
重要文化財寛永寺厳有院

谷中(1)　妙情寺　遠友庵
清水町公園
國立社会教育研究所
真如院　寒松院　見明院
九条院　応舉館　平成館

信行寺　護国院
國際子ども図書館
ゆりの木　吉祥院　泉龍院　本覚院

山中旅館　東京藝術大学大学美術館
黒田記念館
資料館
修禪院　現龍院　春性院　元光院

❷ Café et Galerie Moineau
保健管理センター
正木記念館
法隆寺宝物館　表慶館
東洋館
等覚院　春成院

池之端(4)
ゴリラ　トラ　タカ
バードハウス
奏楽堂
日本鳩レース協会

舊東京音樂學校奏樂堂 P.114
東洋館
兩大師堂

文京区　根津(2)　ライオンズ
動物医療センター　ツル
アシカ・アザラシ　パンダ舎
東京都美術館 P.116
上野公園　東京國立博物館
寛永寺輪王殿
兩大師山門

ホッキョクグマ　サル　リトルトランタ
噴水
國立科學博物館 P.116
日本学士院

東京都恩賜上野動物園 P.115
動物園表門
上野恩賜公園 P.114
スターバックス
上野の森 PARK SIDE CAFE

❸ 日殖ビル　上野グリーンクラブ
東園駅　モノレール運休中
開東宮ぼたん苑事務所
伊豆榮梅川亭
P.114・116 國立西洋美術館

西日暮里駅
サイ　キリン　池ノ端門
管理事務所
上野大佛 P.114
P.37 餡舎ひよ子
P.37 FELISSIMO YOU+MORE!
P.37 HANAGATAYA
岩倉高
北千住駅

DSビル　ワニ
西園駅
上野精養軒 本店
レストラン P.118
正岡子規記念球場
P.37 ANGERS/bureau
P.37 遊 中川
P.37 DOLCE FELICE
P.37 ecute 上野

池之端(2)
子ども動物園 すてっぷ
五條天神社
花園稲荷神社
日本芸術院会館
東京文化会館
上野駅

❹ 横山大観記念館
ボート場
大黒天堂
天龍橋
上野之森美術館 P.116
清水観音堂
上野の森さくらテラス
UENO3153
Vinuls
上野站店 P.119
アトレ上野
台東区役所
上野署
上野駅

文京区　湯島　東天紅
不忍池
西郷隆盛像 P.114
不忍池辯天堂 P.114
京成上野駅
きぬや　観月荘

志村商店 P.117
大統領 支店 P.119
立飲みカドクラ P.119
NOHGA

舊岩崎邸庭園 P.136
教證寺　福成寺
黒船亭 P.118
台東区立下町風俗資料館
水上音楽堂
茶の君野園 P.117
新井商店
P.117 西湖喜　上海小籠包
P.117 阿美橫丁中央大樓
永寿総合病院
もつ焼き おとんば 上野店 P.119

❺ 飯田橋駅
湯島局
P.119 Proost Tokyo
P.117 阿美橫丁
中田商店
二木の菓子 P.117
みなとや食品 本店 P.117
東上野(1)
U-PALビル

みつばち P.119
P.118 厳選洋食さくらい
上野御徒町駅
松坂屋
御徒町駅
都営大江戸線

❻ てんぷら天金
P.119 うさぎや
ぽん多本家 P.118
東北・上越・北陸新幹線
山手線・東京ライン・京浜東北線

日本薬科大　NTTビル
千代田区
大手町駅
神田駅
東京駅
秋葉原駅

0　50　100m
N
周邊圖▶ P.2-4

● 景點・玩樂
● 美食
● 咖啡廳
● 購物
● 住宿

南 Megurin 巴士站

這樣就不會迷路！
往各景點的路線

東京都恩賜上野動物園

JR上野站公園口出來後，穿過眼前的大馬路進入公園。朝著國立西洋美術館前的道路直走，前方就會看到動物園東園的表門。

☎ 03-3828-5171（代）
➡ 本書 P.115　MAP 附錄② P.22 A-3

國立科學博物館

JR上野站公園口出來後，穿過眼前的大馬路進入公園。經過國立西洋美術館後右轉直走，右手邊就可看到。

☎ 050-5541-8600（代館諮詢）
➡ 本書 P.116　MAP 附錄② P.22 C-3

照片協助：國立科學博物館

阿美橫丁

JR上野站不忍口出來後，順著眼前的大馬路直走，右邊小路就能看到寫有「アメヤ橫丁」的招牌，那裡就是入口。

➡ 本書 P.117　MAP 附錄② P.22 B-5

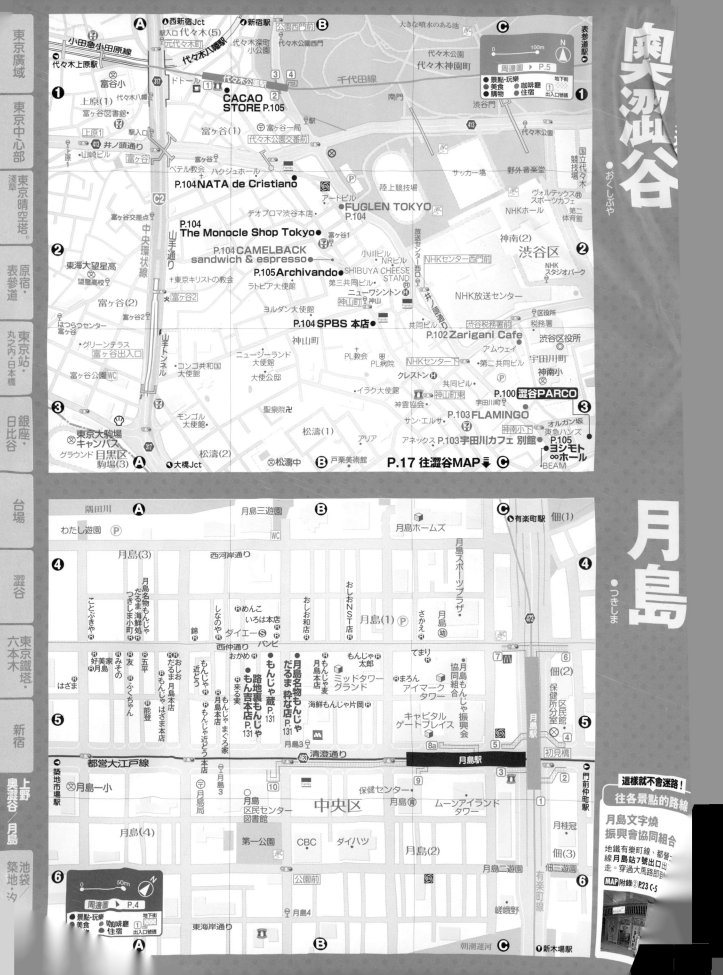

這樣就不會迷路！
往各景點的路線

太陽城
朝地鐵有樂町線東池袋站6、7號
出口方向前進，就有連接太陽城
的地下通道。
☎03-3989-3331
➡本書P.126　MAP附錄②P.24 C-2

MAPPLE まっぷる 哈日情報誌 東京 '23-24
CONTENTS

\可以拆下使用／
2大附錄

附錄① 淺草&東京晴空塔城® 導覽手冊
附錄② TOKYO散步MAP

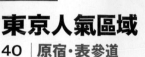

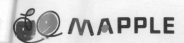

昭文社

DiG JAPAN!

Japan.
Endless
Discovery.

 App Store 下載

下載就上 Google play

日本旅遊攻略APP！

收錄東京、大阪、京都、北海道、九州、沖繩等20個熱門旅遊區域！

 網羅了可以"體驗日本"的季節、地域等各方面的最新資訊

 搜尋→出發→實際感受！！有了它，安心暢快一把抓

 支援Online・Offline兩種使用方式！下載版本運作快速

 超划算美食！購物！遊玩！讓你的日本之旅更加超值的優惠券大集合

繁體
中文

日本旅遊情報網站
DiGJAPAN!

深度挖掘日本好玩、好吃、好看的旅遊資訊!!
無論您是旅遊日本的入門者還是重度使用者
DiGJAPAN! 都將帶給您最新鮮、有趣的精彩內容!

✔ 最新資訊滿載

人氣景點、觀光資訊、日本國內話題
商品以及賞櫻、賞楓等季節性活動,
快速掌握和發送日本最新且精彩
的旅遊情報。

✔ 高CP值行程規劃

多樣主題性的周遊行程規劃。教您
如何在有限的旅遊天數內,有效地
使用電車或巴士觀光、購物和享用
美食。

✔ 豐富的旅遊資訊

羽田機場到東京的交通方式、迴轉
壽司如何吃才道地、還有鞋子衣服
尺寸對應表,無論初次或多次旅遊
日本都可方便使用的實用資訊。

DiGJAPAN!	Search

https://digjapan.travel/zh_TW/

馬上來看DiGJAPAN!
精彩的日本旅遊資訊

 粉絲突破40萬人!每日發送日本最新旅遊情報!
日本旅遊達人,MAPPLE   https://www.facebook.com/mapple.tw

東京是這樣的地方!!

東京有許多景點，從話題街道到經典區域，在這裡精心挑出要推薦
給大家的主要景點。請一邊參考路線圖，一邊計畫行程吧！

流瀉洗練氛圍的大人街區

銀座
●ぎんざ

→P.74

→能品嘗連外觀都華麗的料理，也是銀座特色

集結名牌旗艦店與諸多家喻戶曉的名店，也有「GINZA SIX」等大型商業設施，演變為兼具新舊魅力的街區。

↑擁有豐富的流行文具

↑「銀座三越」等聚集的「銀座4丁目路口」

下町風情滿溢的經典觀光地區

淺草
●あさくさ

→附錄①P.2

→擁有諸多復古雜貨及名產美食

「淺草寺」就在這裡，是東京具代表性的觀光區。到處都能感受到江戶風情，還能品嘗名物美食和甜點，也體驗看看下町文化。

→人在「淺草寺」的「雷門」首先要拍張紀念照！

滿是遊樂場所的娛樂天堂

台場
●おだいば

→P.86

→沉浸在「SMALL WORLDS TOKYO」的迷你模型世界
©SMALL WORLDS

「富士電視台總公司大樓」等，聚集了許多大型複合設施及各種遊樂場所。有許多可以購物跟用餐的景點，可以玩上一整天。

→台場的地標之一「富士電視台總公司大樓」

流行情報超豐富的話題街區

原宿·表參道
●はらじゅく·おもてさんどう

→P.40

是甜點、流行等各種流行趨勢的發源地，新款的經典IG曬照美食和時尚咖啡廳等，擁有許多眾所矚目的店家。

→「竹下通」裡齊聚了商品便宜又可愛的店家

↑將華麗的最新甜點上傳到IG上吧

↑青少年喜愛的街道「竹下通」

最新景點持續誕生!!

澀谷
●しぶや

→P.96

→在講究的咖啡廳享受午餐吧

孕育嶄新流行的街區。「SHIBUYA SCRAMBLE SQUARE」、「MIYASHITA PARK」等吸睛的新設施相繼誕生，正蛻變成年輕人和大人都能遊樂的街區。

→人氣景點「澀谷站前十字路口」

新景點誕生，矚目度攀升！

東京站·丸之內·日本橋
●とうきょうえき·まるのうち·にほんばし

→P.54

「東京站」這個景點有不少熱門的伴手禮、便當、當季美食等。維持傳統之餘也變得更有魅力的日本橋也不容錯過。

→「東京站」站舍主題的伴手禮很有人氣

↑東京站紅磚建造的站舍為人熟知

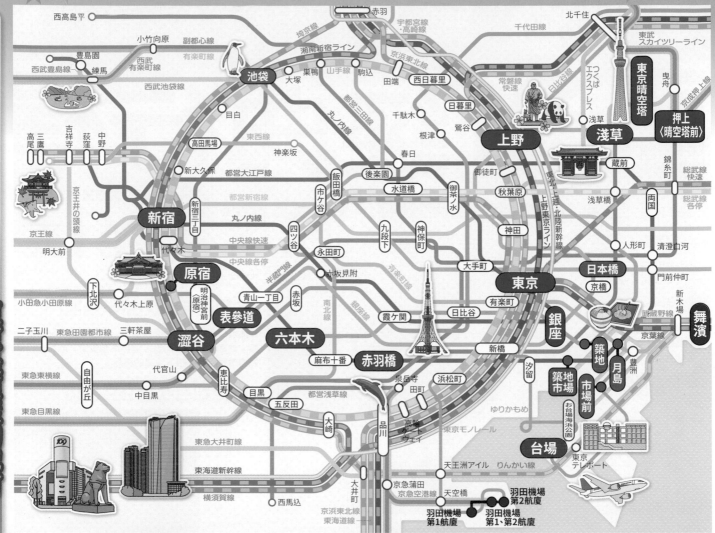

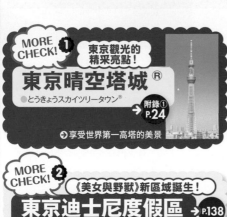

MORE CHECK! ①

東京觀光的精采亮點!

東京晴空塔城®

●とうきょうスカイツリータウン® →附錄① P.24

→享受世界第一高塔的美景

MORE CHECK! ②

《美女與野獸》新區域誕生!

東京迪士尼度假區 →P.138

●とうきょうディズニーリゾート

MORE CHECK! ③

還有想去的地方!

人氣外出景點

→P.132

→南町田Grandberry Park內的「史努比博物館」

© Peanuts

娛樂設施超充實!

池袋 →P.126

●いけぶくろ

「陽光城」裡有多種娛樂設施匯集於此。

→還有以珍稀展覽蔚為話題的水族館

想要享用新鮮海鮮就來這裡

豐洲 →P.128

●とよす

除了能夠品嘗海鮮美食之外,也能參觀市場。

→享受江戶前的飲食文化吧

市場遷移後熱鬧依舊!

築地 →P.130

●つきじ

在熱鬧不減的場外市場吃遍各大美食吧♪

→處處都是風味獨到的海鮮美食

好想吃文字燒!

月島 →P.131

●つきしま

在名店相連的文字燒街區挑戰不一樣的風味吧!

→東京靈魂美食——文字燒

流淌著高級氛圍的名流街區

東京鐵塔・六本木 →P.106

●とうきょうタワー・ろっぽんぎ

在六本木有「六本木新城」、「東京中城」2棟大樓。離東京的象徵「東京鐵塔」也很近。

→從「六本木新城」能一覽東京街道

來趟藝文之旅吧!

上野 →P.114

●うえの

博物館、美術館、動物園齊聚,擁有許多景點。也順道去購物景點「阿美橫丁」吧。

→上野公園裡有許多值得一見的景點

能盡情享受購物與娛樂!

新宿 →P.120

●しんじゅく

劇場、百貨、高樓大廈聚集的交通匯集地,也有諸多時尚咖啡廳跟喝酒的好地方。

→位於高架下的時髦酒館

這樣好完美！2天1夜的王道經典行程

玩透TOKYO的經典＆最新潮流！

不容錯過的經典景點，還有話題正熱的新設施，在東京有好多好多想去的地方。在此介紹能滿足大家願望的2天1夜王道行程。

原宿★表參道 ▶P.40

稱霸最新景點！第1天

旬 喫茶パンエス ▶P.16

人氣店家「BREAD,ESPRESSO＆」經營的咖啡廳。古早味花式布丁讓人心頭一暖

露天座位色彩繽紛，好像可以拍出社群美照！

10:30

大啖話題飲品＆甜點

在原宿、表參道有超多味道不在話下，就連外觀也可愛的超人氣潮流飲品＆甜點！既然來到東京，就要前往不容錯過的話題店家，拍下漂亮的美照！

GARIGUETTE ▶P.17

在客人面前製作完成的新感覺法式千層派！除了甜點口味之外，也有鹹食口味

CHAVATY ▶P.45

使用嚴選茶葉製作的茶拿鐵，瓶子也好可愛

MUUN Seoul 2号店 ▶P.44

掀起話題的韓國風咖啡廳。1號店也在附近

也很推薦色彩繽紛的韓式馬卡龍

行程 DATA 第1天

原宿・表參道
- 2分 ￥140円
  原宿站→（JR山手線）→澀谷站
  or
- 2分 ￥170円
  表參道站→（地鐵半藏門線・銀座線）→澀谷站

澀谷
- 20分 ￥500円
  澀谷站→（JR埼京線・臨海線）→東京電訊站

台場
- 25分 ￥510円
  東京電訊站→（臨海線・JR埼京線）→新宿站

新宿

計畫ADVICE！

☆ 從原宿可步行至澀谷。
原宿～澀谷之間步行約20分。有許多時髦的店家，如果有時間的話，就散散步吧！

☆ 到人氣店家要注意排隊時間！
人氣店家從上午到傍晚可能都有排隊人潮。建議在一早或晚上避開人潮前往。

11:00

在竹下通＆裏原宿血拚

在青少年人氣商店集結的竹下通，以及能享受獨特時尚感的「裏原宿」，來場購物之旅。應該能夠遇見喜歡的商品。

WEGO 1.3.5... ▶P.46

羅列了平價可愛的小物

STYLE NANDA ▶P.46

在來自韓國的品牌購買流行美妝用品

おもちゃや SPIRAL ▶P.52

在宛如玩具箱般讓人滿心歡喜的店裡挖寶吧

聳立於澀谷站正上方的超高大樓「SHIBUYA SCRAMBLE SQUARE」。高約230m，氣勢逼人

2天1夜的 王道經典行程

13:00

當季景點！
在SHIBUYA SCRAMBLE SQUARE吃午餐

前進因新設施開幕熱潮而引起話題的澀谷。在澀谷區的47層樓新地標，享用西班牙人氣餐廳的海鮮燉飯。吃完午餐後，從瞭望設施欣賞東京的景色吧。

澀谷 ▶P.96

SHIBUYA SCRAMBLE SQUARE ▶P.26·98

↺在餐廳樓層裡有可滿足大人追求流行需求的成排店鋪，像是首次在日本展店的餐廳等。視野景觀極佳的店家及伴手禮也不容錯過

SHIBUYA SKY ▶P.98

↺設在高約230m處的瞭望設施。在頂樓的瞭望空間，能360度將東京街區盡收眼底

José Luis ▶P.98

↑西班牙王室御用餐廳。名產海鮮燉義大利麵盛有巨大鮮蝦，可謂奢華享受

有好多覺得不錯的店！

台場 ▶P.86

15:00

在數位藝術博物館 體驗新感覺藝術

森大廈與「teamLab」共同推出使用數位技術打造的最新型藝術設施。能沉浸在形態與場所不斷變化的神祕作品之中。

※2022年8月末閉館

↺美食區掛著許多色彩斑斕的燈籠，流淌著異國風情

新宿 ▶P.120

森大廈 數位藝術博物館：
EPSON teamLab Borderless ▶P.88

↺燈光魚群優游空間「The Way of the Sea」，以及浮游網巢
↺展現無數燈籠的寬廣空間「相互呼應的燈籠之森」

18:00

在SANAGI SHINJUKU吃晚餐

在位於JR新宿站附近的高架橋下、以亞洲與日本美食攤村為主題的空間吃晚餐。亞洲民族風料理讓人吃得心滿意足。

SANAGI SHINJUKU ▶P.125

↑在「百花繚亂燈籠橫丁」能享受適合下酒的多國籍料理

像是走進另一個世界般不可思議的感覺

往第2天

在都內住宿

東京晴空塔城® ®附錄①P.24

東京晴空塔®
®附錄①P.26
高達634m世界第一高的獨立式電波塔。在改裝後的4樓入口樓層的展示也值得一看

TOKYO Solamachi

2天1夜的 王道經典行程

經典景點大滿足！
第2天

9:00
從東京晴空塔一覽都心全景

第2天一早就前往「東京晴空塔」！從350m與450m高處眺望到的景色非常震撼。觀景台裡也有拍照景點、商店、咖啡廳等諸多設施，悠閒享受一下吧。

觀景台以外也有許多好玩的地方！

↑晴天時可以清楚地看見遠方，還有可能望見富士山。夜景也非常漂亮，讓人晚上也想去看一看

10:30
在東京晴空街道®購物

→匯集300家以上的店鋪，也有豐富的美食。一邊放鬆休息一邊散步吧

在東京晴空塔底下寬廣的商業設施中購物。還有超多限定的雜貨和限定口味的伴手禮，讓人什麼都想買！

Morozoff
®附錄①P.30
↑晴空塔造型巧克力最適合拿來當分送的伴手禮
©TOKYO-SKYTREE

ぽっちり
®附錄①P.31
↑小包採用的提花布織有東京名勝

淺草
®附錄①P.2

11:30
大啖 下町的名店午餐

午餐時間就在淺草名店用餐。在風情滿溢的店裡，盡情享用持續守護傳統美味的江戶前天婦羅丼，或古早味的老店洋食吧。午餐時間會排隊，要提早去吃。

まさる ®附錄①P.9
↑使用優質芝麻油酥炸天然明蝦等食材，奢華的天婦羅丼。秘傳的醬汁也讓人無法抗拒

在下町品嘗廣受歡迎的午餐實在好幸福♡

ヨシカミ ®附錄①P.5
↑以完美蛋皮包裹的經典菜色「蛋包飯」

計畫ADVICE!

★ 要去東京晴空塔的話，推薦一大早就去
東京晴空塔早上10點開始營業，早上的空氣澄淨，可望見漂亮乾淨的景緻，而且比起其他時段人潮較少，逛起來舒適許多♪

★ 從東京晴空塔往淺草用走的也OK
東京晴空塔站與東武淺草站之間的軌道沿路設有散步步道，步行移動也很有趣。也別錯過2020年開幕的高架橋下複合設施「東京MIZUMACHI」！

行程DATA 第2天

東京晴空塔城®
🚃3分 ¥150円
東京晴空塔站→（東武晴空塔線）→淺草站
or
🚃3分 ¥180円
押上〈晴空塔前〉站→（地鐵淺草線）→淺草站

淺草
🚃18分 ¥200円
淺草站→（地鐵銀座線）→銀座站

銀座
🚃5分 ¥170円
銀座站→（地鐵銀座線）→三越前站

東京站・丸之內・日本橋

雷門前是絕對不可錯過的拍照景點♪

2天1夜的 王道經典行程

淺草寺 ▶附錄①P.4
傲擁約1400年歷史，都內最古老的寺廟。有雷門、本堂、五重塔等值得一見的建築

13:00
走過**仲見世通**
到**淺草寺**參拜

填飽肚子後，到滿溢下町風情且熱鬧非凡的仲見世通散步吧。有超多讓人目不轉睛充滿魅力的零食點心及和風雜貨！參拜道路的盡頭便是歷史悠久的東京名勝──淺草寺。

在仲見世通大吃零食點心♪

仲見世通 ▶附錄①P.6
都是人潮眾多、不分季節與時間，熱鬧十分。覺得有趣光走過也

木村家 人形燒本舖 ▶附錄①P.6

造型很有淺草風味的人形燒適合當作點心

銀座 ▶P.74

15:00
在進化的街區──**銀座**閒逛

在高級店家齊聚的大人街區，引領流行趨勢的複合設施陸續開幕。遊逛當季話題景點，盡情享受時下的「銀座漫步」吧。

銀座LOFT ▶P.79
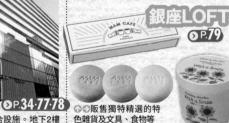
販售獨特精選的特色雜貨及文具、食物等

GINZA SIX ▶P.34·77·78
銀座區域規模最大的複合設施。地下2樓也齊聚適合當作伴手禮的甜點

東京站・丸之內 日本橋 ▶P.54

COREDO室町露台 ▶P.27·73
超大屋頂讓人印象深刻的廣場區域。這裡有多家餐飲店齊聚，有時也會舉辦活動

16:30
來看看日本橋的新地標
COREDO室町露台

在這個為日本橋帶來新氣象、備受矚目的商業設施購物吧。除了高品質伴手禮與餐廳之外，還有來自台灣的百貨商店「誠品生活」進駐。

使用紅磚建造，莊嚴的丸之內站舍

18:00
在**東京車站**一次買齊伴手禮

在旅途的最後採買伴手禮！在東京站內，從經典商品、限定商品到超人氣甜點，各種類型的伴手禮應有盡有。一定能找到最佳選擇。

GRANSTA 東京 ▶P.28·30·61

Calbee+與東京芭娜娜聯名推出的「JAGA BOULDE」
引起排隊人龍的人氣店家「楓糖男孩The MAPLE MANIA」的餅乾

誠品書店 eslite bookstore

誠品生活日本橋 ▶P.73
來自台灣的文化體驗型店鋪。由書籍區「誠品書店」、餐廳及食物販售等4個區塊組成

可挑選的行程選項

如果能住2晚以上，就進一步地享受東京的各種魅力吧。流行派、娛樂派等，為你嚴選出能配合喜好挑選、充滿魅力的行程選項！

流行趨勢街區 暢遊行程

START｜奧澀谷 9:00｜代代木公園站
盡情遊逛原宿與澀谷的最新景點，東京的流行趨勢一網打盡！
步行5分

在CAMELBACK espresso sandwich & 吃早餐 ▶P.104
這家人氣餐廳位在高質感店家齊聚的奧澀谷，在這裡度過時髦的早餐時光。氣氛自是不用多說，前壽司師傅製作的玉子三明治更是新又會令人上癮的美味。和精心調製的咖啡一同享用吧。
堅持講究的三明治和咖啡，許多附近居民都是粉絲
步行11分

澀谷 10:30 在Nintendo TOKYO 購買優質雜貨 ▶P.100
日本國內唯一一家任天堂直營官方商店就開在「澀谷PARCO」裡，來這裡購物吧。能買到罕見又可愛的瑪利歐商品。
有很多僅此才有的商品
©Nintendo

高級大人街區 遊逛行程

START｜銀座站
在銀座、六本木等大人街區優雅度過的行程。來接觸高品味的事物吧。
步行即到

銀座 10:30 在銀座 伊東屋本店 尋找出色的商品 ▶P.76
首先看看創業超過110年的文具專賣店。全是兼具設計與機能的時髦文具，只要是大人就會想要擁有一個。
魚類圖案的筆記本和馬卡龍造型的橡皮擦等，也有玩心的原創商品
步行5分

銀座 12:00 在天ぷら 阿部吃經濟實惠的絕品午餐 ▶P.80
午餐時段的話，能以實惠價格嘗到一流美味！美食達人也說讚的名店，炸什錦蓋飯是平日限定的必吃菜單。因為一定會排隊，建議早點到店品嘗。
白飯上鋪著師傅熟練炸出的炸玉子與炸什錦

玩樂景點 享受行程

START｜池袋站
VR、水族館、現場搞笑表演等，想盡情遊玩娛樂景點的人就來這裡！
步行8分

池袋 10:00 暢遊能玩樂的展望台 SKY CIRCUS 陽光60 ▶P.127
位於「陽光城」60樓的展望台，不單單是景色，還能玩到運用VR裝置及影像技術打造出的不可思議體驗遊戲！把各個角落全部逛遍吧。
參加「TOKYO BULLET FLIGHT」來體驗4D虛擬飛行
步行即到

池袋 11:00 在陽光水族館愛上可愛的海洋動物 ▶P.126
暢遊展望台後，接著前往話題水族館。在屋頂花園可以看到，宛如飛越都市天空的企鵝身影。亞洲小爪水獺和鵜鶘也都好可愛♡
能從各種角度觀賞動物

愜意的下町 散步行程

START｜上野站
下町的氛圍悠閒，又有蠻多歷史性景點。似乎能遇見很棒的東西。
步行即到

上野 10:00 在滿是看點的上野恩賜公園裡散步 ▶P.114
上午在占地約53萬㎡的廣大公園裡悠閒散步。園內除了有「上野動物園」，還有博物館、美術館、不忍池等名勝分布其中。這裡也是十分有名的賞櫻景點。
辦天堂位在不忍池的中心。7、8月是賞蓮的季節
步行即到

上野 11:00 在東京國立博物館鑑賞珍貴的文化財產 ▶P.116
2022年迎來創立150週年，有著悠久歷史的博物館。館藏諸多國寶、重要文化財產等文化財產，十分值得一見。也到博物館商店買些伴手禮吧。
想在確認特別展期間後前往參觀

照片提供：東京國立博物館

原宿・表参道 12:00

渋谷站→（地鐵半藏門線・銀座線）→表參道站 L15分 ¥170円

在LINA STORES Omotesando RESTAURANT & DELICATESSEN 品嘗道地義式午餐 P.18

2021年7月英國倫敦的人氣餐廳首次登陸日本。享用完重現當地食譜的義大利料理之後，也記得去看看附設的熟食店。

「新鮮松露帕瑪森起司義大利扁麵」

原宿・表参道 14:00

步行15分

在竹下通度過可愛的購物時光 P.46

原宿齊聚了對流行相當敏感的年輕世代，竹下通是這裡的主要街道。從時尚到雜貨、美妝等豐富多元的店家比鄰而立，光是走在這裡就讓人滿心喜悅。

潮流時尚、在社群引起話題的雜貨都能以平價購得

原宿・表参道 16:00

步行即到

在Strawberry Fetish 原宿竹下通り店 吃個「網美」甜點稍作休息 P.45

在位於原宿竹下通的草莓糖葫蘆專賣店稍作停留。這裡除了造型可愛的草莓糖葫蘆之外，使用大量草莓製作的飲料也備受歡迎。店裡還放了草莓椅子，拍起來超好看的裝潢千萬不要錯過。

除了原味草莓糖葫蘆以外，還有抹茶塔等配料可加

GOAL 原宿站

步行即到

日比谷 13:30

步行8分

來看看最新的話題景點 東京中城日比谷 P.79

有不少大人會喜歡的店家進駐的大型複合設施。這裡有許多特點，諸如日本國內外的知名餐廳及商店、可眺望日比谷公園的空中庭園等。

奢華氛圍流瀉的大人空間

六本木 16:00

日比谷站→（地鐵千代田線）→乃木坂站 L10分 ¥170円

在國立新美術館接觸藝術 P.111

移動到六本木，前往日本國內數一數二的美術館。12個展示空間會舉辦各種類型的企劃展，來接觸藝術提升感性吧。

曲線形的特色建築是由世界知名建築師黑川紀章所設計

六本木 18:30

步行12分

在六本木新城展望台 沉浸在夜景裡 東京城市觀景 P.108

高品味商店及美食雲集的六本木地標。從52樓的展望台能將都心美景一覽無遺。夜景特別浪漫。

整面都是落地窗，震撼力十足！也要看看屋頂的天空甲板

GOAL 六本木站

步行即到

新宿 13:30

池袋站→（地鐵副都心線）→新宿三丁目站 L20分 ¥170円

在Brooklyn Parlor SHINJUKU 度過午餐時光 P.122

移動到新宿，在有隱密感的時尚咖啡廳吃午餐。不只室內裝潢，也盡情享用味道講究的料理，能活力充沛地玩樂。為了讓下午也有好好放鬆一下。

被書本圍繞的舒暢空間。也會舉辦音樂活動

分量十足的漢堡

新宿 15:00

步行10分

在Lumine the Yoshimoto 看現場表演開懷大笑 P.124

在吉本興業位於「LUMINE新宿」的劇場，觀賞現場搞笑表演。要看人氣藝人登場公演，事先購票會比較放心。盡情享受開懷大笑的樂趣吧。

能近距離見到千鳥等人氣藝人！

台場 17:00

新宿站→（JR埼京線・臨海線）→東京電訊站 L40分 ¥510円

在東京JOYPOLIS 嘗試話題的VR體驗 P.90

台場的人氣室內型遊樂園。能體驗刺激感滿分的虛擬實境VR遊樂設施等，豐富多元的遊樂項目齊聚。

緊張刺激的新體驗一定讓你超嗨！可團體參加

GOAL 台場海濱公園站

步行即到

上野 13:00

步行8分

在みなとや食品 本店 大啖超便宜的海鮮丼 P.117

前往上野的主要街道阿美橫丁，聚集了超便宜商品和美食。在這條充滿活力的路上散步，品嘗便宜又好吃的好評海鮮丼飽腹一番。來享受下町的氛圍吧。

鮪魚、鮭魚、鮭魚卵等鋪滿海鮮的「特盛丼」

築地 15:00

上野御徒町站→（地鐵大江戶線）→築地市場站 L30分 ¥280円

享受築地場外市場的活力 P.130

就算市場已經遷移到豐洲，築地的熱絡氣氛依然未減。這裡林立著販售鮮魚、乾貨、調理器具等的各種商店及餐飲店，也有許多獨樹一格的海鮮美食。一邊散步一邊享受美食吧。

紀文築地總本店的「炸御好燒」（右）與浜藤的「炸玉米棒」（左）

月島 17:30

築地市場站→（地鐵大江戶線）→月島站 L15分 ¥180円

在もんじゃ蔵品嘗下町的經典料理——文字燒 P.131

遊逛下町的最後一站，果然還是要來份文字燒。在名店齊濟的月島，從經典到特別的食材，能吃到每家店絞盡腦汁推出的文字燒。

「明太子鮮蝦奶油文字燒」味道溫潤，很受女性歡迎

GOAL 月島站

步行3分

新設施超吸睛

TOKYO 潮流 NEWS！

不論何時都在持續進化的城市，
在這裡要一舉介紹東京的熱門話題。
從現在就想去的新景點到話題美食和伴手禮，
不放過任何最新資訊！

reload ★リロード

下北澤　2021年6月開幕

因為下北澤周邊軌道舊址開發而誕生的新設施。以「能看見老闆的臉的小店街」為概念，匯集了重視下北澤文化和人際關係的個性豐富的店家。

☎視店鋪而異　🏠世田谷区北沢 3-19-20　休L視店鋪而異
🚉小田急小田原線下北澤站東口步行4分等
MAP 附錄②P.5 B-4

点綴日常的講究文具

➡從三軒茶屋搬過來重新開幕

2F 文具、雜貨
DESK LABO ★デスクラボ

販售來自日本國內外的嚴選文具與雜貨的文具店。從實用性出色的商品到帶有玩心的個性派商品，品項相當豐富。

☎03-6804-9270　休週一（逢假日則翌日休）
L12:00～20:00

閱讀書架 各1430円

⬆不僅能用在閱讀書籍，還可當成平板架活用

1F 咖哩&藝廊
SANZOU TOKYO ★サンゾウトーキョー

這家店結合了千葉縣柏市的超人氣店家「Bombay」主廚磯野晃一親手製作的咖哩，以及展示、網路販售原創商品的概念商店。能從6種咖哩中挑選喜歡的口味。

☎03-5738-7744　休不定休　L11:30～21:00

神級主廚的特製咖哩

咖哩飯 900円～

⬆追求單純風味的「雞肉咖哩」、散發山椒香氣的「牛絞肉咖哩」等。所有的咖哩飯都能外帶

好酒者聚集的純粹居酒屋

柚子胡椒與泰國青檸葉的白麻婆豆腐 480円

生米澤牛百頁肚 480円

⬆這道小菜融合了日本與亞洲的香料，味道跟日本國產琴酒也很搭

2F 居酒屋
立てば天国 ★たてばてんごく

這家立飲居酒屋備齊了日本國產酒類與使用米澤牛製作的下酒菜。為了讓女性也能吃到多種菜色，所有料理都是小碟的分量，令人欣喜。

☎非公開　休無休　L16:00～22:30
（週六、日、假日為14:00～22:30）

⬆客人之間也能開心交流，小巧舒適的店家

1F 日本茶、咖啡廳
しもきた茶苑大山 ★しもきたちゃえんおおやま

抹茶拿鐵刨冰 864円

由茶師十段的大山氏所經營的日本茶專賣店。除了販售來自日本各地的嚴選茶葉之外，一旁的吧檯還有供應抹茶甜點及飲品。

☎非公開　休週三　L9:00～19:00
咖啡廳（外帶）為14:00～18:00

引出茶葉風味的製作方法

➡泡沫中有宇治抹茶，冰則是以八女茶製成

➡外帶販售刨冰、拿鐵、霜淇淋

1F 咖啡廳
OGAWA COFFEE LABORATORY ★オガワコーヒーラボラトリー

京都老店「小川珈琲」的旗艦品牌，以「體驗型咖啡豆沙龍」為主題，推廣烘豆體驗、咖啡器具使用體驗等新穎的咖啡文化。還可以透過APP來預約咖啡豆。

☎03-6407-0194　休無休　L8:00～19:30

➡可以試用咖啡師愛用的罕見器具

僅此才有的咖啡體驗！

有如實驗室般簡單洗鍊的店內空間
©KentaHasegawa

專為享受咖啡生活打造的「實驗室」

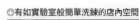

司康（堅果&奶油霜）4入1400円

⬆下北澤店的限定菜單。內用為2個680円

©伊藤 徹也

神田 2021年4月開幕

神田PORT大樓 ★かんだ ポートビル

將1964年建的舊印刷公司重新裝修後誕生的設施。除了有咖啡廳的交流空間「神田PORT」之外，還有三溫暖與「ほぼ日の学校」工作室等各具特色的店家。

✆視設施、店鋪而異　🅟千代田区神田錦町3-9　🈺🕐視設施、店鋪而異　🚇地鐵神保町站A8出口步行3分　MAP附錄②P.4 F-2

SHAKE
三明治、鮭魚湯
各780円

�’帶著蒔蘿清爽風味的煙燻鮭魚三明治，以及北歐料理的經典湯品

大家都能來的芬蘭咖啡廳

三溫暖 綜合冰咖啡 420円

�’氣仙沼「ANCHOR COFFEE」以三溫暖為主題推出的綜合咖啡

�’咖啡廳、商店、藝廊三者合一的交流空間

1F 咖啡廳
KITCHEN SAUNA
★キッチンサウナ

能夠在此享受「SaunaLab」與氣仙沼的咖啡店合作推出的咖啡、「ほぼ日」的新鮮果汁，以及道地芬蘭美食等的咖啡廳。還有販售三溫暖相關商品。

✆非公開　🈺無休　🕐11:30～19:30

讓三溫暖客人滿足的療癒異空間

B1 三溫暖
�’以桶內為發想的「OKE SAUNA」
SaunaLab Kanda ★サウナラボかんだ

由「三溫暖界教父」米田行孝打造的芬蘭式三溫暖設施。包括內有水池的「IKE SAUNA」等，提供多種可以感受大自然的三溫暖房，還能享受自助取水澆桑拿石的芬蘭浴。

✆非公開　🈺無休　🕐11:00～21:00（完全預約制）　💴90分鐘2700円

兜町 2021年12月1樓店鋪開幕

KABUTO ONE ★カブワン

金融街區──日本橋兜町的新地標。在低樓層有餐飲店、寬敞開放的大廳，以及立方體造型的中庭等各種引人矚目的設施，為街區創造出嶄新的魅力及熱鬧的氣氛。

✆視店鋪而異　🅟中央区日本橋兜町7-1　🈺🕐視店鋪而異　🚇地鐵茅場町站11號出口即到　MAP附錄②P.10 G-4

提出享受辛香料的新方案

斯里蘭卡定食 飯&咖哩 1650円

�’咖哩有3種口味可選。附有9種色彩豐富的配菜

1F 辛香料理
HOPPERS
★ホッパーズ

這家摩登斯里蘭卡餐廳是押上名店「SPICE Cafe」的2號店。午餐販售「飯&咖哩」，晚餐則供應高級斯里蘭卡料理全餐。

✆03-6890-1547　🈺週三　🕐11:30～14:00、18:00～20:30

盡情享受主廚的創意與日本當季的美味

座位高挑又寬敞開放的大空間提供220個

1F 食堂
KABEAT　★カビート

以「支援生產者的食堂」為理念，由6名備受矚目的次世代廚師監製菜單。在這裡能夠品嘗活用各地嚴選當季食材製成的料理。

✆050-3200-0557　🈺不定休　🕐11:00～22:30（週六為～21:00；週日、假日為～17:00）

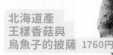

北海道產王樣香菇與烏魚子的披薩 1760円

�’調布名店「Don Bravo」平雅一主廚監製的菜單

東京站 2021年9月開幕

TOKYO TORCH Terrace ★トウキョウトーチテラス

誕生於東京站日本橋口前「常盤橋塔」的低樓層商業設施。以地方名店為主軸，集結了西班牙餐廳、小餐館等種類豐富的餐飲店。

✆視店鋪而異　🅟千代田区大手町2-6-4　🈺無休（商店為週日、假日休）　🕐商店7:00～23:00、餐廳11:00～23:00（週日、假日為～22:00）、咖啡廳7:00～20:00（週日、假日為9:00～18:00）　※部分店鋪有異　🚇地鐵大手町站B8a出口即到　MAP附錄②P.10 E-3

�’好天氣時推薦坐開放式露天座位

西班牙納瓦拉產的白蘆筍佐烤魚 1529円

能輕鬆順道一去的西班牙餐廳

�’能享受蘆筍柔嫩的口感與鮮甜

1F 西班牙料理
Bar Espanol YEBRA
★バルエスパニョールジェブラ

在西班牙塞維亞受到喜愛的餐廳。可以在此享用曾於比賽獲獎的主廚所調製的塔帕斯與主菜。

✆03-6281-9025　🈺無休　🕐11:00～14:30、17:00～22:00

法國菜與炸串的完美結合

�’摩登的店內座位清爽乾淨，亦有露天座位

1F 炸串、小餐館
フレンチ串揚げ BEIGNET
★フレンチくしあげベニエ

在大阪梅田引起話題的餐廳。與法式料理結合的新感覺炸串，和葡萄酒也很對味。也有經濟午餐菜單。

✆03-6281-9995　🈺週日、假日　🕐11:30～14:00、17:00～22:00

天使藍蝦 佐卡達耶夫與美式醬汁 480円

➋外觀也相當藝術的一道料理

也會舉辦活動！

TOKYO TORCH Park
トウキョウトーチパーク

在設施前方寬敞的綠意廣場會舉辦市集或活動。還有錦鯉優游的池子以及櫻花林蔭道，是在附近工作的人放鬆身心的地方。

TOKYO 潮流 NEWS!

野田焼売店 紀尾井本店
赤坂

★のだしゅうまいてんきおいほんてん

引領近年燒賣熱潮的手作燒賣和道地中式料理的店家。店家自豪的燒賣講究瘦肉或肥肉的完美平衡、內餡的揉製狀態、能享受絕妙的口感與肉的鮮美滋味。

☎03-5357-1741 ㎞千代田区紀尾井町1-2 紀尾井テラス2F 休週六、日、假日 ⏰11:30～14:30、17:00～21:00（飲品為～21:30） 🚇直通地鐵永田町站9a出口
MAP 附錄②P.4 E-3

肉汁滿溢啤酒的好夥伴

燒賣&肉包

▲綜合燒賣 1760円
↑6 種共 12 個燒賣，還能選醬汁

進化系和風甜點

&Co. ★アンドコ
池袋 2021年7月開幕

兵庫和菓子老店「末廣堂」打造的「紅豆甜點店」。有機的高級紅豆餡搭配可頌的「紅豆可頌」通常有 4 種口味。

☎03-3987-5457 ㎞豐島區東池袋4-24-8 林ビル1F 休不定休 ⏰10:00～21:00 🚇地鐵東池袋站2號出口步行3分
MAP 附錄②P.24 C-2

具獨創性的紅豆餡甜點

▶水果紅豆可頌 320円
↑季節水果的酸味與紅豆餡的甜味很搭

▶奶油紅豆可頌 320円
↑採用風味濃郁的北海道十勝產發酵奶油

TOKYO PAO ★トウキョウパオ
有樂町 2021年12月開幕

新型態的肉包專賣店。總共 8 色的多彩肉包，每個顏色口味都不同，還有花椒包、油淋雞包、地瓜包等少見的口味。女性也能輕鬆吃完的大小，不加大蒜這點也讓人開心。

☎03-5224-6239 ㎞千代田区有楽町2-7-1 有楽町ITOCiA B1 休不定休（準同有樂町ITOCiA公休日） ⏰11:00～20:30 🚇JR有樂町站中央口即到
MAP 附錄②P.13 D-1

繽紛又可愛的肉包伴手禮

▲PAO（肉包）1個234円～
↑直徑約 6cm，個頭小巧且口味道地

健康的葛餅甜點

▲水葛餅套餐 1250円
↑為了享受彈嫩口感，賞味期限只有 20 分鐘

▶味醂Berry 果昔 780円
↓以「喝的葛餅乳酸菌」為基底，使用當季食材製成

BE:SIDE 表参道
表參道 2021年3月開幕

★ビーサイドおもてさんどう

1805 年創業的老字號葛餅店「船橋屋」推出的新業態店鋪。著眼於發酵食品葛餅的植物性乳酸菌「葛餅乳酸菌」，提供講究健康與美容的甜點和護膚調理課程。

☎03-6432-9323 ㎞澀谷區神宮前3-14-6 休無休 ⏰11:00～17:00 🚇地鐵表參道站A2出口步行7分
MAP 附錄②P.8 E-2

體驗型博物館

ZUKAN MUSEUM GINZA powered by 小學館的圖鑑NEO
銀座 2021年7月開幕

★ズカンミュージアムギンザパワードバイしょうがくかんのずかんネオ

可沉浸在圖鑑世界的體驗型博物館。館內以森林、河川為發想分成 5 區，運用數位影像技術讓遊客能近距離觀察地球的自然與生物。

☎03-6228-5611 ㎞中央區銀座5-2-1 東急PLAZA銀座6F 休不定休（準同東急PLAZA銀座公休日） ⏰11:00～19:00（週六、日、假日為10:00～） ¥2500円，中學生、高中生1700円，小學生1200円，3歲以上900円 🚇地鐵銀座站C2、C3出口即到 **MAP** 附錄②P.13 C-3

跳進圖鑑世界的新感覺博物館

↑能檢測、記憶生物的「紀錄之石」是冒險的導航物
↑時間與天氣會隨時刻變化，背景與生物也有所不同

東京中城八重洲
東京站 2022年8月完工

★とうきょうミッドタウンやえす

誕生於東京站八重洲口前的大規模複合設施。39～45 樓為「BVLGARI HOTEL TOKYO」，低樓層會有商業設施入駐，地下樓層則與八重洲地下街相連。

☎未定 ㎞中央區八重洲2丁目地內ほか ⏰未定 🚇JR東京站八重洲南口即到
MAP 附錄②P.10 E-5

荒川遊樂園
荒川 2022年春季開園

★あらかわゆうえん

東京 23 區中唯一的區營遊樂園，睽違 30 年重新翻修。除了摩天輪等遊樂設施都煥然一新之外，孩童也能玩的設施亦相當豐富。

☎03-3893-6003 ㎞荒川區西尾久6-35-11 休週二（逢假日則翌日休） ⏰9:00～16:30（2022年夏季起週六、日、假日為～19:30） ¥入園費用800円，小學生200円 🚇都電荒川線荒川遊園地前站步行3分 **MAP** 附錄②P.2 E-1

從2022年起 接下來的 SPOT！

東京站八重洲口大規模再開發、哈利波特新設施等，精選今後務必關注的東京新訊！

TOKYO 潮流 NEWS！

東京站 2020年8月開幕

A TOKYO GIFT PALETTE

★とうきょうギフトパレット

以「連接、點綴色彩」為概念的東京站一番街甜點區。齊聚了唯這裡才有的限定伴手禮與適合犒賞自己的甜點。

☎03-3210-0077（東京站一番街）
🏠千代田区丸の内1-9-1 東京站一番街1-2F 休無休 ⏰9:30～20:30
（週六、日、假日為9:00～）🚃JR東京站八重洲北口即到
MAP P.68 A-2、B-2

澀谷 2021年7月改裝

B 澀谷 東急 FoodShow

★しぶやとうきゅうフードショー

講究臨場感與現做的食物區再度升級。甜點區包含限定店鋪在內約有40家，種類豐富的商店鱗次櫛比。

☎03-3477-3111（代表）🏠渋谷区道玄坂1-12-1 澀谷Mark CityB1～1F、澀谷地下街 休無休
⏰10:00～21:00 🚃直通京王井之頭線澀谷站 MAP 附錄②P.17 C-5

B MERCER bis 的戚風蛋糕

焦糖 850円
草莓 1000円

使用米粉製作的軟糯戚風蛋糕

🔻戚風蛋糕配上大量鮮奶油與焦糖醬或是草莓醬

A Pâtisserie Ginza Sembikiya 的水果蛋糕捲

864円

🔻用鬆軟蛋糕夾著滿滿新鮮水果的限定商品

外觀可愛的華麗甜點

B LADURÉE的沙布列餅乾盒「PARISIENNE WITH CHARLIE」

12片入2376円

可愛的限定包裝

🔻維也納甜酥麵包、榛果等4種沙布列餅乾的組合

B ATELIER MELLOWHICH 的磅蛋糕

4入1296円

講求手作烘烤的溫潤蛋糕

🔻可自由搭配包裝與口味的特別禮物

A PISTA & TOKYO 的開心果夾心餅乾（開心果＆開心果）

6片入1296円

以大量開心果製成的5層夾心餅乾

🔻開心果風味巧克力與開心果餅乾的組合

A neko chef 的費南雪

5入1080円

肉球造型的起司費南雪

🔻加了卡門貝爾起司與檸檬皮，風味清爽的費南雪

☆ NEW型飯店

赤坂 2022年盛大開幕

OMO3東京赤坂 by 星野集團

★オモスリーとうきょうあかさかバイほしのリゾート

供遊客深入街道遊玩而打造的都市型飯店。以附嚮導的導覽行程、鄰里地圖等有別於以往的服務，讓遊客能接觸到街道新魅力。客房洋溢著簡單整潔的氛圍，能在此度過放鬆的時光。 ➡P.155

🔺獨自旅行也很推薦的一雙人床房！

滿滿的有趣服務！

🔺「鄰里導遊 OMO 隊」帶領的導覽行程

東京晴空塔城10週年

東京晴空塔城®

★とうきょうスカイツリータウン

2022年5月22日，東京晴空塔城迎來開幕10週年。10週年的LOGO裡蘊含著希望區域整體越趨繁盛的心願。

☎0570-55-0634（東京晴空塔客服中心）🏠墨田区押上1-1-2
休⏰視店鋪、設施而異 🚃東武晴空塔線東京晴空塔站即到、地鐵押上〈晴空塔前〉站即到 MAP 附錄②P.6 F-3

盛大歡慶特別的一年！

🔺10週年的LOGO
©TOKYO-SKYTREETOWN

原宿 2023年秋季預定開放使用

都立明治公園

★とりつめいじこうえん

國立競技場周邊經過重新整修，打造成有運動設施、餐飲店、商店與綠意融合的新穎公園。代代木公園預計日後也將重新整修。

※2021年11月時的示意圖

☎03-5320-5168（東京都公園綠地部公園課）🏠新宿区霞ヶ丘町地內、澀谷區神宮前2丁目地內
休⏰未定 🚃地鐵國立競技場站A2出口步行7分 MAP 附錄②P.5 D-3

練馬 2023上半年預定開幕

Warner Bros. Studio Tour Tokyo- The Making of Harry Potter

★ワーナーブラザーススタジオツアーとうきょうメイキングオブハリーポッター

世界第二座哈利波特體驗型設施，預定於豐島園舊址開幕。將展示電影實際使用的服裝及小道具，能充分感受到電影世界的氛圍。

☎未定 🏠練馬区向山3-25-1 休⏰未定 🚃西武豐島線豐島園站西武出口即到 MAP 附錄②P.3 C-1

新宿 2023年春季預定開幕

東急歌舞伎町TOWER

★とうきゅうかぶきちょうタワー

蓋在「新宿 TOKYU MILANO」舊址，正在興建的設施。以「創造最愛的場所」為構想，將來會有電影院、劇場、飯店等進駐的高樓複合設施。

☎未定 🏠新宿区歌舞伎町1-29-1、3 休⏰未定 🚃西武新宿線西武新宿站正面口即到 MAP 附錄②P.21 D-1

融合古早味與新鮮感的咖啡廳

新時代的大推類別&新店大集合！

最新美食

精選特輯

整條Mou吐司
（日式拿坡里義大利麵）
飲料套餐 1300円

使用整條約450g的「Mou」吐司，
日式拿坡里義大利麵上還有煎蛋，
分量飽滿的料理。單點為950円。

東京的流行美食接連誕生，來針對現正備受矚目的類別做個總複習吧。從大排長龍的話題店家到外觀與美味兼具的可愛甜點，東京最新的美食一個都不要放過！

→以小房屋為發想的繽紛露天座位。有活動時可以分開使用

→上頭有鮮奶油、偏硬的卡士達布丁，配上大量水果與冰淇淋的豪華「布丁水果拼盤」1200円

原宿　2021年11月OPEN
旬゛喫茶パンエス
◎じゅんきっさパンエス

表參道的麵包店「BREAD,ESPRESSO&」的姐妹店。除了使用人氣吐司「Mou」製作的吐司餐點之外，還有推出水果三明治、布丁水果拼盤、香蕉果汁等懷舊咖啡廳菜單。在色彩繽紛的露天座位享用餐點的話，很適合拍美照上傳社群。

☎03-6427-4577　囧渋谷区神宮前6-28-5　休無休　⏰8:00～17:00（外帶為～17:30）　🚇地鐵明治神宮前〈原宿〉站7號出口即到
MAP附錄②P.9 B-4

現在應該要去的話題店家都在這！

超吸睛！的 NEW OPEN
cafe & restaurant

人氣店家的新業態店鋪、使用意想不到的食材做出的新感覺美食等，精選開幕前便蔚為話題的店家！

淡路產糯米豬火腿與格魯耶爾起司的庫克太太三明治 1628円

起司的高雅香氣讓人垂涎三尺的庫克太太三明治。可享受糯米豬火腿的鮮美與麵包溫潤的口感

要外帶就買這個！

→無麩質的「綜合甜甜圈」6個入2660円（僅限外帶）。使用米粉製作出鬆軟有嚼勁的口感

原宿　2021年8月OPEN
PEANUTS Cafe
SUNNY SIDE kitchen
◎ピーナッツカフェサニーサイドキッチン

以「讓一整天幸福的健康食物」為主題的史努比咖啡廳新業態。可以在《花生》世界觀滿溢的店裡，享用開放式三明治、歐姆蛋等早餐類健康餐點。也有附設販售原創商品的商店。

☎03-6434-0046　囧渋谷区神宮前1-14-30 WITH HARAJUKU B2　休無休　⏰9:00～20:30　🚇JR原宿站東口即到
MAP附錄②P.9 B-2

© 2022 Peanuts

與《花生》的夥伴們一同享用健康的菜單

→商店裡有販售提倡健康飲食生活的食品、餐具，以及環保的永續商品等

最新美食 精選特輯 NEW OPEN

雞肉印度香飯
1400円
雞肉搭配10種辛香料和香草炊煮而成的印度香飯。附沙拉與咖啡或紅茶

無法歸類
簡單又自由的料理

⚲店裡透著從大窗戶照進來的光。這裡還有啤酒釀造廠與葡萄酒酒窖

青山 ↘ 2021年10月OPEN ↙
RACINES AOYAMA
◎ラシーヌアオヤマ

進駐北青山新設施「NONOAOYAMA」的餐廳。在綠意圍繞的開闊店內，活用合作農家送來的食材，供應無類別之分的多種料理。與酒類一同品嘗的滋味也很令人期待。

📞03-6384-5915 🏠港区北青山3-4-3 NONOAOYAMA 1F
🈺不定休 🕐8:00～22:00 🚇地鐵表參道站A3出口步行5分
MAP附錄②P.8 F-3

✦也有附設Food Shop！

RACINES DONUT & ICE CREAM
◎ラシーヌドーナツアンドアイスクリーム

與「RACINES AOYAMA」併設的甜甜圈&冰淇淋店。無添加甜甜圈與使用日本國產水果製成的冰淇淋，最適合當作飯後甜點。

📞03-6384-5915
🈺不定休 🕐9:00～23:00

自由之丘 ↘ 2021年4月OPEN ↙
Café BEL AMER
自由之丘店
◎カフェベルアメールじゆうがおかてん

巧克力專賣店「BEL AMER」的咖啡廳。除了有特製甜點和下午茶之外，也有供應活用可可風味的咖哩及義大利麵等餐點菜單。能見識可可與巧克力的新魅力。

📞03-6421-1466 🏠目黑区自由之丘2-9-4 岡ビル1F 🈺無休 🕐10:30～19:00
🚇東急東橫線自由之丘站正面出口步行3分
MAP附錄②P.3 C-4

↖感受可可深度風味的「特製甜點花卉可可～原創提拉米蘇～」1760円

巧克力專賣店才有的可可食物

散發可可香氣的特製和牛漢堡 1980円
把可可揉進漢堡麵包中，夾入100%和牛肉餡的漢堡。薯條上也灑了可可粉

⚲店內的氛圍高雅沉靜。也有附設巧克力商店

散發新鮮香氣的新感覺法式千層派

拿破崙千層派
1200円
除了經典的草莓法式千層派之外，還有卡士達醬、巧克力、開心果等口味。也可以選擇雙口味

表參道 ↘ 2021年11月OPEN ↙
GARIGUETTE
◎ガリゲット

主打「用五感享受」的現烤法式千層派專賣店。使用特別訂製的壓製機器，並以獨特製作方式創造嶄新的法式千層派，顛覆了不方便食用的傳統印象。單手就可以享用酥脆的千層派。

📞03-6805-0430 🏠港区北青山3-7-2 FPG links OMOTESANDO2 1F
🈺不定休 🕐10:00～19:00 🚇地鐵表參道站B5出口即到
MAP附錄②P.8 E-5

↩講求現做感，在客人面前現烤出爐。還有輕食類型的千層派

▲▲▲ **美食廣場進化得好時尚！** ▲▲▲
NEW 美食景點

這裡要介紹集結了人氣店家的「無敵時髦美食廣場」以及掀起話題的新景點。說不定會讓人萌生每間店都去一遍的欲望!?

KITADE TACOS
3種塔可餅套餐 1100円
能品嘗以全天然無添加北海道產玉米100%自製的墨西哥薄餅所製作的道地塔可餅。

📞03-3527-3277
🈺無休 🕐11:00～21:30

日本橋
COMMISSARY
◎カミサリー

匯集了塔可餅、麵包店、披薩等5家店。採用客人可輕鬆進場消費的美食廣場經營模式，每家店的口味都很道地。會令人聯想到國外的時尚氛圍也很有魅力。

Chigaya Bakery
甜甜圈 1個280円～
繼辻堂及藏前的第3家店。以紐約甜甜圈店為形象的可愛店鋪，門口陳列著樸素的手作甜甜圈。

📞視店鋪而異 🏠中央区日本橋本町3-11-5 日本橋ライフサイエンスビルディング2 1F 🈺視店鋪而異 🚇JR新日本橋站5號出口步行5分
📞03-6810-9650 🈺無休
🕐10:00～18:00
MAP附錄②P.10 G-1

中目黑 ↘ 2021年7月OPEN ↙
& OIMO TOKYO
CAFE 中目黑店
◎アンドオイモトウキョウカフェなかめぐろてん

地瓜甜點品牌「& OIMO TOKYO」開的咖啡廳。除了能品嘗使用種子島炭燒蜜地瓜製成的甜點之外，還能吃到咖哩、法式鹹派等咖啡廳限定的地瓜菜單。

📞03-6416-4908 🏠目黑区青葉台1-14-4 CONTRAL nakameguro 1F 🈺週三 🕐8:00～19:00（飲品為～19:30）🚇東急東橫線、地鐵中目黑站西口步行8分
MAP附錄②P.5 C-5

↩從目黑川旁一條路走進來的沉靜區域。也有提供開放式露天座位

要外帶就買這個！

↖獲得網購西點部門第一名的「蜜地瓜巴斯克起司蛋糕」3456円。地瓜的甜味與焦蜜的苦味相得益彰，讓人無法抵擋

使用嚴選地瓜製作的創意菜單

煙燻鮭魚佐菠菜的蜜地瓜法式鹹派 1100円～
加了炭燒安納地瓜與奶油起司，做成大人小孩都能開心享用的味道。能感受到地瓜的甘甜

首次在日本登場的店也接連開幕!

現在最想吃的
世界美食 *world gourmand*

能夠享受多國籍料理
紐約的排隊餐廳

玫瑰香鬆餅
1500円 (前)
新鮮哈密瓜果汁
900円 (後)
散發玫瑰水香氣的鬆餅再淋上大量糖漿。紅肉哈密瓜果汁有著無比的新鮮風味

正因為近年是無法隨意出國的時期,所以更要把握機會在東京享受異國美味!千萬不能錯過這些供應道地風味的初登場店家。

新鮮松露帕瑪森起司義大利扁麵
2000円 (左)
醃豬頰肉番茄義大利圓粗麵
1250円 (右)
濃縮咖啡馬蒂諾 700円 (中央)
松露義大利麵是該國人氣No.1。番茄培根醬汁配上容易沾裹醬汁的圓粗麵麵條。散發濃縮咖啡香氣、少見的無酒精雞尾酒等,飲品種類也相當豐富

道地生義大利麵的徹底講究的

初登場 from USA | 東京 Mizumachi® ↘ 2021年7月OPEN ↗

Jack's Wife Freda
◎ジャックスワイフフリーダ

在紐約擁有傲人名氣的全日餐廳。料理擷取了老闆出身的南非、以色列與地中海的精華,盡是外觀絢麗又少見的菜色。一整天都能享用到也適合素食者及清真飲食者的健康料理。

📞 03-6240-4750
🏠 墨田区向島1-2-6 TOKYO Mizumachi 西區 W03
休 不定休 🕐 9:00～20:00 (週六、日為～20:30)
🚃 地鐵本所吾妻橋站A3出口步行4分
MAP 附錄② P.7 D-3

↑「綠色北非蛋」990円。把以綠番茄為基底的辣醬和雞蛋拌在一起,抹在布里歐吐司上享用

↘ 仿造本店的店內裝潢。還有靠河畔的露天座位

雙倍起司牛腩肉
漢堡套餐
1980円～
滿滿牛肉、通心麵與起司,分量十足。套餐的配餐菜單有超過10種可以選擇

從美國進貨的正宗B·B·Q料理

🔥 煙燻香氣滿溢的店裡,供應牛、豬、雞肉的B.B.Q料理

初登場 from USA | 代代木 ↘ 2021年9月OPEN ↗

Dickey's Barbecue Pit 代代木店
◎ディッキーズバーベキュービットよよぎてん

在美國展店超過600家的德克薩斯B.B.Q專賣店。將從美國直接進口的肉品以特製調味料調味,再使用特別訂製的煙燻爐慢慢燻製,引出肉的鮮美滋味。

📞 03-6381-6077
🏠 渋谷区代代木1-36-12 防雷ビル1F
休 無休 🕐 10:00～21:30
🚃 JR代代木站西口即到
MAP 附錄② P.21 D-6

初登場 from UK | 表參道 ↘ 2021年7月OPEN ↗

LINA STORES Omotesando
RESTAURANT & DELICATESSEN
◎リナストアズおもてさんどうレストランアンドデリカテッセン

創業於倫敦蘇活區的義大利熟食店＆餐廳,首次在海外展店。為了要重現和當地相同的味道,也設有義大利麵工坊,提供店家自豪的生義大利麵、前菜、甜點等豐富的道地義大利料理。

📞 03-6427-3758
🏠 港区北青山3-10-5 スプリングテラス表参道 1F 休 無休
🕐 11:00～21:00 (熟食店為～19:30) 🚃 地鐵表参道站B2出口即到
MAP 附錄② P.8 E-5

↑顏色亮眼的開心果綠。亦設有露天座位 ↘附設的熟食店除了生義大利麵、甜點、火腿、起司之外,還有販售原創的帆布袋等商品

也有販售食材和商品

最新美食 精選特輯

世界美食

義大利王室愛吃的 濃厚義式冰淇淋

義式冰淇淋（甜筒）雙球810円～
活用食材風味的高品質手作義式冰淇淋。也可選擇杯裝（白金口味為＋108円～）

➡除了忠實呈現當地食譜的「羅馬風奶油培根義大利麵」1540円之外，從前菜到甜點，菜單陣容相當豐富

日本限定 冰沙

⬆日本原創的冰沙「Sorairo Cozy」610円～。在百香果與芒果果汁裡加入超級食物藍藻和鹽麴混合而成

用自然＆流行的 熟食佳餚補充能量

三明治 550円～
因應季節提供以大量新鮮蔬菜製成的三明治，有三明治捲、開放式三明治等。全品項皆可外帶

新業態 🇺🇸 from USA　**東京站**　2021年6月OPEN
Jamba Kitchen Labo
◎ジャンバキッチンラボ
來自加州的冰沙及果汁專賣店的世界首間熟食咖啡廳。除了販售堅持不使用人工甜味劑和化學色素的冰沙之外，也有提供能依個人喜好選擇的熟食、三明治、甜點等食物菜單。

📞03-6551-2517　📍千代田区丸の内1-9-1 JR東京站站内B1 GRANSTA丸之內　休無休　🕐8:00～22:00（週日、假日為～21:00，翌日逢假日為～22:00）　JR東京站丸之內地下中央口即到
MAP P.69 B-3

⬆店內牆面繪有色彩繽紛的塗鴉藝術。還有提供早餐套餐

初登場 🇮🇹 from ITALY　**有樂町**　2021年9月OPEN
Giolitti Café
有樂町店
◎ジョリッティカフェゆうらくちょうてん
2021年初次登陸日本展店的羅馬老牌義式冰淇淋品牌「Giolitti」，在新宿開了世界首間咖啡廳。除了大家熟悉的義式冰淇淋之外，還有義大利甜點、義大利麵、羅馬風義式烤餅等原創料理。

📞03-6259-1366　📍千代田区有樂町2-7-1 有樂町丸井3F　休不定休（準同有樂町丸井公休日）　🕐11:00～20:00　JR有樂町站中央口即到
MAP 附錄②P.13 D-1

➡採用店家招牌色的綠色椅子很亮眼。也可以只外帶義式冰淇淋

令人安心又美味的 現烤麵包

初登場 🇬🇧 from UK　**吉祥寺**　2021年9月OPEN
Melrose and Morgan
◎メルローズアンドモーガン
在北倫敦受到當地喜愛的熟食店。重視呈現與倫敦當地相同的氛圍，熟食及糕點也都採用總店的食譜，每天在店內的工坊手工製造。讓人想和咖啡或紅茶等飲品一同外帶品嘗。

📞0422-69-2152　📍武藏野市吉祥寺本町4-10-9　休週二　🕐11:00～18:00　JR吉祥寺站北口步行15分
MAP 附錄②P.3 A-2

商品也要 Check！

⬆在社群網站上掀起話題的「帆布袋」4400円（左）與「果醬」1620円（右）也是從英國進口

香腸捲 480円（前）蘋果榛果馬芬 480円（後）
香腸捲是該店最受歡迎的商品，以派皮包裹散發香草香氣的絞肉狀香腸製成

⬆位在寧靜住宅區的小巧店家。食品與商品緊密地陳列在一起

表參道　2021年10月OPEN
台湾カステラ 米米cafe 表参道店
◎たいわんカステラファンファンカフェおもてさんどうてん
在大阪誕生的台灣古早味蛋糕專賣店，首次在關東開設的常設店鋪。以口感獨特鬆軟的台灣古早味蛋糕改造而成的蛋糕和雞蛋糕很有人氣。

📞03-6427-1321　📍渋谷区神宮前5-11-7　休無休　🕐11:00～19:30　地鐵明治神宮前〈原宿〉站7號出口步行6分
MAP 附錄②P.9 C-4

➡店門面對著原宿貓街。也可以內用

台灣雞蛋糕拼盤 草莓與莓果 980円
使用發酵奶油與蜂蜜製作的雞蛋糕，再配上冰淇淋和水果

白山　2021年2月OPEN
also　◎オルソー
能享受台灣街邊美食和精釀啤酒的店家。除了包進扎實內餡的「餛飩」之外，還有麵類、台式炸雞等講求道地口味的豐富菜單。

📞03-5615-9969　📍文京区白山5-32-13　休週一　🕐11:30～14:00、17:30～21:00　地鐵白山站A3出口即到
MAP 附錄②P.2 E-1

⬆以台南民宅為形象打造出氛圍超讚的店面

餛飩＆滷肉飯套餐 950円
使用帶皮豬絞肉製作的滷肉飯、肉汁飽滿的餛飩，還有附湯的平日限定午餐

🇹🇼 from TAIWAN

還有還有正火熱的！ 台灣美食

至今人氣不減的台灣美食。新店不斷開幕，這裡從中選出2家引人注目的店！

視覺絢麗＆新鮮的美味！

新感覺的幸福

水果甜點

fruit sweets

新感覺的幸福♥

使用講究產地的新鮮水果製作甜點的店家相繼開幕。色彩豐富的繽紛甜點也很適合上傳美照！

觀音山檸檬百匯 1890円
使用「觀音山水果店」的代表水果觀音山檸檬，製成檸檬皮、果醬、果凍等盛好盛滿，風味清爽可口。

傳遞當季的美味

專種水果的農家

對身體無負擔的日本首創 純素水果三明治

以花朵形狀的水果點綴
進化系開放式三明治

和歌山縣產當季水果的農園百匯 1980円
能盡情品嘗當季美味的豪華百匯。以「觀音山水果花園」為首，還有使用紀之川市附近農家送來的水果

大塊水果堆滿滿！震撼力十足的豪邁百匯

**開放式三明治
(左) 草莓 550円、
(右) 堅果&巧克力香蕉500円**
把切成大塊的水果鋪在鬆軟麵包上的開放式三明治。與減糖的自製鮮奶油十分對味

採水果果園 1580円
以鳳梨為容器盛裝6種大塊水果，視覺上很有衝擊性。也加了店家自製的冰淇淋，吃到最後一口都不嫌膩

**純素水果三明治
(左)柑橘648円～、
(右) 草莓972円～**
希望客人放心、安全地享用，鮮奶油完全不使用牛奶與蛋。包裝可愛，也很適合當作禮物

東京晴空塔城®	新大久保	惠比壽 ↘ 2021年1月OPEN	銀座 ↘ 2021年10月OPEN

D 2021年3月OPEN ↗
堀内果実園
◎ほりうちかじつえん
在奈良縣吉野山內傳續6代的果園直營店。名為「採水果」的百匯菜單正如其名，特色是使用整顆水果製作的豪邁奢華享受。也很推薦水果三明治和刨冰。

☎03-6658-8588
🏠墨田区押上1-1-2 東京晴空街道 東庭院1F
休無休 🕐10:00～20:30 🚇地鐵、京成押上線押上（晴空塔前）站B3出口即到

MAP 附錄②P.6 F-3

C 2021年2月OPEN ↗
BLOOM244
◎ブルームにーよんよん
這家店使用每天從市場採購的嚴選食材，開放式水果三明治及種類豐富的餅乾都很有人氣。開放式三明治使用了能凸顯水果風味的自製鮮奶油。

☎03-6304-0898
🏠新宿区百人町2-11-2 休無休 🕐12:00～19:00（售完打烊）🚇JR新大久保站北口即到

MAP 附錄②P.5 C-2

B fruits and season
◎フルーツアンドシーズン
純素水果三明治專賣店。使用愛知縣岡崎市的蔬菜店「Daiwa超市」嚴選的當季水果，供應不使用動物性食材、純素者可食用的水果三明治。

☎非公開
🏠渋谷区恵比寿西1-10-1 クリーンパレス1F 休週一（逢假日則翌日休）🕐10:00～20:00 🚇JR惠比壽站4號出口即到

MAP 附錄②P.5 C-5

A 觀音山水果店
銀座店
◎かんのんやまフルーツパーラーぎんざてん
由和歌山縣水果農家推出的水果店。裝滿大量產地直送水果的百匯會隨季節改變水果陣容，不管來幾次都能開心品嘗滿滿的當季美味。

☎03-6264-2684
🏠中央区銀座4-10-5 東急ステイ銀座1F 休無休 🕐11:00～18:30 🚇地鐵東銀座站A2出口即到

MAP 附錄②P.12 E-4

最新美食精選特輯

水果甜點

收到好開心 吃起來好美味
時下流行 甜點伴手禮

這裡要為覺得普通伴手禮好無趣的人，介紹能夠滿足收禮者、榜上有名的最新甜點。

澀谷 2021年6月OPEN

ATELIER FUJITA
◎アトリエフジタ

代代木上原的人氣餐廳推出的新感覺荻餅。以玫瑰、肉桂、咖啡等意想不到的食材製成的個性派荻餅，作為伴手禮一定能帶動氣氛。

☎ 03-3477-4701 所渋谷区道玄坂1-12-1 澀谷 東急FoodShow①（澀谷Mark City 1F）休無休 ⏰10:00～21:00 ⊟直通京王井之頭線澀谷站

MAP附錄②P.17 C-5

6種綜合口味 1977円
除了黃豆粉、芝麻等經典口味之外，還有抹茶紅豆、海帶芽、顆粒豆沙、葡萄乾等，能遇見嶄新口味混搭的荻餅

※綜合口味的品項及價格會視季節而異

池袋 2021年3月OPEN

Sable MICHELLE 西武池袋本店
◎サブレミシェルせいぶいけぶくろほんてん

以「美好記憶會帶來幸福」為理念的沙布列餅乾專賣店。「航程沙布列」以世界各地景色及文化為造型，沙布列餅乾與餅乾盒設計會根據國家、都市而有所不同，挑選過程也很開心。

☎ 03-3981-0111（大代表）所豊島区南池袋1-28-1 西武池袋本店B1 休無休 ⏰10:00～21:00（週日、假日為～20:00）⊟直通JR池袋站東口

MAP附錄②P.24 A-2

航程沙布列 1296円
除了以大笨鐘、巴士為造型的「倫敦」，還有德國、埃及、紐約、日本等共15種款式

原宿 2021年4月OPEN

可麗露專賣店 boB
◎カヌレせんもんてんボブ

銀座的餐廳「AURUM+truffle」推出的可麗露專賣店。使用大量蛋黃、花2天製作的「半熟可麗露」外皮酥脆，內部卻像是要化掉般柔軟。配料讓造型有更多變化。

☎ 03-4400-1556 所渋谷区神宮前4-31-10 ワイ・エム・スクウェア原宿1F 休無休 ⏰11:00～19:00（週六、日、假日為10:00～）⊟地鐵明治神宮前〈原宿〉站5號出口即到

MAP附錄②P.9 C-3

半熟可麗露 一個340円～
有原味、抹茶、辛香橘子等豐富種類。吃之前用微波爐或烤箱加熱一下更美味

融合高級水果與日本技術的究極美味

E 銅鑼燒 鬆軟 518円～
口感鬆軟的薄皮抹上紅豆餡與鮮奶油，再加入大塊水果

硝子寒天 1000円～
加入大量當季水果的和風果凍。果凍散發著白葡萄的高雅淡香，能享受食材的原味

A 和歌山縣產當季的水果三明治 1659円～
繽紛切面也很吸睛的水果三明治。切得大塊的季節水果與濃郁的鮮奶油交織出絕妙風味

E 青果茶 734円
焙茶加上皇冠哈密瓜、白桃、芒果等組合而成的水果茶。水果浸泡在茶中，帶來甜味與酸味的變化

水果×白豆沙×求肥的黃金比例

F 水果大福 (左)奇異果650円、(右)溫州蜜柑750円
※可能視大小及季節變動
以極力控糖的求肥，用手包入甜味高雅的白豆沙與水果。經常備有10種以上的口味

銀座 2021年6月OPEN

F フルーツ大福專門店 弁才天 GINZA SIX店
◎フルーツだいふくせんもんてんべんざいてんギンザシックスてん

來自名古屋覺王山的水果大福專賣店。這家店的大福是將每天早上在市場採購的水果，包入堅持使用高級羽二重粉的求肥製成，給人一種「水果是主角的大福」的感覺。為了讓顧客能夠欣賞美麗的切面，會附上切開大福所需的線，這點十分有趣。

☎ 03-6804-3382 所中央区銀座6-10-1 GINZA SIX B2 休不定休（準同GINZA SIX公休日）⏰10:30～20:30 ⊟地鐵銀座站A3出口即到

MAP附錄②P.13 D-4

惠比壽 2021年7月OPEN

E EBISU 青果堂
◎エビスせいかどう

融合日本國產水果，供應新式和菓子的和風水果店。食材使用創業超過90年的老字號水果批發商所嚴選的當季水果。有機會吃到市場難得一見的稀有品種。

☎ 03-6455-7711 所渋谷区東3-26-4 休無休 ⏰11:00～21:00 ⊟JR惠比壽站西口即到

MAP附錄②P.5 D-5

潛入起司之海！
在起司愛好者的聖地

拉可雷特起司的燒烤拼盤 2189円～

有粗絞肉香腸配馬鈴薯、蒸蔬菜配培根、番茄燉漢堡排這3種可選的燒烤拼盤，再加入滿滿的拉可雷特起司

沉迷於融化的美味之中

濃厚

cheese

起司

世界吧！減。完全沉浸在視覺、味道都很出眾的起司世界吧！專賣店接連誕生，起司的人氣至今仍絲毫未

一刀切下就滿溢而出的幸福♡

王道番茄肉醬義大利麵 1980円

放上店家自製的整塊布拉塔起司的奢華料理。將彈牙的生義大利麵拌入醬汁與起司品嘗吧

↑自製生起司蛋糕「C.C.C」759円，外型仿造繪本中出現的起司。口感鬆軟、味道清爽，很適合當甜點

↑有大扇窗戶，店內空間寬敞。自然的氛圍讓人感到放鬆

新宿 ╲ 2021年3月OPEN ╱

good spoon
Handmade Cheese & Pizzeria
◎グッドスプーンハンドメイドチーズアンドピッツェリア

以店內起司工坊製作的布拉塔起司和披薩為傲的店家。奢侈使用現做起司的義大利麵、披薩、甜點，在端出來的瞬間必定會讓氣氛高漲。也備有下酒的單品料理。

日比谷 ╲ 2021年3月OPEN ╱

CCC Cheese Cheers Cafe Hibiya
◎チーズチーズカフェヒビヤ

起司愛好者為了起司愛好者而開的起司料理專賣店。經典的拉可雷特起司自不用說，還有把特大的格拉娜帕達諾起司當作鍋子製作起司燉飯等，驚奇的手法讓起司愛好者百來不厭。

📞03-6205-4038
🏠千代田区有楽町1-2-11 オーキッドスクエアビル8F
🈺無休 🕐12:00～21:00
🚇地鐵日比谷站A5出口步行3分
MAP 附錄②P.13 B-2

📞03-6304-5135 🏠新宿区西新宿1-1-5 LUMINE新宿 LUMINE1 7F 🈺不定休（準同LUMINE新宿公休日）🕐11:00～21:30（飲品為～22:00）🚇JR新宿站南口、東南口即到
MAP 附錄②P.21 D-4

↑一旁的起司工坊正在製造7種起司

六本木 ╲ 2021年7月OPEN ╱

h.u.g-flower TOKYO
◎ハグフラワートウキョウ

岐阜的花店推出的醬糜起司蛋糕專賣店。嚴選北海道產的奶油起司、鮮奶油、有機栽培的香草豆等食材，連口感、尾韻都徹底講究。

通心麵起司漢堡 1815円

滿溢的通心麵&起司帶來巨大的視覺衝擊。肉餡、番茄片、燻製堅果等用料與醬汁的量也不容小覷

如雪崩般滿溢的通心麵&起司

代代木 ╲ 2021年6月OPEN ╱

ICON
◎アイコン

運用嶄新創意，不斷推出新感覺漢堡的名店。以手切安格斯黑牛肉做成的多汁肉餡等，堅持選用嚴選食材製作餐點。還有使用農家直送蔬菜製成的限定菜單。

📞080-7399-3894 🏠渋谷区代代木1-41-4 🈺週一、二 🕐11:30～17:00（週五、六為～20:00）🚇JR代代木站西口步行3分
MAP 附錄②P.5 C-3

📞03-6447-4089 🏠港区六本木6-2-31 六本木新城 NORTH TOWER B1 🈺無休 🕐10:00～20:00 🚇地鐵六本木站1C出口即到
MAP 附錄②P.19 B-3

↑以高級飯店為形象的奢華空間。僅供外帶

在的店面。2021年6月搬遷到現計師的老闆對漢堡的愛。↑這家店充滿了亦身為設

醬糜起司蛋糕
1個 800円
6入 3800円

無麩質的醬糜起司蛋糕

烤成法式凍派形狀的起司蛋糕。酸奶油恰到好處的酸味讓蛋糕吃起來爽口不膩。跟葡萄酒、香檳也很搭

有如一道料理般
藝術性的麵包世界

義大利羅馬生乳包
356円

在生乳包麵包中夾入蓬鬆的鮮奶油和加了橘子皮的卡士達醬，是店家的人氣商品

自由之丘 2021年11月OPEN
自由が丘 パンテス
◎じゆうがおかパンテス

在福井廣受喜愛的紅豆吐司店，首次到東京展店。揉入大量紅豆餡、口感彈牙的「紅豆吐司」還有草莓、抹茶、巧克力等多種豐富口味。個別包裝可單片購買。

📞03-6421-3652 🏠目黒区自由之丘1-27-1 サンキリ街1階 左4号 🈺週一、第3週二 ⏰10:30～19:00 🚉東急東横線自由之丘站正面口即到
MAP 附録②P.3 C-4

↗位在東急東横線高架橋下延伸的地方商店街裡

↑自開幕以來人潮絡繹不絕的話題店家

表參道 2021年10月OPEN
AMAM DACOTAN
表参道店
◎アマムダコタンおもてさんどうてん

來自福岡的超人氣麵包店。古董家具和乾燥花將店內點綴得很夢幻，諸如色彩豐富的熟食麵包、甜點麵包以及減少食物浪費的永續麵包等，陳列超過100種麵包。

📞03-3498-2456 🏠港区北青山3-7-6 🈺無休 ⏰10:00～19:00 🚉地鐵表參道站B2出口即到
MAP 附録②P.8 E-5

DACOTAN漢堡
572円

用添加穀物的麵包夾入店家自製的義大利香腸、當季烤蔬菜和醃紫高麗菜

極上 薄皮豆沙餅
1個390円

這款紅豆麵包是用延展性佳的麵團裹入滿滿的紅豆餡。低甜度的紅豆餡一次吃完也不嫌膩

大理石紋路的繽紛紅豆吐司

紅豆吐司（紅豆餡）
340円（左）
草莓紅豆吐司
380円（右）

用吐司包裹以北海道產紅豆製成的內餡，烤過以後也很好吃。還會推出季節限定的麵包。

明太子香蒜法國麵包 421円

把加了大蒜、巴西利、胡椒的特製明太子奶油揉進麵團，穩坐人氣No.1寶座的商品

雲仙火腿庫克太太三明治 334円

鋪上切成厚片的雲仙火腿和低溫烹煮的雞蛋，再和焗烤醬一起烤製而成的美味料理

可頌
1個313円

使用原創調製的麵粉與法國諾曼第產的發酵奶油製成的招牌商品

令人感動的可頌
廣受全世界喜愛

還有首次在東京展店的！
當紅人氣麵包店 *bakery*

麵包愛好者期待已久的名店首次在東京展店等，與麵包有關的新聞層出不窮。技術高超的專賣店、來自巴黎再次登陸日本的麵包店也不容錯過！

柚子與抹茶的雲朵可頌 496円

把加了柚子果汁的蛋白霜擠在可頌上，在表面淋上柚子與抹茶的糖汁

茅場町 2021年11月OPEN
PARKER HOUSE BUTTER ROLL
◎パーカーハウスバターロール

經過反覆研究而誕生的終極奶油麵包捲專賣店。奶油麵包捲使用純天然鹼性離子水，能引出小麥的美味。也推薦分量飽滿的熟食麵包。

📞03-6262-8484 🏠中央区新川1-1-7 GEMS茅場町1F 🈺週日、假日 ⏰7:30～19:00（週六為9:00～17:00）🚉地鐵茅場町站4a出口即到
MAP 附録②P.4 G-3

追求水、食材、製作方法的終極奶油麵包捲

奶油麵包捲 180円(左)
W巧克力奶油麵包捲 240円（右）

入口即化的奶油麵包捲。除了原味、巧克力之外，還有加了葡萄乾的口味

可頌唱片麵包開心果 432円

在可頌麵包捲裡填入開心果奶油，再以巧克力妝點的吸睛麵包

表參道 2021年7月OPEN
Gontran Cherrier
東京青山店
◎ゴントランシェリエとうきょうあおやまてん

在全球有60家店鋪的人氣麵包店再次登陸日本。招牌商品可頌換了新食譜，並提供以日本獨有食材及食譜製成的商品，種類相當豐富。2樓的咖啡廳也有供應早餐拼盤。

📞03-6450-6184 🏠渋谷区神宮前5-51-8 ラ・ポルト青山1-2F 🈺無休 ⏰7:30～20:00 🚉地鐵表參道站B2出口步行3分
MAP 附録②P.9 D-6

醃漬蔬菜與粗絞肉香腸 380円

使用和奶油麵包捲相同麵團製作的麵包，夾入多汁香腸和散發辛香風味的醃紫高麗菜

可以在店裡的內用空間品嘗喝講究的咖啡配麵包一起

↑店面以Gontran主廚的宅邸為形象打造而成

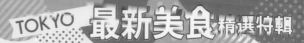

大久保
SPICY CURRY 魯珈
◎スパイシーカレーろか

在都內的南印度料理店「ERICK SOUTH」累積經驗的齋藤繪理在此大展手藝。名產「魯珈咖哩」獨一無二的風味讓人一吃就上癮。還有每週替換口味的咖哩，讓人想一去再去。

✆03-3367-7111　🏠新宿区百人町1-24-7 シュミネビル1F　🈺週六、日、假日　🕐11:00～15:00（週二、四為11:00～14:00、17:00～20:00）　※內用為現場登記定時入場制，登記時間為午餐10:00～、晚餐16:00～　🚉JR大久保站南口即到
MAP 附錄②P.5 C-2

⬆在《米其林指南東京2020》榮登必比登餐廳的店家。連日排隊人潮不減

魯珈咖哩
1050円
咖哩有4種口味可選，配上台灣豬五花燉煮的「滷肉飯」。還有印度式醃漬洋蔥等配菜

香料咖哩×滷肉飯
奇蹟融合

綜合咖哩
1200円
加入雞肉、鷹嘴豆、小扁豆，用料滿滿的咖哩。可加點「辣油炒豆芽菜和冬粉（＋160円）」等配菜

從開始到完成要花7天！讓人每天都想吃的咖哩

青山　2021年7月OPEN
TOKYO SPICE ななCURRY 青山
◎トウキョウスパイスななカレーあおやま

耗時7天製作的香料咖哩專賣店。一盤使用了整顆北海道產洋蔥，香料在攪拌後要花4天靜置等，徹底講究各項細節，孕育出獨特的深度與香氣。

✆03-6434-9450　🏠港区北青山2-12-27 ハレクラ二北青山1F　🈺無休　🕐11:30～15:30、17:00～20:30　🚉地鐵外苑前站3號出口步行3分
MAP 附錄②P.8 F-2

⬆以木頭為主調的時尚店面，女性也能輕鬆入內用餐。店裡僅有吧檯座

赤坂
OSAKA MADRAS CURRY
◎おおさかマドラスカレー

1988年創業的「咖哩店MADRAS」是演員北村一輝深愛的味道，如今來到赤坂展店。咖哩用了30種辛香料和4種水果，耗時1週仔細燉煮而成的單一口味。

⬆以櫃台為中心的小店

✆03-6230-9099　🏠港区赤坂3-14-8 赤坂相模屋ビル1F　🈺無休　🕐11:00～19:45　🚉地鐵赤坂站1號出口即到
MAP 附錄②P.4 E-3

咖哩飯 1240円
咖哩飯（中）800円配上炸豬排250円、菠菜110円等配菜，分量飽滿的料理。辛香料與水果結合的甜辣滋味堪稱絕妙

受人氣演員深愛的甜辣咖哩
有種懷舊風味的

前往深奧的辛香料世界！
超好吃咖哩 *curry*

各自演變、百家爭鳴的日式咖哩。沉醉於各店精心製作的辛香料理吧！

⬆格窗加西洋古董家具的日西合璧裝潢令人印象深刻

下北澤
旧ヤム邸 シモキタ荘
◎きゅうヤムていシモキタそう

引起大阪香料咖哩熱潮的名店在東京開的1號店。一開始先直接品嘗乾咖哩的味道，接著拌在一起吃，最後倒入咖哩湯，像吃套餐一樣享用就是該店的風格。

✆03-6450-8986　🏠世田谷区代沢5-29-9　🕐11:30～14:30、18:00～21:30（週六、日、假日為11:30～15:00、17:30～21:30）　🈺週二　🚉小田急小田原線、京王井之頭線下北澤站小田急中央口步行5分
MAP 附錄②P.5 B-4

滋味複雜絕妙
3種口味的乾咖哩

本月咖哩
「三種全加」1350円
3種乾咖哩圍繞著薑黃飯（可換成茉莉香米或玄米）。以雞骨為湯底的湯也很美味

最新美食精選特輯

超好吃咖哩／健康飲料

MATCHA
蕨餅加紅豆
750円
蕨餅、鮮乳與抹茶搭配在一起的飲料，再加上鮮奶油和紅豆作為配料

老牌茶鋪推出的新抹茶體驗

這裡也要Check！

←與Toshi Yoroizuka聯名合作的「至高的MATCHA醬糜蛋糕」660円。能感受抹茶濃厚滋味與香氣的甜點，口感潤澤滑順

MATCHA Shot
250円
以最直接的方式享受濃縮版本的抹茶。能確實品嘗抹茶原本的風味，簡單又奢侈的喝法

在飲料也要追求「有益健康」的時代。使用豆腐、青汁等意想不到的食材製作飲料，因為健康又美味而廣受好評！

健康 飲料
healthy drink

身心靈都大滿足❤

豆漿奶昔 草莓（左）、濃縮咖啡（右）各650円
使用店家自製豆漿義式冰淇淋做成的原創奶昔。濃縮咖啡和草莓的口感很不一樣，就像在吃甜點般

透過飲料＆甜點推廣豆腐的新吃法

這裡也要Check！

↑以豆腐為基底的健康「冰豆腐巧克力（開心果）」Mini550円。Regular 1850円很適合當作伴手禮或禮物

東京站 ╲ 2021年7月OPEN ╱
TOFFEEtokyo
◎トーフィートウキョウ
由佐賀的豆腐店衍生出的新型咖啡廳。除了混合濃縮咖啡與豆漿的「豆漿拿鐵咖啡」之外，還有各種以豆漿調製的飲料，品項豐富齊全。健康的甜點和午餐也很誘人。

📞03-6281-9000 🏠千代田区大手町2-6-4 TOKYO TORCH Terrace1F 🈂不定休 🕐8:00～20:00（週六、假日前日為10:00～19:00；週日、假日為10:00～18:00）🚇地鐵大手町站B8a出口即到 MAP附錄②P.10 E-3

↑東京站前的新設施「TOKYO TORCH Terrace」（→P.13）的1樓

人形町 ╲ 2021年8月OPEN ╱
ATELIER MATCHA
◎アトリエマッチャ
創業160年的製茶批發商「山政小山園」經營的抹茶咖啡廳。以「MATCHA的第三波浪潮」為理念，提供能輕鬆愉快地品嘗高級茶葉的「豐盛抹茶飲料」等。

📞03-3667-7277 🏠中央区日本橋人形町1-5-8 🈂週二 🕐10:00～17:45 🚇地鐵人形町站A6出口即到 MAP附錄②P.4 G-2

↑店內裝潢簡單採用木頭與綠意，簡潔的空間。窗邊還有簷廊

顛覆印象的新時代青汁飲料

這裡也要Check！

草莓青汁檸檬氣泡水 580円
青汁加檸檬糖漿做成的檸檬水，搭配使用整顆草莓製成的糖漿

青汁拿鐵 550円
綠色的青汁加上北海道產奶油風味鮮乳製成的拿鐵。青汁的味道與牛奶的風味十分相搭

就像是奶油起司加豆漿奶油混合後，味道有內用空間

在六穀吐司裡夾入7種蔬菜和豆漿奶油三明治680円。「青汁蔬菜

銀座 ╲ 2021年6月OPEN ╱
FARMACYS Gallery Ginza
◎ファーマシーズギャラリーギンザ
將用在漢方藥裡的高麗人參、枸杞等植物，結合水果與蔬菜的漢方飲品專賣店。只使用天然植物與優質糖分，維護消費者身心的健康。

📞03-6263-2469 🏠中央区銀座1-3 北有樂ビル1F 🈂無休 🕐12:00～19:00（週六為～20:00）🚇地鐵銀座一丁目站3號出口即到 MAP附錄②P.12 E-1

能同時享受藝術的水果漢方飲品

HAWTHON
680円
由山楂、柑橘、番茄和甜菜組合而成，香氣豐富的飲品。適合想調整腸胃時飲用

GINZA Gold
680円
加了高麗人參與枸杞的手作可樂。散發新鮮菜姆香氣的經典飲品

六本木 ╲ 2022年3月OPEN ╱
33 AOJIRU TOKYO 六本木店
◎さんさんアオジルトウキョウろっぽんぎてん
2021年1月首次在東京展店的青汁咖啡廳遷址開幕。除了能享用以青汁製作的拿鐵、檸檬水等多種飲料之外，還有豐富的餐點菜單。用美味協助消費者打造健康的生活。

📞03-6804-3777 🏠港区六本木7-8-10 🈂不定休 🕐8:00～19:00（週六、日、假日為10:00～）※可能變更 🚇地鐵六本木站7號出口步行3分 MAP附錄②P.19 B-2

↑店面面向大馬路。也設有內用空間

↑店內裝潢走藝廊路線，可以一手拿著飲料欣賞店內的藝術作品

伴手禮

如果有挑選伴手禮的煩惱，就先從引領話題的商業設施開始找起！諸如人氣店家推出的限定甜點等，快來採買送禮自用兩相宜的伴手禮吧！

盡是滿足度100%的優質商品

東京 伴手禮 精選特輯

匯集了最新穎伴手禮的東京。
好吃程度自不用說，而且全都是高品味的商品，
好到讓人不知道該選哪個了！

餅乾
口感微酥的
起司製作
使用2種

> 降低了起司的特殊氣味而容易入口

Now on Cheese♪的
馬斯卡彭起司&高達起司
12片入 864円 ⋯⋯⋯ B 有效期限：約2個月

將味道濃郁的馬斯卡彭起司與高達起司以絕妙比例混合

宛如生菓子般
可愛的
點心組合

MELLOWHICH

MELLOWHICH
的磅蛋糕
4入 1296円 ⋯⋯⋯ C

口感溫潤的蛋糕配上滿滿的優質堅果及水果
有效期限：2～3天（需冷藏）

> 每一口都能享受到各種食材的滋味

酥脆、鬆軟的外皮也很美味！

甜美的滋味
有著濃厚且
自製焦糖奶油霜

Mels

Mels CARAMEL WORKS 的
Mels 夾心（鹽味堅果、莓果、異國）
3入 972円 ⋯⋯⋯ A

將使用有機糖的店家自製焦糖奶油霜，以布列塔尼酥餅包夾而成
有效期限：2～3天（需冷藏）

> 仔細烤製而成的點心既酥脆又香氣四溢

SHIBUYA SCRAMBLE SQUARE
— しぶやスクランブルスクエア ▶P.98

澀谷區最大規模的大型複合設施。位於地下2樓和1樓的「東急 FoodShow EDGE」內有許多最新穎甜點和熟食。

☎03-4221-4280 🚉渋谷区渋谷2-24-12 休無休（可能臨時公休）🕙10:00～21:00（設施、部分店鋪有異）🚃直通JR等澀谷站

MAP 附錄②P.17 D-5

粉絲暴增
奶油風味滿溢的可麗露

ÉCHIRÉ PÂTISSERIE AU BEURRE 的
可麗露艾許
1個 486円 ⋯⋯⋯ D

數量有限的可麗露，能盡情享受奶油香醇的滋味。人氣好到每天都賣光光（1人最多可買4個）
有效期限：當天

● Shop Info ●

1F
D ÉCHIRÉ PÂTISSERIE AU BEURRE
エシレ・パティスリー オ ブール
使用法國產A.O.P認可之發酵奶油「艾許」製作的烘焙點心廣受好評，會引發排隊熱潮的店家。
☎非公開

1F
C MELLOWHICH
メロウウィッチ
岐阜人氣西點店推出的新品牌。店家細心製作的烘焙點心不只好吃，外觀也很可愛。
☎03-6427-3332

1F
B Now on Cheese♪
ナウオンチーズ
混合講究的起司，也一併考量和酒的搭配度，供應商品齊全的起司甜點專賣店。
☎03-6450-5444

1F
A Mels CARAMEL WORKS
メルズキャラメルワークス
持續徹底講究生產者和食材的「LaTerre」所孕育而生的焦糖專賣店。
☎03-6452-6034

在時下東京要購物就來這！
眾所矚目 人氣SPOT

1F
F FERME LA TERRE BIEI
フェルムラテールびえい

販售講求使用北海道食材與日本國產小麥，由職人們一個一個手作的甜點及麵包等。也能內用。
☎03-6265-1700

1F
G 南阿蘇 TEA HOUSE
みなみあそティーハウス

嚴選南阿蘇自家公司農園產香草以及全球的優質香草。原創綜合香草廣受歡迎的香草茶專賣店。
☎03-6665-0092

2F
H 郭元益
グォユエンイー

以長達約150年歷史為傲的台灣老牌中式點心店，首次在日本展店。也有販售在當地日本人之間亦廣受歡迎的烘焙常溫點心等。
☎03-6665-0499

控制甜度以確實品味茶葉的香氣

在台灣為人熟知的點心♪

郭元益的 蛋捲（蜂蜜烏龍茶口味）
6條入 648円 ……H 有效期限：180天

加了烏龍茶茶葉的蛋捲。在台灣和香港，雞蛋的風味遠勝砂糖的甜味

充滿自然恩惠的豐盛夾心餅乾

添加椰子油製成的爽口尾韻

FERME LA TERRE BIEI 的 奶油起司夾心餅乾 9入 3240円〜 ……F

將活用北海道產食材製成的6種奶油起司霜，奢侈地夾進口感輕盈的沙布列餅乾中 有效期限：3天

COREDO 室町露台
コレドむろまちテラス ▶P.73

位在日本橋區域，匯集了一流的「食」、「物」、「事」。不只有日本國內的產品，還能買到台灣品牌的商品。

☎03-3242-0010（日本橋服務中心）囧中央区日本橋室町3-2-1 休不定休 ⏰10:00〜21:00（餐廳為11:00〜23:00）※部分店鋪有異 🚇地鐵三越前站A8出口即到 **MAP** 附錄②P.10 F-1

南阿蘇 TEA HOUSE 的南阿蘇 100% 檸檬草
1袋（50g）1468円 ……G

生長在南阿蘇、香氣充盈的檸檬草。也很適合在飯後或醒來時喝一杯 有效期限：開封後2個月

對身體無負擔的無咖啡因香草茶

清爽的檸檬散發淡淡香氣

3F
I DRYADES
ドリュアデス

販售木製雜貨的品牌「Hacoa」推出的巧克力店。推廣傳達可可樹恩惠的商品。
☎03-6455-1435

4F
J 井上誠耕園
いのうえせいこうえん

以橄欖產地聞名的小豆島知名農家至此展店。販售有益身體健康、具有美容功效的油品。
☎03-6427-8737

溫潤、深厚的風味是完熟才有的滋味！

「黃金油」使用完熟橄欖榨出的

井上誠耕園的 特級初榨 完熟橄欖油
180g 1404円 ……J

與西班牙農家合作，使用無農藥種植的橄欖。適合各種料理 有效期限：製造日起1年半

東急PLAZA澀谷
とうきゅうプラザしぶや ▶P.101

進駐「澀谷Fukuras」的設施。集結了許多以「大人」為目標客群的商店等，能在此找到高級禮品。

☎03-3464-8109 囧渋谷区道玄坂1-2-3 澀谷Fukuras內 休不定休 ⏰11:00〜20:00（部分店鋪有異，需確認官網）🚇JR澀谷站西口即到 **MAP** 附錄②P.17 C-5

香氣豐富的味道，連餘韻都是種享受

巧克力寶石的世界在盒中創造宛如

DRYADES 的 森之夾心糖果
6入 2430円 ……I

在可可的自然風味中加入堅果、水果等，形成美麗的組合 有效期限：10天（避免高溫潮濕、在20度以下保存）

唯有這些絕不能錯過！

東京站 經典伴手禮 必買的

東京站是伴手禮的寶庫。如果迷惘該買什麼好，選擇經典商品準沒錯。

保證回購的 人氣商品

> 每個盒子裡都裝有各種口味的米果

> 以造型取勝的小物為幸運小物

あげもち Cocoro 的
あげもち Cocoro 迷你罐 1個 1188 円 …… ④

用點心與包裝呈現 10 種世界各地的幸運物。裝有米粉餅乾、米果等的綜合罐

有效期限：製造日起 60 天

紅豆餡✕鮮奶油的 超棒組合！

> 讓人聯想到東京站建築的紅磚造型也很可愛

東京あんぱん豆一豆的
東京紅磚麵包 1個 320 円 …… ②

重視食材的紅豆麵包專賣店的人氣商品。特製鮮奶油與紅豆餡的雙層內餡

有效期限：3 天

イチゴショップ by FRANCAIS
的生草莓牛奶蛋糕

3 入 1350 円 ………………… ⑤

加了使用 3 種莓果果泥製成的果泥凍，草莓與牛奶風味滿溢的甜點

有效期限：翌日（需冷藏）

> 填入滿滿莓泥的溫和滋味

> 草莓的酸甜與牛奶的甜味是絕配

人氣 西點

> 散發楓糖香甜味道的超人氣餅乾

> 可愛的包裝設計也很加分！

楓糖男孩 The MAPLE MANIA
的楓糖奶油餅乾

32 片入 3370 円 ………… ①

使用加拿大產楓糖漿製作的餅乾，夾入奶油巧克力

有效期限：製造日起 12 個月

> 購買東京站限定的巧克力餅乾當作伴手禮

> 比利時王室御用巧克力師推出的逸品

PIERRE MARCOLINI 的
MARCOLINI 餅乾

6 入 3564 円 …………… ①

風味酥脆的餅乾夾入原創調溫巧克力

有效期限：約 2 週

> 能享受樹莓清爽的香氣與酸味

> 將果實原本的美味濃縮進來的點心

COCORIS 的
夾心餅乾「榛果與樹莓」

6 入 1296 円 …………… ①

以牛奶巧克力與原創餅乾，夾入風味濃厚的榛果醬與樹莓醬

有效期限：製造日起 60 天

剪票口內

---

2 ecute 東京
◆ エキュートとうきょう

開在車站內的商業設施。位於丸之內南口剪票口附近，熟食店、甜點、書籍、雜貨等各種商店林立。

☎ 03-3212-8910　🏠千代田区丸の内1-9-1 JR東京站剪票口內1F　休無休　🕐8:00～22:00（週日、假日為～21:30）
※部分店鋪有異　🚉JR東京站站內
MAP P.68 C-3

1 GRANSTA 東京
◆ グランスタとうきょう

橫跨剪票口內外的1樓與地下1樓的站內商業設施。「GRANSTA 東京」內誕生的新區域在2020年8月盛大開幕。除了伴手禮、便當、甜點、雜貨之外，也有陣容豐富的多家餐廳。

☎ 050-3354-0710（JR東日本Cross Station）　🏠千代田区丸の内1-9-1 JR東京站剪票口內外B1-1F　休無休　🕐8:00～22:00（週日、假日為～21:00，翌日逢假日為～22:00）　※部分店鋪有異
🚉JR東京站站內
MAP P.68 B-3、P.69 B-2

長年廣受大眾喜愛的
國民和菓子

大角玉屋的
草莓紅豆大福®
1個 324円 ……… 5
現在的經典和菓子草莓大福
的始祖。使用紅豆、砂糖、米
製作而成，所有的食材都經
過嚴選
有效期限：當天

使用產地直送的
新鮮草莓。
無添加的溫和滋味
令人上癮

口味有莓果、
芒果百香果、
焦糖堅果這3種

講究 的逸品

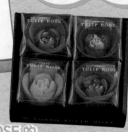

外觀漂亮到
讓人捨不得吃 ♡

口感輕盈
酥脆的
沙布列餅乾

Sable MICHELLE 的
航程沙布列盒裝餅乾
各1296円 ……… 4
以世界各國、都市為主
題，做成地標及景色造
型的沙布列餅乾。總共
有 15 種
有效期限：製造日起 60 天

將全球14個國家
做成可愛的
沙布列餅乾

TOKYO
TULIP ROSE 的
鬱金香玫瑰
4入 793円 ……… 3
用風味細緻的貓舌餅乾，包裹入口即化的
鬆軟巧克力鮮奶油以及脆餅的招牌商品
有效期限：製造日起 60 天

外觀也
超可愛

Suica 的企鵝
變成年輪蛋糕！

小包袱巾
也好可愛

まめぐい的
Suica企鵝年輪蛋糕
540 円 ……… 1
描繪著 Suica 企鵝的鹽味焦糖
年輪蛋糕。口感鬆軟
有效期限：約1個月

©Chiharu Sakazaki JR東日本
DENTSU Suica by JR東日本
Suica是JR東日本的登錄商標。

「Suica企鵝的小包
袱巾」648円可以拿來
包小物件，最適合和年
輪蛋糕組成一套1180円

可充分感受
鹽味焦糖的風味，
味道也很棒

拿去分送
也OK!

焦糖的甜與杏仁的
香氣堪稱絕妙

TOKYO RUSK 的
高級杏仁盒裝餅乾
4片入 680 円 ……… 5
奢侈地將焦糖和加州杏仁
抹在脆餅上
有效期限：製造日起 90 天

以紅磚
為花樣的
限定包裝
也很可愛

烙上銀鈴標誌的
GRANSTA 限定商品

colombin 的
銀鈴夾心鬆餅
（草莓）
1個 297 円 ……… 1
把鮮奶油夾進鬆軟可
口的鬆餅裡。酸甜滋
味的絕妙平衡
有效期限：當天

草莓口味的
鮮奶油中
再放入整顆
新鮮草莓

由巴黎畫家
Philippe Weisbecker
負責包裝設計

那款名產羊羹的包裝也
以東京車站圖案登場

虎屋的
小形羊羹「夜梅」
5 條入 1620 円 ……… 1
「虎屋」的招牌小倉羊羹。包
裝繪有東京站丸之內的建築
有效期限：製造日起 1 年

剪票口外

5 TOKYO GIFT PALETTE
◆ とうきょうギフトパレット

以「連接、點綴色彩」為概念的東京站一番
街甜點區。齊聚了限定伴手禮與適合犒賞自
己的甜點。

📞 03-3210-0077 📍千代田区丸の内1-9-1
🈑無休 🕐9:30～20:30 🚉JR東京站八重洲
北口即到

4 大丸東京店
◆ だいまるとうきょうてん

1樓與地下1樓直通東京站的百貨。甜點名
店與話題名店鱗次櫛比。

📞 03-3212-8011 （代） 📍千代田区丸の内
1-9-1 🈑無休 🕐10:00～20:00（詳細資訊
需確認官網） 🚉直通JR東京站八重洲北口
MAP 附錄② P.10 E-4

3 TOKYO TULIP ROSE
◆ トウキョウチューリップローズ

以可愛外型與細緻美味招來人氣的甜點品牌。有許多拿來當伴
手禮會令人開心的商品。

📞 0120-229-333 （客戶窗口）
📍千代田区丸の内1-9-1 JR東京站剪票口內1F 🈑無休 🕐6:30～
21:30 （視時期而異） 🚉JR東京站站內
MAP P.68 B-2

皆為東京站限定!令人在意的商品不斷出新!

GRANSTA 東京 最新伴手禮

全都是 2021 年登場的新商品,千萬不要錯過!

GRANSTA 東京的設施資訊 ➡ P.28

Fairycake Fair 的
Miracle Cat Cookie Tin
（神明的惡作劇貓咪餅乾罐）

15 片入 2400 円

能享受發酵奶油、可可、巧克力碎片等
5種口味的微厚餅乾。每一片的花紋都
不一樣,相當可愛

有效期限:20 天

> 展開的手作餅乾世界
>
> 個性貓咪們

> 插畫家
> 前田ひさえ
> 畫的插圖
> 討喜可愛!

話題火熱中的
甜點

JAGA BOULDE 的
Calbee + X 東京芭娜娜
JAGA BOULDE 牛高湯與山葵口味

4 包入 756 円

總共有4種和風口味。
其中最受歡迎的是這
款,將牛高湯的鮮美
濃縮成一片片洋芋片

有效期限:製造日起 4 個月

> 最強品牌聯手推出的
>
> 進化系洋芋片

> 信州產山葵
> 散發微辣的香氣,
> 一入口就停不下來的
> 魅惑風味!

喫茶店に恋して。的
在冷凍狀態即食超美味的
鮮奶油烤布蕾塔

8 塊 1890 円

低溫慢烤而成的道地鮮奶油烤布蕾。就算
是冷凍狀態,也能吃出鮮奶油口感的獨特
作法是美味祕密

有效期限:冷凍 20 天（解凍後當天）

> 鮮奶油烤布蕾的口感
>
> 明明是冷凍狀態
> 卻能明顯地吃出

> 微苦的焦糖與
> 濃醇的鮮奶油布丁
> 完美結合

> 不管是冰凍吃、
> 退冰吃都一樣美味
>
> 風味濃厚的起司蛋糕

> 在冰箱冰
> 3～4 小時,
> 就會有入口即化的
> 生起司口感!

MY CAPTAIN CHEESE TOKYO 的
可冷凍即食的 MY CAPTAIN 起司蛋糕

8 塊 1296 円　　　　**有效期限:冷凍 30 天（解凍後當天）**

在冷凍狀態下直接吃,口感像冰淇淋,稍微解凍後吃起來則像生起司,
不管怎樣都很好吃!鋪底巧克力的酥脆感嘗起來也很不錯

新宿中村屋的新宿咖哩濃蝦米果

6 包入 600 円　　　　　　　　　　**有效期限:60 天**

口感輕盈的米果搭配蝦子的鮮美、香料咖哩的味道,組合
而成的零食點心。濃郁的味道很適合下酒

> 蝦味與咖哩的味道直衝鼻門

> 使用鮮蝦粉和
> 蝦油調味。
> 蝦味十足!

> 「酥脆化口」的口感
> 令人無法抗拒的
> 上癮美味

TERRA CONFECT 的起司夾心餅乾

11 入 1188 円

巧克力抹上起司醬,夾進酥酥脆脆的起司餅乾。起司
醇厚風味層層堆疊的濃郁甜點

有效期限:90 天

> 不論起司愛好者或巧克力
> 愛好者都會感到滿意的餅乾

要什麼有什麼的店鋪就是這!

HANAGATAYA
・GRANSTA 東京中央通路店・

ハナガタヤグランスタ
とうきょうちゅうおうつうろてん

販售伴手禮、便當等,從老店到新品牌
一應俱全。也有豐富的限定商品。位在
東京車站 1 樓的中央通路,非常方便。

📞 03-6812-2992　🏠 千代田区丸の内1-9-1
JR東京站剪票口内1F　休 無休
🕐 7:00～21:30　🚃 JR東京站站內
MAP P.68 B-3

LADURÉE 的
外型與口感都很夢幻
王道馬卡龍

入口即化的
輕柔口感與
滋味暖進心底♡

LADURÉE 的
馬卡龍 奶油起司、莓果
1個 314 円

LADURÉE的馬卡龍擁有廣大粉絲。酸甜黑醋栗和濃郁奶油起司甘納許融合而成的特殊風味

有效期限：4天（冷藏）

Caffarel 的
Caffarel Suica 的企鵝鐵盒
5入 1080 円

吃完後還可以拿來收納小東西，方便使用的可愛鐵盒也很受歡迎！

在社群網站上引起話題的人氣甜點。內有5種巧克力的綜合商品，也有Caffarel的招牌商品「GIANDUIA」

有效期限：2個月

©Chiharu Sakazaki JR東日本
DENTSU　Suica by JR東日本
Suica是JR東日本的登錄商標。

美型
甜點

可愛的盒子裡
裝滿了
珍藏的點心♡

將人氣風味
製成好吃&可愛的甜點

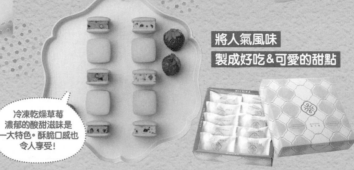

冷凍乾燥草莓濃郁的酸甜滋味是一大特色。酥脆口感也令人享受！

MIYUKA 的
實千果 (MICHIKA)
10入 1750 円

將日式與西洋點心（2種風味）完美結合的點心。在巧克力中灑入紅豆與冷凍乾燥草莓製成內餡，再以餅乾包夾而成

有效期限：製造日起 90 天

Depot 的
古早味微苦布丁
500 円

古早味的偏硬布丁，在社群網站上等引起話題。微苦的焦糖醬配上不會過甜的布丁，味道絕妙

有效期限：翌日

療癒的大人
被懷舊風味
不斷出現

焦糖醬加了店家焙煎咖啡豆所沖泡的濃縮咖啡

看似簡單卻美味的
絕品甜點

日西合璧、
不可思議的
美味擄獲人心！

加入大量高級奶油與雞蛋製成的麵團，能享受鬆軟且溫潤的兩種口感

元祖木村燒き
百両屋的紅豆麵包
1個 216 円

在使用傳統法國作法製成的麵包麵團裡加入扎實的顆粒豆沙，呈現新感覺的紅豆麵包。金幣造型的模樣也很可愛

有效期限：翌日

經典名點做成巧克力口味

入口即化的滑順巧克力餡散發出濃郁的可可香氣

東京ひよ子
的三層巧克力
小雞饅頭
3入 648 円

可享受巧克力不同風味的3層構造。溫潤的巧克力餡散發出濃郁的巧克力風味

有效期限：製造日起 19 天

舟和本店的地瓜羊羹
5 條入 864 円

用地瓜、砂糖及少許鹽巴製作簡單卻又風味深奧的羊羹。甜度低，不添加色素、防腐劑和香料

有效期限：3 天（冷藏）※ 可能視販售時期、保存方法而異

用小烤箱等稍微烤過再吃也很美味！

老字號名店創業以來
就備受喜愛的長銷商品

酸甜的草莓巧克力
十分美味

Berry UP！的
草莓夾心餅乾
8入 1296 円

搭配草莓的時尚包裝也很吸睛！

有效期限：製造日起約 4 個月
在烤得酥脆的瓦片餅乾中夾入酸甜草莓巧克力，共有5層的夾心餅乾

Made in PIERRE HERMÉ NEWoMan 新宿 的馬卡龍

由裝飾店內的裝置藝術家所繪製的限定外盒包裝也很吸睛

外觀也很可愛的繽紛馬卡龍

6入綜合組 2808 円

蓬鬆酥脆的外皮搭配滑順的奶油醬,風味絕妙。充滿玩心的包裝也相當引人注目

有效期限:6 天前後

※口味視季節而異

能夠享受酥脆口感的薯條

AND THE FRIET 的禮物盒迷你 5 入

1350 円

將5種口味的高級點心裝入時尚外盒的組合

有效期限:30 天以上

薯條的美味與大塊的口感令人上癮!

Butter Butler 的奶油費南雪

散發濃郁奶油香氣店家自豪的實力派商品

8入 1620 円

歐洲發酵奶油的香氣加上香噴噴的楓糖漿,組合出最棒的滋味

有效期限:50 天

使用京都獨有的深焙黃豆粉香氣四溢的名品

仁々木的蕨餅 2 種口味組合 (和三盆、抹茶)

1080 円

不吝使用和三盆糖與京都宇治抹茶分別製作而成,吃起來滑順又有嚼勁的蕨餅

有效期限:當天

商品下手! 話題的熱賣伴手禮

吸引眾多人潮前來購物的新宿,擁有超多值得選購的伴手禮!

附黑蜜與抹茶蜜。能品嘗濃郁的風味

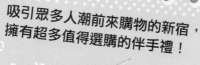

講究食材細心烤製而成的逸品

外皮的口感酥脆。鈴鐺造型十分可愛

最中外皮使用新潟縣產黃金餅製作

鈴懸的鈴籠

10入 1566 円

在烤出香氣的外皮裡填入甜味高雅的紅豆餡,鈴鐺造型的最中

有效期限:3 天

pâtisserie Sadaharu AOKI paris 的禮物麥克米倫

8入 2549 円

以巴黎為據點活躍的日本甜點師所推出,最幸福的綜合烘焙點心

有效期限:製造日起 2 個月

充分品嘗法國產奶油與麵粉的風味

伊勢丹新宿店

◆ いせたんしんじゅくてん

匯集日本國內外時尚商品的一流百貨。從老字號到世界名店,供應多種豐富甜點。

MAP 附錄②P.20 F-2

☎ 03-3352-1111(代)

🏠 新宿区新宿3-14-1

🚫 不定休 🕙 10:00～20:00（視店鋪、季節而異）

🚇 地鐵新宿三丁目站B5出口即到

新宿 新宿 引領話題的熱賣伴手禮

NEWoMan新宿
◆ ニュウマンしんじゅく ▶P.120

以「追求優質真品的人」為理念，由 LUMINE 經營的商業設施。有 100 家以上的店鋪進駐，特別是以女性為客群的店家尤具魅力。

MAP 附錄② P.20 E-4

☎03-3352-1120(代) 🏠新宿区新宿4-1-6 休不定休 🕐11:00～21:30(週六、日、假日為～21:00)；站內美食為8:00～；甜點為8:30～(週六、日、假日為～21:00)；Food Hall為7:00～翌日1:00(部分店鋪各異) 💴免費入場(站內入場費另計) 🚉直通JR新宿站未來塔剪票口

內有店家以寶石草莓自製的果醬和鮮奶油

草莓滿滿的奢華塔點

ICHIBIKO 的草莓蒙布朗塔
1 個 702 円

這道塔點是在散發濃郁杏仁香氣的手作塔皮上，擠上以草莓與栗子調製的蒙布朗奶油製成

有效期限：當天

紅豆餡與巧克力搭配得宜，和菓子店獨有的技術

視覺上也很吸睛的新感覺和菓子

和菓子 結的 Fuyujon
6 入 1296 円

將包裹大量紅豆餡的烘焙點心與巧克力相結合，打造出日西甜點

有效期限：製造日起 15 天

瞄準人氣

新宿 引領話題

🍃 三越伊勢丹限定

noix de beurre 的 費南雪　5 入 1404 円

烤過的西班牙馬可納杏仁粉與烤成焦褐色的奶油，風味醇厚的費南雪

有效期限：製造日起 42 天

焦香奶油瞬間帶出豐富的味道

優質日本國產發酵奶油的香味豐富！

果醬滿滿的北歐代表性甜點

🍃 伊勢丹新宿店限定

Fika 的 瑞典果醬餅乾 (草莓、杏桃)
10 入各 1080 円

在不加蛋的麵團上擠上滿滿果醬，酥鬆的獨特口感

有效期限：製造日起 45 天

水果風味鮮明，酸甜果醬也很美味！

以瑪格麗特花為形象的蛋糕

HOLLANDISCHE KAKAO-STUBE 的 瑪格麗特蛋糕
2160 円

抹上杏桃果醬的溫潤蛋糕頂部以杏仁糖霜做出花朵模樣

意外地不會甜膩，杏桃散發出高雅的香氣

有效期限：製造日起 3 週

香氛茶 清爽的柑橘系

特徵是風味醇郁、容易入口

🍃 伊勢丹新宿店限定

NAVARASA 的 低咖啡因 皇家伯爵紅茶
小罐 75g 2187 円

添加香檸檬香味的低咖啡因紅茶。清新的香氣能放鬆心情

有效期限：製造日起 1 年

以榜上有名為目標

銀座大人的甜點伴手禮

正因為在銀座，就想挑選高雅洗鍊的伴手禮。來尋找有品味、大人會喜愛的甜點吧。

能盡情享受水果的
香氣與風味

有著高雅香氣與甜味。光滑細緻、入喉滑順

Pâtisserie Ginza Sembikiya的
銀座果凍　6入 2160 円
能感受櫻桃、西洋梨等水果風味，並含有果汁與果肉的高級果凍

有效期限：製造日起 9 個月

◎ GINZA SIX限定

微熱山丘的
銀座套組
2100 円
招牌商品鳳梨酥3個與蘋果蛋糕3個，附布製提袋的限定商品

有效期限：製造日起 45 天

使用嚴選素材製作
來自台灣的
人氣甜點

內含凝聚香甜滋味的濃厚果醬

以柑橘為首，每個點心都凝聚了美味

漂亮絢麗
宛如珠寶的
烘焙點心

PATISSERIE PAVLOV的
金色果實　8入 2000 円
8種口味的蛋糕，搭配味道與之相搭的滿滿水果乾

有效期限：2 週

以獨家熟成方法
打造多汁果肉感

皆使用日本國產的高鮮度嚴選水果

◎ GINZA SIX限定

綾 farm的生水果乾
5 種入 5000 円
可從6種當季水果中，挑選芒果等5種水果。吃起來還有果汁的感覺

有效期限：1 週（哈密瓜僅 3 天）

由高級品牌
孕育而生的優雅甜點

恰到好處的鹽味也很適合配酒品嘗

◎ GINZA SIX限定

FRANCK MULLER PÂTISSERIE 的
糖漬栗子（和栗）　2592 円
使用能登半島的海鹽。與甜味調和的醇厚深邃風味，吸引了不少粉絲

有效期限：約 1 週

置燒杯烤布丁專賣店的純熟技術帶來醇厚美味

採用古法
做成的
講究布丁

MARLOWE的
北海道新鮮奶油布丁
6入 4860 円
使用2種北海道產鮮奶油製作而成。苦味與甜味交織，形成濃郁的味道

有效期限：含購買日 3 天（需冷藏）

銀座 大人的甜點伴手禮

銀座三越限定

あめやえいたろう的
唇蜜造型蜂蜜
（甘王） 648 円

以有平糖為基底的蜜糖，加入福岡產甘王草莓果汁。甜味豐富又帶點酸味

有效期限：製造日起 6 個月

甘王草莓獨有的微酸很適合做成蜜糖

有如美妝品的蜜糖

女孩會喜歡

職人手作的精細巧克力工藝

LENÔTRE
的秋葉

864 円

使用芳醇的黑巧克力慕斯與蛋白霜製作華麗的巧克力蛋糕

有效期限：當天（需冷藏）

風味濃厚卻尾韻輕盈

代表銀座的老字號百貨

銀座三越
ぎんざみつこし

▶P.76

提供高級商品與事物的百貨公司。地下樓層的賣場滿是優質甜點。

☎03-3562-1111（大代表）
🏠中央区銀座4-6-16
🈺不定休
🕙10:00～20:00（餐廳為11:00～23:00） 🚇地鐵銀座站A7出口即到

MAP 附錄②P.12 E-3

使用大溪地香草製作的奶油餡讓風味更上一層樓

Frédéric Cassel的
香草千層派

864 円

運用職人技巧將千層派皮焦糖化使其口感酥脆，再與濃厚奶油餡結合的傑作

有效期限：當天（需冷藏）

在法國的比賽中榮獲「最佳千層派獎」

開店至今超過95年的銀座象徵

松屋銀座
まつやぎんざ

與銀座歷史一路走來的百貨公司。地下1、2樓的食品樓層也有與店家合作的限定商品。

☎03-3567-1211（代） 🏠中央区銀座3-6-1 🈺不定休 🕙10:00～20:00（週日、假日為～19:30） 🚇直通地鐵銀座站A12出口

MAP 附錄②P.12 E-3

使用香氣濃郁的法國產小麥製作派皮麵團

松屋銀座限定

MILLE-FEUILLE MAISON FRANCAIS
的 MILLE-FEUILLE 傑作

4入 1080 円

在千層派皮中分別夾入「巧克力」與「香草」奶油餡。是長年廣受喜愛的人氣商品

有效期限：約 50 天

攜手打造的經典甜點

巧克力與香草

松屋銀座限定

蜂蜜專賣店 L'ABEILLE的
銀座蜂蜜

36g 1728 円

蜜蜂從銀座周邊路樹等盛開的花朵採集而來的蜂蜜。風味高雅鮮明

有效期限：裝瓶日起 3 年

高品質蜂蜜

在銀座採集的

由於受到採集時期影響，每年的風味都有所不同

Chianti 的
銀座蜂蜜
佛羅倫斯餅

5入 1728 円

把焦糖抹在餅上，再鋪上滿滿杏仁片的烘焙點心

有效期限：約 75 天

義大利老字號推出的人氣西點

使用在銀座大樓屋頂上採收的蜂蜜

品川 方便又開心！站內輕鬆採購伴手禮

搭乘新幹線前，先來看看剪票口內的名店推出的伴手禮！應該會發現中意的好東西。

自由が丘
蜂の家 的繭最中
10入禮物盒彩 1200 円

1950年創業，延續至今的代表性銘菓。除了使用北海道產紅豆做成的小倉之外，還有柚子等內餡皆是絕品

有效期限：製造日起 2 週

5種內餡 能享受一口大小的最中

皮薄而內餡滑順，如絲綢般在口中化開

技術熟練的派皮職人親手製作的千層棒
coneri品川的
coneri 3 種綜合口味
1296 円

派皮使用不加食鹽的發酵豆粉，滲入深處的巧克力帶來「溫潤鬆脆」的口感

有效期限：製造日起 4 個月

口感的祕訣在於運用職人手技做出的千層派皮

濃稠的水果及樹果果醬相當美味

Very Ruby Cut 的
Very Ruby Cut
4入原創盒裝 1188 円

色彩繽紛的巧克力糖果鑲嵌在奶油&巧克力餅乾上，有覆盆子、開心果等口味

有效期限：2 週

有如寶石盒般珍藏的巧克力

將餅烤得微焦也是美味的祕訣

使用嚴選食材製作高雅又溫和的味道

和楽紅屋的
和風脆餅
10 片入 650 円

將和三盆糖與北海道發酵奶油仔細塗抹在專用麵包上，製作而成的脆餅

有效期限：製造日起 2 個月

FiOLATTE 的達克瓦茲夾心餅乾
3 入 1620 円

在口感酥脆的達克瓦茲餅乾之間，夾入厚厚一層拿鐵風味的發酵奶油霜。每天販售的數量有限

有效期限：翌日 (需冷藏)

咖啡拿鐵 香氣濃郁的甜點

萊姆皮與肉桂凸顯美味

以吉祥的紅白雙色包裝的綜合餅乾

Atelier UKAI 的
綜合口味 紅白
48g 1100 円

匯集多種乾菓子造型綜合餅乾。以紅白色的紙包裝，最適合當作賀禮

有效期限：製造日起 60 天

能享受各種餅乾的不同口感

2021 年 12 月整修開幕！

設施內的熟食、甜點區進一步升級了。包含新業態品牌、初次展店的店家在內，進駐了頗具魅力的伴手禮店，能夠更方便、開心地享受購物時光。

若在品川站要買伴手禮，先來這裡找
ecute 品川
—— エキュートしながわ ——

JR品川站剪票口內的站內商業設施，人氣店家的伴手禮在此齊聚一堂。

☎ 03-3444-8910　🏢 港区高輪3-26-27 JR東日本品川站站內
休無休　🕐 8:00～22:00（週日、假日為～20:30）　※部分店鋪有異
🚉 JR品川站站內　MAP 附錄② P.4 E-6

樣樣都「可愛」！上野站內的「大貓熊」伴手禮

逛完動物園的回程，順道購買這裡獨有的大貓熊甜點及雜貨吧。

可以在此尋找可愛的大貓熊！
ecute 上野
エキュートうえの

位在 JR 上野站剪票口內 3 樓的設施。擁有多種上野代表性伴手禮——大貓熊的商品。

☎03-5826-5600
🏠台東區上野7-1-1 休無休 🍰甜點8:00～22:00（週日、假日為～21:00）、雜貨8:00～22:00（週日、假日為～21:30）※部分店鋪有異 🚃JR上野站站內 MAP附錄②P.22 C-3

雜貨篇

被表情悠哉的雙胞胎大貓熊療癒了

吸水力強又快乾，也很推薦作為手帕使用

😊 ecute 上野限定
遊 中川 的 蚊帳織手巾 雙胞胎大貓熊
440 円
雙胞胎大貓熊圖案的奈良工藝「蚊帳織」手巾，非常方便好用

動感十足的大貓熊很顯眼。大貓熊親子也很引人注目

ANGERS bureau的 手巾「大貓熊圖案」
1210 円
輕薄的手巾上布滿各種姿勢的大貓熊圖案。尺寸為30cm×90cm

日式小物 也很適合送到日本國外的

好用的線圈式便利筆記本

一對大貓熊的鬆軟毛皮與可愛表情讓人無法抵擋

FELISSIMO YOU+MORE! 的 雙胞胎大貓熊 A6 筆記本
550 円
網購品牌「FELISSIMO」拓展的原創品牌。眾所期待的雙胞胎大貓熊筆記本在店鋪限定登場

甜點篇

可愛大貓熊的溫潤磅蛋糕

奶油濃郁的風味很鮮明，味道豐富美味

😊 ecute 上野限定
DOLCE FELICE 的 小巧磅蛋糕 大貓熊 6入1380 円
用糖霜做出大貓熊臉的這款磅蛋糕是巧克力口味。裡面還有草莓、橘子等口味
有效期限：製造日起 3 週

外型圓潤 和菓子店所做的 豆沙涼圓

包著內餡的寒天在口中彈牙

😊 ecute 上野限定
HANAGATAYA 的手作涼圓
2 入 540 円
職人一個一個手作的大貓熊豆沙點心。豆沙與寒天組合出高雅甜味，是店裡的人氣商品
有效期限：3 天

雙胞胎大貓熊的烙印很可愛

剛出爐暖暖呼呼冷卻之後依舊柔軟

😊 ecute 上野限定
餡舍ひよ子的 雙胞胎大貓熊 卡士達燒
1 個 140 円
「小雞饅頭」東京ひよ子推出的大判燒，填入了滿滿的卡士達醬
有效期限：當天

FROZEN to GO 的
焦糖布丁 莓果杏仁

1728 円

在卡士達醬上鋪了焦糖，頂部再配上莓果和杏仁的焦糖布丁。可在冷凍狀態下外帶

有效期限：2 天

羽田限定

抵達目的地時正是適合享用的時候

🛒 可以在**這裡買！**
T₁✕ 特選洋菓子館
T₂✕ 東京食品館 3 號鐘樓

羽田限定

ISHIYA G 的
The Collection 羽田綜合點心

15 入 2376 円

以誕生自「白色戀人」的貓舌餅乾為主，再加上費南雪、巧克力蛋糕等烘焙點心的組合。雅緻的限定包裝是以江戶小紋為形象

有效期限：製造日起 80 天

※商品內容可能未預告逕行變更

🛒 可以在**這裡買！**
T₁✕ 特選洋菓子館

將北海道產食材的風味集結在一起

出發前買伴手禮

精選在機場內能買到的講究伴手禮！

羽田限定

讓人想起雲朵的鬆軟彈牙甜點

叶 匠壽庵的羽雲

5 入 1080 円

把細心熬煮的北海道顆粒豆沙，以新食感銅鑼燒皮溫柔包覆的人氣商品

有效期限：製造日起 36 天

羽田限定

🛒 可以在**這裡買！**
T₁✕ 特選和菓子館、PIER 1 等
T₂✕ 東京食品館 3 號鐘樓、SMILE TOKYO 等

羽田限定

CLUB HARIE 的
HARIE 綜合點心羽田機場店限定

12 入 2451 円

將人氣年輪蛋糕切片再用烤箱烤出香氣的乾燥年輪蛋糕、小巧且鬆軟溫潤的迷你年輪蛋糕等，內含 3 種點心的西點組合

有效期限：製造日起 12 天

最適合當作伴手禮方便食用的手掌大小尺寸

🛒 可以在**這裡買！**
T₂✕ 金の翼（特選洋菓子）

羽田限定

TOKYO BANANA WORLD 的
飛向天空東京芭娜娜熊。
蜂蜜香蕉口味、「發現了」

8 入 1080 円

香蕉奶油醬裡加了豐潤的蜂蜜，上頭有小熊圖案的鬆軟海綿蛋糕

有效期限：製造日起 19 天

散發蜂蜜香氣的香蕉奶油醬是重點

🛒 可以在**這裡買！**
T₁✕ 特選洋菓子館、CAPTAINS' MARKET等
T₂✕ 東京食品館3號鐘樓、SMILE TOKYO、ねんりん家等
T₃✕ TIAT DUTY FREE SHOP CENTRAL

HANEDA ◯ AIRPORT

羽田機場

はねだくうこう

T₁✕…第1航廈
T₂✕…第2航廈
T₃✕…第3航廈

位於東京都內的日本門戶，正式名稱為「東京國際機場」。除了經典商品之外，也匯集了許多只有在羽田機場才能買到的原創伴手禮。

☎03-5757-8111　🏠大田区羽田空港3-3-2（第1航廈）、3-4-2（第2航廈）等　休無休　🕔5:00～24:00（日本國內線）　🚉●第1航廈／直通東京單軌電車羽田機場第1航廈站、京急線羽田機場第1、第2航廈站 ●第2航廈／直通東京單軌電車羽田機場第2航廈站、京急線羽田機場第1、第2航廈站 ※前往第3航廈搭免費接駁巴士移動

MAP 附錄②P.2 E-6

CARAMEL MONDAY
成雙焦糖月亮

5入 756円

在酥脆輕盈的餅乾中，夾入大量散發些許焦香的生焦糖。甜而不膩，香濃化開的好滋味

有效期限：製造日起 3 週

有如滿月般的 圓形點心

🛒 **可以在這裡買!**
T3✈ Fa-So-La KAGURA

楓糖男孩
The MAPLE MANIA 的
楓糖奶油餅乾

18片入 1900 円

酥脆餅乾裡融入了楓糖漿，和奶油風味巧克力十分相搭的該店人氣商品

有效期限：製造日起 300 天

微微散發出 楓糖的香甜

🛒 **可以在這裡買!**
T2✈ Fa-So-La TAX FREE AKIHABARA
T3✈ Fa-So-La KAGURA

PRESS BUTTER SAND
的奶油夾心餅乾

5入 1026 円

在口感酥脆的餅乾裡，夾入風味濃厚的奶油霜和奶油焦糖

有效期限：含製造日 14 天

追求奶油原有美味的奶油夾心餅乾

🛒 **可以在這裡買!**
T3✈ Fa-So-La KAGURA

羽田 限定

まめや
金澤萬久的
金箔蜂蜜蛋糕 飛機

1 條 (3 塊入) 1620 円

金光閃閃的蜂蜜蛋糕，經過職人之手烤製出溫潤且豐富的滋味。沿著飛機形狀剝開也很有趣

有效期限：製造日起 3 週

表面貼了金箔 豪華絢爛的設計

🛒 **可以在這裡買!**
T1✈ 特選和菓子館
T2✈ 東京食品館 1 號鐘樓

不再猶豫!
在機場航廈

「旅途中沒能買到伴手禮!」的話，買這些就對了。

繪有東京名物的
可愛馬卡龍
Anniversary 的
圖案馬卡龍

5入 1404 円

以東京晴空塔®、上野的大貓熊等為圖案所設計的小巧馬卡龍

有效期限：製造日起 28 天

羽田 限定

🛒 **可以在這裡買!**
T1✈ PIER 4 等

NARITA ○ AIRPORT

成田機場
なりたくうこう

T1✈…第1航廈
T2✈…第2航廈
T3✈…第3航廈

正式名稱為「成田國際機場」。購物區內羅列著種類豐富的伴手禮。

☎0476-34-8000（成田國際機場資訊綜合詢問處）🏠千葉縣成田市成田国際空港 休無休 ⏰視航班狀況等 ●第1航廈／成田機場站、巴士上下車處即到 ●第2航廈／機場第2航廈站、巴士上下車處即到 ●第3航廈／機場第2航廈站有免費接駁巴士，巴士上下車處即到

銀座 松崎煎餅的
米粒煎餅 綜合口味

18片入 1296 円

能盡情享受醬油、味噌、鹽味各個口味的美味，以及粳米的顆粒口感

有效期限：製造日起 90 天

令人上癮 就像鍋巴一樣 煎餅的口感

🛒 **可以在這裡買!**
T1✈ PIER 1、4 等
T2✈ SMILE TOKYO

羽田 限定

原宿・表參道

<ruby>原宿<rt>はらじゅく</rt></ruby>

<ruby>表參道<rt>おもてさんどう</rt></ruby>

持續傳播流行資訊的時尚街道

區域CONTENTS

區域導覽	在裏原宿體驗個性派購物!	餐廳	咖啡廳＆營造空間	原宿、表參道的5大地標大樓	竹下通可愛♥購物	期待的甜點新星!	檢視眾所最新美食精選!	原宿、表參道
▶P.53	▶P.52	▶P.50	▶P.48	▶P.46	▶P.44	▶P.42		

MAP 附錄② P.8

CHECK 這裡的流行趨勢!

★ NEWS & TOPICS ★

2021年6月

Lindt Chocolat Boutique & Cafe 表參道開幕

能實際感受瑞士蓮的世界氛圍，世界首開的新旗艦店。除了介紹品牌歷史的區域之外，還有投入專用硬幣就會有LINDOR巧克力球從機器掉出來的嶄新裝置。

📞03-3423-2200　🏠渋谷区神宮前 4-11-6 表參道千代田ビル1F　🈳不定休　🕐10:00～20:30　🚇地鐵表參道站A2出口即到　MAP 附錄② P.9 D-4

↑秤重販售的「PICK & MIX」為100g781円

←備有20種以上的「瑞士蓮 巧克力飲料」617円～

2021年6月

AmPm開幕

販售將韓國人氣攤販吐司加以改造而成的原創三明治。全麥吐司裡夾入甜辣豬肉、蔬菜和起司，再將吐司烤得酥酥脆脆，外觀也頗令人震撼。

📞080-4403-6811　🏠渋谷区神宮前 1-16-6 原宿77ビル2F　🈳無休　🕐11:00～19:00　🚇JR原宿站竹下口步行3分

↑「韓式辣炒豬肉三明治」900円。還有供應韓式杯子蛋糕等

MAP 附錄② P.9 B-2

2021年3月

TokiiRo表參道店開幕

販售眾多色彩繽紛、令人雀躍的鐘錶與文具的店家。與SAKURA CRAY-PAS共同推出的「CRAY-PAS客製花色手錶」可從100種顏色裡挑出5個零件來製作手錶(6700円～)。

📞03-6804-5788　🏠渋谷区神宮前 4-4-7　🈳無休　🕐11:00～20:00　🚇地鐵表參道站A2出口即到

MAP 附錄② P.8 E-4

↑除了CRAY-PAS花色的手機殼、化妝包等聯名商品之外，還有很多可愛的文具

東京站	羽田機場 第1・第2航廈站
↓地鐵 丸之內線	↓京急線(快特)
赤坂見附站	品川站
↓地鐵 銀座線	↓JR山手線
表參道站	原宿站
¥200円 ⏱約15分	¥470円 ⏱約40分

街區介紹

全世界矚目的「可愛」文化發信地─原宿，以及時髦咖啡廳聚集的表參道。此區域走在流行最尖端，從時尚到美食都在不斷地創造出熱潮。

遊逛 原宿・表參道 小訣竅

利用八公巴士吧

100円即可搭乘的八公巴士。「神宮之杜線」行駛於澀谷～原宿～表參道～千駄谷～代代木。

原宿、表參道和澀谷都在徒步圈內

到澀谷區只要步行20分鐘左右。一邊逛商店櫥窗一邊走，一眨眼就到了。

地標 東急PLAZA 表參道原宿 **B**

◆とうきゅうプラザおもてさんどうはらじゅく

對時尚高度敏銳的商店、餐廳、咖啡廳齊聚，打造「具現『這裡才有』、『因為是這裡』」的流行文化概念

⬆屋頂有露台和咖啡廳，也適合在購物途中小憩　➡ P.49

地標 Laforet原宿 **A**

◆ラフォーレはらじゅく

豐富的男性、女性服飾店等，約140家店鋪聚集。一定能找到喜歡的商品。

⬆建在神宮前十字路口。標誌是圓柱形的外觀　➡ P.48

原宿・表參道MAP

（地圖標示）新宿三丁目駅　青山一丁目駅　青山北町アパート　パンとエスプレッソと
新宿署　ビームス
東郷記念館　東郷神社
新宿駅　山手線　埼京線
START
竹下口　ルポンテ　原宿アルタ　SoLaDo　**C** **1** 竹下通
Laforet原宿　**3**
CASCADE HARAJUKU
D　太田記念美術館　**A** **B**　**2** bills 表參道
原宿駅　原宿クエスト　明治神宮前〈原宿〉駅
GOAL　**4**
代代木公園
到2020年為止，JR原宿站是都內木造電車站建築中歷史最為古老的。如今承續原有的設計，改造成了具有耐火性的新建築
第一体育館　国立代々木競技場　渋谷駅　渋谷駅
E Q Plaza原宿
有MAiSEN邁泉豬排的本店，通稱「邁泉通」。講究的時尚咖啡廳散布各處
原宿通り　裏原宿　アドヴァン
表參道新城　Flying Tiger・Copenhagen
神宮前小　アニヴェルセル表參道　A2　ONE　A3　青山通り
秋葉神社　A1　B5　B4　A4　A5　乃木坂駅
表參道　表參道駅　大松稲荷
キデイランド　ジャイル　千代田線　カワイ　TOD'S　oak omotesando　ダイヤモンドホール　B3　ライズスクエア
4 PELLS Flavor car
貓街　B2　B1・スパイラル　Ao　MARS　骨董通り

上傳美照 Alice on Wednesday 東京的外牆 **E**

◆すいようびのアリスとうきょうのがいへき

正面外牆上排列著幾扇頗有個性的門。以「不可思議的國度」入口為背景，來拍一張夢幻美照吧。

⬆只有一扇門是真的！　➡ P.53

地標 明治神宮 **D**

◆めいじじんぐう

為了祭祀明治天皇和皇后（昭憲皇太后）而創建的神社。雖然位在都市，卻是一處綠意豐沛、森林環繞的療癒空間。

⬆建在JR原宿站前方，大約70萬㎡的廣大腹地上

MAP 附錄② P.9 A-1

地標 竹下通 **C**

◆たけしたどおり

從JR原宿站延伸到明治通，約350m的主要街道。有很多平價商店，近年來也深受外國觀光客的歡迎。

➡ P.46

⬆代表可愛文化的品牌齊聚

半日暢享 路線

原宿・表參道

START（JR） 原宿站　←竹下口

步行即到 →

1 購物 在竹下通 尋找便宜可愛的雜貨　➡ P.46

步行即到 →

2 美食 在 bills 表參道 度過午餐時光　➡ P.49

步行即到 →

3 購物 在 Laforet 原宿 血拚潮流好物　➡ P.48

步行7分 →

4 咖啡廳 在 PELLS Flavor car 大啖時下流行甜點♪　➡ P.44

步行5分 →

GOAL（地鐵） 明治神宮前〈原宿〉站　▲4號出口

想接著去這裡

澀谷區　➡ P.96

吃遍潮流美食！
原宿、表参道 最新美食 精選！

新店接連開幕的原宿、表参道。在此以「分量飽滿」、「健康」的概念來分類，介紹備受矚目的諸多店家。

肉汁多多！
石垣牛100%的漢堡

石垣牛培根起司漢堡
（附薯條）1550円
在名店「蜂屋」的漢堡麵包裡，夾進100%石垣牛漢堡肉、培根、有機番茄、起司等

フロムファーム
FROM FARM

使用福島縣會津若松的有機蔬菜與沖繩縣的石垣牛，製作豐富料理招待客人的酒吧餐廳。以有機檸檬水為首，供應無酒精、自然派葡萄酒等豐富飲料菜單。

☎03-6804-3715 🏠渋谷区神宮前1-23-26
JINGUMAE COMICHI 1F 🚫每月1次不定休 🕐11:30～22:30 🚉JR原宿站竹下口步行3分
MAP 附錄②P.9 B-1

⬆除了吧檯座之外，還有寬敞的露天座位

使用在紐約
備受喜愛的優質食材
製作家常料理

白脫牛奶炸雞
1738円
起司鬆餅上盛放炸雞的名產料理。淋上特製糖漿還能享受到不同的風味

バターミルクチャネルはらじゅく
BUTTERMILK CHANNEL 原宿

能享受美國經典料理的小餐館。使用在美國備受喜愛的材料「白脫牛奶」製作多汁炸雞、口感鬆軟的鬆餅而廣受好評。

☎03-5413-5300
🏠渋谷区神宮前1-11-11 🚫不定休
🕐10:00～21:00（午餐為11:00～、晚餐為17:00～）🚉地鐵明治神宮前〈原宿〉站5號出口即到
MAP 附錄②P.9 B-3

⬆外觀是以海軍藍為基調。面對著大馬路

肚子吃飽飽
分量滿點
美食

就用分量飽滿的菜單
盡情補充能量吧

シビレヌードルズろうそくや
SHIBIRE-NOODLES 蠟燭屋

在這家店能吃到鑽研中華料理、技術純熟的主廚所創的麻婆豆腐麵。雖然辣到讓人嘴巴發麻，卻不會有花椒等辛香料過重的味道，容易入口正是其廣受歡迎的理由。

☎03-6447-2801
🏠渋谷区神宮前4-12-10
表参道新城本館3F
🚫不定休
🕐11:00～22:00（週日為～21:00）🚉地鐵表参道站A2出口即到
MAP 附錄②P.9 D-3

⬆明亮的店內亦有完善的吧檯座。也有很多獨自前往的女性回頭客

用大口咬下的方式
大啖麵條，就會感受到
絕妙的麻辣感竄出！

麻婆麵 1000円
滿滿的配料沾附在粗麵條上，邀人體驗暢快麻辣感的超棒料理

原宿・表參道

P.40

日本橋丸之內・東京站
P.54

銀座
P.74

台場
P.86

澀谷
P.96

六本木東京鐵塔
P.106

上野
P.114

新宿
P.120

池袋
P.126

豐洲
P.128

築地月島
P.130

**味道香辣卻溫和
有大量蔬菜的營養咖哩飯**

OTOHA百匯
1430円
加了膠原蛋白冰淇淋和果凍等的特製甜點

內側挑染沙拉
990円～
有3種可選的繽紛沙拉

藥草藥膳椰子咖哩
1760円
以檸檬草為首的7種辛香料及椰奶等是味道的關鍵。以蔬菜為主的湯品也很好喝（午餐除外可＋220円升級套餐）

逐漸興起的 健康美食！

有機和素食料理是最新潮流。嚴選此區的人氣代表店。

ザビー
THE_B

從營養學觀點出發並經過多方考量，所推出的100％植物性素食菜單為該店招牌。以超級食物為主的料理不只健康，有助美容這點也令人開心。

☎03-6805-0587　🏠港区南青山5-10-2
🈚無休　🕙10:00～19:30　🚇地鐵表參道站B1出口即到
MAP附錄②P.8 E-6

營養管理師研發的特製碗裝料理

超級食物冰沙
1杯734円～
能補給營養、好喝又奢華的飲品

素食藜麥碗裝料理 1058円～
可舒緩女性特有的煩惱，滿是有望帶來排毒效果的食材

設計
外觀是表參道獨有的洗鍊

キュラティブキッチンオモテサンドウ
CURATIVE KITCHEN OMOTESANDO

以「供應安心、安全的食物」為理念，使用香草的健康菜單重視蔬菜、魚、肉的平衡。也備有有機飲品。

☎03-6384-5881　🏠渋谷区神宮前4-5-13
アピス表参道スクエア1F　🈚週二、三
🕙11:00～16:30（週六、日、假日為～18:30）
🚇地鐵表參道站A2出口步行6分
MAP附錄②P.8 E-3

⬆不會感到緊繃，能夠放鬆用餐的空間也很有魅力

**牛肉河粉
＋皺葉萵苣
＋黑木耳＋胡蘿蔔
1210円**
把檸檬擠在健康食材上，風味會變得更清爽

鮮蝦生春捲 330円
跟河粉非常對味的下酒菜系配菜

**在亞洲攤販氣氛下
品嘗自己喜歡的河粉**

ワンフォーボウルはらじゅくおもてさんどう
One Pho Bowl 原宿表参道

這家越南河粉專賣店以牛與香料細細燉煮湯頭，供應以此為底的米粉麵條。有15種配料可自由選擇，提供客製化餐點。也有加了辣椒的辣味河粉。

☎03-5774-0550　🏠渋谷区神宮前6-6-6　🈚不定休
🕙11:00～22:30　🚇地鐵明治神宮前〈原宿〉站7號出口即到
MAP附錄②P.9 C-3

⬆店內裝潢使用大量木材。可在吧檯座快速享用餐點

マイバインミーバイグルテンフリートーキョー
My Banh Mi by Gluten Free TOKYO

使用100％米粉製法國麵包的越南法國麵包專賣店。堅持打造合乎日本人口味的越南法國麵包，食材與調味料使用對身體較無負擔的甘酒和溜醬油等。

☎090-3176-8131　🏠渋谷区神宮前1-20-4
AXIA原宿103　🈚不定休　🕙10:00～22:00
🚇JR原宿站竹下口步行3分
MAP附錄②P.9 B-1

每月會有2種以上的新菜色登場。素食菜單皆可外帶

無蛋沙拉越南法國麵包 1150円
把木棉豆腐做得像像雞蛋沙拉的越南法國麵包

**基本款越南法國麵包
950円**
把低溫調理的雞胸火腿、以甘酒和堅果增添風味的肝醬、醃菜等夾進麵包，分量飽滿的餐點

無麩質越南法國麵包
日式風味＆健康的

甜點永遠裝在另一個胃！

檢視眾所期待的 甜點新星

正因為這裡是流行和話題瞬息萬變的區域，所以更要精選出優先必吃的甜點。想必每吃一口心情就會跟著開心起來！

2021年5月OPEN ムーンソウルにごうてん

MUUN Seoul 2号店

帶動韓式馬卡龍熱潮的韓國咖啡廳「MUUN Seoul」的姐妹店在同個區域開幕了。翻新2層樓的老宅滿是拍照景點，能享受韓國甜點和飲料。

☎ 03-6812-9499（1号店） 🏠 渋谷区神宮前3-29-7 T's6ビル 休無休 🕚 11:00～19:00 🚇 地鐵明治神宮前〈原宿〉站5號出口步行8分

MAP 附錄② P.9 D-1

⬆2樓鋪了木屑，洋溢著木頭的香氣。除了靠窗的桌位之外，也設有長凳座

韓式馬卡龍 1個400円～
華麗外觀為其特徵的韓式馬卡龍。馬卡龍的口感與奶油的風味也十分道地

葡萄柚氣泡飲 750円
在糖漬水果中加入氣泡水的「Ade」有滿滿果肉而風味清爽，是會令人上癮的飲品

酥酥脆脆的鬆餅
加上融化的布拉塔起司
交織出和諧新口感

季節水果鬆餅 1350円
鮮奶油從鬆餅上的起司中緩緩流出。再拌入季節水果與糖漿，即可享受鹹甜交織的風味

Latte ice regular milk 500円
也有有機豆漿、燕麥奶等植物性選擇的拿鐵咖啡

PELLS Flavor car 原創棒棒鬆餅 350円～
把在洛杉磯的人氣鬆餅甜點設計得更健康。沾在鬆軟鬆餅上的巧克力口感酥脆，讓人無法抵擋

無麩質的棒棒鬆餅

2021年2月OPEN ベルズフレーバーカー

PELLS Flavor car

代官山人氣咖啡店「PELLS」在原宿推出新業態餐車。使用米粉麵糊製作的健康「棒棒鬆餅」附有棒子而方便食用，跟店家自豪的咖啡也很對味。

☎ 非公開 🏠 渋谷区神宮前6-5-10 敷地内フードトラック 休無休 🕚 11:00～17:00 🚇 地鐵明治神宮前〈原宿〉站7號出口步行3分

⬆餐車採用老房子常見的咖啡色調

MAP 附錄② P.9 C-3

ウェルフードマーケットアンドカフェインパーフェクトおもてさんどう

Well Food Market & Cafe imperfect表参道

以透過援助世界各地農家自主生產而得的堅果與可可為食材。提出對解決社會問題有所貢獻的魅力甜點方案。

☎ 03-6721-0766 🏠 渋谷区神宮前4-12-10 表参道新城同潤館1F 休不定休 🕚 11:00～21:00（週日為～20:00） 🚇 地鐵表參道站A2出口步行3分

MAP 附錄② P.9 D-3

巧克力脆片 1個840円～
散布著堅果和果乾，也能享受口感的巧克力脆片

可以搭配堅果、巧克力等客製成自己喜歡的冰淇淋

冰淇淋 520円～
有活用食材美味的4種口味，還有免費的配料

也提供思考食與農的機會

原宿・表參道

P.40

日本橋・東京站
P.54

銀座
P.74

台場
P.86

澀谷
P.96

東京鐵塔・六本木
P.106

上野
P.114

新宿
P.120

池袋
P.126

豐洲
P.128

築地／月島
P.130

使用發酵奶油 製作豪華百匯

貝耶韋爾百匯
1620円

使用發酵奶油霜淋製作的百匯。除了紅莓與熱帶水果之外，還有當季口味

奶油夾心餅乾
1個540円

在沙布列餅乾中夾入濃厚奶油霜的人氣商品

↑店內還有販售連米其林主廚都認可的法國產發酵奶油

▶ **2021年9月OPEN**

モンプチプレジールベイユ ヴェールアオヤマ

MON PETIT PLAISIR beillevaire AOYAMA

法國5星級飯店愛用的乳酪僅送到日本的甜點站。能盡情品嘗使用發酵奶油和起司製成、充滿高級感的菜單。

📞03-6433-5420 📍渋谷区神宮前5-52-2 Aoyama Oval Building 1F ⏸不定休（準同Aoyama Oval Building公休日）⏰10:00〜20:00 🚇地鐵表參道站B2出口步行4分 **MAP** 附錄②**P.9 D-6**

ストロベリーフェチはらじゅくたけしたどおりてん

Strawberry Fetish 原宿竹下通り店

將祭典必有的草莓糖葫蘆升級為「進化系草莓糖葫蘆」的專賣店。可愛造型和新鮮水果口感是受歡迎的關鍵。

📞03-6434-7837 📍渋谷区神宮前1-16-5 RYUアパルトマン1F ⏸不定休 ⏰10:00〜20:00 🚇JR原宿站竹下口即到 **MAP** 附錄②**P.9 B-1**

甜脆多汁的 新感覺草莓糖葫蘆

草莓糖葫蘆
600円〜

沾附糖漿的過程也很講究，除了草莓之外，葡萄糖葫蘆也很受歡迎。也可以＋70円淋煉乳

↑店內設置了拍照景點草莓沙發椅

接著還有! ## 進化型 飲料熱潮

美照飲品相繼登場，其中堅持要做到好的飲品最近大受關注。去確認一下真正的味道吧。

CHAVATY
チャバティ

引領出採購自日本國內外的茶原本的香氣，供應講究的茶拿鐵。自然的甜味最棒了。

📞03-3401-2378 📍渋谷区神宮前4-6-9 南原宿ビル1F ⏸不定休（準同設施公休日）⏰10:00〜19:30 🚇地鐵表參道站A2出口步行5分 **MAP** 附錄②**P.8 E-3**

濃厚的牛奶 引出高級茶葉 的香氣

冰茶拿鐵 各734円

除了與牛奶很對味的斯里蘭卡烏瓦紅茶（照片中央）之外，還有焙茶（左）、抹茶（右）

能盡情享受 牛奶的濃厚風味

瓶裝牛奶（左起）
草莓、咖啡歐蕾 各770円，冰沙880円

在令人懷念的瓶子上放置草莓或甜甜圈，非常可愛

MILK MILK MILK!
ミルクミルクミルク

這家牛奶甜點專賣店使用北海道產乳脂肪率高的牛奶。還有推出與人氣角色聯名的甜點。

📞03-6271-5588 📍渋谷区神宮前1-11-6 Laforet原宿 2F ⏸不定休（準同Laforet原宿公休日）⏰11:00〜19:30 🚇地鐵明治神宮前〈原宿〉站5號出口即到 **MAP** 附錄②**P.9 C-3**

USAGIYA 原宿店
ウサギヤはらじゅくてん

2014年於北海道旭川創業的日本茶品牌。除了使用抹茶、焙茶的飲料之外，還有訂閱制的瓶裝飲料。

📞03-6434-5120 📍渋谷区神宮前1-23-26 JINGUMAE COMICHI 1F ⏸無休 ⏰8:30〜21:30 🚇JR原宿竹下口步行3分 **MAP** 附錄②**P.9 B-1**

宇治抹茶與 美瑛牛乳的 最強合作

漂浮抹茶拿鐵 734円〜

宇治抹茶的澀味與北海道美瑛牛乳的濃郁風味非常搭

可愛 ♡ 購物

在原宿最熱鬧的竹下通，有好多能買到可愛小物的店。平價時尚店家與人氣美妝店等都別錯過！

© USED Hard Rock Cafe 大學T 9020円

人氣寬版T恤。種類也很豐富

© USED 棒球夾克 7480円

流行棒球夾克，可挑選喜歡的尺寸與款式

Ⓔ 3CE CLOUD LIP TINT #IMMANENCE 1610円

高持久力受到好評的唇膏

Ⓔ 3CE MOOD RECIPE MULTI EYE COLOR PALETTE #OVERTAKE 4070円

Ⓑ Play Color眼影 Peach Farm 2750円

以「新鮮蜜桃」作為設計概念的眼影盤

Ⓑ Dear Darling 水亮滋潤唇釉 770円

顯色與滋潤功能兼具的唇彩

Ⓓ 無線喇叭 429円

適合擺在房間的簡單設計。也講究音質，這個價格令人吃驚

Ⓓ TV造型面紙盒 429円

日常會想使用的9色眼影盤

把手機放入電視螢幕的部分，馬上變身成復古可愛的電視機！

Ⓐ 獨角獸娃娃 770円

原宿正流行！甜美女孩風的獨角獸好可愛

Ⓐ 蕾絲綁帶 大聲公 各330円

流行的改造大聲公也很有趣。活動必備的道具

Ⓐ 塑膠筆袋 各330円

紅唇圖案是重點。平常就想用的筆袋

Ⓐ 胡蘿蔔 自動鉛筆 1枝330円

充滿童心的胡蘿蔔造型十分可愛

Ⓐ WROOM唇膏& 腮紅 各550円

顯色自然，或許在學校也能使用！

Ⓐ WROOM透明指甲油 各330円

恰到好處的透明感，讓指尖看起來好漂亮

Ⓔ 充滿女孩憧憬的世界

STYLENANDA
原宿店
スタイルナンダはらじゅくてん

以獲得韓國女孩廣大支持為傲的時尚品牌在日本的首間旗艦店。以美妝「3CE」為開端，提供所有時尚解方。

☎03-6721-1612
🏠渋谷区神宮前1-6-9 OM169ビル1-3F 休無休
🕐11:30～19:30 🚉JR原宿站竹下步行5分
MAP 附錄②P.9 C-2

Ⓓ 用3Q價格購物！

THANK YOU MART 原宿ALTA店
サンキューマート
はらじゅくアルタてん

商店有時尚雜貨和卡通人物聯名商品等，品項豐富多樣。時尚單品也是豐富齊全，所有商品都是390円（含稅429円），便宜到讓人驚訝！

☎非公開 🏠渋谷区神宮前1-16-4 原宿ALTA B1 休無休（準同原宿ALTA公休日）🕐10:30～20:00 🚉JR原宿站竹下口即到
MAP 附錄②P.9 B-1

Ⓒ 要取得流行服飾就到這裡！

SPINNS
原宿竹下通り店
スピンズはらじゅくたけしたどおりてん

可以買到主打原宿系的休閒時尚單品。連雜誌也經常刊登，還販售和藝人合作的聯名商品。

☎0120-011-984（SPINNS客服中心）
🏠渋谷区神宮前1-7-1 CUTE CUBE HARAJUKU 2F 休不定休
🕐12:00～19:00
🚉JR原宿站竹下口步行4分
MAP 附錄②P.9 C-2

Ⓑ 源自韓國的甜美美妝品牌

ETUDE HOUSE
原宿·竹下通り本店
エチュードハウス
はらじゅくたけしたどおりほんてん

搭配每個人不同的容貌及特質，提供多種特別「可愛」的美妝商品。平價這點也讓人感到開心。

☎03-6455-4453
🏠渋谷区神宮前1-7-1 CUTE CUBE HARAJUKU 1F
休無休 🕐10:00～20:00
🚉JR原宿站竹下口步行4分
MAP 附錄②P.9 C-2

Ⓐ 各種商品齊備的時尚雜貨店

WEGO 1.3.5...
原宿竹下通り店
ウィゴーいちさんご
はらじゅくたけしたどおりてん

服飾店「WEGO」的平價雜貨店。以100円、300円、500円的價格區間為主，也販售服飾單品和化妝品等商品。

☎03-6432-9301 🏠渋谷区神宮前1-5-10 神宮前タワービルディング1F 休無休（休館日除外）
🕐11:00～20:00 🚉地鐵明治神宮前〈原宿〉站5號出口步行5分
MAP 附錄②P.9 C-2

超! 竹下通的新必吃
驚豔新奇的美食

介紹適合在竹下通邊走邊吃，外觀也是原宿風格的美食。用鮮豔的點心填飽肚子吧♪

飽足感十足的繽紛美食
原宿幼稚園

はらじゅくようちえん

彩虹美食專賣店以色彩繽紛的起司「彩虹三明治」蔚為話題。陸續販售新菜單，還常常有50人以上大排長龍的情景。

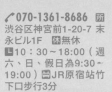

☎070-1361-8686 🏠渋谷区神宮前1-20-7 末永ビル1F 休無休 ⏰10：30〜18：00（週六、日、假日為9：30〜19：00）JR原宿站竹下口步行3分
MAP 附錄②P.9 B-1

彩虹起司熱狗
650円
起司醬也是彩虹。1天最高可以賣出1000支

享用日本最長〜的美食&甜點
LONG! LONGER!! LONGEST!!!

ロングロンガーロンゲスト

以「長」為主題的美食&甜點店。霜淇淋、棉花糖、洋芋片都有3種尺寸，「LONGEST」能嘗到各種菜單的日本第一長尺寸。

☎03-6804-3761 🏠渋谷区神宮前1-7-1 CUTE CUBE HARAJUKU 1F 休不定休 ⏰11：00〜19：00（週六、日、假日為10：00〜20：00）JR原宿站竹下口步行4分
MAP 附錄②P.9 C-2

龍捲風洋芋片(LONGEST) **800円**
高度竟約約有52cm的招牌菜單。有醬油奶油、BBQ、法式清湯3種口味

來自美國！可愛的動物義式冰淇淋
EISWELT GELATO 原宿店

アイスウェルトジェラートはらじゅくてん

所有義式冰淇淋皆遵循原創食譜，在店內手工製成。點餐後會在客人眼前製成動物造型，因此等候的時間也很開心。口味會隨季節更換。

☎03-6804-3103 🏠渋谷区神宮前1-8-5 マロンビル1F 休不定休 ⏰10：00〜20：00（可能變更）JR原宿站竹下口步行5分
MAP 附錄②P.9 C-2

FROGGY
620円
日本限定的角色。可選抹茶或薄荷口味

不可錯過的 商品琳瑯滿目！

竹下通

竹下通 memo

在人潮眾多的竹下通，要順利走到想去的地方有點難度。JR原宿站側與明治通側各設有拱門，先取得官方MAP確認好目的地再去會比較安心！

冰淇淋造型的包包。顏色還有粉紅色、桃紅色、黑色

Ⓗ **冰淇淋造型包**
1980円

七彩的鬆軟棉花糖非常可愛，最適合當點心了

Ⓗ **棉花糖(彩虹)**
756円

可用來裝飾房間，或當成書皮上的裝飾重點。生活好像更快樂了

Ⓗ **HAPPY CLASS**
BIG 各297円

Ⓕ **R27原創商標捏捏樂**
715円

顏色多彩且獨特的捏捏樂

人氣珍奶變成療癒的水系捏捏樂

Ⓕ **大貓熊髮圈**
418円

將捏捏樂變成能輕鬆穿戴的飾品

cafe de N×R27
Ⓕ **聯名珍珠奶茶**
825円

Ⓖ **蝴蝶結髮圈** **660円**

經典的蝴蝶結，造型簡單又可愛

NO-SEBUM MINERAL POWDER
innisfree

Ⓘ **無油無慮 礦物 控油蜜粉** **825円**
據說能降低油光、保持肌膚清爽的人氣蜜粉

Ⓗ **綠茶籽精華 N**
3190円
可支援肌膚潤澤屏障的導入型精華液

Ⓖ **閃亮愛心 寶石耳環**
550円
讓耳垂變得華麗，PARIS KIDS最有人氣的耳環

Ⓘ 入手超人氣的 自然派彩妝

innisfree
原宿竹下通り店

イニスフリーはらじゅくたけしたどおりてん

在韓國濟州島自然恩惠下誕生的美妝品牌。店內有眾多護膚保養品與美妝產品。

☎03-6804-6352 🏠渋谷区神宮前1-6-5 休無休 ⏰10:00〜20:00 🚉地鐵明治神宮前（原宿）站5號出口步行5分
MAP 附錄②P.9 C-2

Ⓗ 排滿色彩繽紛& 可愛的商品！

SUGAR HIGH!
原宿ALTA店

シュガーハイはらじゅくアルタてん

匯集了女孩們喜愛物品的雜貨店。在時尚且充滿活力的店內，排滿了流行雜貨、點心與文具。

☎03-6721-1334 🏠渋谷区神宮前1-16-4 原宿ALTA 1F 休無休（準同原宿ALTA公休日）⏰10:30〜20:00 🚉JR原宿站竹下口即到
MAP 附錄②P.9 B-1

Ⓖ 品項豐富的 便宜可愛商品

PARIS KID'S
原宿店

パリスキッズはらじゅくてん

以「便宜可愛」為概念的飾品店。擺滿店內的商品竟然幾乎都只要324円！

☎03-6825-7650 🏠渋谷区神宮前1-19-8 原宿ファミリービル1F 休無休 ⏰11:00〜19:30 🚉JR原宿站竹下口即到
MAP 附錄②P.9 B-1

Ⓕ 享受會上癮的 觸感吧！

R27
アールトゥエンティセブン

位在大樓4F，氛圍就像祕密基地的捏捏吊飾專賣店。這裡才有的商品也豐富齊備。商品變換頻繁，因此想要的東西要立刻買下！

☎非公開 🏠渋谷区神宮前1-16-5 RYUアパルトマン4F 休不定休 ⏰12:00〜17:00（週六、日、假日為〜18:00）🚉JR原宿站竹下口步行4分
MAP 附錄②P.9 B-1

1F LE COUVENT MAISON DE PARFUM （美麗）
●ルクヴォンメゾンドパルファム

來自法國的純素香氛品牌直營店。除了精選香氛之外，還有推出禮物組合、護手霜等產品。

📞 03-6455-4005

Remarkable Perfume「Tinhare」 100ml 14960円
↑橘子與香草的香氛

講求使用植物原料與無添加的香氛產品

Botanical Cologne「AQUA MAJESTAE」 100ml 8360円
↑桂花（金木犀）庭園的香氣

顏色有白色、黑色，各推出M、L這2種尺寸

在店鋪裡可以沉浸在美少女戰士的世界觀

↑讓人想疊起來裝飾，造型可愛的人氣商品

美少女戰士手玉娃娃 各715円

商店原創美少女戰士長袖T 4400円

B0.5 Sailor Moon store （商品）
●セーラームーンストア

TV動畫《美少女戰士》的官方商店。店內以作品印象打造內部裝潢，珍貴的原創商品一字排開。

📞 03-6447-5623

1F SHEEP （時尚）
●シープ

發掘、宣傳日本與世界新興創作者的選貨店。也多留意以「進入森林中」為主題的空間設計吧。

📞 03-6434-0333

Jenny Fax embroidery bag 36300円

能與日本國內外新時尚相遇的地方

pillings SHEEP 訂製襪 5280円
↑SHEEP特別訂製的綿羊圖案襪。手織的編織花朵是重點

grounds JEWELRY AURORA 29700円
↑首爾限定的極光色運動鞋

↑SHEEP特別訂製的原創刺繡包，附手鍊

1.5F d'zzit （時尚）
●ディジット

上海發跡的人氣時尚品牌，在海外開設1000家以上的分店。專為跨年齡層的女性提供獨特的時尚單品。

📞 03-6721-0303

亞洲超人氣品牌在日本的11號店

緞質後背LOGO毛衣 17600円
↑特徵是使用緞材質製作背部巨大LOGO設計的連帽毛衣。腰部或鬆或緊的皺褶營造出流行休閒風格。

報紙紗裙 15400円
↑重點在報紙圖案的花紋設計。也推薦搭配多層次穿搭

在公共空間小憩
源氏山テラス ●げんじやまテラス

入口由中原慎一郎設計、指導。打造出小巧的休息空間和日本庭園。

↑空間位在和正面入口相反的方向

探訪現在正夯的流行時尚
Laforet原宿
●ラフォーレはらじゅく

原宿文化的發信據點。從原宿特有的品牌到海外的焦點品牌，以豐富的商品陣容自豪。

📞 03-3475-0411
🏠渋谷区神宮前1-11-6 休1年2次（預定2、8月各2天）
⏰11:00～20:00（需確認官網）
🚇地鐵明治神宮前（原宿）站5號出口即到

服飾品和新商業型態的美食店等，大約有140家店進駐

MAP 附錄②P.9 C-3

2F LOLA'S Cupcakes Tokyo （甜點）
●ローラズカップケーキトーキョー

來自倫敦的杯子蛋糕專賣店。色彩繽紛的杯子蛋糕甜度低，是日本人也容易入口的味道。分成大、小2種尺寸這點也令人開心。

📞 03-6447-1179
休無休 ⏰11:00～19:00

↑除了杯子蛋糕之外，還有販售布朗尼和奶昔

紅絲絨 530円
↑蛋糕以加了巧克力與可可粉的麵糊製成，再擠上奶油起司。在倫敦也享有超高人氣

來自倫敦的繽紛杯子蛋糕

↑上頭滿放的甘納許奶油霜，加了以白巧克力與鮮奶油熬煮而成的奶茶醬

皇家奶茶 616円

B1-1 （墨西哥式）
LAS DOS CARAS -MODERN MEXICANO Y TACOS-
●ラスドスカラスモダンメキシカーノイタコス

專為成人開設的時尚墨西哥料理店。工作人員在眼前調配新鮮的莎莎醬等，能品嘗道地的墨西哥料理。

📞 03-6631-1111
休無休 ⏰11:00～21:00（飲品為～21:30；週五、六、假日前日為～22:00，飲品為～22:30）

↑店內的每層樓各有不同氣氛

墨西哥塔可餅 ALL-STAR 1650円

輕鬆享用時尚的墨西哥料理

↑用揉入蔬菜等的墨西哥薄餅夾入大量美味配料

全球美食讓人嘖嘖讚賞！
CASCADE HARAJUKU
●カスケードハラジュク

走出車站即到

↑寧靜的地點，走出車站即到

可以在複合設施的閒靜沉穩空間中享用美食。聚集海外發跡的人氣店等7家餐廳＆咖啡廳。

📞 視店鋪而異 🏠渋谷区神宮前1-10-37 休視店鋪而異
🚇 JR原宿站表參道剪票口即到

MAP 附錄②P.9 B-2

B1-2F　時尚
The SHEL'TTER TOKYO
●ザシェルタートーキョー
匯集了「MOUSSY」等引領東京時尚光景的品牌的選貨店。

☎03-5785-1695

獨特的MIX風格

MVS FLARE (MOUSSY) 17380円
➡讓腿部曲線變漂亮的MOUSSY經典丹寧褲

入手高度時尚感商品
東急PLAZA表參道原宿
●とうきゅうプラザおもてさんどうはらじゅく
商店和餐廳等30家店進駐，可以享受挑選商品的樂趣。

☎03-3497-0418　🚩渋谷区神宮前4-30-3　休不定休　⏰11:00～21:00（6-7樓美食樓層為8:30～23:00）
🚇地鐵明治神宮前〈原宿〉站5號出口即到
MAP 附錄②P.9 C-3
➡屋頂有綠意豐沛的空間

Illuminating Serum Primer 02 30ml 3520円
➡閃耀著珠光薰衣草紫的飾底乳

讓人天天有派對心情的商品！

Bloom Mix Blush Compact 12 4620円
➡顯現臉頰氣色與立體感的5色腮紅

3F　美妝
JILL STUART Beauty&PARTY
●ジルスチュアートビューティーアンドパーティ
販售能過得更快樂的生活風格商品與彩妝、禮品，營造每天都要參加派對般的好心情。

☎03-3470-2727

7F　bills 表參道　全日餐廳
●ビルズおもてさんどう
雪梨發跡、「bills」的旗艦店，提供流行趨勢最前端的美食。除了早餐菜單以外，午餐和晚餐的菜單也是豐富多樣。

☎03-5772-1133　⏰8:30～22:00（飲品為～22:30）
© Petrina Tinslay
➡具開放感的明亮店內備有122個座位

➡鮭魚與甜菜的健康料理

開放式鮭魚三明治 1650円

享用世界的美食！

肋眼牛排 4200円
➡晚餐限定。跟葡萄酒很搭

©Koji Hanabuchi

本館 3F　FRATELLI PARADISO　義式
●フラテリパラディソ
在雪梨受到當地粉絲和美食家喜愛的義式餐廳。用自家製麵包和義大利麵、天然葡萄酒享受奢華的美食時光。

☎03-3408-0800　⏰11:00～22:00（飲品為～22:30；週日為～21:00，飲品為～21:30）

單手拿著天然葡萄酒品嘗的義式料理

➡店內氣氛閒靜沉穩

1杯天然葡萄酒 1000円～
➡含原創葡萄酒在內，可以喝到大約150種葡萄酒

提拉米蘇 900円
➡馬斯卡彭起司的甜味和濃縮咖啡的苦味絕妙搭配的人氣菜單

小龍蝦義大利麵 2300円
➡店家代表菜單，奢侈地使用小龍蝦製成

9F　披薩
CANTERA
●カンテラ
店家自豪的全粒粉披薩，是用石臼研磨國產小麥「春戀」製作。以約450度一口氣烤熟，可以享受到酥脆Q軟的口感。

☎03-6433-5537　休無休　⏰11:30～14:00（週六、日、假日為～15:00），17:00～21:00

用特別訂製的石窯烤製道地披薩

➡天氣晴朗時能望見富士山

披薩 1600円
➡使用在愛知縣三河灣「筱島」浮游的魩仔魚和紫蘇葉製作的披薩

本館B1　時尚
CELFORD
●セルフォード
以「The First Lady」為概念。追求在優雅中增添趣味的風格。

☎03-6721-0370

來看看優雅的成人風格

波浪水手領針織洋裝 20900円
➡為了讓衣領成為焦點，俐落的剪裁更添優雅

享受雅緻的成人空間
表參道新城
●おもてさんどうヒルズ
代表表參道的複合設施。分為本館、西館、同潤館，以成人為對象的高品味商店和餐廳齊聚。

☎03-3497-0310（綜合資訊）　🚩渋谷区神宮前4-12-10　休不定休
⏰11:00～21:00（週日、連休最終日～20:00）
※部分店鋪有異
🚇地鐵表參道站A2出口即到
MAP 附錄②P.9 D-3
➡約有100家店鋪進駐

享受季節的御膳 2299円
➡能品嘗採用各季當季食材製成的各種料理（照片為冬御膳）

吃了身體會開心蔬菜滿滿的午餐

農園香蒜鰻魚熱沾醬 1749円（2人份）
➡將新鮮蔬菜沾裹特製香蒜鰻魚熱沾醬吃，是創業至今的人氣菜單
➡店內氣圍沉靜

本館3F　餐廳
やさい家めい 表參道ヒルズ本家
●やさいやめいおもてさんどうヒルズほんけ
以「多吃蔬菜讓身體由內而外變健康」為理念的餐廳。除了使用大量從合作農家送來的新鮮蔬菜製成的料理之外，還有嚴選的肉類、魚料理也是絕品。

☎03-5785-0606　⏰11:00～22:00（週日為～21:00）

3F　豬肋排
SHUTTERS 表參道
●シャッターズおもてさんどう
「豬肋排」與「冰淇淋蘋果派」為招牌的休閒餐廳。以獨特料理方法做出的「豬肋排」柔嫩得令人驚異，讓人一吃就上癮。

☎03-6712-5077　休無休　⏰11:00～21:30

入口即化的絕品豬肋排

➡從大窗戶可一覽原宿風景

豬肋排 2310円
➡有醬油、大蒜、山葵、羅勒等8種風味可選

在地理位置絕佳的餐廳用餐
Q Plaza 原宿
●キュープラザはらじゅく
明治通上的地標大樓。從話題餐廳到具開放感的露天咖啡廳等，豐富多彩的店鋪齊聚。

☎視店鋪而異　🚩渋谷区神宮前6-28-6　休視店鋪而異　🚇地鐵明治神宮前〈原宿〉站7號出口即到
MAP 附錄②P.9 B-4
➡餐廳等14家店進駐

營造空間

瞬間提升氛圍的 咖啡廳&餐廳

身處時尚區域，讓人更想在重視氛圍的店內，度過一小段特別的時間。在此報導編輯部嚴選的 8 間店！

原宿 ●リキュームはらじゅくてん

LiQumu 原宿店

店內的色調就不用多說，連桌椅也都是能感受到女孩風格的設計。裝在玻璃杯中、多達 200 種的色彩繽紛利口酒，更加凸顯了可愛的氛圍。

☎03-6812-9237　渋谷区神宮前1-14-2 ルポンテビル1F　休不定休　13:00～21:30（週六、日、假日為11:00～）　JR原宿站竹下口即到　MAP附錄②P.9 B-1

店內氣氛有 講究的一面！

店內擺設運用各種元素組成，有入內一探的價值。沉浸在各自的世界裡吧。

講究 POINT
以「愛麗絲夢遊仙境」為主題，使用多種粉色打造的空間

講究 POINT
店內設計以「自然與水融合的山林」為形象。植物的展示方式也下了一番功夫，不妨四處看看

在粉紅色彩的包圍下女孩們的聊天氣氛更加熱絡！

對潮流敏銳的女孩一定要來。還有能夠好好放鬆的沙發座

以綠意和花朵設計出能夠悠哉度日的花朵咖啡廳

↑還有花色斑斕的魚兒優游在大水族箱中　↓完全被深綠植物覆蓋的外觀相當吸睛

巧克力蛋糕
850円
經典的巧克力蛋糕。細心繪製在盤子上的插圖很可愛

表參道 ●フラワーアンドカフェかざはな

flower&cafe 風花

由世界知名的庭園設計師石原和幸精心打造。五顏六色的植物與花朵茂盛生長，還能聽見水聲。讓人忘卻都市喧囂的療癒咖啡廳。

☎03-6659-4093　港区南青山3-9-1 アプリム1F　休不定休　11:30～17:00（需洽詢）　地鐵表參道站A4出口步行5分　MAP附錄②P.8 F-4

表參道 ●サロンドルイにごうてん

Salon de Louis 2号店

代官山的人氣咖啡廳在南青山開的2號店。非日常感的氣氛在店裡流淌，除了預約制的下午茶之外，還能享受三明治、鬆餅等咖啡廳菜單。1、2樓的主題色彩各異，皆洋溢著奢華的氛圍。

☎03-6812-9161　港区南青山3-15-15　休無休　11:00～19:00　地鐵表參道站A4出口步行4分　MAP附錄②P.8 F-5

在話題的韓國風咖啡廳品嘗奢華的下午茶

下午茶
4400円
盛有隨季節替換的馬卡龍、烘焙點心等。需在前一天13時以前以專用表格預約

←1樓座位全是粉色，吧檯深處還有裝潢可愛的化妝室

講究 POINT
1樓統一是粉色，2樓統一是薄荷藍，裝潢與壁紙也都很可愛

原宿 ●ブックスバニー

BOOKS BUNNY

這家書籍咖啡廳擺滿了超過 2000 本老闆親自從紐約採購、以藝術類為主的外文書。書籍自不用說，畫冊、攝影集、繪本等封面的視覺效果也很吸引人。一邊讀著喜歡的書，一邊悠閒地用餐吧。

☎03-5772-3372　渋谷区神宮前2-31-8　休無休（週六、日需洽詢）　12:00～21:00　JR原宿站竹下口步行10分　MAP附錄②P.9 D-1

能踏入綻放獨特品味的外文書世界

講究 POINT
展示著各類書籍，就像是藝廊一般

←店裡的書不僅能在店內閱讀，還可以購買

雞肉蓋飯
1100円
薑黃飯上鋪滿雞肉的紐約餐車人氣菜單。附餐飲料可選（照片為草莓咖啡拿鐵）

原宿・表參道

P.40

東京站・丸之內・日本橋
P.54

銀座
P.74

台場
P.86

澀谷
P.96

六本木・東京鐵塔
P.106

上野
P.114

新宿
P.120

池袋
P.126

豐洲
P.128

築地・月島
P.130

每日午餐拼盤
1600円

菜單每日替換,可從6種菜色中挑選主菜,附2樣配菜、白飯以及湯品

在露天環境享受 開放寬敞的感覺!

天氣晴朗的日子也可以享受待在露天座位的時光。以戶外才有的感覺,心情愉悅地用餐吧。

眺望表參道街區
視野良好的露天座位

↑表參道的綠意就在眼前
↑還有集結落葉松木堆疊而成的座位

講究
POINT
以法國為活動據點的建築師田根剛負責內部裝潢設計。以露天座位為首,打造舒適的環境

表參道 ●クリスクロス

crisscross

從早餐到夜酌,皆能輕鬆前來的全日咖啡廳。鋪有木地板的露台種著綠色植物,宛如身處公園般的空間讓人得以在此度過悠閒時光,也很受當地人們的喜愛。

📞03-6434-1266 🏠港区南青山5-7-28 休無休 🕐8:00~21:00
🚇地鐵表參道站B3出口即到 MAP附錄②P.8 E-6

講究
POINT
被自然環繞的露台中心立有象徵樹樟樹

就像公園一樣!
在都會中心享用餐點

↑腹地內也有附設同系列的餐廳

夏威夷豆白脫牛奶鬆餅
1650円

鬆餅用小麥粉和白脫牛奶製作,並添上夏威夷豆等作為配料(附香草醬、鮮奶油)

原宿 ●ユニ

uni

考量飲食未來並以「循環」為主題的「GYRE FOOD」內的咖啡廳&熟食&酒吧。有如叢林一般的店內、以瞭望景觀為特色的寬敞露天座位等,充滿自然生命力的開放式空間在此展開。

📞03-6803-8699
🏠渋谷区神宮前5-10-1 GYRE4F
休不定休 🕐11:00~22:00(週日為~18:00)
🚇地鐵明治神宮前〈原宿〉站4號出口步行3分
MAP附錄②P.9 C-4

表參道 ●マーサーブランチテラスハウストウキョウ

MERCER BRUNCH TERRACE HOUSE TOKYO

位在設計型大樓的高樓層,紐約頂層公寓風格的咖啡廳。全長18m的露天座位具有可動式屋簷,能保持全天候的舒適感,雨天時亦可使用這裡的座位。

📞03-5467-2551
🏠渋谷区神宮前5-50-3 アーバンテラス青山4F・屋上
休無休 🕐11:00~22:00(午餐為~16:00)
💴服務費10%(晚餐17:00~)
🚇地鐵表參道站B2出口步行3分

MAP附錄②P.9 D-6

**BEEF STEAK
3種口味綜合**
4300円

理念是「輕鬆品嘗高級食材」。多汁的肉品令人讚不絕口!

講究
POINT
露天座位的桌子是暖桌,天氣冷的時候也很溫暖

→整面玻璃窗的室內空間
←洗鍊雅緻的都會氛圍洋溢

望著耀眼的夜景
在沙發座度過悠閒時光

表參道 ●アニヴェルセルカフェ

ANNIVERSAIRE CAFE

由婚禮公司「Anniversaire」經營。以巴黎風格為主題,在露天座位能一邊眺望四季不同風景與走在表參道上的人們,一邊度過時尚的休憩時光。

📞03-5411-5988 🏠港区北青山3-5-30 休無休
🕐11:00~20:00(飲品為~20:30;週六、日、假日為9:00~)🚇地鐵表參道站A2出口即到
MAP附錄②P.8 E-4

講究
POINT
週末可能會遇到有人在禮拜堂舉辦婚禮。環繞著幸福的氛圍

能品味些許躋身名流的感覺
呈現巴黎風格的咖啡廳

↑面向表參道的咖啡廳。也可以帶寵物入內 ↑店內以白色為基調,充滿明亮光線與綠意的空間

水果蛋糕捲 770円

奢侈地使用大量水果,口感軟嫩的蛋糕捲

來自LA！實際體驗滑雪品牌的文化

獨特的品味相當出眾!!

在裏原宿體驗個性派購物！

「裏原宿」充滿獨創風格，是洋服及商品的寶庫！近年在時尚敏銳度高的海外觀光客之間也造成話題。

裏原宿魅力無限的店

6%DOKIDOKI

●ろくパーセントドキドキ

由藝術總監增田賽巴斯汀所開的店。引領潮流之餘，以表現獨特「可愛」的風格也很受歡迎。

☎03-3479-6116 ⬚渋谷区神宮前4-28-16 TX101ビル2F 休週一～三 ⌚13:00～19:00（週六、日、假日為12:00～）⬚地鐵明治神宮前〈原宿〉站電梯出口即到

MAP 附錄②P.9 C-3

●店鋪位於2樓。朝粉色外觀的建築前進吧

僅此才能買到的商品也吸引好多海外粉絲！

Yummy 霜淇淋項鍊
各5280円

適合普普風的華麗穿搭，偏大的項鍊

人氣STAFF
Tsubaki
為客人提供帥氣又迷人的高水準穿搭建議

Yummy T恤
7150円

繪有世界各地垃圾食物的插圖，相當獨特

能遇見獨具個性的時尚商品

LHP裏原宿店

●エルエイチピーうらはらじゅくてん

以「不論在哪個時代都能持續帶來新鮮感」為店家理念。1樓是以僅在裏原宿店推出的品牌為主，還有陳列限定商品。2樓則提供許多日本國內外的人氣品牌。

☎03-6434-1033 ⬚渋谷区神宮前4-28-26 休無休 ⌚11:30～20:30 ⬚地鐵明治神宮前〈原宿〉站5號出口步行4分

MAP 附錄②P.9 C-2

↑位在螺旋槳通，2層樓高的路面店

CIRCLE POUCH
19800円

實用性與設計感兼備的品牌blackmeans的經典圓錢包

也有販售滑雪板，可選擇自己喜歡的風格

享受超現實主義多采多姿的世界氛圍

RIP N DIP

●リップンディップ

代表滑雪文化的品牌所開的旗艦店。供應散發美西風格的穿搭、圖標角色「Lord Nermal」的商品。

☎03-6459-2468 ⬚渋谷区神宮前3-24-5 NYXビル1F 休無休 ⌚11:00～20:00 ⬚JR原宿站竹下口步行6分

MAP 附錄②P.9 C-2

↑流行且隨意的筆觸令人印象深刻的T恤為5500円～

Lord Nermal Tote Bag
3300円

繪有「Lord Nermal」的帆布托特包

有超多從美國進口的玩具！

おもちゃや SPIRAL

●おもちゃやスパイラル

老闆前往美國，以獨特眼光挑選許多復古玩具。或許能在這裡發現意想不到的稀有商品!?

☎03-3479-1262 ⬚渋谷区神宮前3-27-17 ナガタビルA-1 休無休 ⌚12:00～20:00 ⬚JR原宿站竹下口步行10分

MAP 附錄②P.9 D-1

STRANGER THINGS的T恤 8800円

粉絲必看！重現人氣美劇場景的印刷T恤

↑角色商品也密密麻麻地陳列著

讓人興奮不已的空間！

這家選貨店提供走在潮流尖端的商品

小馬
3500円

色彩夢幻的模型

原宿・表參道

P.40

東京車站・日本橋・丸之內 P.54

銀座 P.74

台場 P.86

澀谷 P.96

六本木・東京鐵塔 P.106

上野 P.114

新宿 P.120

池袋 P.126

豐洲 P.128

築地／月島 P.130

這裡也想去！

原宿・表參道
はらじゅく・おもてさんどう

區域導覽

玩樂 JINGUMAE COMICHI
◆ジングウマエコミチ

◆視店鋪而異　MAP 附錄②P.9 B-1

話題店家齊聚的續攤景點

匯集了來自日本各地的18家名店，「宛如小徑的食堂街」。大眾酒館、沖繩料理、法國菜等五花八門的店家鱗次櫛比，可放鬆享受續攤活動。

所 渋谷区神宮前1-23-26
休 視店鋪而異　時 11:00～23:00（視店鋪而異）
交 JR原宿站竹下口步行3分

©株式会社エスエス 黒沼芳人

→由1～2樓共2層樓構成。午、晚餐時段都大受歡迎

玩樂 WITH HARAJUKU
◆ウィズハラジュク

◆視店鋪而異　MAP 附錄②P.9 B-2

人氣店家集結的原宿站前商業設施

集結了服飾店、家飾店、運動用品店、餐飲店等引領各界的品牌。2樓到3樓有綠意盎然的室外空間「WITH HARAJUKU PARK」。

所 渋谷区神宮前1-14-30
休 視店鋪而異
交 JR原宿站東口即到

→以「編織未來的據點」為概念的原宿新地標

美食 Sincere BLUE
◆シンシアブルー

☎ 03-6434-0703　MAP 附錄②P.9 B-1

能輕鬆品嘗的米其林美味

由米其林1星法式餐廳「Sincere」經營的店。使用獲得特別認證的漁業者供應的永續海鮮等來製作10多種前菜，能以吃到飽的方式享用。平日午餐只能單點。

所 JINGUMAE COMICHI 2F　休 週一（逢假日則翌日休）
時 12:00～13:30（週六、日、假日為11:00～）、17:30～22:00（閉店）　※吃到飽限時2小時

→用特製布里歐吐司與派皮包裹的「ASC真鯛鯛魚燒」為吃到飽7139円的主菜料理（食材隨季節更換）

購物 IKEA原宿
◆イケアはらじゅく

☎ 0570-01-3900（客服中心）　MAP 附錄②P.9 B-2

因應都市生活需求的都市型店鋪

來自瑞典的人氣家飾店推出的首間城市店鋪。以合理的價格供應有益於都會區生活型態的商品。店裡也有附設能享受瑞典料理的咖啡廳。

所 WITH HARAJUKU1-2F
時 10:00～21:00　休 不定休

→瑞典的精釀啤酒「Omnipollo Reference Pale Ale」1罐290円～

景點 岡本太郎紀念館
◆おかもとたろうきねんかん

☎ 03-3406-0801　MAP 附錄②P.5 D-4

諸多名作蘊含著岡本太郎的熱情

以《太陽之塔》等作品聞名的岡本太郎，這家紀念館公開展示他的工作室兼住所。能親身體會天才畫家創造出來的諸多藝術品、和澎湃的靈魂。

所 港区南青山6-1-19
休 週二（逢假日則開館）
時 10:00～17:30
¥ 650円，小學生300円
交 地鐵表參道站A5出口步行8分

→中庭滿滿展示著各式各樣的作品

購物 ROLL ICE CREAM FACTORY
◆ロールアイスクリームファクトリー

☎ 03-3470-0227　MAP 附錄②P.9 C-3

在原宿品嘗在紐約也很熱門的冰淇淋捲

在－10度的冰盤上冷卻鮮奶油至凝固，再用鏟子捲成圓捲的冰淇淋。可愛的擺盤造型也很吸睛，讓人捨不得吃。

所 渋谷区神宮前4-28-12 ジャスト原宿1F
休 不定休　時 10:00～21:00
交 地鐵明治神宮前〈原宿〉站5號出口即到

→星條旗醒目的人氣No.1菜單「American Dream」850円～

咖啡廳 bubó BARCELONA 表參道店
◆ブボバルセロナおもてさんどうてん

☎ 03-6427-3039　MAP 附錄②P.9 D-4

重現巴塞隆納在地食譜的蛋糕

追求獨創且細緻的甜點世界，來自西班牙巴塞隆納的甜點師。供應許多令人忍不住想拍的美麗甜點。

所 渋谷区神宮前5-6-5 Path表參道B棟　休 週二（逢假日則營業）　時 12:00～20:00（週六、日、假日為11:00～），咖啡廳為～19:30
交 地鐵表參道站A1出口步行3分

→可選擇喜歡的蛋糕，並搭配馬卡龍、巧克力點心成套販售的「滑順香草蛋糕拼盤」1490円

景點 根津美術館
◆ねづびじゅつかん

☎ 03-3400-2536　MAP 附錄②P.8 G-6

欣賞藝術、建築、庭園

包含初代根津嘉一郎所收集的7件國寶、87件重要文化財在內，約收藏7600件日本和東洋的古代美術品，能在每年7次的展覽會上盡情欣賞。活用漂亮建築和自然地形的庭園也一定要看。

所 港区南青山6-5-1　休 週一（逢假日則翌日休）、換展期間　時 10:00～16:30
¥ 1300円～（預約制）
交 地鐵表參道站A5出口步行8分

→從正門走進的通道。竹籬和白竹一字排開

購物 Alice on Wednesday
◆すいようびのアリスとうきょう

☎ 03-6427-9868　MAP 附錄②P.9 B-4

奇妙國度的可愛店鋪

以《愛麗絲夢遊仙境》為主題的雜貨店。1樓販售出現在故事中的點心等，3層樓都陳列著愛麗絲的商品。

所 渋谷区神宮前6-28-3 カノンビル1-3F　休 無
時 11:00～20:00
交 地鐵明治神宮前〈原宿〉站7號出口即到

→「刺繡小物包」各1296円

咖啡廳 幸せのパンケーキ表參道店
◆しあわせのパンケーキおもてさんどうてん

☎ 03-3746-8888　MAP 附錄②P.8 E-3

鬆軟口感的濃厚鬆餅

連日大排長龍的鬆餅店。細心烤出的鬆餅，特色是入口即化的口感與豐富的風味。對配料的食材也很講究。

所 渋谷区神宮前4-9-3 清原ビルB1
休 不定休　時 10:00～18:15（週六、日、假日為9:00～18:40）
交 地鐵表參道站A2出口即到

→「幸福的鬆餅」1100円

玩樂 裏參道GARDEN
◆うらさんどうガーデン

◆非公開　MAP 附錄②P.8 E-3

在體驗和美食中欣賞日本的傳統文化

由1947年興建的老宅翻修而成。以「日本文化的體驗」為概念，採取複數店鋪進駐同一棟房舍的長屋形式，聚集了甜品店等店鋪。

所 渋谷区神宮前4-15-2
休 無休
時 視店鋪而異
交 地鐵表參道站A2出口步行7分

→老宅特有的懷舊氣氛很有魅力

東京站

とうきょうえき

總是在持續進化的東京玄關口

丸之內
まるのうち

日本橋
にほんばし

MAP P.68・69 附錄②P.10

街區介紹

東京車站可以在站內的設施用餐和購物。丸之內一側遍布地下街。能感受歷史的日本橋和人形町物大樓和時尚的餐廳；八重洲一側則布滿百貨公司和地下街。能感受歷史的日本橋和人形町也廣受矚目。

CHECK 這裡的流行趨勢！

★ NEWS & TOPICS ★

2022年4月下旬

GRANSTA 八重北
整新開幕

站內的美食設施「Gran Gourmet」改裝成了「GRANSTA 八重北」重新開幕！設施內的「八重北食堂」（舊「Kitchen Street」）、「黑塀橫丁」經過改裝，化身成與新感覺酒館及美食雜誌合作的大眾食堂等。

↑多種類型與主題的店在此陸續開幕

☎050-3354-0710　🏠千代田区丸の内1-9-1 JR東京站剪票口外B1-2F　休無休　⏰11:00〜23:00　🚉JR東京站八重洲北口即到
MAP P.68 A-2、P.69 A-2

2022年2月〜

八重地下
依序改裝

位於東京站八重洲側地下的八重洲地下街俗稱「八重地下」，配合周邊再開發依序改裝。除了更新通道及廣場之外，還有人氣商店在此接連開幕。

☎03-3278-1441　🏠中央区八重洲2-1　休⏰視店鋪而異　🚉JR東京站八重洲地下中央口即到
MAP P.69 C-1

↑2022年2月正式開幕的「TOKYO CURRY QUARTET」。集結了4家人氣咖哩店的區域

羽田機場 第1、第2航廈站
↓京急線（快特）
※直通都營淺草線
日本橋站
↓地鐵銀座線
三越前站
¥620円
⏱約50分

羽田機場 第1、第2航廈站
↓京急線（快特）
品川站
↓JR山手線
東京站
¥470円
⏱約40分

原宿・表參道 P.40

東京站・丸之內・日本橋 P.54

銀座 P.74

台場 P.86

澀谷 P.96

六本木・東京鐵塔 P.106

上野 P.114

新宿 P.120

池袋 P.126

豐洲 P.128

築地／月島 P.130

東京站・丸之內・日本橋MAP

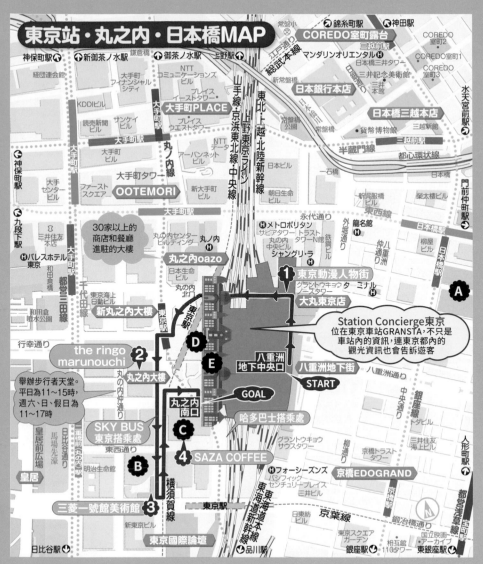

常盤小
錦糸町駅
神田駅
COREDO室町露台
神保町駅
新御茶ノ水駅
御茶ノ水駅
上野駅
江戸通り
總武本線
COREDO室町2
三越前駅
COREDO室町1
COREDO室町3
鎌倉橋
マンダリンオリエンタル
三井記念美術館
水天宮前駅
經團連會館
NTT
コミュニケーションズビル
大手町
フィナンシャルシティ
プレイス
イーストタワー・
日本橋三井タワー
三井二
本館
KDDIビル
大手町駅
山手線・京浜東北線
上野東京ライン
日本銀行本店
日本橋三越本店
讀賣新聞ビル
サンケイビル
大手町PLACE
丸ノ内線
NTT
データ
アーバンネットビル
三越新館
三井前駅
半藏門線
新常盤橋
貨幣博物館
三菱UFJ信託
常盤橋
公園
日本ビル
都心環状線
日本橋
神保町駅
大手町タワー
ファーストスクエア
OOTEMORI
大手町駅
新大手町ビル
朝日生命ビル
一石橋
新呉服橋ビル
聖太樓ビル
東西線
九段下駅
パレスホテル東京
和田倉
大手センタービル
大手町
PLACE
大手通り
日本橋駅
和田食堂水公園
三井住友
龍名館
外堀通り
柳屋ビル
門前仲町駅
千代田線
東京海上
日動ビル
新丸之內大樓
丸ノ内
メトロポリタンエドモント
丸の内センター
ビルディング
丸ノ内
シャングリ・ラ
永代通り
仲八通り
日本橋駅
行幸通り
東京駅
東京站
30家以上的商店和餐廳進駐的大樓

日本生命ビル
丸の内北口
① 東京動漫人物街
グランウキョウ
ノースタワー
大丸東京店

丸之內oazo

Station Concierge東京
位在東京車站GRANSTA,不只是車站內的資訊,連東京都內的觀光資訊也會告訴遊客

八重洲
地下中央口
八重洲地下街
八重洲通り
銀座線
京橋駅
トダビル
三井住友
海上ビル
中央通り
人形町駅

the ringo marunouchi ②
丸の内大樓
八重洲
地下中央口
START

舉辦步行者天堂。
平日為11～15時,
週六、日、假日為
11～17時

GOAL
丸之內南口
哈多巴士搭乘處

SKY BUS
東京搭乘處
丸の内仲通り
東西通り
グランウキョウ
サウスタワー
柳通り
京橋トラスト
タワー

④ SAZA COFFEE
フォーシーズンズ
パシフィック
センチュリープレイス
京橋EDOGRAND

皇居
皇居前廣場
馬場先濠
明治生命ビル

三菱一號館美術館 ③
新東京ビル
横須賀線

日比谷駅
東京國際論壇

東京駅
東海道新幹線
東海道本線
日本郵ビル
京葉線
鍛冶橋通り
東京スクエアガーデン
相互館110タワー
國立映畫・アーカイブ
品川駅
銀座駅
東銀座駅

遊逛 東京車站 小訣竅

從東京車站到日本橋就搭免費巴士
連結東京車站的八重洲、京橋、日本橋的循環巴士「Metro link 日本橋」為免費,利用價值高。

東京車站到銀座是在徒步圈內
若從東京車站的八重洲口出發,大約15分鐘就能走到銀座。一邊觀看街道一邊走路也是個好方法。

地標 日本橋高島屋S.C. Ⓐ
◆にほんばしたかしまやショッピングセンター

由代表日本橋的百貨所經營的新型態都市型購物中心。從人氣甜點到時尚、餐廳,匯集了種類豐富的店鋪。

🔜 P.56 由新館、本館、東館、WATCH MAISON這4棟建築物組成

地標 丸之內BRICK SQUARE Ⓑ
◆まるのうちブリックスクエア

除了具備流行敏鋭度高的商店和餐廳以外,還和綠意盎然的「一號館廣場」相鄰。是可以度過優質時光的城市綠洲。

🔜 P.67 鄰接「三菱一號館美術館」,彌漫文化氣息

地標 JP TOWER「KITTE」 Ⓒ
◆ジェイピータワーキッテ

有地區的話題餐飲店、供應日本各地優質產品的食物專賣店、能感覺日本特有堅持的物販店等進駐。

🔜 P.66 保存、翻新部分的舊東京中央郵局大樓

地標 丸之內站前廣場 Ⓓ
◆まるのうちえきまえひろば

用御影石建造而成,以白色為基調的寬敞廣場。為了可以感受季節感,栽種著櫻花和紅葉等植物,夏天會設置「水景區」。

🔜 P.62 也有能稍作休息的長椅
照片提供:東京ステーションシティ運營協議会

上傳美照 東京車站丸之內站舍 Ⓔ
◆とうきょうえきまるのうちえきしゃ

這棟站舍已復原成和歷史悠久的車站相符的華麗面貌。只要在紅褐色的磚造建築前面拍照,就能在社群媒體上曬美照了。

🔜 P.62 施加在內部的浮雕等裝飾,美得讓人讚嘆

東京站・丸之內

半日暢享 路線

START
(JR)
東京站
▲八重洲地下中央口

ⓒTBS

步行即到

① 購物
可愛的伴手禮
在
東京動漫人物街尋找

🔜 P.64

步行6分

② 美食
悠閒地享用午餐
在
the ringo marunouchi

🔜 P.58

步行7分

③ 景點
鑑賞藝術品
在
三菱一號館美術館

🔜 P.67

步行4分

④ 咖啡廳
休息一下
在
SAZA COFFEE

🔜 P.66

步行即到

GOAL
(JR)
東京站
▲丸之內南口

想接著去這裡

銀座區域
🔜 P.74

交通位置也Good!

想在丸之內・日本橋區域關注 最新景點的度過方式

熱門的話題設施陸續誕生的丸之內・日本橋區域。在個性豐富的新景點享受購物和美食吧!

●にほんばしたかしまやショッピングセンター

直通!地鐵日本橋站

在日本橋高島屋S.C.有品味地購物

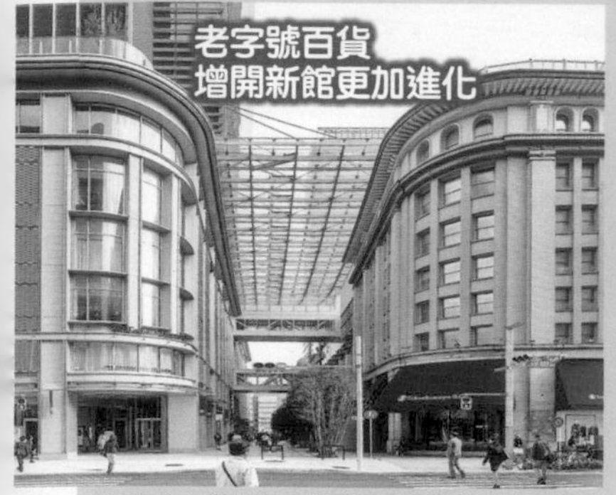

老字號百貨增開新館更加進化

位於本館與新館之間的通道是行人專用步道「日本橋GALLERIA」。各式各樣的店家比鄰而立

身為日本國家重要文化資產的本館再加上新館、東館、WATCH MAISON，由4個館組成的新都市型購物中心。新館集結了對流行敏銳度高的選貨店和人氣甜點店等。本館的「頂樓庭園」也不容錯過。

03-3211-4111(代) 所中央区日本橋2-4-1ほか 休不定休 新館10:30～20:00，本館、高島屋WATCH MAISON 10:30～19:30 ※部分樓層、店鋪有異 直通地鐵日本橋站B4出口

MAP附錄②P.10 F-4

新館1F 直接傳達京都的美味

Yonemura the Store

●ヨネムラザストア

擺滿主要使用京都食材，堅持講究香氣與口感、全手工製作的手作餅乾。招牌商品「米村原創餅乾」融入了米村主廚的感性，能享受共12種口味。

03-6262-3151

10:30~20:00

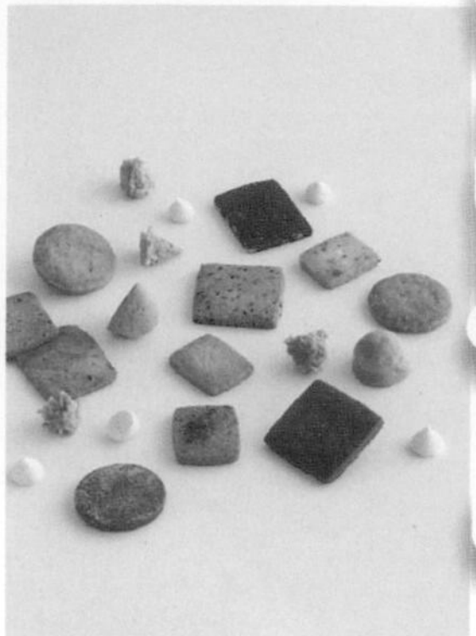

使用了京都老字號茶鋪抹茶的「抹茶」等餅乾，盡是使用京都名店食材製成的產品

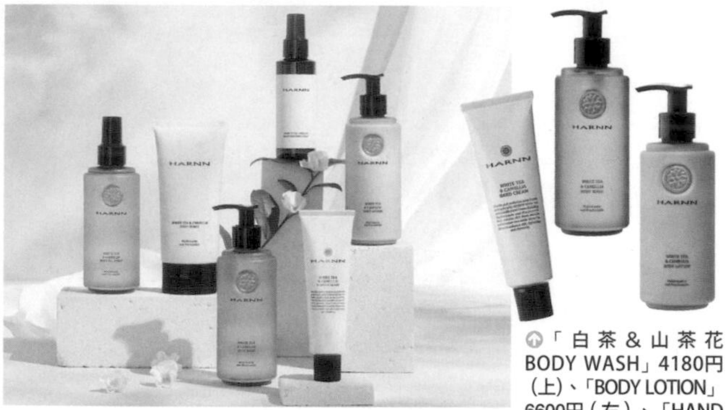

新系列「白茶&山茶花」。有沐浴乳和潤膚乳等6種品項

「白茶&山茶花BODY WASH」4180円(上)、「BODY LOTION」6600円(右)、「HAND CREAM」3520円(左)

新館5F 高級的大人文具店

TOUCH & FLOW

●タッチアンドフロー

為大人而開的文具店。講求書寫舒適的紙製品與皮革小物，其高度設計感也廣受好評。也有販售日本橋限定的設計商品。

03-6262-2854

10:30~20:00

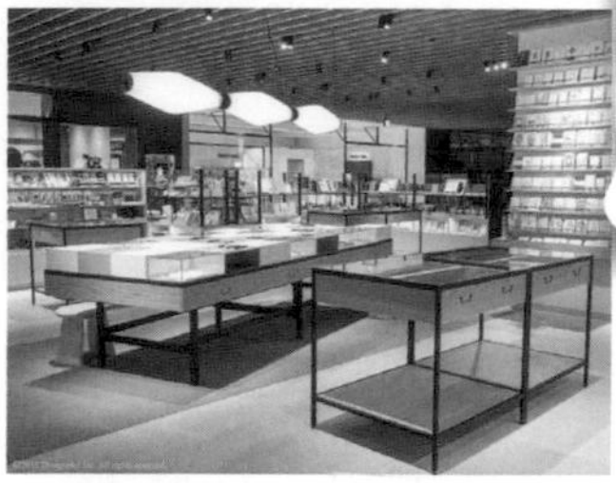

羅列能配合用途選擇的筆記本、卡片、筆具等商品

新館5F 來自泰國的高品質芳香療法

HARNN 日本橋

●ハーンにほんばし

泰國的生活風格品牌初次在日本推出的旗艦店。除了散發特色香氣的芳療產品之外，還能在個人包廂內體驗世界五星級飯店SPA大推的傳統SPA護理。一定要來體驗異國風情的療癒時光。

03-6262-1338

10:30～20:00(SPA最後受理時間～18:30)

能體驗運用世界屈指可數傳統SPA文化與技術的療程

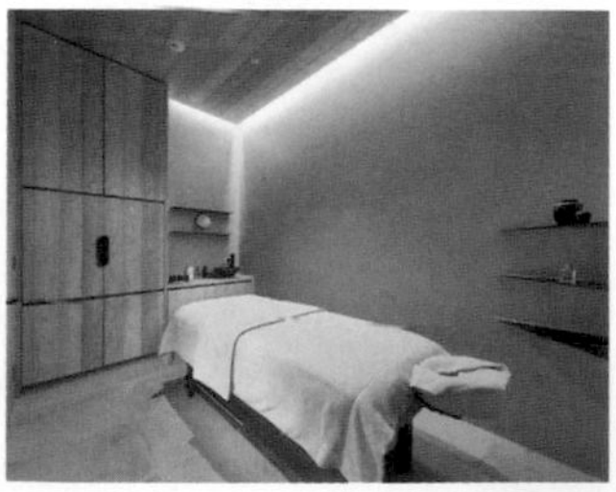

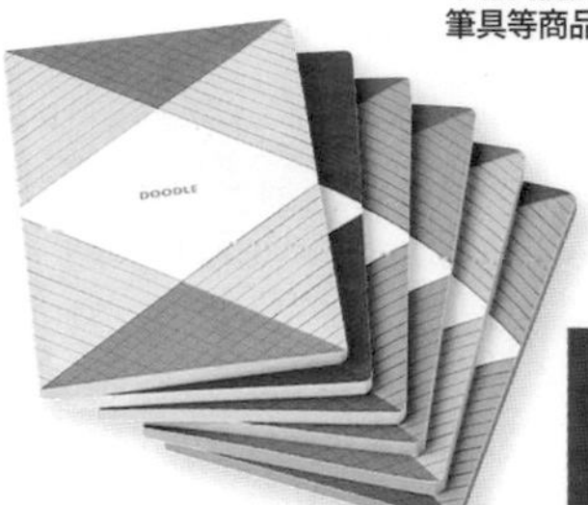

「DOODLE」各660円。具無格線有色內頁的原創筆記本。B6大小，多達200頁的大容量

「活版海報卡」330円。有活版印刷觸感的海報卡。其他卡片的種類也很豐富

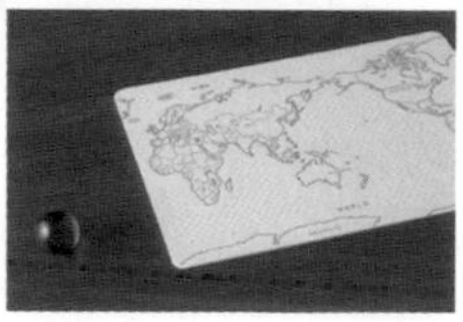

新館B1 配合場合的禮品

AKOMEYA TOKYO

●アコメヤトウキョウ

以「米」為主角的生活風格商店。以日本飲食中心的米為首，販售全國的美味食品、想在生活中使用的雜貨等多種品項，非常適合來挑選禮品。

03-6262-3227

10：30～21：00

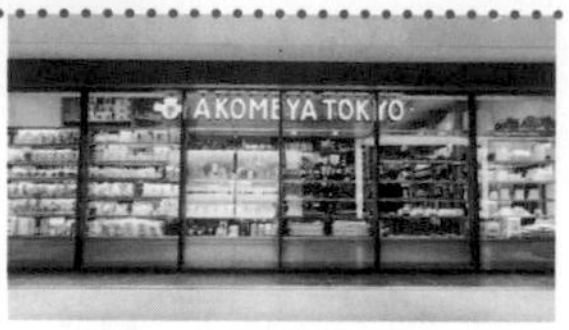

營業至21時或再更晚一點，順路過去逛逛很方便

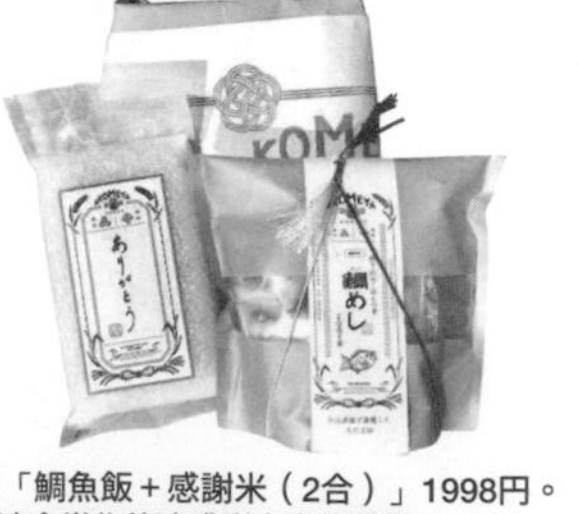

「鯛魚飯+感謝米(2合)」1998円。最適合當作傳達感謝之意的禮物

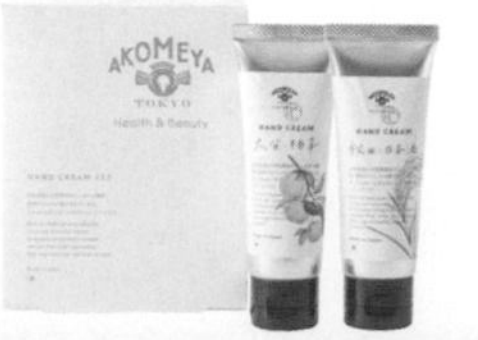

附盒的「護手霜套組」3465円

COREDO室町露台

P.27・73 也要CHECK!

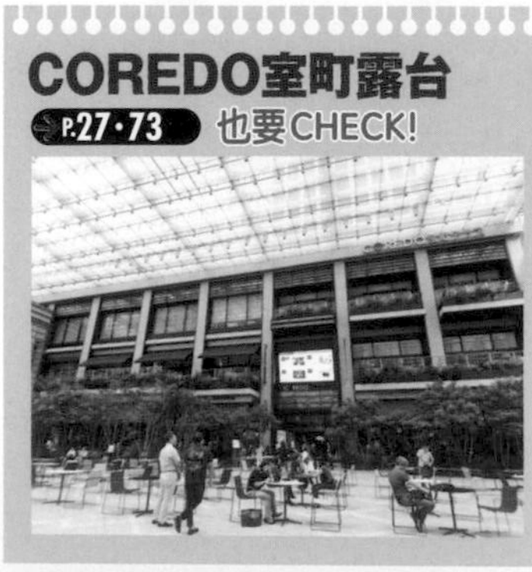

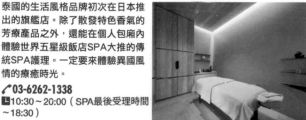

●おおてまちプレイス

在大手町PLACE

品嘗流行的午餐

地鐵大手町站即到!

商業街的新綠洲

以「人、街道、社會互相連結,交叉的次世代都市模範」為概念的複合設施。被綠意環繞的「Sunken Garden」有話題餐廳比鄰而立。

☎非公開
🏠千代田区大手町2-3-1~2
休→視店鋪而異
🚇直通地鐵大手町站A5出口

MAP 附錄②P.11 D-2

→許多能滿足大手町「工作者們需求的店進駐

B1 能享受嚴選肉品與葡萄酒的頂級空間

RRR OTEMACHI

●トリプルアールオオテマチ

能以合理價格享受神戶牛、熟成黑毛和牛等嚴選肉品的牛排賣店。葡萄酒的品項也很豐富,羅列了世界各國難以購得的名品。

☎03-6910-3252
休週日、假日
🕚11:30~14:00、17:30~22:00

→店內裝潢既古典又時尚。也有設置吧檯酒吧

→午餐人氣NO.1的「神戶牛RRR漢堡排」1850円

B1

不拘束的道地法式料理

grand comptoir

●グランコントワー

午餐也營業的法式餐酒館。基底的高湯全是手工調製,講究的菜單用實惠的價格就能品嘗。

☎03-6281-9066 休週六、日、假日
🕚11:00~14:00、17:00~23:00

→附飲料的午餐「烤牛丼」1200円

→店內是和大手町相符的時尚氣氛

B1 享受溫暖的家庭料理

Ta-im 丸の内

●タイームまるのうち

總店開在惠比壽的以色列家庭料理餐廳。在名流之間也很有人氣的健康美食,也有供應素食。除了料理之外,也很推薦葡萄酒。

☎03-6268-0985 休週日 🕚11:00~14:30、17:30~22:00

→店內裝潢清爽,以藍色為基調

↑「炸鷹嘴豆餅」700円。這道在地中海沿岸、中東諸國廣受喜愛的經典食物,是把搗成泥的鷹嘴豆加上香草、辛香料後炸成

B1 烤肉X葡萄酒的最強合作

燒肉MARUGO

●やきにくマルゴ

以能輕鬆享用葡萄酒而受歡迎的「MARUGO」的新業態餐廳。優質的烤肉和侍酒師嚴選的葡萄酒十分相襯。包廂齊備,可以悠閒放鬆,這一點也讓人覺得滿意。

☎03-6259-1729 休週六、日、假日
🕚11:00~14:00、17:00~23:00

→優雅時尚的內部裝潢,連女性顧客也容易走進去

↑「本日的4種內臟拼盤」1800円

●にじゅうばしスクエア

在二重橋Square

品嘗成人晚餐

直通地鐵二重橋前〈丸之內〉站!

追求高品質的成人專用空間

打造在「丸之內二重橋大樓」內的商業區塊。每層樓的經營概念皆不同,個性豐富的店比鄰而立。讓人想要依照心情和場合分開使用。

☎03-5218-5100（丸之內客服中心）🏠千代田区丸の内3-2-3 休法定檢查日 🕚商店為11:00~20:00,服務為10:30~20:00,餐廳為11:00~23:00（週日、假日為~22:00）※視店鋪而異 🚇地鐵二重橋前〈丸之內〉站1號出口即到

MAP 附錄②P.11 B-6

→任何年齡都方便利用

東京站周邊區域的

新興景點

東京站周邊仍持續發展中。來盤點一下2021~2022年開幕的景點吧!

引人注目的大型商業設施開幕!

東京站周邊持續進行再開發工程。其中尤以「TOKYO TORCH」和「東京中城八重洲」最受大眾矚目。「TOKYO TORCH」於2021年在東京站日本橋口前誕生,由商業設施「TOKYO TORCH Terrace」以及大型廣場「TOKYO TORCH Park」組成。2022年完工的「東京中城八重洲」低樓層為商業設施,高樓層則有飯店進駐。此外,地下樓層和八重洲地下街相通,預計還會設置大型巴士轉運站。

P.13·14

東京站周邊越來越有活力 將成為新據點的設施登場!

→「TOKYO TORCH Park」占地約7000㎡,自然風情滿溢的廣場

→有14家特色店鋪進駐的「TOKYO TORCH Terrace」位於低樓層

©三井不動產

→聳立於東京站八重洲南口面前的「東京中城八重洲」

圖片提供:Mitsubishi Jisho Sekkei Inc.

可以在東京車站品嘗正宗鐵板燒

Sarabeth's 東京店

站地下 八重洲北口即到

●サラベスとうきょうてん

來自紐約的人氣餐廳，味道豐富又健康的料理廣受名流喜愛。午餐能享受班尼迪克蛋、法式吐司等美式經典料理。

☎03-6206-3551　⚐千代田区丸の内1-8-2 鉄鋼ビルディング南館2-3F　休無休　🕐8:00〜22:00（飲品為〜22:30；週六、假日為9:00〜；週日為9:00〜21:00）　🚉JR東京站八重洲北口即到　MAP 附錄②P.10 E-4

⬆大約有90個座位。除了桌位座之外，也有位於開放空間的露天座位

ONE GREAT BURGER 1980円
夾入漢堡牛肉、紅切達起司、蘿蔓生菜、番茄、紅洋蔥

「紐約早餐女王」的午餐也是極品

CASUAL TEPPAN伊達

站內 剪票口外 東京美食區

●カジュアルてっぱんだて

提供使用講究食材的和食與鐵板燒。除了簡單的單點料理以外，奢華的「A5和牛鐵板燒全餐」8800円等餐點也廣受歡迎。飲品種類也很豐富。

☎03-5293-4141　⚐千代田区丸の内1-9-1 東京一番街2F 東京グルメゾン　休無休　🕐11:00〜22:00（飲品為〜22:30；週日、假日、假日前日為〜21:00，飲品為〜21:30）　🚉JR東京站八重洲北口即到　MAP P.68 A-1

牛排套餐 1980円
能用實惠的價格品嘗道地牛排的午餐套餐。附白飯、湯、沙拉。

位於美食店雲集的「東京美食區」內

⬅店內也有包廂

室內裝潢簡約沉穩的

悠閒地用餐

有時間的日子要悠閒地享用優質菜單。從洋食名店到矚目的站內新區店鋪都一一介紹。

the ringo marunouchi

站地下 丸之內大樓 丸之內南口即到

●ザリンゴマルノウチ

在西麻布廣受喜愛的「the ringo」的新店。與獨具鋒芒的新進藝術家攜手合作，店內已變成時尚的空間。發揮改良效果的西班牙料理充滿嚴選食材的鮮味，口味相當濃厚。

☎03-6551-2899　⚐千代田区丸の内2-4-1 丸ビル5F　休不定休　🕐11:00〜14:00、17:00〜22:00（週日、假日為〜21:00）　🚉JR東京站丸之內南口即到　MAP 附錄②P.11 C-4

⬆店內流淌的音樂也有所講究

西班牙海鮮燉飯 1500円（平日午餐限定價格）
把蝦子、貝類、蔬菜等各種食材慢慢熬成高湯，再用高湯煮熟的必吃菜單

充滿創意的時尚西班牙風格

輕鬆品嘗西班牙風義大利菜

午餐全餐 1870円
主餐可以從義大利麵、披薩、燒烤類中選擇。附5種塔帕斯、綜合沙拉等

RIGOLETTO WINE AND BAR

站地下 新丸之內大樓 丸之內中央口即到

●リゴレットワインアンドバー

店內氛圍洗鍊，能以合理價格享受西班牙風義大利菜的人氣店家。在這裡能夠搭配世界各地的葡萄酒，盡情享用豐富的塔帕斯、現烤拿坡里披薩、義大利扁麵等菜單。

☎03-6270-0520　⚐千代田区丸の内1-5-1 新丸ビル7F 丸の内ハウス　休無休　🕐11:00〜23:30　🚉JR東京站丸之內中央口即到　MAP 附錄②P.11 C-3

⬆裝飾著優美吊燈的餐廳

不論是在想悠閒地享用美食時，或是在想快速地用完餐時，東京車站區域的推薦店鋪就是這裡！

原宿・表參道 P.40

東京站・丸之內・日本橋 P.54

銀座 P.74

台場 P.86

澀谷 P.96

六本木・東京鐵塔 P.106

上野 P.114

新宿 P.120

池袋 P.126

豐洲 P.128

築地・月島 P.130

從早上就能使用

丸之內咖啡廳

在商業街的丸之內也有許多早上開始營業的咖啡廳。時尚地度過早晨生活吧！

平日早上8:00~

Marunouchi Happ.
● マルノウチハップ

可以輕鬆享用講究的食材♪

這家咖啡廳附設美食吧檯、時常變更主題的藝廊。吐司帶有十勝產小麥100%的麵包本身的天然美味，適合當作早餐。

↑面向丸之內仲通的店

☎ 03-6206-3343
所 千代田區丸之內2-5-1 丸之內2丁目ビル1F
休 無休
⏰ 8:00~21:00（飲品為~21:30），週六、日、假日為11:00~19:00（飲品為~19:30）
🚉 JR東京站丸之內南口步行3分
MAP 附錄② P.11 C-5

↑「紅豆奶油」715円（左）、「火腿起司」550円（右）

平日早上7:00~

DEAN & DELUCA Café 丸の内
● ディーンアンドデルーカカフェまるのうち

餐點菜單更加豐富

午餐時間除了「熟食碗裝料理」之外，還齊聚了諸多外觀與美味兼具的菜單。在早餐、咖啡休憩時間，各種時段場合都能來這裡用餐，能夠外帶的方便性也是一大魅力優點。

☎ 03-3284-7071
所 千代田區丸の内1-4-5 三菱UFJ信託銀行本店ビル1F
休 無休
⏰ 7:00~22:00（週六、日、假日為10:00~19:00）
🚉 JR東京站丸之內北口即到
MAP 附錄② P.11 C-3

↑採用整面玻璃的明亮店內
↑「水果麥片套餐」821円（單點551円）

站內　剪票口外　日本美食街道

函館立喰い寿司 函太郎
● はこだてたちぐいずしかんたろう

這家壽司店能品嘗從函館及北海道各地送達的新鮮海產。可以輕鬆走進去站著用餐的風格，利用起來很方便。出餐的壽司食材都很大份，具有飽足感。

☎ 03-6551-2398
所 千代田區丸の内1-9-1 東京駅一番街B1 日本美食街道
休 無休
⏰ 10:00~22:30
🚉 JR東京站八重洲口的各剪票口即到
MAP P.69 B-1

北海5貫拼盤
1342円
活的北極貝和鮭魚卵軍艦等北海道生產的握壽司拼盤。

→一個人也方便用的氣氛

↑輕鬆品嘗在函館大受歡迎的味道

腰內豬排丼飯
980円
將邁泉自豪的炸豬排裹上特製醬汁和雞蛋的丼飯

「總是迅速、美味地」供應為人熟知的豬排

站內　剪票口內　GRANSTA 東京

MAiSEN邁泉豬排食堂
● とんかつまいせんしょくどう

以「用筷子就能夾斷的柔軟豬排」聞名的炸豬排店所開張的豬排丼專賣店。除了招牌菜單「豬排丼飯」之外，還有「鹽味腰內豬排丼飯」等豐富的原創菜單。

☎ 03-6269-9671
所 千代田區丸の内1-9-1 JR東京站站內1F GRANSTA 東京
休 無休
⏰ 7:00~21:30（週日、假日為~20:30，翌日逢假日則~21:30）
🚉 JR東京站站內丸之內北口即到
MAP P.68 B-3

↑店內僅有吧檯座，能輕鬆入內用餐

快速地用餐

旅人眾多的這個區域也有許多可以快速用餐的店。確認可以輕鬆品嘗的眾多絕品菜單吧♪

站外　丸之內oazo　丸之內北口即到

M&C Café
● エムシーカフェ

附設在「丸善 丸之內本店」的咖啡廳。以丸善初代社長研發取名的「牛肉燴飯」為首，正宗口味的輕食豐富多樣。該店原創的綜合咖啡也很推薦。

☎ 03-3214-1013
所 千代田區丸の内1-6-4 丸之內oazo 4F
休 不定休
⏰ 9:00~20:30
🚉 JR東京站丸之內北口即到
MAP 附錄② P.11 D-3

↑商業人士經常利用，料理的提供也很順暢

牛肉燴飯
1180円
據說是「丸善」創始人早矢仕有的把肉和蔬菜摻在一起燉煮而成的菜單。香濃的醬汁是絕品

用始祖牛肉燴飯為身體充電！

九州豬肉味噌湯套餐
附十穀米、小菜、醃菜
1300円
使用茅乃舍的高湯和小魚乾高湯，再加上大量九州霧島產豬肉和蔬菜的豬肉蔬菜味噌湯

充滿豬肉鮮美滋味、風味深厚的豬肉味噌湯

站內　剪票口外

GRANSTA 丸之內

汁や 東京駅店
● しるやとうきょうえきてん

能夠吃到使用以調味料命名的老字號「茅乃舍」高湯製成的料理。集結了能感受食材鮮美滋味的健康味噌湯菜單。飯後就到隔壁商店「茅乃舍」開心購物。

↑高雅氣氛為其魅力的店

☎ 03-6551-2305
所 千代田區丸の内1-9-1 JR東京站站內B1 GRANSTA 丸之內
休 無休
⏰ 11:00~21:30（週日、假日為~20:30，翌日逢休假日則~21:30）
🚉 JR東京站丸之內地下中央口即到
MAP P.69 B-3

東京車站 剪票口 内外

超美味 便當 精選特輯

駅弁屋 祭 GRANSTA東京店

剪票口内

●えきべんやまつりグランスタとうきょうてん

日本各地200種以上的鐵路便當大集合

這家日本最大規模的鐵路便當專賣店是以東京車站的限定便當為首，每天陳列200種以上日本各地知名鐵路便當。種類豐富，所以務必把挑選鐵路便當也加入旅行計畫吧。約2週更換的店前商品展示也廣受矚目。

☎03-3213-4353 🏠千代田区丸の内1-9-1 JR東京站剪票口内1F 休無休
🕐5:30～23:00 🚉JR東京站内丸之内中央口即到 MAP P.68 B-3

說到旅行的樂趣，當然就是在車内品嘗有日本當地特色的便當。東京車站内是便當的天堂，有從日本各地的車站送達的便當、各地名店親自製作的便當等等。要不要購買不同的種類，大家一起品嘗比較看看呢？

> 來自日本各地的人氣鐵路便當大集合

北海道：函館站

鯡魚便當

980円

➡白飯上鋪了鯡魚、調味鯡魚卵、醬油醃海帶芽梗，菜色超棒的便當

包裝是這個！

注意這裡
日曬製成的「去頭尾鯡魚乾」燉煮到連骨頭都相當軟嫩

> 從販售以來，超過55年持續受到大眾喜愛的長銷便當

> 塞了滿滿三陸海膽的豪華便當

> 大受各個世代的歡迎，絕妙的鹹甜調味，

山形：米澤站

牛肉丼飯

1250円

➡上面放著用特製醬料調味的牛肉肉燥和牛肉煮，是肉食者會停不下來的便當

包裝是這個！

注意這裡
醬汁和牛肉的鮮味滲入其中的山形縣產米飯格外好吃

岩手：一之關站

平泉海膽飯

1500円

➡由明治26（1894）年創業的老牌便當店製作，大量使用三陸海味的便當

注意這裡
蛋絲的黃色和鮭魚卵的紅色等配色很漂亮，拍成照片也很吸睛

包裝是這個！

鹿兒島：鹿兒島站

好吃！博多明太牛肉壽喜燒便當

1280円

➡在細心燉煮得軟嫩的牛肉壽喜燒上，豪邁地放了一整條博多辛明太子

注意這裡
牛肉是以鹿兒島醬油為基底的調味料燉煮而成，跟明太子的辣度十分對味

> 壽喜燒與明太子人氣菜餚連袂出擊！

包裝是這個！

鳥取：鳥取站

元祖螃蟹壽司

1280円

➡充分使用在當地捕撈的螃蟹肉，是講究的壽司便當

注意這裡
八角形的容器是模仿螃蟹的殼製作而成。全國首家提案並實際運用。

> 螃蟹多到看不見米飯的奢華便當

包裝是這個！

福井：福井站

成人的烤鯖魚壽司

1100円

➡脂肪肥美厚實的烤鯖魚和清爽山葵攜手合作，讓人口水直流的佳餚

注意這裡
使用山葵莖和山葵葉這2種來調味，當成下酒菜也很推薦

> 嗆辣山葵很清爽的「成人」便當

東京：東京車站

東京便當

1850円

➡在「魚久」、「浅草今半」等4家東京老店外，又新增「酒悦」、「新橋玉木屋」、「神茂」、「舟和」

注意這裡
只要吃了這個鐵路便當，似乎就能進行味覺上的東京觀光

包裝是這個！

> 東京老店的味道就在一個便當裡面！東京車站限定鐵路便當

表參道
原宿
P.40

東京站・丸之內・日本橋
P.54

銀座
P.74

台場
P.86

澀谷
P.96

六本木
東京鐵塔
P.106

上野
P.114

新宿
P.120

池袋
P.126

豐洲
P.128

築地/
月島
P.130

てとて

嚴選新鮮度極佳的魚製作魚肉家常菜、烤魚便當的專賣店。放入京都白味噌中醃漬再烤熟的西京燒堪稱絕品。
☎03-3211-8220

美味西京燒便當 1080円
裝有脂肪肥美的西京燒和2色米飯、季節煮物的便當

\ 也有簡單的三明治！/
つきぢ松露 ●つきぢしょうろ
在築地開店的玉子燒專賣店。用祕傳的醬汁打造出豐富的味道。使用金黃色玉子燒的三明治也廣受歡迎。
☎03-3201-1236

松露三明治 648円
用鬆軟的麵包夾入祕傳醬相當入味的玉子燒

伊比利豬和山形培育的漢堡排的 DOUBLE MEAT BENTO 1599円
這份豪華便當有人氣的伊比利豬和使用山形培育的豬做成的漢堡排，可以品嘗2種肉比較看看

eashion ●イーション
這家西式家常菜專賣店是使用講究素材和產地的食材。在「GRANSTA」特別受歡迎的「西班牙生產Bellota等級的伊比利豬便當」1100円也一定要品嘗。
☎03-5220-2867

GRANSTA 東京
剪票口內 ●グランスタとうきょう
站內最高等級的人氣區域
遍布在中央地下通路兩旁的剪票口內最大設施。從便當到家常菜、麵包、甜點、雜貨等多種類型的商品齊備。東京車站限定商品也廣受歡迎。
☎050-3354-0710（JR東日本Cross Station）囧千代田丸の内1-9-1 JR東京駅改札內外B1-1 困無休 ⏰8:00～22:00（週日、假日～21:00，翌日逢假日為～22:00）※部分店鋪有異 囧JR東京站內八重洲地下中央口、丸之內地下中央口即到
MAP P.69 B-2 P.28·30

MAiSEN 邁泉豬排
●とんかつまいせん
以「用筷子就能夾斷的柔軟豬排」為人熟知的炸豬排專賣店。除了便當之外，也備有種類豐富的炸物與小菜等。
☎03-3211-0371

東京站丸之內車站三層樓便當 972円
三層便當分別有人氣腰內豬排三明治、炸豬排丼飯、日式肉燥丼飯。印有車站圖案的盒子也很受歡迎

海鮮炙燒鮪魚散壽司 1500円
GRANSTA限定的便當，除了有野生鮪魚之外，還有豐富量多的嚴選新鮮海鮮

築地寿司清 まる清
●つきじすしせいまるせい
1889年創業的老字號壽司店。使用嚴選自築州市場的食材，運用傳統手藝供應美味的壽司。
☎03-5223-8202

浅草鉄板亭
●あさくさてっぱんてい
壽喜燒店老「浅草今半」經營的牛排便當店。專家挑選的食材就不用多說，鎖住美味的燒烤技術是美味的秘訣。
☎03-3218-8129

黑毛和牛牛排丼飯 1728円
使用重達100g的黑毛和牛軟嫩紅肉製作，微甜的牛排醬也很美味

GRANSTA限定6種豆皮壽司組合 927円
GRANSTA限定的星鰻豆皮、經典豆皮與當月豆皮的組合

豆狸 ●まめだ
來自大阪梅田的豆皮壽司專賣店。使用講究的原創壽司醋和豆皮，一個一個仔細包裹完成。令人能感受到溫暖的豆皮壽司店。
☎03-3211-0071

配色豐富的新懷石便當 1296円
可以享用8種人氣料單的便當。完全不使用化學調味料和防腐劑等添加物也是一大特色

えさきのおべんとう
2018年10月開幕，人氣主廚江崎新太郎先生親自經營的便當店。健康和美味並存的便當蔚為話題。☎03-3211-7557

\ 也有簡單的三明治！/
サンドイッチハウス メルヘン
從家常菜到甜點、特別種類等口味，約50種三明治一字排開。特別是季節的水果三明治更是連藝人都讚不絕口的味道。
☎03-3211-8929

溫州蜜柑草莓鮮奶油 604円
外觀華麗的NO.1人氣三明治

つきじ 喜代村
●つきじきよむら
使用精選當季海鮮等食材的便當一字排開。可以吃到充分活用素材味道的喜代村特有逸品。種類豐富，不妨品嘗比較看看吧。
☎03-3211-8985

深川便當 1200円
可以盡情品嘗帶有甜味的大顆花蛤，從開店起就是最受歡迎的便當

ecute 東京
剪票口內 ●エキュートとうきょう
便當、甜點和雜貨豐富多樣！
位在丸之內南口，在首都圈的車站裡面營業的商業設施「ecute」的東京車站店。除了美食店和甜點以外，也有販售書籍和雜貨等商品的店。
☎03-3212-8910 囧千代田区丸の内1-9-1 JR東京站剪票口內 困無休 ⏰8:00～22:00（週日、假日為～21:30）※部分店鋪有異 囧JR東京站內丸之內南口即到
MAP P.68 C-3 P.28

大丸東京店
剪票口外 ●だいまるとうきょうてん
美食豐富的八重洲一側的百貨公司
這家百貨公司除了便當和甜點齊備的地下1樓、1樓的食品樓層「臉頰市鎮」以外，連餐飲店和服飾店都豐富多樣。
☎03-3212-8011（代）囧千代田区丸の内1-9-1 困無休 ⏰10:00～20:00（詳情需於官網確認）囧JR東京站八重洲北口直達
MAP 附錄②P.10 E-4 P.29

厚切牛舌排便當 2180円
裝有6片牛舌、麥飯、味噌醃漬南蠻雞、特製漬菜等美食的現做便當

B1 牛たん かねざき
●ぎゅうたんかねざき
便當使用慢慢熟成的肉厚牛舌，而且都是在店面細心烤熟而成。連同與牛舌十分相襯的麥飯一起品嘗吧。

奢華千層派 1728円
醋飯和鮭魚等食材交替重疊，還有滿滿的鮭魚卵和鯡魚卵、螃蟹

B1 創作鮨処タキモト
●そうさくすしどころタキモト
以「製作美味的創作壽司」為概念的店。壽司捲也方便食用，深受歡迎。

\ 還有簡便好吃的三明治！/
B1 MAiSEN邁泉豬排
●とんかつまいせん
以「用筷子就能夾斷的柔軟豬排」出名的炸豬排專賣店。「腰內豬排三明治」也很受歡迎！

口袋三明治 1個450円
經典的軟嫩腰內豬排，加上柔嫩欲滴的半熟蛋，兩者搭配在一起讓人無法抵擋

作為「紅磚站舍」深受喜愛

東京車站丸之內站舍的精彩景點 CHECK!!

大正3（1914）年開業的東京車站。站舍主要履行作為日本玄關口的任務，再次回頭看看裡面的精彩景點吧。

東京車站
とうきょうえき
千代田区丸の内1-9-1
MAP 鐵路文覽11 D-4

CHECK 1 名建築的細節

獲譽近代建築之父的辰野金吾設計的東京車站丸之內站舍。特徵的南北圓頂曾因關東大地震和第二次世界大戰等原因而燒毀，不過至今為止的站舍外牆等主要部分都在一邊盡可能地保存、活用，一邊復原。

新舊紅磚

🔼3樓部分的裝飾紅磚在復原時，建造得和1、2樓很相襯

🔽屋頂使用宮城縣生產和西班牙生產的板岩（由黏土岩削薄而成的石板）和銅板

屋頂材料

🔼位在圓頂內的8隻鷲形浮雕。雙翼之間的大小約達2.1m

➡️南北圓頂的高度為30m以上。由異國的建築樣式和日本的設計融合而成的內部之美讓人感動

南北圓頂的浮雕

➡️配置在8個角，表示方位的干支浮雕

CHECK 3 站舍內的美術館

位在丸之內站舍內的美術館。從活用創業當時的紅磚牆的空間，可以感覺到獲指定為重要文化財的東京車站的歷史。附設的商店也有販售站舍主題的商品。

東京車站美術展覽室

●とうきょうステーションギャラリー
這間美術館位在昭和63（1988）年誕生的東京車站。以近代美術為中心，舉辦各種類型的企劃展和活動。

📞03-3212-2485
🏠千代田区丸の内1-9-1
🈺週一（逢假日則翌日休）等
🕐10:00～17:30（週五為～19:30）※視展覽而異
🚃JR東京站丸之內北口即到
MAP P.68 A-3

企劃展
2022年10月14日～2023年1月9日 鐵道開業150周年紀念展 鐵道與美術的150年（暫）

買得到以車站為主題的伴手禮

2F TRAINIART
トレニアート
美術館設置的商店。以車站和鐵道為主題的商品相當豐富。
※若要前往美術館商店，必須購買美術館門票

🔼「紙膠帶 東京站丸之內站舍POP」各440円

🔼「Rollbahn筆記本 東京站 L BLUE」662円

JR東日本商品化授權章

CHECK 2 站舍內的飯店

前往東京站酒店（→P.169），就可以沉浸在諸多名人和旅人喜愛的高雅空間中。即使不住宿，也能輕鬆地享受雅緻的氣氛。

➡️房客以外也能利用的優雅大堂茶廊

➡️原創的風味茶是和巴黎的高級紅茶店合作。「Everlasting Story」1700円（服務費另計）

東京站酒店1F
大堂茶廊

●ロビーラウンジ
活用縱長的大窗戶和高聳的天花板，歐式古典風格的沉穩空間。一邊享用香味豐富的風味茶，一邊享受優雅的時間吧。

📞03-5220-1260
🏠千代田区丸の内1-9-1
🈺無休
🕐8:00～20:30（週日、假日為～19:30）
🚃直通JR東京站丸之內南口
MAP P.68 C-3

飯店人員導覽
館內參觀
Guest Lounge「ATRIUM」會在限定期間舉辦晚餐方案，內容會附由飯店員工導覽的館內遊程。詳情請洽ATRIUM的官網確認。

攝影景點在這裡
丸之內站前廣場

因為這裡沒有遮蔽物，最適合拍攝丸之內站舍的照片。

照片提供：Tokyo Station City營運協議會
MAP P.68 B-3

攝影景點在這裡
丸之內大樓5樓Terrace

自由進出的露臺可以用幾乎相同的高度從正面觀賞南圓頂。開放時間為11～20時（週日、假日、連休最終日為～19時）。
※天候不佳等情況有可能關閉

東京站‧丸之內‧日本橋 P.54

表參道‧原宿 P.40
銀座 P.74
台場 P.86
澀谷 P.96
六本木‧東京鐵塔 P.106
上野 P.114
新宿 P.120
池袋 P.126
豐洲 P.128
築地／月島 P.130

東京站

絕景&美食令人讚不絕口

站舍美景午餐

東京站丸之內口側的大樓，有諸多可以望見站舍的餐飲店。要不要來一邊眺望站舍，一邊品嘗午餐呢？確認一下眺望的角度，找出最喜歡的景色吧！

能看到怎樣的風景？
位於站舍正對面，因此從北圓頂一直到中央部分，幾乎可將站舍整體一覽無遺，這點也很不賴

法國國寶級人物所開的店

新丸之內大樓 /5F

eric'S by Eric Trochon
●エリックスバイエリックトロション

由在法國榮獲最具價值的「M.O.F.」獎的 Eric Trochon 主廚所經營的小酒館。能享受到將巴黎人氣料理創意變化成適合日本人口味的菜單。

📞03-3212-9305 🏠千代田區丸の内 1-5-1 新丸ビル 5F 🈺週一 🕚11:00～22:00（午餐～15:00、飲品～22:30）🚃JR 東京站丸之內中央口即到 **MAP** 附錄② **P.11 C-3**

走黑色調，氛圍輕鬆

Express Lunch（魚料理）
1500 円
菜單每週更換。照片為「低溫烹調鯛魚佐芝麻葉醬」

在陽台品嘗用柴火窯烤的道地拿坡里披薩

A 套餐 1400 円（平日限定午餐）
可從各有 8 種口味的披薩或義大利麵中挑選。照片為瑪格麗特披薩

丸之內大樓 /5F

ISOLA SMERALDA
●イゾラスメラルダ

能品嘗到可豐盛豪華也可輕鬆愜意的道地義大利菜。由義大利職人親自前來製作、讓店家自豪的柴火窯爐，現場窯烤出的披薩口感 Q 軟有嚼勁，堪稱絕品！

📞03-5288-6228 🏠千代田区丸の内 2-4-1 丸ビル 5F 🈺不定休 🕚11:00～14:30、17:30～22:00（週六、日、假日 11:00～15:30；17:00～21:00）🚃JR 東京站丸之內南口即到 **MAP** 附錄② **P.11 C-4**

能看到怎樣的風景？
從露臺座位可以不用透過玻璃就直接望見北圓頂。只有露臺座位能夠看到站舍正面

新丸之內大樓 /5F

Kushi-age はん亭
●クシアゲはんてい

總店位於根津的炸串老店。新丸之內大樓店的店內裝潢以紅磚打造得摩登有型，在這一邊眺望東京車站一邊品嘗爽口的炸串吧。

📞03-3287-9000 🏠千代田区丸の内 1-5-1 新丸ビル 5F 🈺無休 🕚11:00～14:00、17:00～21:00 🚃JR 東京站丸之內中央口即到 **MAP** 附錄② **P.11 C-3**

12 種炸串全餐
4212 円～
12 種炸串、1 道前菜、健康生菜、特製味噌，追加炸串每次 2 種（540 円）的晚餐菜單

能看到怎樣的風景？
透過店內的大片窗戶能望見站舍的正面。靠窗座位很受歡迎，需洽詢店家

將當季食材炸得清爽可口的炸串

新丸之內大樓 /5F

燒肉 The INNOCENT CARVERY
●やきにくジイノセントカーベリー

由「肉之巧匠」岡田賢一郎經營的西麻布人氣燒肉店 2 號店。使用極品和牛的午餐，是只有在這裡才吃得到的特別口味。

📞03-3201-5729 🏠千代田区丸の内 1-5-1 新丸ビル 5F 🈺不定休 🕚11:00～14:00、17:00～翌日 1:00（週日、假日為 11:00～14:00、17:00～21:00）🚃JR 東京站丸之內中央口即到 **MAP** 附錄② **P.11 C-3**

黑毛和牛 A5 壽喜燒丼飯 1280 円
奢侈使用 A5 等級的和牛。甜中帶辣的醬汁與半熟蛋搭起來超級好吃

想吃只能到這裡！有名燒烤店的和牛午餐

能看到怎樣的風景？
整面都是落地玻璃窗，能將南圓頂由下往上盡收眼底。店裡很多座位都能看見站舍

這裡也有 站舍美景

新丸之內大樓 /7F
Marunouchi HOUSE Terrace ●まるのうちハウステラス

能跟從站舍正面差不多的高度望見南圓頂的露臺。還可以在同樓層的餐飲店購買料理和飲料在此享用。
※ 天候不佳等情況則不開放

人氣 3 景點 的矚目店家！

從代表東京站站內的 3 個設施中，精選出值得一推的店家。分別在動漫人物、甜點、拉麵這些區域當中，找出喜歡的店家吧。

LINE CREATORS SHOP
●ラインクリエイターズショップ

除了「兔丸」之外，還有販售大家熟悉的 LINE 貼圖角色商品。以站長或在東京觀光等各種造型登場的兔丸吸引所有目光。

☎03-6551-2072

©sakumaru／LINE

東京站限定站長玩偶娃娃徽章 兔丸、小兔 各880円

Ⓒ扮成站長的兔丸與小兔。別在衣服或包包上帶著走吧

東京站限定兔丸 吊飾娃娃（背包） 1650円

Ⓒ帶著背包與地圖，最適合旅行的兔丸吊飾娃娃。是旅行的好夥伴！

有好多好多可愛的兔丸商品

限定商品的種類也很豐富！人氣角色大集合

東京動漫人物街
●とうきょうキャラクターストリート

30家以上動漫角色與電視台的商店，在這個區域比鄰而立。其中也有很多東京站限定的商品，最適合在這裡尋找伴手禮。在活動場地「一番廣場」會有期間限定商店登場。

☎03-3210-0077（東京站一番街） 圙千代田区丸の内1-9-1 東京站一番街B1 圙無休 🕙10:00~20:30 圙JR東京站八重洲地下中央口剪票口即到

MAP P.69 A-1

THE BEARS' SCHOOL JACKIE'S DREAM 東京站店
●くまのがっこうジャッキーのゆめとうきょうえきてん

大受歡迎的「小熊學校THE BEARS' SCHOOL」系列繪本首間官方商店。店內裝潢重現繪本世界的氛圍，有好多只有在「JACKIE'S DREAM」才買得到的限定商品。

☎03-6266-5150

©BANDAI

脖子上的超大蝴蝶結是重點所在

JACKIE'S DREAM限定 蓬鬆柔軟的傑琪S 黑色禮帽 4070円

Ⓒ能買到黑色禮帽造型的只有這裡！這個造型真合適

TBS store
●ティービーエスストア

除了有宣傳節目的吉祥物「BooBo」之外，還有TBS電視台播放的戲劇與動漫商品在此迎接你的到來。這裡也有其他地方買不到的獨家商品，別忘了看看喔！

☎03-6273-8216

站長Boona 玩偶娃娃S 2200円

ⒸBooBo的朋友，人氣吉祥物Boona變身為站長！

©TBS

正經帥氣的站長造型

Sumikko gurashi shop 東京站店
●すみっコぐらしショップとうきょうえきてん

2022年邁入10周年的「角落小夥伴」首次單獨推出的官方商店。還有販售以「可愛又好吃」為主題的外帶甜點。

☎03-3201-5888

實際感受角落小夥伴世界的氛圍

Sumikko gurashi shop 東京站店限定 手偶娃娃組 （白熊&貓） 2200円

Ⓒ糖果色系相當可愛的大正浪漫風格手偶娃娃

©2022 SAN-X CO., LTD. ALL RIGHTS RESERVED.

©2022Pokémon.
©1995-2022 Nintendo/Creatures Inc./GAME FREAK inc.

穿著制服的時尚皮卡丘超引人注目！

精靈寶可夢Store
●ポケモンストア

從「精靈寶可夢中心」販售的2500種以上的商品中，挑選出精選商品。請別錯過以電車為主題的東京站限定商品。

☎03-5224-6121

皮卡丘站長 玩偶娃娃 精靈寶可夢Store 東京站店制服ver. 1760円

Ⓒ制服合身有形的皮卡丘，打領帶的模樣很新鮮又帥氣！

正能量企鵝Koupen Chan HANAMARU STATION
●コウペンちゃんはなまるステーション

受到喜愛的企鵝寶寶「正能量企鵝Koupen Chan」的常設商店。販售諸多店鋪限定和預先發售的商品。

☎03-6256-0800

被正能量企鵝療癒，令人著迷的可愛企鵝

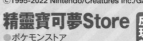

正能量企鵝Koupen Chan 東京站HANAMARU STATION的站務員吊飾娃娃 1595円

Ⓒ扮成站務員模樣的正能量企鵝Koupen Chan好可愛，是東京站的限定商品

©るるてあ

表參道
原宿
P.40

東京站·丸之內·日本橋
P.54

銀座
P.74

台場
P.86

澀谷
P.96

六本木
東京鐵塔
P.106

上野
P.114

新宿
P.120

池袋
P.126

豐洲
P.128

月島築地
P.130

在店內廚房剛做好還熱騰騰的

➡從削皮開始到切片油炸，製作流程跟工廠一模一樣，將美味原封不動地現場供應！

Calbee+
●カルビープラス

現炸點心讓人吃到停不下來！

能品嘗現炸洋芋片和熱騰騰點心的Calbee+特產直銷商店。在店面可看到實際製作的過程。也有販售Calbee+商品的代言吉祥物等商品，最適合當作伴手禮了。

☎03-6273-4341

洋芋片巧克力&巧克力口味＋霜淇淋 460円

➡冰涼的霜淇淋配上現炸的洋芋片，真的好對味！

東京甜點樂園
●とうきょうおかしランド

集結Calbee、江崎格力高、森永製菓3家人氣零食公司的特產直銷商店。還有販售限定商品、店內廚房現做的點心等，是讓零食點心愛好者無法抗拒的空間。

☎03-3210-0077（東京站一番街）
🏠千代田区丸の内1-9-1 東京站一番街B1　🈚無休　🕘9:00～21:00
🚃JR東京站八重洲地下中央口剪票口即到

MAP P.69 B-1

森永製菓的御菓子店
●もりながのおかしなおかしやさん

有好多大嘴鳥圖案的零食點心

森永製菓的特產直銷商店。匯集這裡才買得到的原創點心與商品。在店門口會有「大嘴鳥甜點師」迎接大家的到來。

☎03-6269-9448

大嘴鳥便當 900円

➡便當盒中裝滿了巧克力球、Ottoto小魚餅乾、彈珠汽水糖等從以前就備受歡迎的經典零嘴！

東京祭典HI-CHEW 有趣好玩的超大BOX 1盒756円

➡包裝圖案設計為東京祭典與名勝的樣子。「棉花糖口味」與「蘋果糖口味」兩種，7粒X6袋入

➡杏仁裹上糖衣的FRIED（左）、散發剛烘烤好的杏仁香氣的ROAST（右）

杏仁巧克力 PREMIAGE〈FRIED〉〈ROAST〉各600円

固力果屋Kitchen ●ぐりこやキッチン

香氣四溢的杏仁點心令人驚豔！

這裡是能買到固力果現做商品與限定商品的特別商店。能參觀杏仁巧克力製作的過程，還能品嘗到比平常更芳香四溢、更美味的杏仁巧克力。

☎03-6269-9828

奶油捲心酥（大人系鮮乳）長條款 1296円

➡把平常一口大小的「捲心酥」做成長條狀。餅乾是焦糖口味

東京拉麵街
●とうきょうラーメンストリート

這個美食區集結了代表東京的拉麵名店。一共有8家，全是以道地口味和豐富菜單廣受好評的店。其中也有一早就開始營業的店。午餐時間不管哪家店都必定會有排隊人潮。

☎03-3210-0077（東京站一番街）
🏠千代田区丸の内1-9-1 東京站一番街B1　🈚無休　🕘視店鋪而異　🚃JR東京站八重洲地下中央口剪票口即到

MAP P.69 C-1

六厘舍 ろくりんしゃ

「濃厚湯頭X粗麵」風格的沾麵

引起沾麵風潮的領頭名店。店家引以為傲的沾麵，使用豬骨等材料熬煮出的濃厚湯頭與口感有勁的粗麵，分量十足。也有販售伴手禮組合。

☎03-3286-0166
🕘7:30～9:30、10:00～22:30

滷蛋沾麵 950円

➡將海苔上的魚粉一點一點慢慢地融入湯中吃，就能享受湯頭味道的變化

特製濃厚醇郁拉麵 1100円

➡從風味具有深度的濃厚雞白湯中，能明顯地感受到魚乾的鮮美滋味，是這道極致湯頭的特色

東京煮干拉麵 玉
とうきょうにぼしらーめんぎょく

濃厚的雞湯中竄出小魚乾的鮮美滋味！

以濃郁海鮮湯頭為人熟知的名店「玉」所開的魚乾湯頭拉麵專賣店。湯頭凝聚了雞與魚乾的鮮美滋味，堪稱「雞與魚乾的黃金比例」。

☎03-6551-2205
🕘8:30～23:00

天空色·NIPPON
ソラノイロニッポン

蔬菜是主角！深受女性歡迎的蔬菜蕎麥麵

以健康的「蔬菜蕎麥麵」聞名的人氣店家。整碗湯麵放有滿滿蔬菜，煮成女性會喜歡的口味。也有齊全的素食菜單。

➡湯、麵、配料全部都是用蔬菜製作的，是吃了身體會開心的健康拉麵

☎03-3211-7555
🕘8:30～22:30

蔬菜拉麵 900円

大樓CHECK!

在丸之內比鄰而建的商業設施中，有可以購買全球人氣商品的店和時尚的美術館等各式各樣的店和設施進駐。任何一間都是從東京車站出來即到，利用起來也很方便！

震撼壯觀的動物標本必看

→2樓常設展示室的風景。也能看見鯨魚等骨骼標本。

2·3F
INTERMEDIATHEQUE
● インターメディアテク

東京大學綜合研究博物館和日本郵局經營的博物館。除了有東京大學的標本收藏品的常設展示以外，也會時常舉辦企劃展。

☎050-5541-8600（客服專線）休週一（逢假日則翌日休）⊕11:00~18:00（閉館），週五、六為~20:00（閉館）¥免費

空間·展示設計 © UMUT works

取得可愛的郵政商品！

Weisbecker POST筆記本 550円
→樸素感覺的插畫變成封面。方便使用的A5尺寸筆記本

WEISBECKER POST
資料夾3款1組 715円
→A4~A6尺寸各異的3款透明資料夾組。設計簡單，平常也很實用

4F
CLASKA Gallery & Shop "DO" 丸の内店
● クラスカギャラリーアンドショップドーまるのうちてん

以獨特眼光挑選的雜貨齊備的店。印有Weisbecker先生親手繪製的郵筒插畫的商品是丸之內店限定。

☎03-6256-0835
⊕11:00~21:00（週日、假日~20:00）

日本郵局親自經營的商業設施

JP TOWER「KITTE」
● ジェイピータワーキッテ

把一部分的舊東京中央郵便局舍保存並重新建設而成，位在東京車站前的商業設施。最新流行的服飾和雜貨、區域的話題餐飲店等精選店家進駐。位地下1樓的「KITTE GRANCHE」已成為全國美食聚集的樓層。

☎03-3216-2811（10:00~19:00）所千代田区丸の内2-7-2 休不定休⊕視設施、店鋪而異所JR東京站丸之內南口即到 MAP 附錄②P.11 C-5

1F
SAZA COFFEE
● サザコーヒー

在哥倫比亞有自己農園的自家烘焙咖啡專賣店。提供虹吸式咖啡與手沖咖啡。

☎03-6268-0720
⊕11:00~20:30

小憩片刻

在咖啡行家之間也獲得高度評價的咖啡

巴拿馬翡翠莊園藝妓Mario 3000円
→世界首次發現、栽培的藝妓咖啡豆品種，香氣與味道都是最棒的，濃郁又甘甜

2F
伊織／SHINE EHIME
● いおりシンエヒメ

毛巾專賣店「伊織」與愛媛特產直銷商店「SHINE EHIME」合併開設的商店。以今治毛巾為主，還有販售食品跟砥部燒等商品。

☎03-6551-2030
⊕11:00~21:00（週日、假日為~20:00）

越用越柔軟的人氣基本款毛巾

Very Colors 洗臉毛巾 各1430円

代表丸之內的複合大樓

丸之內大樓 ● まるビル

從國內外精選的豐富多彩的店鋪和餐廳等約140家店聚集，有如丸之內地標般的存在。35、36樓的高級餐廳區是可以度過特別的頂級時光的區域。

☎03-5218-5100（丸之內話務中心）所千代田区丸の内2-4-1 休法定檢查維修日⊕商店11:00~21:00（週日、假日為~20:00）、餐廳11:00~23:00（週日、假日為~22:00）※部分店鋪有異 所JR東京站丸之內南口即到
MAP 附錄②P.11 C-4

B1
Hotel Chocolat
● ホテルショコラ

來自倫敦的巧克力專賣店。從栽種可可豆開始經手，提供高品質的巧克力。裡面還有可以外帶巧克力飲料的咖啡廳。

☎03-6259-1664
⊕11:00~21:00（週日、假日為~20:00）

→成排並列的巧克力牆

透過豐富變化愉快享受可可的風味

Signature Collection - The Everything 2800円
→從Hotel Chocolat全品項目錄中匯集出的人氣巧克力，為日本限定組合

B1
Chianti
● キャンティ

1960年創業的義式料理餐廳親自經營的洋菓子店。販賣以經典的「Ciliegia」為首的烘焙點心。

☎03-3240-0105
⊕11:00~21:00（週日、假日為~20:00）

充滿奶油的香濃餅乾

Ciliegia 1片 281円
→在酥脆餅乾中夾入北海道產無鹽奶油的奶油和櫻桃

4F
CLASSICS the Small Luxury 丸之內店
● クラシクスザスモールラグジュアリまるのうちてん

這家專賣店販售以嚴選素材製作的精緻手帕。首字母和各種主題的刺繡也能訂製，相當推薦當作禮品。盒裝的包裝是免費，讓人心滿意足。

☎03-6259-1571
⊕11:00~21:00（週日、假日~20:00）

用漂亮的手帕悄悄地奢華一下

HIKKOMI 貓 2200円
→手帕邊緣垂吊著一隻貓咪的刺繡，設計獨特。刺繡費另計

小憩片刻

實際體驗水果的美味

4種草莓的百匯 2600円
→奢侈使用由日本各地「草莓巧匠」從農園直送的極品「こだわり莓」所作的百匯

B1
FRUITS SUGI
● フルーツすぎ

使用每天早上採購自大田市場、在全國也堪稱一級品的水果。水果聖代、水果三明治、果汁等種類也相當豐富。

☎03-6812-2622 ⊕11:00~21:00（週日、假日、連假最終日~20:00）

原宿·表參道 P.40

東京站·丸之內·日本橋 P.54

銀座 P.74
台場 P.86
澀谷 P.96
六本木·東京鐵塔 P.106
上野 P.114
新宿 P.120
池袋 P.126
豐洲 P.128
築地/月島 P.130

丸之內 從購物到美術館、咖啡廳！ 4大地標

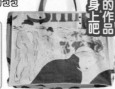

Store 1894 1F
● ストアいちはちきゅうよん

羅特列克 托特包
《La Chaine Simpson》12960円
➡把美術館收藏的作品用原寸大小印刷在上面的包包

把喜歡的作品穿搭在身上吧

「三菱一號館美術館」的美術館商店。美術館的原創商品也很多。
☎03-3212-7155 休週一（準同美術館）
🕐10:00～18:00（假日、除補休外的週五、第2週三、展期最終週平日～21:00）

三菱一號館美術館 1F
● みつびしいちごうかんびじゅつかん

展覽時間表
芳幾·芳年——國芳門下的兩大對手
期間 2023年2月25日～4月9日

每年舉辦3次以19世紀後半到20世紀前半的近代美術為主題的企劃展。附設美術館咖啡廳·酒吧、商店，可以沉浸在藝術的世界直到心滿意足。
☎050-5541-8600（客服專線）
休週一（逢假日、展覽最終週則開館）、換展期間
🕐10:00～17:30（除假日外的週五、第2週三、展期最終週平日～20:30）
¥視展覽而異

復原了明治時代建築的建築物

紅磚外觀讓人印象深刻的美術館

丸之內 BRICK SQUARE
都市的療癒空間
● まるのうち ブリックスクエア

以「丸之內Comfort（療癒、安樂）」為概念的複合設施。除了有流行敏銳度高的店鋪和講究的餐廳進駐以外，還鄰接「三菱一號館美術館」和綠意盎然的廣場等設施，可以刺激感性，現已成為提供放鬆空間的都市療癒景點。
☎03-5218-5100（丸之內話務中心）
所千代田区丸の内2-6-1
休法定檢查維修日 🕐商店11:00～21:00（週日、假日為～20:00）、餐廳11:00～23:00（週日、假日為～22:00）※部分店鋪有異 🚃JR東京站丸之內南口步行5分
MAP 附錄②P.11 C-5

Café 1894 1F
小憩片刻
● カフェいちはちきゅうよん

可以回想起柱子和吧檯等銀行營業室當時模樣的空間很有魅力。與美術館的展覽會合作的菜單也廣受矚目。
☎03-3212-7156 休不定休
🕐11:00～22:00

沉醉在古典的氣氛中

↑盡可能地忠實復原明治時期的銀行營業室空間

LA BOUTIQUE de Joel Robushon 丸之內店 B1
喬爾·侯布雄的麵包店
● ラブティックドゥジョエルロブションまるのうちてん

販售以3星主廚喬爾·侯布雄的獨創配方和法國傳統為基礎的點心類和麵包。也販售一定要買的經典商品「馬卡龍」。
☎03-3217-2877
🕐11:00～21:00（咖啡廳為～20:00、飲品為～20:30）

馬卡龍套組 2200円
↑讓表面口感硬脆的巴黎風格

新丸之內大樓
個性派店鋪豐富多樣
● しんまるビル

以「美好的時間」為概念，個性豐富的店鋪和餐廳等約150家店進駐。9家餐飲店進駐的7樓「marunouchi HOUSE」有眺望景色非凡的露臺、營業至深夜的餐飲店，也讓人心滿意足。
☎03-5218-5100（丸之內話務中心）
所千代田区丸の内1-5-1 休法定檢查維修日 🕐商店11:00～21:00（週日、假日為～20:00）、餐廳11:00～23:00（週日、假日為～22:00）※部分店鋪有異 🚃JR東京站丸之內中央口即到
MAP 附錄②P.11 C-3

MITAN B1
● ミタン

可麗露費南雪
8個入 1600円
➡將法國傳統點心可麗露創意變化成現代風格。「開心果」等總共8種口味

在這家餐酒館可以品嘗榮獲法國國家最優秀職人獎章的Eric Trochon的料理。也有「可麗露費南雪」等外帶商品。
☎03-3212-7305
🕐11:00～22:30（週日、假日為～21:30，下午茶為14:00～17:00）

↑店內備有32個座位

蜂蜜專賣店 L'ABEILLE B1
在丸之內採集的蜂蜜
● はちみつせんもんてんラベイユ

具備全球12個國家80種蜂蜜的專賣店。販售把果實醃漬的「蜂蜜醃漬飲品」432円～等優質的蜂蜜商品。
東京丸之內的蜂蜜
36g 1296円
↑從丸之內的大自然中收集的蜂蜜是細膩的甜味
☎03-3201-1778 🕐11:00～21:00（週日、假日為～20:00）

Dr. Vranjes Marunouchi 3F
色彩繽紛＆可愛的伴手禮
● ドットールヴラニエスマルノウチ

在義大利·佛羅倫斯誕生的室內芳香製品專賣店。使用最高品質香精的優雅香味也推薦搭配場所和心情更換。
☎03-3201-5730
🕐11:00～21:00（週日、假日為～20:00）

在自家使用在義大利廣受喜愛的香味！

ACQUA〈水〉
8800円～
↑以早晨海邊為印象的清爽香氣

THE PENINSULA BOUTIQUE & CAFÉ 新丸之內大樓店 B1
小憩片刻
半島酒店的招牌甜點
● ザペニンシュラブティックアンドカフェしんまるビルてん

牛排和義大利麵、聖代等甜點廣受歡迎的休息室風格餐廳。充滿高級感的寬敞店內宛如飯店，可以度過悠閒的時光。
芒果布丁
各777円
↑布丁裡加了椰奶醬
☎03-5223-2888
🕐11:00～21:00（週日、假日為～20:00）、咖啡廳～20:00（週日、假日為～19:30）

2F

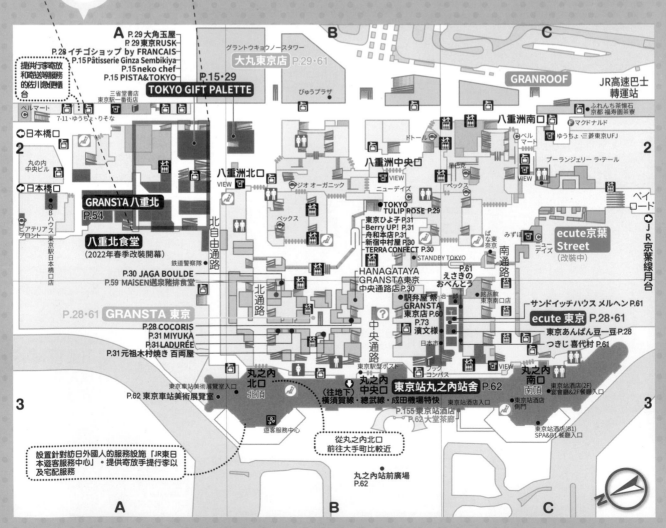

東京站站內 **MAP**
●とうきょうえきこうないマップ

有各式伴手禮和美食的大型轉運站

圖例

綠色窗口		投幣式置物櫃
服務處		ATM
化妝室		兌換外幣
便利商店		電梯
速食		速食
		咖啡廳
樓梯（往上）		
樓梯（往下）		
電扶梯（往上）		
電扶梯（往下）		
新幹線 剪票口內		剪票口內

表原宿参道 P.40

東京站・丸之內・日本橋 P.54

銀座 P.74

台場 P.86

澀谷 P.96

東京鐵塔・六本木 P.106

上野 P.114

新宿 P.120

池袋 P.126

豐洲 P.128

築地月島 P.130

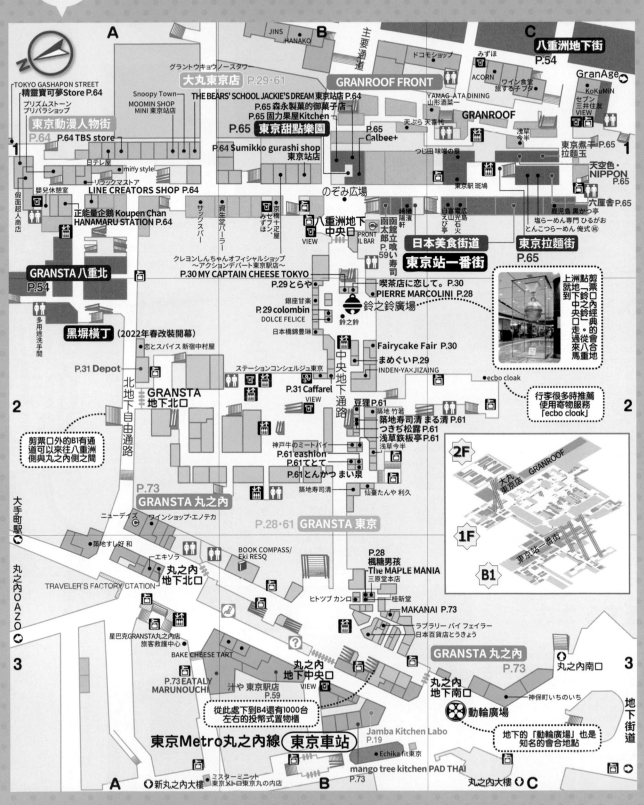

B1

TOKYO GASHAPON STREET
精靈寶可夢Store P.64
プリズムストーン
プリパラショップ
假面超人商店
東京動漫人物街
P.64

P.64 TBS store

Snoopy Town
MOOMIN SHOP
MINI 東京站店

大丸東京店 P.29·61

THE BEARS' SCHOOL JACKIE'S DREAM 東京店店 P.64
P.65 森永製菓の御菓子店
P.65 固力果屋Kitchen

東京甜點樂園
P.65
Calbee+

JINS
HANAKO

ドコモショップ
みずほ

GRANROOF FRONT

ACORN
ワイン食堂 旅する子ブタ
YAMAGATA DINING
山形酒菜一

天ぷら 天喜代

つじ田 味噌の章

八重洲地下街
P.54

GranAge

KoKuMiN
セブン
三井住友
VIEW

GRANROOF

浅草
今半

東京駅 斑鳩

東京煮干 拉麺玉 P.65
天空色・NIPPON P.65
六厘舎 P.65
鹿児島 黒かつ亭
塩らーめん専門 ひるがお
とんこつらーめん 俺式

ロテレ屋
miffy style
リラックマストア
LINE CREATORS SHOP P.64

P.64 Sumikko gurashi shop
東京站店

嬰兒休憩室

正能量企鵝 Koupen Chan
HANAMARU STATION P.64

ザックスバー
資生堂パーラー
京橋十足屋
セブン
みずほ

八重洲地下中央口
VIEW
PRONT IL BAR
函館太郎 P.59
白壁立喰い寿司

崎陽軒

日本美食街道
東京站一番街

東京拉麺街
P.65

P.30 MY CAPTAIN CHEESE TOKYO

P.29 とらや

銀座甘楽

P.29 colombin
DOLCE FELICE

日本橋錦豊琳

喫茶店に恋して。P.30
PIERRE MARCOLINI P.28

鈴之鈴廣場
鈴之鈴

上洲點剪
就票口內
到地下經
中鈴典
央之
口鈴的
走之
・從
過來八
來會重
馬合地

GRANSTA 八重北
P.54

多用途洗手間

黒塀横丁 (2022年春改裝開幕)

恋とスパイス 新宿中村屋

P.31 Depot

GRANSTA 地下北口

ステーションコンシェルジュ東京

P.31 Caffarel

VIEW

豆狸 P.61
築地竹若
築地寿司清 まる清 P.61
つきぢ松露亭 P.61
浅草鉄板亭 P.61
浅草今半

神戸牛のミートパイ
P.61 eashion
P.61 てとて
P.61 とんかつ まい泉

築地寿司清

仙臺たんや 利久

Fairycake Fair P.30
まめぐい P.29
INDEN-YA×JIZAING

ecbo cloak

行李很多時推薦
使用寄物服務
「ecbo cloak」

剪票口外的B1有通
道可以來往八重洲
側與丸之內側之間

大手町駅

ニューデイズ
ワインショップ・エノテカ

GRANSTA 丸之內

築地すし好 和
エキソラ

TRAVELER'S FACTORY STATION

丸之內地下北口

BOOK COMPASS/
Eki RESQ

GRANSTA 東京
P.28·61

P.28
楓糖男孩
The MAPLE MANIA
三原堂本店

ヒトツブ カンロ
桂新堂
MAKANAI P.73
ラブラリー バイ フェイレル
日本百貨店とうきょう

GRANSTA 丸之內
P.73

丸之內南口

神保町いちのいち

2F **GRANROOF**
大丸東京店
1F
B1
東京站一番街

星巴克GRANSTA丸之內店
旅客救護中心

BAKE CHEESE TART

P.73 EATALY
MARUNOUCHI

汁や 東京駅店 P.59

丸之內地下中央口
VIEW

從此處下到B4還有1000台
左右的投幣式置物櫃

東京Metro丸之內線 **東京車站**

Jamba Kitchen Labo
P.19
Echika fit東京

mango tree kitchen PAD THAI

丸之內地下南口

動輪廣場

地下的「動輪廣場」也是
知名的會合地點

地下街道

新丸之內大樓
ミスターミニット
東京メトロ東京丸の内店

丸之內大樓

A B C
1 2 3

從老牌名店到現今的時尚店

日本橋的魅力

發現！

日本橋不僅有許多老店比鄰而立，還有新店在陸續增加。享受這條街道的新舊魅力吧！

兩次酥炸孕育出的「究極炸豬排」

↑排隊人潮絡繹不絕的人氣店家，首次在商業設施中展店。部分餐點可外帶

あげづき

南島豬里肌豬排定食 2290円

↑輕薄麵衣與多汁豬肉，微甜的油脂恰到好處，美味出眾（午餐1630円）

在神樂坂相當有名的炸豬排名店。使用宮崎縣產量稀少的「南島豬」，運用講究的料理方式慢炸而成，在這裡能盡情享用在口中像是要化開般的豬肉，品嘗它的鮮美滋味。

☎03-6910-3558
所中央区日本橋室町3-2-1 COREDO室町露台1F 休不定休
🕙11:00～14:00、17:00～22:00（售完打烊）
🚉直通地鐵三越前站A8站出口
MAP附錄②P.10 F-1

たいめいけん

以美食家聞名的文人・池波正太郎也曾光顧，昭和6（1931）年創業的洋食老店。1樓已變成休閒的洋食店，2樓則成為正宗的餐廳。

☎03-3271-2464（預約）
所中央区日本橋室町1-8-6
🕙1F 11:00～20:30（週日、假日為～19:00）；2F 11:30～14:00、17:00～20:00 🚉地鐵三越前站B6出口即到
MAP附錄②P.10 G-3

↑用磚材建成的外觀氣氛時尚

雞蛋香濃鬆軟的知名蛋包飯

蒲公英蛋包飯 1950円

↑番茄醬口味的雞肉炒飯上面放著充滿奶油的歐姆蛋

海鮮盛得像山一樣多的超實惠奢華丼

つじ半
● つじはん

日本橋天丼專賣店「天丼 金子半之助」和拉麵名店「つじ田」合作的聯名店。「奢華丼」的最後還有提供鯛魚高湯茶泡飯的服務。

↑從開店前就大排長龍的人氣情況。建議保留充裕的時間前往

奢華丼（梅）1100円

↑放上滿滿的鮪魚半敲燒、螺肉、鮭魚卵等共11種食材

☎03-6262-0823 所中央区日本橋3-1-15 久栄ビル1F 休不定休
🕙11:00～21:00
🚉地鐵日本橋站B3出口即到
MAP附錄②P.10 E-4

日本橋玉ゐ 本店
● にほんばしたまゐほんてん

堅持使用天然星鰻的星鰻料理專賣店。人氣的「星鰻箱盒飯」推薦在最後淋上「燒骨茶泡飯專用高湯」200円再暢快地品嘗。

☎03-3272-3227 所中央区日本橋2-9-9 休無休
🕙11:00～14:00、17:00～21:00（週六、日、假日為11:00～15:00、16:30～20:30）
🚉地鐵日本橋站C4出口步行3分
MAP附錄②P.10 F-4

↑由昭和28（1953）年興建的日本房屋改裝而成的店

↑平日也是開店前就大排長龍的人氣情況

入口即化的肥美天然星鰻

星鰻箱盒飯 中箱 3100円

↑把用35㎝以上的星鰻製作的水煮星鰻和烤星鰻各放一片，一份就能享用兩種味道的菜單

原宿・表參道 P.40

東京站・丸之內・日本橋 P.54

銀座 P.74

台場 P.86

澀谷 P.96

六本木・東京鐵塔 P.106

上野 P.114

新宿 P.120

池袋 P.126

豐洲 P.128

築地／月島 P.130

發現！ 現正流行的咖啡廳

ISHIYA美式鬆餅 草莓口味 1500円

鬆餅用了奶油起司和鮮奶油。煉乳風味酸甜的木莓醬搭配起來口味絕妙

↑端上鬆鬆軟軟的鬆餅

ISHIYA NIHONBASHI
● イシヤニホンバシ

由1947年創業的零食點心工廠「ISHIYA」所經營的開啡廳。讓人能感受到北海道風情的百匯和鬆餅十分受歡迎。也有販售在北海道自家工廠烘焙製作的點心。

📞03-6265-1143　所中央区日本橋室町3-2-1 COREDO室町露台1F　休不定休（準同COREDO 室町露台的公休日）⏰11:00～20:00
直通地鐵三越前站A8號出口
MAP 附錄②**P.10 F-1**

↙百匯「北海道白乳酪與草莓」1600円

↑位於活動空間的大屋頂廣場前

café VAVA
● カフェヴァヴァ

追求「美和健康並存」的咖啡廳。提供國產米粉100%的鬆餅、使用錫蘭茶葉的「極上皇家奶茶」1512円等講究的菜單。

↑用國產米粉製作的無麩質鬆餅

VAVA鬆餅 草莓（栃乙女）和莓果 1980円

📞03-6262-5305　所中央区日本橋2-4-1 日本橋高島屋S.C.新館3F　休不定休　⏰10:30～19:30　直通地鐵日本橋站B4出口
MAP 附錄②**P.10 F-4**

↑冷掉也好吃的新口感鬆餅。因為是無麩質，對身體也很好

↑也能品嘗早午餐和晚餐的全日咖啡廳

輪廓精美的奢華蛋糕

Strawberry Classic Shortcake 918円～

↑外觀也很美的草莓蛋糕，讓人在吃之前會想先拍個照

PARIYA
● パリヤ

菜色多彩豐富、讓人每天都想吃的人氣熟食店。可選擇主菜、副食的午餐，以及外型漂亮的蛋糕廣受好評。蛋糕尺寸不小，而且口味不甜膩。

📞03-6281-9602　所中央区日本橋2-4-1 日本橋高島屋S.C.新館B1　休不定休　⏰10:30～21:00
直通地鐵日本橋站B4出口
MAP 附錄②**P.10 F-4**

日本橋屋長兵衛 日本橋本店
● にほんばしやちょうべえ・にほんばしほんてん

販售諸多創意進化成現代風格、變得更加「精粹」的和菓子。帶來吉利的鯛魚造型饅頭「天下鯛（太）平」，拿來當伴手禮肯定會讓收禮者滿心歡喜。

📞03-3242-3030　所中央区日本橋室町1-6-2　休週一　⏰10:00～18:00
地鐵三越前站A1出口即到
MAP 附錄②**P.10 F-2**

把江戶文化改良成現代風格的和菓子

天下鯛平 1個184円

口感Q軟的外皮裡面，包裹著滑順的豆沙內餡。外型烤製成帶來吉利的鯛魚造型

↑位在「三越日本橋店」對面的4層樓建築物

發現！ 時尚的伴手禮

復古可愛的和紙筆記本

榛原筆記本 1本1540円

匯集各種復古摩登和風花樣的橫線筆記本

榛原
● はいばら

在日本橋長時間受到喜愛，歷史悠久的和紙店。從全國各地進貨的和紙和原創信紙等小物也豐富齊全。

📞03-3272-3801　所中央区日本橋2-7-1 東京日本橋塔一　休國定假日　⏰10:00～18:30（週六、日為～17:30）
地鐵日本橋站B6出口即到
MAP 附錄②**P.10 F-4**

↑仿照千代紙圖案的獨特外觀

在日本橋畔 發現！

日本橋畔有遊船的搭乘處。遊船來回穿梭於日本橋川、神田川等地，能夠欣賞到江戶城的餘韻風采，以及隨著時光變遷的下町風景。行程所需時間為45～90分。

日本橋CRUISE ®
● にほんばしクルーズ

📞03-5679-7311（東京灣CRUISE）
所中央区日本橋1-9番地先 日本橋船着場（乘船場）　¥日本橋、神田川巡遊1周90分行程2500円～
地鐵日本橋站B12出口即到

↑從船上望去，視野寬敞遼闊。也有附屋頂的船。

MAP 附錄②**P.10 F-3**

←能從船上眺望日本的交通要道─日本橋。美麗的拱橋弧形值得一看

↑在行程中還能望見東京晴空塔®。絕佳的拍照時機

人形町 濱町

復古&時尚散步

在日本橋區域中帶有強烈下町印象的人形町·濱町，其實是一處絕品美食和時尚咖啡廳的寶庫！走遠一點去散個步吧♪

復古 ③ 甘酒橫丁
● あまざけよこちょう

充滿下町風情的人形町商店街，名稱由來是因為小巷入口過去曾有甜酒店。甜品店和餐廳、雜貨店櫛次鱗比，散散步也很快樂。

📞03-3666-7662（新川屋佐々木酒店）
🏠中央区日本橋人形町2
🈺視店鋪而異　🚇地鐵人形町站A2出口即到
MAP 附錄② P.4 G-2

↑小巷入口有招牌。除此以外，綠色的旗子已變成標誌

日本橋ゆうま
● にほんばしゆうま

也曾出現在東野圭吾的小説《新參者》中的日本雜貨店。職人製作的商品全都帶有溫暖的感覺。

📞03-3808-1780　🏠中央区日本橋人形町2-32-5
🈺週一、三　🈺10:00～18:00　🚇地鐵人形町站A2出口步行4分
MAP 附錄② P.4 G-2

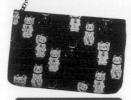
收集福氣 附竹編球 扁平小物包 825円
↑畫著擺出各種表情和姿勢的可愛招財貓的小物包

柳屋 ● やなぎや

排隊人潮經常絡繹不絕的人氣鯛魚燒店。薄薄的外皮酥脆香濃，而且只會使用每天早上現做的紅豆餡。

📞03-3666-9901　🏠中央区日本橋人形町2-11-3　🈺週日、假日　🈺12:30～18:00　🚇地鐵人形町站A2出口即到

高級 鯛魚燒 1個180円
↑裡面塞滿甜度適中的濃稠內餡

復古 ① 重盛永信堂
● しげもりえいしんどう

步行4分

Start 人形町站

1917年創業的老牌和菓子店。一口尺寸的「人形燒」使用北海道十勝生產的紅豆，1天可以賣3000個以上，深受歡迎。

📞03-3666-5885　🏠中央区日本橋人形町2-1-1　🈺週日（逢成之日、大安則營業且翌日休）🈺9:00～19:00（週六、日、假日為～18:00）🚇地鐵人形町站A2出口即到
MAP 附錄② P.4 G-3

人氣的人形燒要在賣光前GET！

人形燒 1個130円
↑仿照七福神的臉製作的人形燒。極薄的外皮內裝有滿滿的豆沙餡

步行即到

步行3分

復古 ② 玉ひで
● たまひで

以單傳的方式繼承祕傳味道的軍雞料理專賣店。第5代女老闆研發的「親子丼」是從100多年前就持續受到喜愛的知名料理。

📞03-3668-7651　🏠中央区日本橋人形町1-17-10　🈺不定休　🈺親子丼11:30～13:00、午餐全餐11:45～13:30、17:30～21:00（晚上僅全餐）🚇地鐵人形町站A2出口即到
MAP 附錄② P.4 G-2

親子丼的發祥店
進化親子丼飯 1800円～
↑傳統親子丼飯進化囉！在裹覆雞肉的蛋上，再打上一顆蛋。雞肉軟嫩適中的口感也非常棒

時尚 ④ PAPIER TIGRE
● パピエティグル

步行8分

由在巴黎廣受歡迎的文具店經營的全球第2家直營店。可以感覺獨特世界觀的顏色和設計，全都是只要擁有就會變得快樂的東西。

📞03-6875-0431　🏠中央区日本橋浜町3-10-4　🈺週一、二（逢假日則營業）🈺12:00～19:00　🚇地鐵水天宮前站5號出口步行5分
MAP 附錄② P.4 G-3

得到獨特設計的紙製品
THE TIGRE 1540円
↑筆記本封面上的老虎是本店品牌的圖案

↑除了自家公司商品之外，也有銷售書從本國外採購的商品

時尚 ⑤ Hama House
● ハマハウス

步行即到

書本陳列快要接近高聳天花板的書本咖啡廳。除了飲品以外，也有每日更換的餐點菜單，可以一邊讀書一邊度過悠閒的時間。

📞03-6661-7084　🏠中央区日本橋浜町3-10-6　🈺不定休　🈺11:30～20:00（週六、日、假日11:00～18:00）🚇地鐵水天宮前站5號出口步行5分
MAP 附錄② P.4 G-3

約2000本書一字排開的咖啡廳空間

手沖咖啡 495円
↑咖啡是店家獨創的混合口味。也可以外帶

小網神社
● こあみじんじゃ

從「玉ひで」走遠一點！

說到「東京的錢洗弁天」就是這裡以強運厄除、提升金錢運而聞名的神社。據說把在「洗錢井」洗過的錢放在錢包中，就能獲得財運。

📞03-3668-1080　🏠中央区日本橋小網町16-23　🈺境內自由（授與所9:00～17:00）🈷免費　🚇地鐵人形町站A2出口步行5分
MAP 附錄② P.4 F-3

步行5分

Goal 水天宮前站

表原宿·
參道
P.40

東京站·丸之內·日本橋
P.54

銀座
P.74

台場
P.86

澀谷
P.96

六本木東京鐵塔·
P.106

上野
P.114

新宿
P.120

池袋
P.126

豐洲
P.128

築地／月島
P.130

ecute東京 購物 濱文樣
◆はまもんよう

☎ 03-3211-8953　　MAP P.68 C-3

把傳統手巾改成成時尚設計

橫濱發跡的品牌，販售原創紡織手巾和日式小物。在「ecute東京店」可以取得染成站舍主題的限定「手巾手帕」。

所 JR東京站剪票口內1F ecute東京　休 無休　⏰ 9:00～22:00（週日、假日為～21:30）

➡「手巾手帕 東京車站紅磚站舍」550円

GRANSTA東京 購物 MAKANAI
◆まかない

☎ 03-6269-9939　　MAP P.69 B-3

最適合將成分天然的日式保養品當禮物送人

這家自然派美妝保養品牌，是誕生自在金澤老字號金箔店工作的女性們之智慧。有吸油面紙等豐富的商品，都很適合買來當作禮物或犒賞自己。

所 JR東京站剪票口內B1 GRANSTA東京　休 無休　⏰ 9:00～22:00（週日、假日為～21:30，翌日逢假日則～22:00）

➡「東京站限定MAKANAI 兔子 15種變化機關吸油面紙」5入組1980円

購物 東京會舘 Sweets & Gifts
◆とうきょうかいかんスイーツアンドギフト

☎ 03-3215-2015　　MAP 附錄② P.11 B-6

傳承約70年的名物甜點

凝聚1922年開業的「東京會舘」口味，進化成長的糕點店。起源於將蒙布朗改成符合日本人口味的「Marron Chantilly」，至今約70年間持續受到大眾喜愛。

所 千代田區丸之內3-2-1 東京會舘1F　休 無休（法定檢查維修日除外）　⏰ 10:00～20:00　🚇 直通地鐵二重橋前（丸之內）站等B5出口

➡「Marron Chantilly」980円（外帶）。也可在會舘內的餐廳品嘗

購物 榮太樓總本鋪
◆えいたろうそうほんぽ

☎ 03-3271-7785　　MAP 附錄② P.10 F-3

從江戶時代持續受到喜愛的和菓子

作為江戶菓子的始祖而聞名的名店。砂糖比例高的栄太楼飴、被視為甘納豆始祖的「甘名納糖」713都是從創業持續至今的人氣商品。

所 中央區日本橋1-2-5　休 週日、假日　⏰ 10:00～18:00　🚇 地鐵日本橋站B9出口即到

➡ 栄太楼飴「梅ぼ志飴」糖果432円，罐子不僅復古，外觀也很可愛

玩樂 COREDO室町露台
◆コレドむろまちテラス

☎ 03-3242-0010（日本橋服務中心）　MAP 附錄② P.10 F-1

匯集日本橋的「精粹」與一流「事、物」

日本橋區域的新地標。除了滿溢現場感、個性豐富的餐飲店之外，還有來自台灣的「誠品生活」以上店鋪的形式進駐其中。其他豐富的食物都很適合當作伴手禮。

所 中央區日本橋室町3-2-1　休 不定休　⏰ 10:00～21:00（餐廳為11:00～23:00）※部分店鋪有異　🚇 直通地鐵三越前站A8出口

➡ 3F有高級美食與文化商店等，集結了日本橋的嶄新魅力

玩樂 誠品生活日本橋
◆せいひんせいかつにほんばし

☎ 03-6225-2871　　MAP 附錄② P.10 F-1

集結玩樂、購物、美食的文化發送據點

獲選「世界最酷的百貨」，來自台灣的「誠品生活」日本1號店。分為書籍區、文具雜貨區、餐廳區等區域，約以50個台灣品牌為主，販售豐富多元的商品和食物。

所 COREDO室町露台2F　休 不定休　⏰ 10:00～21:00（部分店鋪有異）

➡ 加入日本元素設計的店內空間也很有魅力

玩樂 COREDO室町1·2·3
◆コレドむろまちワンツースリー

☎ 03-3242-0010（日本橋服務中心）　MAP 附錄② P.10 F-2

若要在日本橋買伴手禮就到這裡

位在日本橋的3棟地標。可以感受日本橋歷史的老店、名店的新業態店鋪、電影院等豐富多彩的店進駐。

所【COREDO室町1】中央區日本橋室町2-2-1、【COREDO室町2】中央區日本橋室町2-3-1、【COREDO室町3】中央區日本橋室町1-5-5　休 不定休　⏰ 視店鋪而異　🚇 地鐵三越前站A4、A6出口即到

➡ COREDO室町1有老牌店鋪等店家櫛次鱗比

大丸東京店 咖啡廳 Delices tarte&cafe
◆デリス タルト＆カフェ

☎ 03-3212-8011（大丸東京店代表）　MAP 附錄② P.10 E-4

盡情享用鋪滿水果的奢華塔點

使用大量水果製作的塔點專賣店。櫥窗內陳列著一個個有如寶石般的手工塔類甜點。也很推薦附有免費飲料的「SELECT BUFFET」2800円。

所 大丸東京店6F　休 無休　⏰ 10:00～19:30

➡ 使用發酵奶油製作的酥脆塔皮，鋪上滿滿水果的「水果塔」1片850円（外帶834円）

P.61

P.61

P.61

這裡也想去！
東京車站·丸之內·日本橋
とうきょうえき・まるのうち・にほんばし
區域導覽

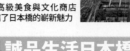

玩樂 GRANSTA丸之內
◆グランスタまるのうち

☎ 050-3354-0710（JR東日本Cross Station）　MAP P.69 A-2、C-3

丸之內地下區的矚目專區

興建在東京車站丸之內地下區剪票口外的專區。知名品牌齊聚一堂的美妝店、獨特商品豐富齊全的雜貨店、人氣的泰式炒麵等共35家店進駐。

所 千代田區丸の內1-9-1（JR東京車站內）　休 無休　⏰ 10:00～22:00（週日、假日為～21:00，翌日逢假日則～22:00）※部分店鋪有異　🚇 JR東京站丸之內地下中央口即到

➡ 專區內也有美妝店

美食 mango tree kitchen PAD THAI
◆マンゴツリーキッチン"パッタイ"

☎ 03-6259-1955　　MAP P.69 B-3

可以品嘗各種類型的泰式炒麵

使用米麵做成泰式炒麵的PAD THAI專賣店。泰國首都曼谷開店的「mango tree」使用在日本研發的生麵，實現Q軟的「正宗口味、口感」。

所 GRANSTA丸之內　休 無休　⏰ 7:00～21:30（週日、假日為～20:30，翌日逢假日則～21:30）

➡「濃厚鮮蝦泰式炒麵」1320円。也有使用豬肉的泰式炒麵

美食 EATALY 丸之內店
◆イータリーマルノウチ

☎ 03-3217-7070　　MAP P.69 A-3

在車站內品嘗現烤披薩！

在這裡能品嘗到使用嚴選食材製作的義大利鄉土料理。用烤窯烤製的披薩，以及口味多元的義式冰淇淋等品項也很豐富。

所 GRANSTA丸之內　休 無休　⏰ 8:00～23:00（週日、假日為～22:00，翌日逢假日則～23:00）、餐廳11:00～22:00（週日、假日為～21:00，翌日逢假日則～22:00）

➡ 使用KAWABA CHEESE製作的「布拉塔起司披薩」2680円

銀座
ぎんざ

區域CONTENTS

CHECK 這裡的流行趨勢!

★ NEWS & TOPICS ★

MAP 附錄② P.12

街區介紹

名牌的旗艦店與知名的人氣名店齊聚一堂的高雅街道。在2019年開設有「MUJI HOTEL GINZA」，2020年也有「日比谷OKUROJI」等話題景點接連開業，佳評如潮。

2021年11月

東京銀座格蘭巴哈飯店開幕

受到音樂之父J.S.巴哈的音樂、對家人的思念啟發而誕生的飯店。館內的音樂與藝術裝置也很令人享受。

P.154 ➡ 在大廳有一台可以自動演奏的鋼琴（YAMAHA｜S6X-ENPRO），會定期舉辦演奏會

2021年11月

2foods 銀座LOFT店開幕

在這家咖啡廳能享用到不使用鮮乳、雞蛋等動物性原料的「Plant Based（植物原料）」甜點，將大約40種的垃圾食物變健康的餐點。

📞03-3528-6811　🏠中央区銀座2-4-6 銀座ベルビア館1F　🈳無休（準同銀座LOFT公休日）　⏰11:00～20:00　🚇地鐵銀座一丁目站5號出口即到

▲雖然甜甜圈的外觀看起來五顏六色，卻沒有使用合成著色劑、防腐劑、化學調味料、人工甜味劑

MAP 附錄② P.12 E-2

2021年11月

RAISE開幕

總面積740㎡，挑高達六層樓的大型VIP休息大廳＆俱樂部。在擁有世界頂級音響與燈光交織成的非日常空間中，能體驗到最高級的夜生活。

📞03-6263-8953　🏠中央区銀座5-2-1 東急プラザ銀座6F　🈳週一、二　⏰18:00～翌日3:00（週五為～翌日4:00，週六為21:00～翌日4:00，週日為18:00～23:30）　💴男性5000円、女性2500円（視星期而異、附飲料）　🚇地鐵銀座站C2、C3出口即到　MAP 附錄② P.13 C-3

間可將銀座盡收眼底 ← 整面落地玻璃的空

東京站

↓ 地鐵丸之內線

銀座站
💴170円　⏱約2分

羽田機場第1・2航廈站
↓ 東京單軌電車

濱松町站
↓ JR山手線

有樂町站
💴640円　⏱約32分

原宿・表參道 P.40

東京站・日本橋・丸之內 P.54

銀座 P.74

台場 P.86

澀谷 P.96

東京鐵塔・六本木 P.106

上野 P.114

新宿 P.120

池袋 P.126

豐洲 P.128

築地/月島 P.130

遊逛銀座小訣竅

新橋站和有樂町站在徒步圈內

從新橋站大約步行10分鐘，從有樂町站大約步行5分鐘，就可以抵達銀座的主要區域。

週六、日、假日是步行者天堂

中央通在週六、週日、假日的12～18時暫變成步行者天堂。10～3月為12～17時（有可能停止）。

地標 東京中城日比谷 B
◆とうきょうミッドタウンひびや

成為日比谷地區新地標的大型複合設施。也鄰近日比谷公園和皇居，綠意豐沛。

↑作為下班順路逛逛的地點和假日的遊樂場備受歡迎

P.79

地標 銀座三越 A
◆ぎんざみつこし

從流行時尚到食品、甜點等高品質物品齊備的老牌百貨公司。位在正面入口的獅子雕像也很有名。

↑建在銀座4丁目十字路口的銀座「門面」

P.35・76

銀座MAP

（地圖區域，含下列地名標示）

東京駅 / 東京駅 / 有樂町駅 / 日本橋駅 / 東銀座出口 / 日本橋駅 / KIRARITO GINZA / 有樂町イトシア / マロニエゲート1 / マロニエゲート2 / マロニエゲート3 / 大塚家具 / 霞ヶ関駅 / A3 / A5 / START / マリオン 阪急メンズ ピカデリー / 丸の内TOEI / 西銀座デパート / ギンザ・グラッセ / トレシャス / 伊東屋 / メルキュール / TOHOシネマズ / 日本生命ビル 日生劇場 / 東京寶塚 シャンテ / シアタークリエ / 帝国ホテルタワー / 帝国 / 銀座東急廣場裡的G info會提供銀座的觀光資訊。還會發送地圖與宣傳手冊 / 東急プラザ / GAP / ブリリアント / 文祥堂 / ウインズ / 松屋銀座 / 天ぷら 阿部 / 和光 / グッチ / 三笠会館 / 奧月堂 / A1 三愛 / GOAL / PIERRE MARCOLINI 銀座本店 / EXITMELSA / GINZA PLACE / リクルート / 電通ビル / 交詢社通り / ギンザコマツ / ユニクロ / 資生堂 / アスタープラザ / 新橋駅 / 高架橋下是從時尚餐廳到居酒屋聚集的夜遊景點 / ソラリア西鉄 / GINZA KABUKIZA（歌舞伎座タワー） / 歌舞伎座 / マガジンハウス / 銀座ダイエー / 銀座 / 中央会館（銀座ブロッサム） / NTT / 築地署 / 月島駅 / 中央区役所 / 銀座入口 / 電通 / 銀座出口 / H&M / 銀座ウォール / 築地駅 / 築地出口

上傳美照 奧野大樓 E
◆おくのビル

散發出復古氛圍，引人注目的大樓。除了有藝廊進駐之外，還有現在仍能運作的手動式電梯，來到這裡會有種穿越時空的感覺。

↑留有昭和感覺的外觀讓人不想拍照

MAP 附錄②P.12 F-2

地標 GINZA SIX D
◆ギンザシックス

銀座最大規模的複合商業設施。館內各處都展示著藝術作品，也推薦在購物途中來鑑賞。

↑館內除餐飲店和商店以外，還有「觀世能樂堂」等進駐

P.34・77・78

地標 歌舞伎座 C
◆かぶきざ

2013年新開幕的歌舞伎專門劇場。外觀繼承從前建築物的匠心，同時改用最新設備，打造成方便利用的劇場。

↑也有藝廊和屋頂庭園等歌舞伎鑑賞以外的樂趣

P.76

銀座

半日暢享路線

START（地鐵）
步行即到
日比谷站 ▲A5出口

①購物
步行8分
在東京中城日比谷購物
P.79

②美食
步行8分
天ぷら 阿部的炸什錦丼讓人感動
P.80

③景點
步行10分
在歌舞伎座前拍紀念照
P.76

④咖啡廳
步行即到
品嘗PIERRE MARCOLINI 銀座本店的奢華聖代放鬆休息
P.82

GOAL（地鐵）
銀座站 ▲A1出口

想接著去這裡
東京車站·丸之內·日本橋區域
P.54

銀座隨意散步

在新舊融合的街道隨意走走

大型複合設施仍持續誕生，目前正在進行大改變的銀座。絕對不容錯過的老店知名景點也要走去看看，實際感受現在的銀座。

左側標示：
- ↑有樂町
- 晴海通
- 並木通
- B4出口
- START
- 和光
- 銀座駅
- A5出口
- GOAL
- 松屋通
- 銀座一丁目站
- 松屋銀座
- 銀座三越
- 東銀座站
- 築地

順道造訪

日本第一家製作紅豆麵包的老店 →P.84

銀座木村家 ぎんざきむらや

在烘焙麵包店區，含主打的紅豆麵包在內，販售約130種的麵包。也別忘了去看看樓上的咖啡廳和餐廳。

◯「櫻花紅豆麵包」1個170円

在無印良品購物的空檔

1 MUJI Diner ムジダイナー

「無印良品」的餐廳，提倡「純粹食物」的美味。齊聚使用嚴選食材、有意身體健康的餐點。還有令人開心的一點，就是無論午餐、咖啡、晚餐時間，何時都能來這裡用餐。

↑能享受食材風味的「每週魚定食」1250円

☎03-3538-1312
所中央区銀座3-3-5 B1階 休不定休 ⏰11:00～20:00 地鐵銀座站B4出口步行3分
MAP附錄②P.12 E-2
→在氛圍沉靜的店裡好好放鬆

從2步行3分

在人氣百貨地下樓層品嘗話題美食 →P.35

3 銀座三越 ぎんざみつこし

這家百貨公司專門傳播優質迷人的東西、事情，從時尚單品到食品都和銀座相襯。地下2樓有話題的甜點和紅茶會以期間限定的方式登場。

◯LEAFULL DARJEELING HOUSE的「低咖啡因茶包」6個入各648円

☎03-3562-1111（大代表）
所中央区銀座4-6-16 休不定休 ⏰10:00～20:00（餐廳為11:00～23:00）地鐵銀座站A7出口即到
MAP附錄②P.12 E-3

↑在9樓的休息空間「銀座露台」稍作休息吧

順道造訪

能接觸到日本的傳統文化

歌舞伎座 かぶきざ

除了觀賞戲劇之外，還推薦大家可以到地下2F的「木挽町廣場」尋找伴手禮。

☎03-3545-6800 所中央区銀座4-12-15 休視月分而異 地鐵東銀座站3號出口即到 MAP附錄②P.12 F-4

↑不用買票也能進入「木挽町廣場」

從1步行3分

在銀座購買時尚的文具

2 銀座 伊東屋本店 ぎんざいとうやほんてん

在1904年創業的文具專賣店尋找伴手禮。以「伊東屋」原創產品和直接進口的商品為首，設計和功能性優良、讓廣泛世代開心的商品齊備。說不定不知不覺就買過頭了。

☎03-3561-8311（代）所中央区銀座2-7-15 休無休 ⏰10:00～20:00（週日、假日為～19:00）地鐵銀座一丁目站9號出口即到
MAP附錄②P.12 E-2

↑把各種魚設計在封面上的「美味魚筆記本」1本330円

◯「馬卡龍橡皮擦」5塊裝550円

◯裝在行李箱等物品上的「標籤」1個770円

→朝向中央通，由13層樓構成的大型店鋪

→印有伊東屋LOGO的「托特包」2530円

表參道
原宿・
P.40

日丸東
本之京
橋內車
· 站
P.54

銀座

P.74

台場
P.86

澀谷
P.96

六東京鐵塔
本木·
P.106

上野
P.114

新宿
P.120

池袋
P.126

豐洲
P.128

月築地
島/
P.130

↑「挑高的寬敞空間

↑紅磚色的建築物。也有店鋪和咖啡廳、酒吧進駐

↑「蛋包飯」2600円（服務費另計）。光滑的雞蛋上面淋著自家製番茄醬

從 4 步行7分

午餐就吃傳統的洋食料理

5 資生堂Parlour 銀座本店（餐廳）

しせいどうパーラーぎんざほんてんレストラン

在東京銀座資生堂大樓4、5樓開店的名店，有如洋食料理先驅的存在。享用「牛肉可樂餅」和「蛋包飯」等代代相傳的料理。

📞03-5537-6241 🏠中央区銀座8-8-3 東京銀座資生堂ビル4-5F 休週一（逢假日則營業）🕐11:30～20:30 🚇地鐵銀座站A2出口步行7分

MAP 附錄②P.13 C-5

6F Sony Imaging Gallery - Ginza

ソニーイメージギャラリーぎんざ

這家藝廊會和攝影師一起傳遞照片、影片的樂趣和嶄新的表現方式。

📞03-3571-7606 休無休 🕐11:00～18:00

↑舉辦各式各樣的攝影展，入場免費

B1 春水堂 銀座店

ちゅんすいたんぎんざてん

在珍珠奶茶發源地——台灣很有人氣的咖啡廳。除了使用台灣茶葉的飲料之外，還有台灣麵食與點心等豐富的餐品項，在這裡能輕鬆享受道地的美味。

📞03-6263-8344 休不定休 🕐11:00～20:30（飲品為～21:00）

↑店內裝潢走亞洲風格，共有30個座位。在這裡能好好放鬆休息

↓在這裡能享用珍珠奶茶等創意茶飲以及台灣美食

攝影景點 📱

KIRIKO TERRACE

位於高約56m處，能一覽銀座區域風景的室外開放空間。還會隨季節舉辦活動。

銀座東急廣場

從 3 步行1分

銀座4丁目交叉口的複合商業設施

4 GINZA PLACE

ギンザプレイス

以鏤空為主題，表現出傳統工藝之美的設施。除了NISSAN和Sony的展示間以外，還有星級大廚經營的餐廳等優質的餐飲店進駐。

休視店鋪而異 🏠中央区銀座5-8-1 🚇直通地鐵銀座站A4出口

MAP 附錄②P.13 D-4

Check!

假日是步行者天堂最適合在銀座隨意散步

中央通在週六、日、假日的12～18時（10～3月為～17時）會變成步行者天堂。

攝影景點 📱

銀座華盛頓 銀座本店的女子畫

牆壁上畫著墊起腳尖，探頭偷看店內的女生的背影

攝影景點 📱

時鐘塔

從1894年開始守護銀座街道的象徵。現在的時鐘塔是第2代。

←新橋

中央通

GINZA SIX

銀座CORE

GINZA PLACE

順道造訪

常年廣受喜愛的王道餡蜜

銀座 若松 ぎんざわかまつ

創業120餘年的老牌甜品店。甜點行家為了追求「元祖餡蜜」等用講究的食材細心製作的味道都會經常光顧。

📞03-3571-0349 🏠中央区銀座5-8-20 CORE 1F 休無休 🕐11:00～18:00 🚇地鐵銀座站A4出口即到

↑昭和5（1930）年第2代老板研發的「元祖餡蜜」950円

MAP 附錄②P.13 D-4

從 5 步行1分

在畫材店把優質商品帶回家

6 月光莊画材店

げっこうそうざいてん

由歌人與謝野夫妻命名為「月光莊」的歷史悠久畫材店。商品全都是原創，上面印有「呼喚朋友」的法國號標誌。地下樓層也附設裱框工房。

📞03-3572-5605 🏠中央区銀座8-7-2 永寿ビルB1-1 休無休 🕐11:00～19:00 🚇地鐵銀座站A2出口步行7分

MAP 附錄②P.13 C-5

↑店內除了畫具和筆以外，也緊密地陳列著文具和雜貨等商品

「迷你肩背包」生成色3245円、焦糖色3795円

↑長約11cm的「色鉛筆」12色裝1265円

B2 くろぎ茶々 くろぎちゃちゃ

京都「福寿園」與日本料理名店「くろぎ」攜手推出的店。

📞03-6264-5754 🕐10:30～20:30（內用為12:00～18:30）

↓彩色貓舌餅乾「Saqu assort」18片入2160円

↑「常葉·白練」2916円

B2 ISHIYA G

イシヤジー

以「白色戀人」為人熟知的「ISHIYA」所創的禮品甜點品牌。

📞03-3572-8148 🕐10:30～20:30

層樓的挑高中庭

↑2樓到5樓是4層樓的挑高中庭

※攝影：繁田諭

從 6 步行4分

在最新景點購物

7 GINZA SIX

ギンザシックス

在中央通旁邊誕生的銀座區最大規模的複合商業設施。共241家魅力十足的店鋪聚集。地下2樓的美食樓層適合尋找伴手禮。

→P.34·78

從 7 步行3分

在妖精咖啡廳&酒吧品味夢幻的雞尾酒

8 Tir na nog

ティルナノーグ

以「妖精生活的樂園」為主題的咖啡廳＆酒吧。在擺滿魔法小瓶子、天花板上有蝴蝶飛舞的異世界空間，品味店家獨創的雞尾酒吧。店內整體沉浸在異世界的氛圍中，日夜的氣氛迥然不同，也都值得一訪！

📞03-6274-6416 🏠中央区銀座5-9-5 チアーズ銀座B1 休不定休 🕐11:00～翌4:00(閉店) 🚇地鐵銀座站A5出口即到 ↓店裡氣氛滿分

↑糖雞尾酒「12棉花」1200円

↑優美的「12棉花

銀座 購物景點

奢華的街道——銀座充滿具有優質設計和品味的高級商品。不論是當成給自己的獎勵，或是當作送給重要之人的禮物，全都很適合！

大集合

東急PLAZA銀座

●とうきゅうプラザぎんざ

公共空間也豐富充實 讓人印象深刻的地標

建在數寄屋橋十字路口的商業設施，建築物的設計是以江戶切子為主題。地下2樓到地上11樓的店鋪部分是以「Creative Japan」為概念，時尚潮流、美食和禮品等各種店鋪齊聚。

☎03-3571-0109 🏠中央区銀座5-2-1
休不定休 🕐商店、服務、咖啡廳11:00～21:00，餐廳、食物11:00～23:00※部分店鋪有異
🚇地鐵銀座站C2、C3出口即到
MAP 附錄②P.13 C-3

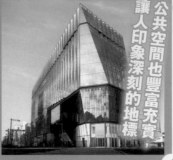

3F CIRCLE ●サークル

紙吹雪系列 55990円～

↪由小巧K金製成的紙吹雪與華麗珍珠組合而成的設計款

日本設計師的品牌、珠寶職人的技術與選自世上的高品質素材，3者結合孕育出的個性珠寶品牌。
☎03-6263-8884

星月夜系列 57530円～

↪把海藍寶石比作黎明時的天色，浪漫又纖細的系列

3F TWG Tea ●ティーダブリュージーティー

新加坡發跡的高級茶葉品牌。在從各地直送的嚴選茶葉中混合新鮮水果等食材的原創商品眾多。
※價格有變更的情況
☎03-6264-5758

新加坡早餐茶 4320円

↪把紅茶和綠茶、香草、香料等混合在一起，創造出味道香甜複雜的逸品

3F The PERFUME OIL FACTORY ●パフュームオイルファクトリー

不使用酒精與水，讓香氣持續散發的「OIL」香水專賣店。手工調製的高雅香氣，打造出優雅的每一天。
☎03-6264-5660

玻璃香水瓶（有色）3388円

↪埃及職人手作的專用香水瓶

要稍作休息就到這裡！

B2 SALON GINZA SABOU ●サロンギンザサボウ

提供日本飲食新風格的餐廳。使用夢幻的米「雪ほたか」的餐點和設計性高的甜品等獨特菜單豐富多樣。
☎03-6264-5320 🕐11:00～21:00

茶房聖代（茶套餐）1800円

↪裝在清酒木杯中的獨特聖代是以日本庭園為印象

要稍作休息就到這裡！

別製MARUTO聖代 2310円

銀座店限定、滿滿抹茶風味的聖代

4F 中村藤吉本店 銀座店

●なかむらとうきちほんてんぎんざてん

於1854年創業於京都宇治的老字號茶商。在咖啡廳能夠品嘗到使用抹茶製作的絕品甜點。
☎03-6264-5168
🕐10:30～19:45（茶葉販售為～20:30）

6F EATALY 銀座店

●イータリーぎんざてん

以義大利飲食文化為主題的義大利餐廳＆超市。在超市可以買到採購自義大利約1500種的食材。
☎03-6280-6581（超市）
🕐10:30～22:30

生火腿、起司以量計價 50g 357円～

↑現切的生火腿與起司，風味也很特別
↪也羅列許多在日本幾乎沒見過的罕見商品

小箱 麻葉 各3300円

↪本店限定的小箱。吉祥的麻葉花紋裡藏著「GINZA」的字樣

4F 漆器 山田平安堂

●しっきやまだへいあんどう

創業約100年的老牌漆器專賣店。提供適合現代生活風格的新漆器。餐具以外的品項也豐富齊全。
☎03-6263-9900

W起司蛋糕 丹麥麵包 1個410円

↪使用北海道產和法國產的2種濃厚奶油起司

B2 Viennoiserie JEAN FRANCOIS

●ヴィエノワズリージャンフランソワ

繼承M.O.F主廚Jean-François先生的技術，可以享受「法國香味」的點心麵包齊備。提供約30種現烤麵包。
☎03-5537-5520

GINZA SIX ●ギンザシックス

銀座區最大等級的購物中心

此區最大規模的購物景點，不僅有世界等級的名牌集結，還會發送最新的流行趨勢。時尚潮流、生活風格、美食等在這裡才能遇見的店鋪齊聚一堂。

☎03-6891-3390 🏠中央区銀座6-10-1
休不定休 🕐商品販售、服務10:30～20:30 餐廳、咖啡廳11:00～23:00 ※部分店鋪各異
🚇直通地鐵銀座站地下通道
MAP 附錄②P.13 D-4 P.34・77

表參道・原宿 P.40
東京站・日本橋・丸之內 P.54
銀座
P.74
台場 P.86
澀谷 P.96
東京鐵塔・六本木 P.106
上野 P.114
新宿 P.120
池袋 P.126
豐洲 P.128
築地／月島 P.130

高品味路面店的雜貨也要CHECK！

可以得到獨樹一格的雜貨就是銀座的魅力。路面店陳列著讓人不禁想要購買的商品，也順道去逛逛吧。

香袋金襴巾着 各660円
⟲使用天然香料。也備有豐富花樣

東京鳩居堂 銀座本店
●とうきょうきゅうきょどうぎんざほんてん

1663年創業。陳列香和書畫用具、明信片、信紙、使用和紙的製品等商品的老牌專賣店。時尚的和風小物深受女性歡迎。

一筆箋 銀座 各418円
⟲⟳書著銀座風景的中紙5色各5張裝

☎03-3571-4429 ㎞中央区銀座5-7-4 休無休 ⏰11:00～19:00 🚇地鐵銀座站A2出口即到
MAP 附錄②P.13 D-3

MAM SOUP 各303円（盒子費用88円）
⟳色彩繽紛的最中餅，也很適合當作禮物

銀座LOFT ●ぎんざロフト

LOFT的新業態，在2019年4月下旬擴張賣場面積。在規模增加1.4倍的1樓到6樓賣場中，聚集大約7萬件嚴選商品。

☎03-3562-6210 ㎞中央区銀座2-4-6 銀座VELVIA館1-6F 休無休 ⏰11:00～21:00 🚇地鐵銀座一丁目站5號出口即到
MAP 附錄②P.12 E-2

色鉛筆 No.888 36色 3300円
⟳能表現豐富色彩的36色組

LOFT限定 迷你向日葵盆栽組 550円
⟳大小剛好的花，能輕鬆在家栽種

東京中城日比谷
●とうきょうミッドタウンひびや

在藝術文化和娛樂的街道——日比谷全新誕生的大型複合設施。以約60家豐富多彩的店鋪和餐廳為首，電影院、空中庭園等遊樂場所也豐富齊全。眼前就有日比谷公園的地理位置也很有魅力。

☎03-5157-1251（受理時間11:00～21:00）㎞千代田区有樂町1-1-2 休無休 ※部分店鋪有異 ⏰11:00～21:00（餐廳為～23:00）※部分店鋪有異 🚇直通地鐵日比谷站A11出口
MAP 附錄②P.13 B-2

流行趨勢聚集的日比谷新名勝

要稍作休息就到這裡！

1F Buvette
●ブヴェット

從早到晚都能到此享用美食的法國菜食堂。在充滿古董的懷舊空間裡，能品嘗到溫暖的傳統法國料理，受到大家喜愛。

☎03-6273-3193 ⏰8:00～22:30（週六、日、假日為9:00～）

比利時鬆餅 1870円
⟳傳統的精華就凝聚在這一盤

ORTIGIA 擴香瓶 200ml ZAGARA 11000円
⟲華麗的包裝與來自西西里島、活力充沛的香氛，十分受到歡迎

Tempo 西班牙材料製的復古花紋 原創拖鞋 4180円
⟲拖鞋使用歐洲材料製作，色彩豐富有如藝術品

3F Tempo Hibiya
●テンポヒビヤ

色彩豐富、充滿南歐藝術風格的家飾精品店。也有許多原創商品。

☎03-6206-1152

B1 鈴懸 ●すずかけ

擁有創業90多年歷史的和菓子專賣店。使用自然的素材，致力追求從獲選「現代名工」的初代老闆手中傳承下來的和菓子。

☎03-6811-2206

鈴乃最中 1個108円
⟳使用新潟生產糯米的香濃最中餅

1F ISETAN MiRROR Make & Cosmetics
●イセタン ミラー メイク＆コスメティクス

這間選貨店來自伊勢丹，匯集日本國內外奢華的美妝保養品。羅列豐富的品牌，還附設專門洗＆吹髮的店和美容儀器店。

☎03-6812-7157

⟳集結約50家奢華品牌

膏吧、指彩 ⟲能夠自由試用各品牌唇膏或指彩的唇

3F TODAY'S SPECIAL Hibiya
●トゥデイズスペシャルヒビヤ

以「和食物共同生活的DIY」為主題，把今天當作特別的一天。餐具和食材、衣服、書和植物等各種生活用品一字排開。

☎03-5521-1054

市場包包 1100円
⟳買了許多東西也能安心的大尺寸包包

覆盆子原創餅乾 702円
⟳覆盆子的酸甜滋味很美味

現烤卡士達蘋果派 1個420円

⟳特點是在酥酥脆脆的派皮裡擠入滿滿的卡士達醬

⟳簡單又可愛的正紅色包裝也很受歡迎

B1 RINGO ●リンゴ

每個月約賣出30萬個現烤卡士達蘋果派的專賣店。在店鋪現烤，隨時都能買到剛烤好的蘋果派。還有販售依季節推出的期間限定商品。

☎03-6273-3315

大約1000円午餐

銀座才有的高價值！

許多高級店聚集的銀座。不過，也有午餐花1000円左右就能品嘗的店散布各處。雖然是平價，但在挑選食材和烹調上都不惜心力的優良店就在這裡！

神戸牛漢堡排
1000円
漢堡排使用在神戶牛中也很稀少的牛頰肉。可以盡情享用肉原本的鮮味。午餐限量18份

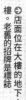

肉類料理

牛庵 ●ぎゅうあん

要吃漢堡排，請在開店前排隊

廚師 津端優介先生

用實惠價格品嘗神戶牛午餐

神戶出生的老闆從當地的畜產農家直接進貨，因此能輕鬆品嘗到神戶牛。午餐除了「神戶牛漢堡排」以外，使用黑毛和牛的「黑毛和牛鐵板壽喜燒」1080円也廣受好評。

03-3542-0226
所 中央区銀座6-13-6　休 週日、假日
11:30～13:45、17:30～21:30
地鐵東銀座站A1出口即到
MAP 附錄② P.13 D-5

➡店面位在大樓的地下1樓。老舊的招牌是標誌

⬅由福島縣的村長曾經生活的建築物移建而成的雅緻店內

天婦羅

天ぷら 阿部 ●てんぷらあべ

必比登推介刊載的全球認證店

曾在日本料理老店「なだ万」磨練廚藝的老闆所經營的溫馨店鋪。午餐也特別推薦放有2隻大炸蝦天婦羅的平價「天婦羅午餐」1650円。

03-6228-6077
所 中央区銀座4-3-7 スバルビルB1
休 無休　11:30～13:55、17:00～20:55（週六、日、假日為11:30～14:55、17:00～20:55）　地鐵銀座站A10出口即到
MAP 附錄② P.13 D-3

雞蛋天婦羅請在中途切開，享受看看味道的變化

店長 奥村仁先生

⬇共16個座位的小店。午餐時間都會大排長龍

午餐炸什錦丼
1000円
在蔬菜和鮮蝦的炸什錦上面放2塊蔬菜天婦羅、半熟蛋天婦羅。平日午餐限定

蛤蜊細直麵
1000円
添加大山雞醬油的文蛤湯頭搭配細直麵條，堪稱絕妙組合

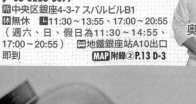

拉麵

むぎとオリーブ

嚴選食材的奢華拉麵

榮登《米其林指南》的餐廳。人氣菜單上的「蛤蜊細直麵」堅持選用產自三重縣桑名市的文蛤製作鮮美湯頭，帶來豐富且高級的味覺享受。溫潤的雞肉叉燒、給料大方的文蛤等食材也讓人眼睛一亮。

03-3571-2123
所 中央区銀座6-12-12 銀座ステラビル1F
休 無休　11:00～21:45（週六、日、假日為～20:45）　地鐵銀座站A5出口步行5分
MAP 附錄② P.13 D-5

⬆宛如時髦咖啡廳的裝潢也很適合女性入店用餐

原宿・表參道 P.40
日本橋・東京站・丸之內 P.54
＋銀座
P.74
台場 P.86
澀谷 P.96
六本木・東京鐵塔 P.106
上野 P.114
新宿 P.120
池袋 P.126
豐洲 P.128
月島／築地 P.130

稍微提高預算

名店午餐

「既然來到銀座，就想在名店吃午餐」，這樣想的人就要確認這裡。

在道地印度料理老店吃午餐

NAIR'S RESTAURANT
● ナイルレストラン

已成為日本印度料理店先驅的歷史悠久餐廳。人氣的「雞肉咖哩午餐」要把清爽的咖哩醬和黃飯拌在一起再品嘗。

↑辣味恰到好處的「雞肉咖哩午餐」1500円

☎03-3541-8246 ㊉中央区銀座4-10-7 休週二 ⌚11:30～21:00（週日、假日為～20:00） ㊞地鐵東銀座站A2出口即到
MAP 附錄②P.12 E-4

可以輕鬆享用名廚的味道

LA BETTOLA da Ochiai
● ラ・ベットラ・ダ・オチアイ

落合務主廚的餐廳。可以輕鬆地享用絕品義式料理，大受好評。預約是從奇數月第1個營業日起，用電話受理2個月內的訂位。

「午餐全餐（前菜＋義大利麵＋佛卡夏）」2200円

☎03-3567-5656 ㊉中央区銀座1-21-2 休週日、週一 ⌚11:30～14:00、18:00～20:00（週五、六、假日為～21:30） ㊞地鐵銀座一丁目站11號出口步行5分
MAP 附錄②P.12 G-2

發明豬排咖哩的洋食店

Grill Swiss ●銀座スイス

為滿足前讀賣巨人棒球隊——千葉茂選手「希望趕快吃上菜，可是又想吃多一點」的點餐訴求而開發的豬排咖哩相當有名。懷舊的店內氛圍令人放鬆。

↑使用日本國產豬里肌的「千葉選手的炸豬排咖哩」1870円

☎03-3563-3206 ㊉中央区銀座3-4-1 大倉別館2F 休不定休 ⌚11:00～20:30（週日、假日為10:30～） ㊞地鐵銀座站A13出口步行3分
MAP 附錄②P.12 E-2

在銀座持續受到喜愛的洋食老店

煉瓦亭 ●れんがてい

創業127年的洋食老店。以蘸伍斯特醬品嘗的「元祖炸豬排」為首，必吃的洋食菜單一字排開。

↑外皮酥脆的「元祖炸豬排」2000円

☎03-3561-3882 ㊉中央区銀座3-5-16 休週日 ⌚11:15～14:15、16:40～20:30 ㊞地鐵銀座站A9出口步行3分
MAP 附錄②P.12 E-2

貝類料理

築地の貝
● つきじのかい

鮮味飽滿的美味配料

調理新鮮貝類的貝類料理專賣店。提供以貝類為主菜並搭配季節時蔬的料理，例如綜合貝類、烤貝等。能感受到貝類魅力的全餐也很推薦。

☎03-6278-7788 ㊉中央区築地4-1-9 大和ビル1F 休週日、假日 ⌚11:30～13:40、17:00～20:30（飲品為～21:00；週六只有白天營業）
MAP 附錄②P.12 F-5

煮星鰻深川飯
（附小菜、紅味噌湯、醃菜）900円
使用鮮味飽滿的花蛤，以上等調味手法製成的深川飯。用划算的價格就能品嘗這點令人開心

←店內沉靜的暖色照明營造出適合大人的空間。亦設有吧檯座，也可以獨自入店用餐

和食

ワイン懷石
銀座 囃shiya
● ワインかいせきぎんざはやシヤ

活用食材風味的香雅飯

由擅於設計新菜單的主廚提供新懷石料理。午餐限定供應35份，從招牌料理到豐富多變的特製香雅飯都能盡情享用。

☎03-3535-2227 ㊉中央区銀座3-8-13 光生ビルB1 休週一 ⌚11:00～14:00（售完打烊）、18:00～22:00（假日為11:00～14:00） ㊞地鐵銀座站C2出口即到
MAP 附錄②P.12 E-3

以蔬菜和鰹魚高湯製成的香雅飯
1000円
可享受蔬菜美味的香雅飯。加300円附當日現採蔬菜的沙拉

蔬菜料理

やさいの王様 銀座店
● やさいのおうさまぎんざてん

可享用豐富多彩的新鮮蔬菜

用全餐等方式提供新鮮蔬菜料理的店家。作為在附近工作的銀座OL經常光顧的午餐景點也廣為人知。不僅有當季的食材，也會採用其他地方不常見的珍貴蔬菜。

☎03-3571-9881 ㊉中央区銀座8-10-17 銀座SAZAN大樓7F 休無休 ⌚11:30～14:00、17:30～21:00 ㊞地鐵銀座站A4出口步行5分
MAP 附錄②P.13 C-5

蔬菜滿滿的塔可飯
880円
米飯、湯品、10種綜合蔬菜沙拉可續

咖啡廳餐點

METoA Cafe & Kitchen
● メトアカフェアンドキッチン

上相的華麗咖啡廳午餐

使用了大量蔬菜與有機食材製作，供應健康料理的咖啡廳。食用花的鮮豔色調讓食物看起來更加美味。沉靜的店內氛圍也合乎銀座午餐的格調。

☎03-6264-5761 ㊉中央区銀座5-2-1 東急プラザ銀座1F 休不定休（準同東急PLAZA銀座公休日） ⌚11:00～22:00 ㊞地鐵銀座站C2、C3出口即到
MAP 附錄②P.13 C-3

1290円
有6種迷你漢堡可選擇，附沙拉及湯品的午間套餐

從老店到話題店
時尚咖啡廳 & 純喫茶店 導覽

精選連內部裝潢都徹底講究的最新潮時尚咖啡廳，以及常年持續受到喜愛的老牌純喫茶店。好好地享受優質的時光吧。

這裡是魅力！
店內也能感覺到比利時皇室御用的巧克力師Marcolini先生特有的品味和沉穩風格

↑用簡約時尚的內部擺飾統一風格的2樓咖啡廳

PIERRE MARCOLINI
銀座本店
●ピエールマルコリーニぎんざほんてん

可可豆的進貨和焙煎、調合等步驟都是自己動手。除了各式各樣的巧克力甜點以外，也能享用銀座本店限定的「MARCOLINI咖哩套餐」3080円~等餐點菜單。

📞03-5537-0015
所中央区銀座5-5-8　休無休
🕐11:00~19:00
🚇地鐵銀座站B3出口即到
MAP 附錄②P.13 D-3

MARCOLINI 精選
6顆裝2268円

MARCOLINI 香草閃電泡芙
咖啡廳880円
店鋪756円

↑鬆軟輕盈的奶油和泡芙非常搭配

↑果仁糖6種裝
※內容視時期而異

MARCOLINI 巧克力百匯 1760円
使用從生產地挑選的可可豆。冰淇淋、奶油、醬料的味道融為一體，十分講究的百匯

可以盡情享用可可的香濃滋味！

享受時尚的空間
時尚咖啡廳

咖啡果凍
1100円~
風味濃厚的咖啡果凍與上頭的香草冰淇淋是絕妙搭配

在和風咖啡廳放鬆歇息

這裡是魅力！
能在洋溢和風時尚氛圍的空間享用美麗百匯，也有販售以時令水果點綴的原創冰棒

JOTARO SAITO CAFÉ
●ジョウタロウサイトウカフェ

以「傳統即新潮」為概念，致力於發揚和服作為現實服裝魅力的品牌所附設的咖啡廳。可享用季節百匯等吸睛的漂亮甜點。

📞03-6263-9961
所中央区銀座6-10-1 GINZA SIX 4F
休不定休　🕐10:30~20:00　🚇直通地鐵銀座站地下通道
MAP 附錄②P.13 D-4

↑店內整體裝潢雅緻，精心設計過的牆面令人聯想到和服的腰帶

SUZU 自家製蜂蜜檸檬汽水
748円
清爽味道

↑使用自家製蜂蜜檸檬糖漿的

SUZU CAFE -ginza-
●スズカフェギンザ

這家咖啡廳的利用方式廣泛，可以只點茶，也可以享用正宗餐點。自家製的飲品和麵包等菜單也展現出獨到的堅持。以每日更換的方式提供的甜點也廣受歡迎。

📞03-6228-6090　所中央区銀座2-6-5 銀座トレシャス6F　休無休　🕐11:00~22:45（午餐為~15:00）　🚇地鐵銀座一丁目站8號出口即到
MAP 附錄②P.12 E-2

↑椅子和桌子、照明等自家公司設計的時尚裝潢也很吸睛

這裡是魅力！
充足的陽光從窗戶照進店內，讓人容易放鬆。一個人也容易走進去

SUZU CAFE名產 卡士達布丁
680円
加入焦糖咖啡的越南風味，微苦的焦糖使布丁的甘甜更加突出

引人入勝的絕妙甘甜
成熟風味的甜點

原宿・表參道 P.40

東京站・日本橋・丸之內 P.54

銀座

P.74

台場 P.86

澀谷 P.96

東京鐵塔・六本木 P.106

上野 P.114

新宿 P.120

池袋 P.126

豐洲 P.128

築地／月島 P.130

喫茶AMERICAN
●きっさアメリカン

在銀座持續經營35年的喫茶店。三明治是使用在剛出爐的狀態下送達的整條1斤麵包。可以享用鬆軟的口感和香氣。食材有人氣的雞蛋和鮪魚、雞肉等共9種。

☎03-3542-0922 劻中央区銀座4-11-7 休週六、日、假日 ⌚8:30～10:30、11:30～14:00（售完打烊） 🚉地鐵東銀座站3號出口步行3分 MAP附錄②P.12 F-4

これは 魅力！
店內是休閒歡樂的氣氛。此外，吃不完的三明治外帶也OK

歌舞伎演員和藝人也經常光顧的店。連日顧客眾多，相當熱鬧

分量讓人驚訝的三明治

三明治 700円
口味豐富多樣，共有9種三明治。點餐須加點一杯飲品（加600円）

十分相襯

與芳醇的咖啡十分相襯

閃電泡芙 550円
接到點餐後，才會擠入奶油，淋上巧克力，從戰前開始就是招牌菜單

Tricolore 本店 ●トリコロールほんてん

於1936年創業的老店。「古董混合咖啡」使用中南美生產的高品質咖啡豆，接到點餐後會細心地以法蘭絨濾布手工沖泡出來。

☎03-3571-1811 劻中央区銀座5-9-17 休無休 ⌚8:00～17:30 🚉地鐵東銀座站4號出口即到 MAP附錄②P.13 D-4

這裡是 魅力！
店內有磚造的牆壁和暖爐、設計優雅的椅子和照明等家具，具有歷史悠久的名店才有的風情

➡沉穩的店內彌漫著自然的高雅氣氛，以及老店特有的復古氛圍

沉浸在復古的氣氛中

純喫茶店

冰淇淋蘇打（檸檬）1150円
冰淇淋漂浮在色彩鮮豔的汽水上，可以感覺銀座歷史和品味的必吃菜單

這裡是 魅力！
店內的紅牆很時尚。甜點也有裝著豐富當季水果的每月更換百匯，深受歡迎

GINZA WEST本店
●ぎんざウエストほんてん

這家洋菓子店＆咖啡廳自1947年創業以來，就作為能欣賞音樂的店吸引許多文人之類的顧客聚集。樹葉餅和餅乾都適合當作銀座的伴手禮。

☎03-3571-1554 劻中央区銀座7-3-6 休無休 ⌚9:00～21:30（週六、日、假日為11:00～19:45） 🚉地鐵銀座站C2出口步行5分 MAP附錄②P.13 C-4

在特別的空間品嘗頂極洋菓子

資生堂Parlour 銀座本店 SALON DE CAFÉ
●しせいどうパーラーぎんざほんてんサロンドカフェ

起源於明治時代日本首家開設製造、販賣蘇打水和冰淇淋的「Soda Fountain」專區。用「冰淇淋汽水」品味當時的味道和氣氛吧。

☎03-5537-6231 劻中央区銀座8-8-3 東京銀座資生堂ビル3F 休週一（逢假日則營業） ⌚11：00～20：30（週日、假日為～19：30）※不可預約 🚉地鐵銀座站A2出口步行7分 MAP附錄②P.13 C-5

長年受到喜愛的菜單，連外觀也很漂亮

宛如穿越時空回到文明開化時代，復古時尚的氛圍很舒服

千層派 462円
活用泡芙和樹葉餅兩者的特長，只有在喫茶店內才能品嘗的絕品甜點

這裡是 魅力！
塞滿SP黑膠唱片的櫥櫃等能感覺歷史的家具也引人矚目

⬆許多名曲流洩的店內。彷彿流動著和外面不同的空氣，寧靜沉穩的氣氛很有魅力

森林咖啡 680円
不使用農藥和化學肥料，可以享用咖啡豆芳醇味道的嚴選巴西咖啡

在逛銀座的空檔享用香醇的咖啡

CAFÉ PAULISTA
●カフェーパウリスタ

從明治時代就在銀座受到喜愛的名店。使用從全球嚴選直接進口的咖啡豆，可細細品嘗。「銀ぶら」的語源也有一種說法是指在這裡喝巴西的咖啡。

☎03-3572-6160 劻中央区銀座8-9 長崎センタービル1-2F 休無休 ⌚9:00～19:30（週日、假日為11:30～18:30） 🚉地鐵銀座站A4出口步行7分 MAP附錄②P.13 C-5

➡約翰・藍儂和小野洋子也曾經造訪，因而廣為人知

這裡是 魅力！
也曾出現在芥川龍之介的小說等各種文學和繪畫作品中的名店

路面店限定 美味的 銀座 伴手禮

任何人都會開心的絕品大集合！

點心老店聚集的銀座。店鋪的悠久歷史是美味的指標。把任何一個人收到都會歡欣雀躍的絕品伴手禮帶回家吧。

木挽町よしや
● こびきちょうよしや

可以烙上喜歡的印記 製作精巧的銅鑼燒

1922年創業的和菓子店。招牌商品是用1片外皮包裹十勝產最高級紅豆製成的銅鑼燒。可以烙上喜歡的印記，最適合拿來送禮。連麵糊都是手工製作，所以要訂購銅鑼燒的話建議先預約。

☎03-3541-9405
所中央區銀座3-12-9
休週日、假日
⏰10:00～18:00（售完打烊）
地鐵銀座站A7出口即到

MAP 附錄② P.12 F-4

銅鑼燒 5入756円
口味溫潤柔軟的銅鑼燒。從5入到30入都有

←店面位於歌舞伎座背面，有時也會接到藝能工作者的預約

銀座 菊迺舍
● ぎんざきくのや

名人也喜歡的華麗點心

1890年創業的老牌江戶和菓子店。可以取得職人巧妙製作的眾多漂亮和菓子。「富貴寄」756円～裝著顏色豐富多樣的小江戶和菓子，不僅外觀漂亮，當成伴手禮也很受歡迎。

☎03-3571-4095
所中央區銀座5-9-17 銀座あづまビル1F
休不定休
⏰9:30～18:00
（週六、日、假日為～17:30）
MAP 附錄② P.12 E-4

富貴寄 感謝 1404円
適合對關照自己的人表達平時的感謝或作為季節慰問品

←能同時感覺傳統和風與現代時尚的店內也有內用區。也販賣店鋪限定商品

空也 ● くうや ●

必定連日售罄的知名最中餅

以創業約135年的歷史而自豪的老店。知名的最中餅堅持不添加化學添加物，香濃的焦脆外皮和紅豆餡的風味絕妙地交織在一起。因為經常賣光，所以事先電話預約為佳。

☎03-3571-3304　所中央區銀座6-7-19　休週日、假日
⏰10:00～17:00（週六為～16:00）　地鐵銀座站B5出口步行5分

MAP 附錄② P.13 C-4

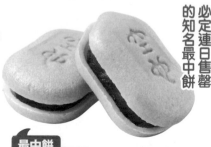

最中餅 10個裝1100円
葫蘆形狀小尺寸。第2～3天是最好吃的時候

←店面位在並木通旁邊。入口掛著門簾的簡單外觀

MATSUZAKI SHOTEN （銀座 松崎煎餅 本店）
● マツザキショウテン（ぎんざまつざきせんべいほんてん） ●

從江戶時代持續製作瓦煎餅而廣為人知的老店。瓦煎餅「大江戶松崎 三味胴」會在限定期間出現與季節有關的圖案。霰餅和御欠米菓等點心也廣受好評。

☎03-6264-6703　所中央區銀座4-13-8 岩藤ビル1F　休無休
⏰10:00～19:00　地鐵東銀座站3號出口即到　MAP 附錄② P.12 F-4

↑以紫色（紫藤色）為裝飾重點的時尚店內。也有附設內用區

大江戶松崎曆 8入1080円
會隨著季節變換圖案的三味胴禮盒值得玩味

充滿季節感的美麗圖案

資生堂Parlour 銀座本店
● しせいどうパーラーぎんざほんてんショップ ●

1902年創業的歷史悠久茶室的旗艦店。漂亮的新鮮蛋糕和仿照「資生堂」象徵「花椿」的「MAQuillAGE巧克力」等店鋪限定商品也豐富齊全。

☎03-3572-2147　所中央區銀座8-8-3 東京銀座資生堂ビル1F
休無休　⏰11:00～21:00
地鐵銀座站A2出口步行7分
MAP 附錄② P.13 C-5

花椿巧克力 各270円
店鋪限定的10種夾心巧克力。有5顆、10顆的盒裝（盒子另外收費）

超過100年持續受到喜愛的老店

←也有咖啡廳和餐廳、酒吧等樣，傳播各式各樣的飲食文化

銀座木村家
● ぎんざきむらや

作為紅豆麵包的始祖而廣為人知的老牌麵包店。紅豆麵包之後深受歡迎的「紅豆餡奶油」有紅豆餡和奶油的適當甜味會在口中擴散開來。推薦稍微加熱再品嘗。

☎03-3561-0091
所中央區銀座4-5-7
休無休　⏰10:00～21:00　地鐵銀座站A9出口即到
MAP 附錄② P.12 E-3

發泡奶油和紅豆餡的絕妙組合

←店在中央通旁邊。也附設咖啡廳和餐廳

紅豆餡奶油 270円
發泡奶油和紅豆餡恰到好處地融合在一起，相當美味！

原宿・表參道 P.40

東京站・日本橋丸之內 P.54

銀座

P.74

台場 P.86

澀谷 P.96

東京鐵塔・六本木 P.106

上野 P.114

新宿 P.120

池袋 P.126

豐洲 P.128

築地/月島 P.130

這裡也想去！

銀座（ぎんざ）

區域導覽

咖啡廳 月光莊沙龍 月のはなれ
◆けっこうそうサロンつきのはなれ

☎03-6228-5189　　MAP 附錄②P.13 C-5

由畫材倉庫改造而成的咖啡廳

畫材店「月光莊」親自打造的咖啡廳兼酒吧。在採用古材等建材的店內，可以坐在庭木環繞的露天座位或放鬆的空間中享用茶飲和餐點。推薦美國南部的家庭料理「雞肉秋葵濃湯」1500円。

所 中央區銀座8-7-18 月光莊大樓5F　休 週一、不定休　⏰16:00～22:30（週六、日、假日為12:00～）　🚇JR新橋站銀座口步行3分

➡位在住商混合大樓的頂樓，有如祕密基地的咖啡廳

美食 近大卒の魚と紀州の恵み 近畿大学水産研究所 銀座店
◆きんだいそつのさかなときしゅうのめぐみきんだいがくすいさんけんきゅうじょぎんざてん

☎03-6228-5863　　MAP 附錄②P.13 B-3

脂肪肥美的「近大鮪魚」讓人嘖嘖稱讚

這家店能品嘗到全球首家實現黑鮪魚完全養殖的近畿大學的養殖魚。除了近大鮪魚以外，還能品嘗比目魚、真鯛等新鮮的養殖魚。

所 中央區銀座6-2 東京高速道路山下大樓2F　休 不定休　⏰11:30～14:00、17:00～22:00（週日、假日為11:30～14:00、17:00～21:00）　※食材用完打烊　🚇地鐵銀座站C2出口步行3分

➡「近大鮪魚與嚴選鮮魚的握壽司御膳（特上）」2200円

購物 無印良品 銀座
◆むじるしりょうひんぎんざ

☎03-3538-1311　　MAP 附錄②P.12 E-2

讓食衣住行更豐富的世界旗艦店

用起來相當舒適的日用品就不用說了，也開發出各種類型的商品。尤以食品樓層最為豐富，集結許多以精選食材製成的商品，例如時令蔬菜、新鮮果汁以及在麵包店出爐的自然風味麵包等。

所 中央區銀座3-3-5　休 不定休　⏰11:00～21:00（平日1樓麵包店為7:30～）　🚇地鐵銀座站B4出口步行3分

➡有機栽培或農藥減量的時令蔬果一字排開

咖啡廳 MERCER BRUNCH GINZA TERRACE
◆マーサーブランチギンザテラス

☎03-3562-9551　　MAP 附錄②P.12 F-1

香醇的絕品綜合咖啡

用特製布里歐麵包製作的法式吐司套餐等具有飽足感的菜單豐富多樣。店內有可以眺望銀座街道的露臺座位，遍布奢華的空間。

所 中央區銀座1-8-19 KIRARI TO GINZA 4F　休 不定休（準同KIRARITO GINZA公休日）　⏰10:00～22:00（午餐為～16:00）　🚇地鐵銀座一丁目站7號出口即到

➡「布里歐法式吐司早午餐」1900円～

景點 歌舞伎座展覽館
◆かぶきざギャラリー

☎03-3545-6800（歌舞伎座）　　MAP 附錄②P.12 F-4

重新發現歌舞伎的魅力！

淺顯易懂地介紹歌舞伎的設施。展示廳所在的5樓還有屋頂庭園，走下通往4樓的五右衛門階梯可達「四樓迴廊」，展示著介紹歌舞伎座歷史軌跡的模型、合影看板等。

所 中央區銀座4-12-15 歌舞伎座大樓5F　休 不定休　⏰10:30～18:00　💴部分免費（收費區域休館中）　🚇地鐵東銀座站3號出口即到

➡利用視錯覺原理打造的拍照景點也很受歡迎

購物 DelReY GINZA Chocolaterie
◆デルレイぎんざショコラトリー

☎03-3571-5200　　MAP 附錄②P.13 D-3

巧克力愛好者也不禁入迷的逸品

本店在比利時安特衛普的巧克力專賣店。以DelReY的代名詞鑽石巧克力為首，在比利時製造的巧克力每一樣都是極品。2022年1月店鋪移至現址。

所 中央區銀座5-6-8 銀座島田大樓1F　休 無休　⏰11:00～19:00　🚇地鐵銀座站A1出口即到

➡「巧克力精選」4顆裝2268円

咖啡廳 BUNMEIDO CAFE GINZA
◆ブンメイドウカフェギンザ

☎03-3574-7202　　MAP 附錄②P.13 D-4

甜點類超豐富的時尚咖啡廳

以蜂蜜蛋糕廣為人知的文明堂所打造的咖啡廳。也具備銀座店限定的菜單，從咖啡廳到午餐、晚餐都能廣泛地享用。裝飾在店內的大花窗玻璃也一定要看。

所 中央區銀座5-7-10 EXIT MELSA 1F　休 不定休（準同EXITMELSA公休日）　⏰11:00～22:00　🚇地鐵銀座站A2出口即到

➡文明堂年輪蛋糕的「巧克力鍋」1400円

玩樂 日比谷OKUROJI
◆ひびやオクロジ

✎視店鋪而異　　MAP 附錄②P.13 B-4

離中心商業區稍遠的祕密景點

將建於明治時代的JR高架橋下拱門變成商業設施。有樂町～新橋站之間長達300m聚集了不少大人會喜愛的商家，例如販售印染商品和皮革製品等物的雜貨店、餐廳及酒吧等。

所 千代田區內幸町1-7-1　休 ⏰視店鋪而異　🚇JR有樂町站日比谷口步行6分

➡高雅品項齊全的雜貨店齊聚於此

購物 Venchi Ginza
◆ヴェンキギンザ

☎03-5579-5930　　MAP 附錄②P.13 D-2

在杜林誕生的高級巧克力

義大利老字號巧克力、義式冰淇淋專賣店的日本國內1號店。以從創業延用至今的食譜製作「榛果巧克力」等，提供各種風味典雅的巧克力。也很推薦義式冰淇淋。

所 中央區銀座4-3-2　休 無休　⏰9:00～21:00　🚇地鐵銀座站C8出口即到

➡代表Venchi的「榛果巧克力」每公克17.3円（1個約160円）

咖啡廳 CAFE Stylo
◆カフェスティロ

☎03-3567-1108　　MAP 附錄②P.12 E-2

能品嘗在館內蔬菜工廠採摘的蔬菜

位在「銀座 伊東屋」（→P.76）內的咖啡廳。菜單所使用的蔬菜都是採用在11樓的蔬菜工廠製作的食材。從午餐到晚餐都能廣泛利用。自然光照射進來的明亮內部裝潢也很時尚。

所 中央區銀座2-7-15 12F　休 無休　⏰11:00～20:00※過年期間需洽詢　🚇地鐵銀座站A13出口即到

➡「無花果和藍起司的沙拉」單份990円，雙份1650円

美食 そうめん そそそ ～その先へ～
◆そうめんそそそそのさきへ

☎03-6205-7172　　MAP 附錄②P.13 B-4

上等手延麵的自創素麵

以口感彈牙又美味的手延麵為食材的素麵專賣店。從簡單的品項到使用高級食材給人全新感受的自創素麵都有，可享受豐富多變的味道。

所 千代田區日比谷OKUROJI　休 第1週二　⏰11:30～22:00（飲品為～22:30）

➡加入麻炭的黑色蛋白霜與松露交融而成「飄香松露黑釜素麵」2750円

台場

おだいば

區域CONTENTS

©フジテレビ

MAP 附錄② P.14

街區介紹

這個區域聚集著具備遊樂、購物、美食的大型設施，像是代表台場的「富士電視台本社大樓」和「DECKS東京Beach」等。能眺望大海和彩虹大橋的地理位置也廣受歡迎。

CHECK 這裡的流行趨勢！ ★ NEWS & TOPICS ★

2020年8月
富士電視台GACHAPIN與MUKKU博物館開幕

首間GACHAPIN與MUKKU的常設博物館，上述角色誕生自1973年起播出的富士電視台幼兒教育節目《開啓吧！朋基基》。以懷舊影像、道具服、小道具等豐富的展示，介紹GACHAMUKU的歷史及其魅力。

☎03-5531-1111（視聽者綜合中心 9:30～21:00）
所 港区台場2-4-8 フジテレビ本社5F
休 週一（逢假日則翌日休）
⏰ 10:00～18:00
¥ 400円、中小學生100円
🚶 百合海鷗線台場站步行3分

MAP 附錄② P.14 E-4

← 也設有拍照景點、可購買限定商品的販賣專區

↑ 走入博物館會看到GACHAPIN與MUKKU的看板迎接來客
©ガチャムク

2020年6月
有明花園 開幕

座落在有明區域的大型複合設施。除了簡約時尚的商店、熱門美食之外，還有空間開放的芝生廣場乃至於療癒身心的溫泉設施樣樣齊全，可同家人或情侶一整天開心遊玩。

P.92

↑ 為臨海副都心帶來嶄新繁華風貌而蔚為話題的地標

東京站	羽田機場第1・第2航廈站
↓JR山手線	↓東京單軌電車
新橋站	天王洲Isle站
↓百合海鷗線	↓臨海線
台場站	東京電訊站
¥470円	¥710円
⏱約25分	⏱約35分

表參道・原宿 P.40

東京站・日本橋丸之內 P.54

銀座 P.74

台場

P.86

澀谷 P.96

六本木東京鐵塔・ P.106

上野 P.114

新宿 P.120

池袋 P.126

豐洲 P.128

築地月島／ P.130

遊逛台場小訣竅

適合在海濱散步
台場有眾多的「台場海濱公園」等沿海公園。晴天散步也很推薦。

中心區域利用台場站為佳
台場站方便通往富士電視台和購物中心等區域的主要景點。

地標 日本科學未來館 **B**
◆にっぽんかがくみらいかん

可體驗宇宙、地球、機器人及生命等最先進科學技術的設施。也會舉辦工作坊等各種活動。

→P.90

↑建築物外觀以仿照橢圓的整面玻璃構成，令人印象深刻

地標 DiverCity Tokyo 購物中心 **A**
◆ダイバーシティとうきょうプラザ

具備玩樂、購物、美食的娛樂設施。佇立在戶外的實物大小獨角獸鋼彈立像也一定要看。

©創通・サンライズ

→P.93

↑獨角獸鋼彈的變身表演1天舉行數次，也值得一看

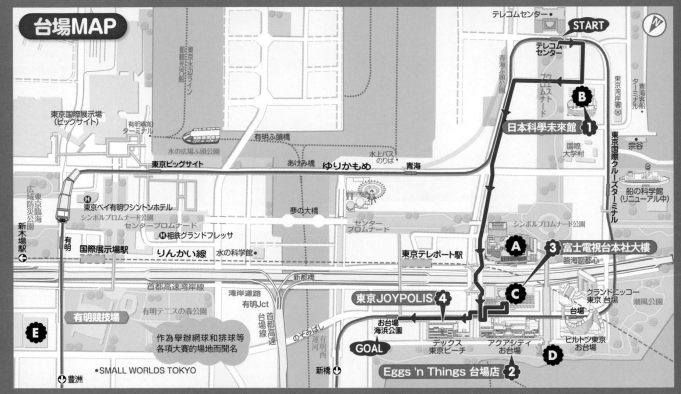

台場MAP

START / テレコムセンター / プロムナード / B / 日本科學未來館 1 / 東京國際クルーズターミナル（リニューアル中）/ 宗谷 / 青海客船署 / 青海フロントパーク / 国際大学村 / 船の科学館 / A / 3 富士電視台本社大樓 / 臨海副都心 / C / グランドニッコー東京 台場 / 潮風公園 / 東京JOYPOLIS 4 / お台場海浜公園 / 台場 / ヒルトン東京お台場 / D / GOAL / テックス東京ビーチ / アクアシティお台場 / Eggs 'n Things 台場店 2 / 新橋

テレコムセンター・ / 青海 / 東京水辺ライン 都観光汽船 / 東京国際展示場（ビッグサイト）/ 有明客船ターミナル / 水の広場ふ頭公園 / 東京ビッグサイト / あけみ橋 / ゆりかもめ / 水上バスのりば / 夢の大橋 / センタープロムナード / 東京ベイ有明ワシントンホテル / シンボルプロムナード公園 センタープロムナード / 相鉄グランドフレッサ / 東京テレポート駅 / シンボルプロムナード公園 / 広域東京臨海防災公園 / 新木場駅 / 有明 / 国際展示場駅 / りんかい線 / 水の科学館 / 首都高速湾岸線 / 新都橋 / 有明競技場 / 有明テニスの森公園 / 有明Jct / 湾岸道路 / 台場線 / 首都高 / のぞみ橋 / 運河有明西 / 作為舉辦網球和排球等各項大賽的場地而聞名 / E / •SMALL WORLDS TOKYO / 豊洲

地標 有明花園 **E**
◆ありあけガーデン

結合了購物中心、SPA、飯店、劇院等的大型複合設施。購物行程結束之後，可在腹地廣大的芝生廣場稍作休息。

→P.92

↑涵蓋約200間商店及餐廳的購物中心

上傳美照 自由女神像 **D**
◆じゆうのめがみぞう

佇立在台場海濱公園，有如台場地標般的存在。沐浴在陽光下，充滿高雅氣質的女神身影就跟本尊一樣。

→P.95

←以彩虹大橋為背景，把女神保留在照片中吧

地標 富士電視台本社大樓 **C**
◆フジテレビほんしゃビル

電視台的球體瞭望台「HACHITAMA」是標誌。除了展示區「富士電視台Gallary」以外，能購買人氣節目商品的店鋪也豐富齊全。

→P.89

↑在大樓上面散發存在感的閃耀球體引人矚目

台場 半日暢享路線

START（百合海鷗）

遠程通信中心

步行4分

1 玩樂 在日本科學未來館 體驗最新技術

→P.90

步行16分

2 美食 在Eggs 'n Things台場店 享用海景午餐

→P.94

步行6分

3 玩樂 在富士電視台本社大樓 探索電視台

→P.89

步行7分

4 玩樂 在東京JOYPOLIS 玩到心滿意足足為止！

→P.90

步行即到

GOAL（百合海鷗）

御台場海濱公園站

出口

想接著去這裡

月島區域

→P.131

在「teamLab Borderless」
感動體驗！

「反映倒影」的博物館

由森大廈與「teamLab」聯手打造幻想空間，風行一時的藝術博物館。一踏入此地便彷彿自己也化身為藝術的一部分，不可思議的樂趣值得玩味。

※預計於2023年於東京市內開設新場館。

置身於幻想空間中，體驗「非日常」

↑鏡子的效果使空間看似無邊無盡地延伸而去，可細細品味「無界」（borderless）的感覺

呼應燈森林

坐在巨大「巢」內，感受光之軌跡的地方

The Way of the Sea：浮游的網巢

↑在「浮游網巢」上或躺或坐，一邊欣賞作品。有種作品世界與現實相融的奇妙感覺

以反重力為概念呼應的生命森林

彷彿違反地球「重力」而立的神奇物體。可以任意移動

輕飄飄又多采多姿的發光物體

←就好像有岩石使水流改變方向一般

彷彿真實瀑布就在眼前的波瀾壯闊！

在人們聚集的岩石上，注入水粒子的世界

↑這件作品會受到人們動作或其他作品的影響而不斷變化

╲ 這裡最感動 ╱

❶無特定動線
沒有地圖或動線規劃，能夠自由欣賞。作品會隨著參訪的季節及時間有所變化，讓人想一去再去

❷可以拍照
只要遵守不使用閃光燈、腳架、自拍棒的規定，館內皆可任意攝影。上傳到社群媒體也OK

❸化身為作品的一部分
有幾件作品會因為觸碰或靜止不動而改變。可享受與作品融為一體的感覺

在咖啡廳也能玩賞藝術！

EN TEA HOUSE 幻花亭
● エンティーハウス

將香味濃郁的茶與藝術結合的咖啡廳。茶中映照著當季花朵，變化無限。

← 視季節而異（需確認官網）

↑使用日本國產柚子的「冷泡柚子綠茶」500円等共5種

↑映於茶中的花朵會因為撥動而凋謝，然後重新盛開

凝視細碎光芒「灑落而下」閃閃發亮的模樣

↑流瀉而下的碎光閃閃發亮，令人聯想到宇宙。光點與身體的界線消失，形成無界的藝術空間

Wander through the Crystal World

森大廈 數位藝術博物館：
EPSON teamLab Borderless

● もりビルデジタルアートミュージアムエプソンチームラボボーダレス

可欣賞、觸碰、體驗運用數位科技打造的作品，屬於沉浸式博物館。2022年8月底閉館，預計2023年在東京都內開幕新場館。

📞03-6368-4292（10:00～18:00）　🚉江東区青海1-3-8 お台場パレットタウン2F　🏖需於官網確認　← 視季節而異（需於官網確認）　¥3200円　🚃百合海鷗線青海站北口步行3分

MAP 附錄②P.15 D-3

可遊玩的電視台 富士電視台

帶著朝聖的心情玩樂吧！

說到台場的觀光景點，當然不能錯過「富士電視台」。現在就從球體瞭望台遠眺東京街區，或是參觀錄影棚一窺電視台的幕後世界吧！

富士電視台本社大樓
● フジテレビほんしゃビル

矗立於台場的電視台也有開放一般遊客入場。可以登上球體瞭望台、參觀節目的錄影棚布景等，有不少值得一看的地方。也有販售許多會讓粉絲心動不已的原創商品。

☎ 03-5531-1111（視聽者綜合中心9:30～21:00）
所 港區台場2-4-8
休 不定休、球體瞭望台為週一（逢假日則翌日休）
⏰ 10:00～18:00（球體瞭望台的門票販售為～17:30）
¥ 百合海鷗線台場站步行3分
MAP 附錄② P.14 E-4

眾多精彩之處值得一看！或許還有機會巧遇名人!?

新穎的金屬外觀設計為其特徵，室外也有不少展示

盡情眺望！

白天

此等美景不容錯過！

夜晚

↑可欣賞270度大全景，連彩虹大橋也一覽無遺。

↑光彩奪目的東京夜景盡收眼底，也很適合當作約會景點

25F 球體瞭望台「八玉」
● きゅうたいてんぼうしつはちたま

在這直徑32m的球體瞭望台，可欣賞自100m高處眺望出去的絕景。亦附設「八玉商店」，可在此選購相關商品。每隔一段期間還會舉辦展覽活動。
¥ 700円（中小學生450円）

參觀錄影棚！

24F 鬧鐘天空
● めざまスカイ

《鬧鐘電視》實際使用的錄影棚對外開放，也有展示以前來賓的簽名板等。
※有時會因為錄製節目而無法參觀

↓能夠參觀每天播放《鬧鐘電視AQUA》等節目的錄影棚

參觀懷舊電視節目的錄影棚！

從瞭望台東京絕景一覽

能夠同時遠眺東京晴空塔與東京鐵塔，也可用看附顯示螢幕的望遠鏡吧

也有豐富的購物景點

販售許多來自人氣節目的獨特富士電視台特製商品，最適合當作伴手禮了！

1F 海螺小姐 Sazae-san商店
● サザエさんのおみせ

動畫《海螺小姐》的官方商店。豐富的商品陣容會令粉絲心癢難耐，還可以在店面買到現烤的「海螺小姐燒」210円。

☎ 03-5500-6075（FujiLand網路商店）
休 不定休（視活動而異）
⏰ 10:00～18:00

海螺小姐盒裝印花餅乾 864円

© 長谷川町子美術館

1F 恰恰特快車&吉祥物商店
● チャギント&キャラクターショップ

集結了恰恰特快車、GACHAPIN、MUKKU等人氣角色商品的店鋪。店內色彩繽紛，甚至有提供嬰兒尿布台空間。

☎ 03-5500-607（FujiLand網路商店）
休 不定休（視活動而異）
⏰ 10:00～18:00

GACHAPIN／MUKKU 矽膠零錢包POCHI 1540円
©GACHAMUKKU

©チャギントン

恰恰特快車軌道組 威爾森 3190円

7F 富士電視台周邊店 FUJISAN
● フジテレビショップフジさん

富士電視台的節目及電影、動畫等各種周邊商品一應俱全的店鋪。也會舉辦各式各樣的活動。

☎ 03-5500-6075（FujiLand網路商店）
休 不定休（視活動而異）
⏰ 10:00～18:00

富士電視台員工食堂醬油拉麵 1包285円

鬧鐘君玩偶 2200円

©フジテレビ

TOWER TAG VR −eSports
タワータグヴィーアールイースポーツ

對戰型VR遊樂設施。遊戲以近未來的街上豎立多座高塔為背景，在這個VR空間挑戰2人對2人的射擊遊戲吧。
¥900円

海盜掠奪〜Bloody Morgan的寶藏〜
パイレーツプランダーブラッディモーガンのたから

坐上船椅，為了一邊用槍打倒投影在銀幕上的海盜，一邊取得財寶，前往秘密島嶼。
¥600円

景點大集合

不僅能暢玩最新的VR遊戲，還能和世界巨星或名人們拍紀念照，只有這裡才能體驗的遊戲豐富多樣。搭配圖表介紹現在應該去的矚目景點。

可以6人同時玩的世界首座VR遊樂設施
體驗 ZERO LATENCY VR！

●ゼロレイテンシーヴィーアール

來挑戰擊退殭屍的VR遊樂設施吧。想不到會是虛擬現實的真實體驗讓人從頭到尾都超興奮！

¥2000円〜（視遊戲軟體而異）預需在官網預約（一場遊戲最多6人）※視空缺狀況也能當日受理 ※可體驗的遊戲軟體視時間而異

① 聆聽說明
稱作「隊長」的工作人員會支援隊伍，並介紹遊戲的規則和操作方法，請注意聆聽吧

打倒殭屍吧〜！

② 穿戴裝備

穿戴上背包和槍、耳機和頭戴顯示裝置，準備完成。紀念照也在這裡拍攝吧♪

③ 遊戲開始！
打倒放映在頭戴顯示裝置上面的一大群殭屍吧。時間限制約15分鐘

在世界最大的室內型迷你模型公園前往袖珍世界！
SMALL WORLDS TOKYO
●スモールワールズトーキョー　約180分

總面積廣達8000㎡，堪稱世界規模最大的迷你模型公園。可體驗以最新科技及精密技術打造而成的「動態迷你模型」世界。也有提供製作自己的迷你人偶，使其住進迷你模型世界裡的獨特計畫。

☎非公開 地江東区有明1-3-33 有明物流中心 休無休 時11:00〜20:00（餐廳為12:00〜18:30；週六、日、假日為〜18:00）¥2700円，高中生、國中生1900円，4〜11歲1500円（附居住權人偶計畫為4800円〜）百合海鷗線有明網球之森站步行3分
MAP 附錄②P.15 B-5

話題・學習・簡單・拍照機會・興奮刺激

「新世紀福音戰士 格納庫」區域
迷你規格的「新世紀福音戰士」初號機、零號機、二號機就在眼前。從發射台彈射而出的場景充滿魄力

「關西國際機場」區域
在機場跑道上有共計40架飛機輪流進行寫實起降，可在此觀察機場的營運

「世界街道」區域
以亞洲、歐洲5國為舞台的區域。呈現以奇幻、蒸氣龐克要素點綴的原創世界

快樂地學習先進的科學技術
日本科學未來館
●にっぽんかがくみらいかん　約120分

日本國立的科學館。從最新科技、生命奧祕、地球環境到宇宙探索，可體驗到最先進的科學技術。

話題・學習・簡單・拍照機會・興奮刺激

☎03-3570-9151 地江東区青海2-3-6 休週二（逢假日則開館）時10:00〜16:30 ¥630円，18歲以下210円，6歲以下學齡前兒童免費（特展及球幕影院費用另計）百合海鷗線遠程通信中心站步行4分
MAP 附錄②P.14 F-2

網路物理模型
インターネットぶつりモデル

使用黑色和白色的球以視覺化的方式展示用網路傳遞資訊的構造

可以享受話題VR的室內型遊樂園
東京JOYPOLIS
●とうきょうジョイポリス　約180分

使用最新技術的新遊樂設施陸續登場，持續進化的室內型主題樂園。規模是日本最大等級。盡情享受其他地方體驗不到的刺激感和興奮體驗吧。

話題・學習・簡單・拍照機會・興奮刺激

☎03-5500-1801 地港区台場1-6-1 DECKS東京Beach 3-5F 休不定休（準同DECKS東京Beach公休日）時10:00〜21:15 ¥800円，高中生、中小學生500円 百合海鷗線御台場海濱公園站即到
MAP 附錄②P.14 E-4

用超喜歡的樂高盡情遊玩！
東京樂高樂園探索中心
●レゴランドディスカバリーセンターとうきょう　約120分

用超過300萬個樂高®積木裝飾的室內型設施。重新發現樂高®積木樂趣的娛樂設施豐富多樣。

話題・學習・簡單・拍照機會・興奮刺激

☎0800-100-5346 地港区台場1-6-1 DECKS東京Beach 3F 休不定休（準同DECKS東京Beach公休日）時10:00〜19:00 ¥當日費用2800円，2歲以下免費 ※不接受成人單獨入場 百合海鷗線御台場海濱公園站即到
MAP 附錄②P.14 E-4

樂高工廠
レゴ®ファクトリー

重現樂高®積木的工廠。可以體驗參觀工廠，學習樂高的歷史及其製作過程。全家出遊更開心

人形機器人「Alter」
アンドロイド「オルタ」

這個機器人的外觀雖然機械外露，卻能透過做出複雜的動作來表現出「擁有生命」的感覺

100億人的生存挑戰
ひゃくおくにんでサバイバル

探討會對人們生活造成威脅的災害，並提出因應之道

原宿・表參道
P.40

東京站・日本橋丸之內
P.54

銀座
P.74

台場

P.86

澀谷
P.96

東京鐵塔・六本木
P.106

上野
P.114

新宿
P.120

池袋
P.126

豐洲
P.128

築地/月島
P.130

日本
10大絕景
寺社

1 嚴島神社
いつくしまじんじゃ

人人出版
日本神社與寺院之旅
作者：K&B PUBLISHERS
規格：224 頁 / 14.6 x 21 cm
定價：450 元

一輩子一定要去一次的朝聖之旅

花與紅葉的絕景寺社
日本 10 大絕景寺社
超美主題別的絕景寺社

櫻花

紅葉

神社與寺院不僅是日本人的信仰象徵，也與日本人的生活有著密切的關係。本書帶您依主題走訪超過130間的神社與寺院！朝聖＋賞景，一輩子絕對要去一次！精美的大圖，詳細的解說、參訪＆交通資訊、周遭的觀光景點地圖。更有大型祭典、神社與寺院的建築、宗派等知識，參訪四季的美景與祭典格外教人感動！

水邊的神社

山頂的神社 ‖ 斷崖絕壁上的寺院

‖ 擁有美麗五重塔的寺院 ‖ 庭園景觀優美的寺院

巨星的蠟像聚集

東京杜莎夫人蠟像館
●マダムタッソーとうきょう　　約90分

在全世界活躍的巨星和運動選手、日本明星等，和真人一樣一樣的等身尺寸蠟像陳列了70尊以上。寫實的模樣讓人不禁大吃一驚。和憧憬的那個人一起合照吧。

☎0800-100-5346　⊞港区台場1-6-1 DECKS東京Beach 3F　休不定休（準同DECKS東京Beach公休日）　🕙10:00～19:00　¥當日費用2600円，3歲～小學生1800円（網路販售優惠票券中）　🚉百合海鷗線御台場海濱公園站即到

MAP 附錄②P.14 E-4

草間彌生　くさまやよい

世界級前衛藝術家也變成蠟像
©The images shown depict wax figures created and owned by Madame Tussauds.

E.T.　イーティー
重現《E.T.》的知名場景。穿上放在布景旁邊的連帽上衣，扮成主角艾略特吧

奧黛麗·赫本
オードリー・ヘップバーン
扮演好萊塢女演員奧黛麗·赫本，體驗看看知名電影《第凡內早餐》中的經典場景吧

附圖表，一目瞭然！
遊樂

魔法般的
XR主題公園

TYFFONIUM
ODAIBA
●ティフォニウムおだいば　　約30分

使用超越VR的次世代科技，沉浸式體驗型的遊樂設施。能夠體驗「牠／IT Carnival」、次世代恐怖遊戲「CORRIDOR」等6種遊樂設施。

☎非公開　⊞江東区青海1-1-10 DiverCity Tokyo 購物中心5F　休不定休　🕙10:00～21:00　¥「牠／IT Carnival」3400円、「CORRIDOR」2800円等　🚉臨海線東京電訊站步行3分

MAP 附錄②P.14 F-3

牠／IT Carnival

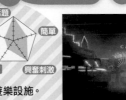

闖入電影世界的絕望遊樂設施
IT CHAPTER TWO and all related characters and elements
© & TM Warner Bros. Entertainment Inc.（s20）

目標是用奇妙的幻視畫作拍下精彩瞬間

東京幻視藝術館
●とうきょうトリックアートめいきゅうかん　　約60分

體驗使用特殊技巧和錯覺的藝術世界。江戶的街道和名作等人氣作品齊備。可以自由攝影，快來拍照吧。

☎03-3599-5191　⊞港区台場1-6-1 DECKS東京Beach 4F　休不定休（準同DECKS東京Beach公休日）　🕙11:00～20:30　¥1000円，4歲～國中生700円，3歲以下免費　🚉百合海鷗線御台場海濱公園站即到

MAP 附錄②P.14 E-4

艾姆斯房間　エイムズのへや
依照站立的位置變大或變小，身高看起來不同的奇妙空間變成忍者的房間登場了。和忍者一起擺出獨特的姿勢吧！

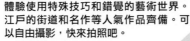

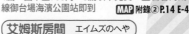

企鵝雪橇
ペンギン ボブスレー
這幅作品可以進行AR體驗，只要用專用APP拍照，畫就會動起來。抓住正在進行滑行比賽的可愛企鵝們！

屏風之虎
びょうぶのとら
老虎看起來就像從屏風中跳出來，充滿魄力的作品。坐在地板上就能拍出彷彿騎在虎背上的照片

→「頑者 NEXTLEVEL」的「特製濃厚鮮蝦豚骨沾麵」1180円是以濃厚高湯為美味關鍵

美食 5F
東京ラーメン国技館 舞
とうきょうラーメンこくぎかんまい

日本各地的6家拉麵名店齊聚。除了各店的招牌菜單以外，也能享用這裡才吃得到的原創菜單。

📞03-3599-4700（AQUA CiTY ODAIBA）
🕚11:00～22:30

→使用日本最北端的味噌「札幌みその」的「札幌味噌拉麵（添加溏心蛋）」1000円

購物 3F
Flying Tiger Copenhagen
AQUA CiTY ODAIBA
フライングタイガーコペンハーゲン アクアシティおだいばストア

→2層相疊的「午餐盒」220円。附湯匙，相當方便

→可以夾住喜歡的照片和插畫的「掛鐘」1100円

丹麥發跡的雜貨店。約2500件富含幽默感的時尚商品一字排開。容易購買的價格帶也讓人心滿意足。

📞03-6457-1300
🕚11:00～21:00

購物 3F
#C-pla
シープラ

網羅超過700種誘人扭蛋玩具的專賣店。經常上架最新商品，讓人忍不住再三來訪！

📞090-6694-6520
🕚11:00～21:00

→也可以體驗看看「玩具攝影專區」，享受擺拍扭蛋玩具的樂趣

購物 3F
MUSEUM & MUSEUM
ミュージアムアンドミュージアム

在形似美國街區的店內有5間店鋪與咖啡廳。販售雜貨的「CAPTAIN'S ROOM」有些魅力商品也很適合作為禮品。

📞03-3599-5302
🕚11:00～21:00

→如古董擺飾般的削鉛筆機「ANTIQUE SHARPENER」各660円

AQUA CiTY ODAIBA
アクアシティおだいば

此購物中心除了有該區最大的美食區以外，還集結了咖啡廳、服飾店、伴手禮店等眾多店鋪。也有大型影城、「AQUA CiTY台場神社」這類設施，在此流連一整天都不成問題。

📞03-3599-4700 📍港区台場1-7-1
🈺不定休 🕚11:00～21:00（美食區以外的餐廳為～23:00；部分店鋪為～翌日4:00）
🚉百合海鷗線台場站即到
MAP 附錄②P.14 F-4

這是怎樣的購物中心?
●聚集眾多話題店鋪
●從露台能以彩虹大橋為背景，拍攝台場的象徵「自由女神像」

話題的美食和購物豐富多樣!
4大購物中心

台場＆有明

巡遊看看人氣美食和最新遊玩景點等娛樂性十足的4座大型設施吧。一天竟然瞬間就結束了!

有明花園
ありあけガーデン

由商店&餐廳約200間店鋪集結而成的大型商業設施為主體，兼具飯店、劇院等有明新地標。結束購物行程之後，前往溫浴設施或廣闊的芝生廣場放鬆一下吧。

📞0570-077-711 📍江東区有明2
🈺不定休 🕚10:00～21:00（餐廳、美食區為11:00～23:00）※細節請確認官網 🚉百合海鷗線有明站即到
MAP 附錄②P.15 A-4

這是怎樣的購物中心?
●建於臨海副都心中心且綠意盎然的大規模複合設施
●當季美食及商店一應俱全之外，也有溫浴設施

購物 1～3F
無印良品 東京有明
むじるしりょうひんとうきょうありあけ

除了幾乎有無印良品開發的所有商品之外，也提供時令蔬果、食材秤重賣等。不僅讓生活機能更加充沛，也有室內設計、收納、空間改造等相關諮詢服務。亦附設麵包店。

📞03-6380-7818
🕚10:00～21:00

→開闊的店內還設有咖啡廳、活動專區
→1樓附設「MUJI Bakery」。搶手的咖哩麵包1個240円

美食 5F
BRIDGE
ブリッジ

布魯克林風格餐酒館在東京的起源店。招牌菜單是散發辛香料風味的自製燻牛肉三明治。還有香腸、生火腿等小菜可與精釀啤酒或紅酒一同品嘗

📞03-6457-1688
🕚10:00～22:30

→「紐約燻牛肉三明治」1200円等。香料的香氣濃郁，分量也很飽滿!

療癒 5F
泉天空之湯 有明花園
いずみてんくうのゆありあけガーデン

24小時營業的溫浴設施。有露天溫泉、碳酸泉、每日溫泉等豐富多樣的溫泉，也有岩盤浴、三溫暖。

📞03-6426-0802（5:00～翌日2:00）🈺不定休（每月會有1次設備維護日）🕚24小時（浴場為1:30～5:00清潔）

→有泡泡浴（女湯）、寢湯等多種露天溫泉。外氣浴也很適合

表參道・原宿 P.40
日本橋・丸之內 東京站・P.54
銀座 P.74
台場
P.86
澀谷 P.96
六本木・東京鐵塔 P.106
上野 P.114
新宿 P.120
池袋 P.126
豐洲 P.128
築地／月島 P.130

↑《機動戰士鋼彈UC》的純白機動戰士閃閃發光

景點 2F 實物大小獨角獸鋼彈立像
じつぶつだいユニコーンガンダムりつぞう

作為「TOKYO鋼彈計畫」的一環登場。盡可能地重現作品內的變身模樣，也有搭配燈光和音樂的震撼力十足演出。◢自由參觀

©創通・サンライズ

玩樂 7F THE GUNDAM BASE TOKYO
ガンダムベーストウキョウ

有鋼彈模型迷垂涎的限定鋼彈模型的販售和製作空間、鋼彈模型相關展示等，可以從各個角度欣賞鋼彈。

©創通・サンライズ
©創通・サンライズ・MBS

📞03-6426-0780　🕐10:00～21:00

↑設置在入口的帥氣圖案招牌是標誌

↑廣大賣場中各種原型的鋼彈模型一字排開

美食&購物都充滿娛樂感的豐富購物中心
DECKS東京Beach
デックスとうきょうビーチ

大人和小孩都能盡情遊玩的遊樂設施豐富多樣。還有日本當地只有這裡才能體驗的遊樂設施。可以感覺海風的海景餐廳和夜晚的燈光秀也廣受歡迎。

📞03-3599-6500
🏢港区台場1-6-1
🈺不定休　🕐11:00～21:00（飲食店為～23:00）　※部分店鋪有異　🚃百合海鷗線御台場海濱公園站即到
MAP 附錄②P.14 E-4

這是怎樣的購物中心?
●主題公園和遊樂景點等娛樂設施眾多
●SEASIDE DECK的燈光秀全年實施

↑即使冷掉依舊好吃的「雞蛋糕」10個400円～

購物 2F HELLO KITTYの こんがり焼
ハローキティのこんがりやき

三麗鷗角色的甜點專賣店。店內烤製的「雞蛋糕」有多種口味可選擇，例如巧克力脆片、卡士達等。

📞03-3527-6118　🕐11:00～20:00（週六、日、假日為10:00～）

美食 2F CHEESE CRAFT WORKS
チーズクラフトワークス

在關西廣受歡迎的起司料理專賣店。從起司火鍋和義大利燉飯等料理到甜點，全都大量使用起司的菜單豐富齊全。

📞03-6426-0451
🕐10:00～21:00

↑用ESPUMA製法製作的新感覺「天使鬆軟起司火鍋」1230円～

嘗嘗講究的起司料理吧

↳在具有開放感的店內品

咖啡廳 3F 東京恋テラス
とうきょうこいテラス

這間咖啡廳以「戀愛」為題，供應外觀可愛的和風甜點。也有販售形似愛心的結緣小物，以及糕點、雜貨等伴手禮。店內亦設有拍照景點。

📞03-6457-1637　🕐11:00～21:00

↑銅鑼燒、汁粉等美食照一定要上傳到IG。全家出遊也能開心享受

↺「たこ焼十八番」的「醬料美奶滋」使用混合高湯和牛奶的麵糊，8顆裝670円

美食 4F 台場章魚燒博物館
おだいばたこやきミュージアム

5家大阪人氣店鋪集結的美食區。在變寬敞的用餐空間細細品嘗職人製作的豐富多彩的章魚燒吧。

📞03-3599-6500（DECKS東京Beach）　🕐11:00～21:00　※部分店鋪有異

以「劇場型都市空間」為概念。集結美食到服飾店等各式各樣的店鋪，可暢遊一整天。以VR遊樂設施為首的體驗型娛樂活動也很齊全。

📞03-6380 7800
🏢江東区青海1-1-10　🈺不定休
🕐10:00～21:00（飲食店為11:00～23:00；美食區為10:00～22:00）　※部分店鋪有異　🚃臨海線東京電訊站步行3分
MAP 附錄②P.14 F-3

這是怎樣的購物中心?
●戶外廣場佇立著實物大小的獨角獸鋼彈立像
●大型的美食區和動漫人物店鋪齊備

玩樂 5F hexaRide
ヘキサライド

日本首座12人搭乘的騎乘型VR遊樂設施。座椅會配合寫實的VR影像上下左右地移動，感覺就像進入影片當中。

📞03-5579-6636　🕐10:00～21:00
💴1300円　※對象為7歲以上

↳可享受魄力十足的VR影像騎乘型遊戲，相關商品陸續開發中!

↑昭和的音樂流瀉而出

玩樂 4F 台場一丁目商店街
だいばいっちょうめしょうてんがい

以昭和以前懷舊的商店街為印象的區域。除了復古的雜貨和日本傳統零食、遊戲以外，還有鬼屋和太空侵略者可以盡情地玩。

📞03-3599-6500（DECKS東京Beach）　🕐11:00～21:00　※部分店鋪有異

玩樂 5F Brave Point 台場店
ブレイブポイントだいばてん

可體驗生存遊戲，備有擬真直升機和仿造監獄的遊戲室。能空手去玩的輕鬆感也是一大賣點。

📞03-3599-2115
🕐11:00～20:30
💴包套體驗2小時3300円（週六、日、假日為3600円）

↺包套體驗可以從30分鐘到3小時之間提供的4個時間選擇

AQUA CiTY ODAIBA 3F

Eggs 'n Things 台場店
●エッグスンシングスおだいばてん

以鬆餅和雞蛋料理而聞名，夏威夷發跡的休閒餐廳。露天座位不須多説，連彌漫度假感的室內座位也很推薦。任何一道料理都是分量飽滿。

📞03-6457-1478　🏠港区台場1-7-1 AQUA CiTY ODAIBA 3F　🈺不定休（準同AQUA CiTY ODAIBA 公休日）
⏰9:00~21:30　🚃百合海鷗線台場站即到
MAP 附錄②P.14 F-4

↑「草莓、發泡鮮奶油和夏威夷火山豆」1298円

觀景點	也能看見彩虹大橋和遠方東京鐵塔的身影。也很適合早餐時間前來欣賞	
露天座位 28席	預約	○（17時~）
預算	午餐1450円~／晚餐2000円~	

DECKS東京Beach 3F

ISLAND VINTAGE COFFEE 台場店
●アイランドヴィンテージコーヒーだいばてん

在夏威夷誕生的咖啡店，可以享用稀少的科納咖啡和巴西莓果碗等夏威夷特色料理。只要在優雅的露天座位品嘗，肯定可以享受到度假的氣氛。

📞03-6457-1715　🏠港区台場1-6-1 DECKS東京Beach 3F　🈺不定休（準同DECKS東京Beach公休日）　⏰11:00~21:00（準同DECKS東京Beach營業時間）　🚃百合海鷗線御台場海濱公園站即到
MAP 附錄②P.14 E-4

觀景點	從露天座位能一望彩虹大橋。朝向窗戶的吧檯座位也很推薦	
露天座位 10席	預約	×
預算	午餐1000円~／晚餐1000円~	

↑使用鮪魚和酪梨，健康的「醬油醃生魚蓋飯」1716円

↑帶有柔和的甜味，容易品嘗的「巴西莓果碗」1490円~（半份為972円~）

絕景和美食都能享受！
海景咖啡廳&餐廳

台場是代表日本的海濱之一。一邊眺望架設在海上的彩虹大橋等美麗的風景，一邊享用奢華的料理吧。早上和夜晚的氣氛都超棒！

DECKS東京Beach 5F

OCEAN CLUB BUFFET
●オーシャンクラブビュッフェ

在讓人聯想到客船的店內，幾乎全天都能享受無時間限制的自助餐風格。在充滿生活感的開放式廚房製作的世界各國料理共備有大約50~60種，相當豐富。

📞03-3599-6655　🏠港区台場1-6-1 DECKS東京Beach 5F　🈺不定休（準同DECKS東京Beach公休日）　⏰11:00~21:30　🚃百合海鷗線御台場海濱公園站即到
MAP 附錄②P.14 E-4

→「晚餐吃到飽」的一例。和洋交織而成的料理讓人嘖嘖稱讚

日之出出發
從船上觀看的台場超棒！

美妙的午餐&晚餐航遊

Tokyo Bay Cruising Restaurant SYMPHONY
●東京ベイ・クルージングレストランシンフォニー

可以一邊享用法式、義式等全餐料理，一邊欣賞東京灣的絕景。遊船駛向台場之際，東京晴空塔等地標一覽無遺。

📞03-3798-8101（Symphony Cruise）　🏠港区海岸2-7-104　🈺無休　※可能基於天候不佳等因素而停駛　⏰11:50~14:00、15:00~15:50、16:20~18:20、19:00~21:30　※航行前30分完成搭乘手續　💰午餐巡遊4000円~，下午茶巡遊2200円~，夕陽晚餐巡遊5800円~，晚餐巡遊6800円~（皆含服務費），僅乘船1600円~　🚃百合海鷗線日之出即到
MAP 附錄②P.4 F-4

→從橋下仰望彩虹大橋是大魄力軸

在有如豪華客船的空間品嘗眾多美食

觀景點	電燈和間接照明營造出成人的氣氛。窗戶旁邊的座位很少，事先預約為佳	
露天座位 150席	※雨天時不開放	預約 ○
預算	午餐1800円~／晚餐3000円~	

AQUA CiTY ODAIBA 4F

cafe LA BOHÉME 台場
●カフェラボエムおだいば

有海景餐廳、主餐廳、Bar Lounge這3間不同氣氛的房間，因此相當適合各種場合。提供連素材也很講究的正宗義大利麵和披薩、葡萄酒。

📞050-5444-6478　🏠港区台場1-7-1 AQUA CiTY ODAIBA 4F　🈺無休　⏰11:30~22:00　🚃百合海鷗線台場站即到
MAP 附錄②P.14 F-4

↑人氣菜單的「清蒸雞和青蔥的和風醬」1080円

欣賞精彩夜景
優雅的台場之夜

觀景點	暖色的間接照明讓店內彌漫浪漫氣氛。窗戶旁邊的座位很熱門，必須預約。	
露天座位 ×	預約 ○	
預算	午餐1250円~／晚餐2200円~	

表參道
原宿
P.40

東京車站・
日本橋・丸之內
P.54

銀座
P.74

台場

澀谷
P.96

六本木・
東京鐵塔
P.106

上野
P.114

新宿
P.120

池袋
P.126

豐洲
P.128

築地／
月島
P.130

AQUA CiTY ODAIBA

景點 自由女神像
◆じゆうのめがみぞう

📞 03-3599-4700（AQUA CiTY ODAIB）　MAP 附錄②P.14 F-4

代表台場的漂亮全景

可以從AQUA CiTY ODAIBA「自由女神像」的露台」眺望的女神像，是這個區域的必拍攝影景點。以彩虹大橋為背景，尋找震撼壯觀的拍攝角度吧。夜晚的點燈也很漂亮，十分值得一看。

所 AQUA CiTY ODAIBA 3F自由女神像的露台　⏰自由參觀

➡佇立在藍天下的女神充滿高雅氣質

美食 H.B. GRILL
◆エイチビーグリル

📞 03-6380-7011　MAP 附錄②P.14 F-4

同時享受絕景與炙烤料理

以臨海熱帶餐廳為發想的店內洋溢著南國氛圍。可眺望彩虹大橋與東京夜景，一邊享用牛排、漢堡排等正統炙烤料理的露天座位也廣受好評。

所 AQUA CiTY ODAIBA 5F
休 不定休
⏰ 11:00～21:00
（週六、日、假日為～22::00）

➡滋味濃郁的部位「肋眼牛排300g」2900円

DECKS 東京 Beach

景點 台場Illumination「YAKEI」
◆おだいばイルミネーションヤケイ

📞 03-3599-6500（電話語音）　MAP 附錄②P.14 E-4

台場的燈光秀景點

全年舉辦的燈光秀有高約20m的「台場紀念樹」等亮點，值得一看。在拍照景點「海濱陽台」惬意欣賞美景吧。

所 DECKS東京Beach 3F海濱甲板　休 不定休
⏰ 日落～24:00　※可能視季節變更內容、時間

➡沉迷於絢爛的燈光秀變化

購物 ハイカラ横丁
◆ハイカラよこちょう

📞 03-3599-1688　MAP 附錄②P.14 E-4

昭和的復古商品大集合

這家雜貨店可以感覺到復古美好的昭和風情。懷舊的卡通人物商品和與懷舊零食、玩具、偶像商品等獨特商品緊密地陳列在店內。氣氛宛如雲梭回到過去

所 DECKS東京Beach 4F
休 不定休
⏰ 11:00～21:00

➡1968年誕生的世界首款市售咖哩調理包「Bon Curry」216円

DiverCity Tokyo 購物中心

玩樂 東京便便博物館
◆うんこミュージアムトウキョウ

📞 非公開　MAP 附錄②P.14 F-3

在社群媒體分享可愛的「便便」世界吧

以「MAX便便真可愛」為概念的必看超萌展覽，顛覆你對「大便」的印象！還能暢玩以「便便遊戲」為首的體驗型遊樂設施。陳列五花八門便便主題商品的商店也不容錯過。

所 DiverCity Tokyo 購物中心2F　休 不定休　⏰ 11:00～19:30（週六、日、假日為10:00～）　¥ 1800円，小學生1000円，學齡前免費

➡適合拍照的便便主題空間相當大

美食 Carl's Jr.
◆カールスジュニア

📞 03-5579-6692　MAP 附錄②P.14 F-3

在全球廣受歡迎的高品質漢堡

自加州誕生的漢堡店在2018年11月開幕。把徹底實行品質管理的澳洲產牛肉直接用火細細烘烤而成的漢堡肉，讓店家引以為豪。接到點餐才開始製作，因此能吃到現做的美食。

所 DiverCity Tokyo 購物中心2F 美食區內
休 不定休　⏰ 10:00～21:30

➡放到150g安格斯牛肉排的「原創安格斯漢堡」1150円

購物 哆啦A夢未來百貨公司
◆ドラえもんみらいデパート

📞 03-6380-7272　MAP 附錄②P.14 F-3

世界首間「哆啦A夢」官方商店

根據跨越世代與國籍的超人氣角色「哆啦A夢」世界觀所打造的體驗型商店。除了店鋪限定商品之外，還設有專區可模擬體驗「任意門」等祕密道具。

所 DiverCity Tokyo 購物中心2F　休 不定休
⏰ 10:00～21:00

➡在「祕密道具實驗室」體驗看看「哆啦A夢」的祕密道具吧！

©Fujiko-Pro

購物 DECORA CREAMERY
◆デコラクリーマリー

📞 03-3527-5291　MAP 附錄②P.14 F-3

曬照效果極佳的新感覺霜淇淋

色彩繽紛的可愛商品齊備的霜淇淋專賣店。棉花糖裝飾在上面的霜淇淋和珍珠飲料等嶄新的菜單一字排開。豐富的口味也引人矚目。

所 DiverCity Tokyo 購物中心2F 美食區內
休 不定休　⏰ 10:00～21:30

➡「棉花糖珍珠抹茶牛奶×檸檬」648円

玩樂 TOKYO NO KABA
◆トウキョウノカバ

📞 03-3455-2211（フジエクスプレス）　MAP 附錄②P.14 F-4

從水上和陸地上進行台場觀光

可以享受台場兜風和東京灣航遊的水陸兩用巴士。從AQUA CiTY ODAIBA出發，經過人氣景點，再從台場海濱公園前往海上。衝入海中那一瞬間的巨大水花震撼力十足。

所 港區台場1-7-1 AQUA CiTY ODAIBA 1F海側巴士乘車處　休 週三　⏰ 視行程而異（參照TOKYO NO KABA官網）　HP http://www.kaba-bus.com/tokyo/）　🚃 百合海鷗線台場站步行5分

➡從海上觀賞彩虹大橋的非日常體驗

玩樂 東京都水科學館
◆とうきょうとみずのかがくかん

📞 03-3528-2366　MAP 附錄②P.15 C-3

體驗學習和水有關的奧妙

從科學的角度介紹水的奧妙和重要性的設施。最新的影像劇院等體驗型遊樂設施有50種以上，供水處的探險旅程也廣受歡迎。

所 江東區有明3-1-8　休 週一（逢假日則翌日休）
⏰ 9:30～16:30　¥ 免費
🚃 臨海線國際展示場站、百合海鷗線東京國際展覽中心站步行8分

➡在「Aqua Trip 水的旅程Theater」可以體驗變成水的感覺

購物 WTW
◆ダブルティー

📞 03-5962-4730　MAP 附錄②P.15 A-4

琳瑯滿目的海洋風雜貨

以「URBAN.SURF.NATURAL.」為概念，主打品項充滿放鬆感的生活風格店鋪。除了販售雜貨、西方服飾等，商品也很多元。買好東西之後去附設的咖啡廳坐坐吧。

所 有明花園 購物中心3F　休 不定休
⏰ 10:00～21:00

➡與清爽室內設計相配的抱枕套「薩爾／阿波羅 抱枕套BL」各3850円

澀谷

☆しぶや

區域CONTENTS

MAP
附錄②
P.16

CHECK 這裡的流行趨勢！

★ NEWS & TOPICS ★

2021年4月

Blue Bottle Coffee 澀谷店 開幕

↑澀谷區限定的一起司磚蛋糕一605円

藍瓶咖啡首間公園咖啡廳。可以待在講究室內設計的店內或是露天座位，享用美味的咖啡、午餐及甜點。

☎非公開
所 渋谷区神南 1-7-3 渋谷区立北谷公園内
休 無休　⏰8:00～22:00　🚉JR澀谷站八公口
步行7分
MAP 附錄② P.17 C-2

→融入公園的自然氛圍

2021年7月

澀谷 東急FoodShow 整修開幕

「澀谷Mark City」的1樓 與地下1樓、橫跨「澀谷地下街」的美食區升級了。商業設施的初設店鋪與限定商品相當齊全。

P.15

→店內走道寬廣而易於通行

2021年8月

Disney HARVEST MARKET By CAFE COMPANY 開幕

這間咖啡廳商店以「Japan Local」為概念，供應嚴選食材且營養均衡的精心菜單。以迪士尼世界觀為發想的設計與藝術感讓店內及餐具充滿特色。

☎050-3733-5055
所 渋谷区渋谷2-21-1 澀谷Hikarie 7F
休 無休　⏰11:00～19:00（飲品為～19:30），週六、日為～20:00（飲品為～20:30）　🚉直通JR等澀谷站
MAP 附錄② P.16 E-4

→「下午茶派對」3520円（餐點為2人份～）

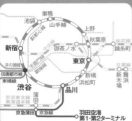

©Disney

東京站	羽田機場第1、2航廈站
JR山手線	京急線（快特）
	品川站
	JR山手線
澀谷站	澀谷站
¥200円	¥470円
⏰約25分	⏰約35分

街區介紹

流行時尚、音樂業界、娛樂等年輕人的流行持續誕生的街道。以「澀谷站前十字路口」為首，高雅的時尚店鋪和咖啡廳也很多，近年來已進化成連成人都著迷的流行敏銳度高的街道。

表參道・原宿 P.40
日本橋・東京站 P.54
銀座 P.74
台場 P.86
澀谷 P.96
六本木・東京鐵塔 P.106
上野 P.114
新宿 P.120
池袋 P.126
豐洲 P.128
築地／月島 P.130

遊逛澀谷小訣竅

如果不知道出口，就去八公口

4家鐵道公司的路線在此交會，出口眾多的澀谷站。如果迷路，就試著前往也有服務處的八公口吧。

週六、日和活動時超壅塞！

避開萬聖節等大活動的時期是明智的選擇。如果要去，就注意四周行走吧。

地標 澀谷Hikarie

◆しぶやヒカリエ

位在澀谷站東口的高樓層複合式設施。以對流行敏感的女性為對象，流行時尚和美妝、甜點等商品也豐富齊全。11樓是音樂劇的劇場。

→P.100

©Shibuya Hikarie
➡優質的餐廳也進駐

地標 SHIBUYA STREAM

◆しぶやストリーム

興建在澀谷川旁邊的大規模複合式設施。除了各種餐廳和咖啡廳以外，也由飯店、辦公室、劇場、2座廣場等設施組成。

→P.101

©渋谷ストリーム
➡廣場也會舉辦活動

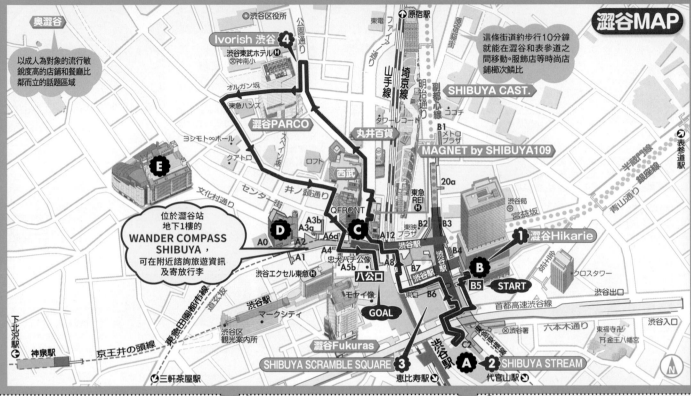

澀谷MAP

奧澀谷
以成人為對象的流行敏銳度高的店鋪和餐廳比鄰而立的話題區域

這條街道約步行10分鐘就能在澀谷和表參道之間移動。服飾店等時尚店鋪櫛次鱗比

SHIBUYA CAST.

MAGNET by SHIBUYA109

Ivorish 澀谷 4
澀谷PARCO
丸井百貨
西武
QFRONT
C
位於澀谷站地下1樓的WANDER COMPASS SHIBUYA，可在附近諮詢旅遊資訊及寄放行李
D
A0 A2 A1
忠犬八公像
A5b
八公口
渋谷エクセル東急
モヤイ像
澀谷站
マークシティ
渋谷区観光案内所
澀谷Fukuras
SHIBUYA SCRAMBLE SQUARE 3
GOAL
1 澀谷Hikarie
B5 START
B SHIBUYA STREAM 2
A
恵比寿駅
代官山駅

地標 Bunkamura THE MUSEUM

◆ブンカムラザミュージアム

位在複合文化設施「Bunkamura」內的自由型美術館。以1年4～6次的企劃展為中心，舉辦各式各樣的展覽會。

MAP 附錄② P.17 A-4

➡附設的美術館商店也廣受歡迎

地標 SHIBUYA 109澀谷店 D

◆シブヤいちまるきゅーしぶやてん

掌握以年輕女性為對象的流行趨勢，各類時尚齊全的流行趨勢祖發源地。購物中途想休息可至地下2樓的甜點樓層。

→P.101

➡平價的店也很多

上傳美照 澀谷站前十字路口 C

◆しぶやスクランブルこうさてん

大量行人往來的十字路口是象徵澀谷的光景之一。拍照的人也很多。

MAP 附錄② P.17 C-4

➡號稱世界最大規模的通行量。外國人也知道的知名景點

澀谷 半日暢享路線

START（地鐵）
澀谷站 → 直通

1 購物
在澀谷Hikarie
B5出口
→P.100

步行3分

2 美食
在SHIBUYA STREAM
品嚐漢堡午餐
→P.101

步行5分

3 玩樂
從SHIBUYA SCRAMBLE SQUARE
SHIBUYA SKY
一望街道
→P.98

步行11分

4 咖啡廳
在澀谷Ivorish
吃甜點休息
→P.103

步行8分

GOAL（JR）
澀谷站
八公口

想接著去這裡
原宿・表參道區域
→P.40

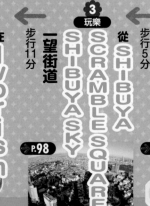

澀谷的話這裡不能錯過！
景點 大解析

在據說是百年難得一見的重新開發下誕生的2大新設施。購物、美食機能自不用說，還可以前往瞭望景點、休憩公園等地，試著以多種享樂方式發掘澀谷的新魅力。

堪比西班牙王室御用等級的實力店

↑ 使用義大利麵取代米飯，可以充分品嘗海鮮的鮮美

1F 甜點
PHILIPPE CONTICINI
☆ フィリップコンティチーニ

能夠享受巴黎甜點大師菲利普・康帝辛尼獨創之作的店鋪。提供布朗尼、費南雪等烘烤點心。

☎03-6427-4921
🕙10:00～21:00

香濃巧克力餅乾
享受迷人口感

巧克力餅乾
4片入
1080円

↑ 以巧克力豆、米果為餡料，口感相當豐富

13F 餐廳
José Luis
☆ ホセルイス

在西班牙馬德里經營60年以上的老牌餐廳。注重傳統與革新的料理在不失重現道地風味的前提下，也化身為日本人會喜愛的味道。

☎03-6452-6227
🕙11:00～23:00

招牌 濃厚鮮蝦湯頭
海鮮燉麵 大蒜蛋黃醬
泡沫（前方）
2750円

濃縮美容與健康的祕訣

Landtmann 青綠果昔
1320円

↑ 以滿滿蔬菜打製的綜合飲料，入口滑順。食材會視季節而有所變動

6F 咖啡廳
ANNA'S by Landtmann
☆ アンナーズバイラントマン

由在奧地利維也納被譽為最優雅的老字號咖啡餐廳負責把關。以「從體內開始變美」為核心，供應活用食材的果昔。

☎03-6433-5997
🕙10:00～20:30

源自巴黎的新感覺麵包

B2 麵包店
Thierry Marx La Boulangerie
☆ ティエリーマルクスラブーランジェリー

在「米其林指南」上被譽為「星星承包商」的巴黎知名主廚創立的麵包店。除了巴黎的招牌商品之外，也陳列許多適合在日本販售的品項。

☎03-6450-5641
🕙10:00～21:00

千層脆皮布里歐
1個1620円

↑ 使用北海道產小麥與發酵奶油等的特製商品

體驗至高無上的全景景觀

尤其 這裡 不能錯過！

↑ 也有供休息的舒適沙發

14・45・46F・頂樓
頂樓 瞭望景點
SHIBUYA SKY
☆ シブヤスカイ

由各有特色的3個區域構成體驗型瞭望空間。頂樓廣達約2500㎡，帶來徹底解放的感覺。東京名勝自不用說，晴天時還可以看到富士山呢。

☎03-4221-0229
🕙10:00～21:20（需確認官網）
💴門票2000円，國高中生1600円，小學生1000円，3～5歲600円

也能享受絕景的澀谷新象徵

SHIBUYA SCRAMBLE SQUARE
★ しぶやスクランブルスクエア

47層樓高的建築坐實了該區域最高地標的盛名，為直通、直上澀谷站的大規模複合設施。以可享受從230m高的大全景觀、蔚為話題的體驗型瞭望景點為首，最流行的美食及商店總是擠滿人潮。

☎03-4221-4280 🏠渋谷区渋谷2-24-12 🈳不定休 🕙10:00～21:00（部分店鋪有異）🚉直通JR等澀谷站
🗺MAP 附錄②P.17 D-5

原宿·表參道 P.40

東京站·日本橋·丸之内 P.54

銀座 P.74

台場 P.86

澀谷

P.96

六本木·東京鐵塔 P.106

上野 P.114

新宿 P.120

池袋 P.126

豐洲 P.128

築地／月島 P.130

MIYASHITA PARK

★ ミヤシタパーク

於宮下公園舊址誕生的複合設施。開闊的空間聚集了涵蓋橫丁美食街的商業設施、飯店、頂樓公園等，可以從早到晚度過一段充實的時光。

從公園搖身一變 煥然一新的文化景點

✆視店鋪、設施而異 所渋谷区渋谷1-26-5（南街区）、渋谷区神宮前6-20-10（北街区） 休 ⏰視店鋪、設施而異、🚉東急東横線、田園都市線、地鐵澀谷站B1出口即到

MAP 附錄② P.17 D-2

現在要去 2大熱門

澀谷區立宮下公園

☆ しぶやくりつみやしたこうえん

作為東京首座頂樓公園而為人所知的宮下公園，經過改造之後重回世人眼前。不僅滑板場、攀岩場等運動設施完備，也可以在寬廣的「芝生廣場」放鬆休息。

帽 滑板場可免費借用安全帽

約1000㎡的「芝生廣場」也會辦活動

✆03-6712-5291 休不定休 ⏰8:00～23:00（運動設施為9:00～21:30）
¥滑板場2小時1000円，中小學生480円，學齡前免費（20歲以上陪同者需付費）

RAYARD MIYASHITA PARK

☆ レイヤードミヤシタパーク

有約90間種類豐富的店鋪聚集在此的商業設施。有許多可滿足多樣價值觀、文化性極高的店鋪。能品嘗全國名產美食的「澀谷橫丁」更是不容錯過。 ✆03-6712-5630（服務時間11:00～18:00） 休無休 ⏰視店鋪而異

SOUTH2F 文具·雜貨

HIGHTIDE STORE

☆ ハイタイドストア

以福岡為據點的文具、雜貨製造商旗艦店。提供顧客用於妝點生活的產品，像是能讓辦公更愉快的文具、小物等。也很適合來此挑選禮物。

✆03-6450-6203
⏰11:00～21:00

充滿特色的原創文具&雜貨

おくすり袋
あめちゃん
旅のおとも
非常食

創新復古束口袋（小）各550円

→有著可愛復古圖案的束口袋適合拿來裝小東西

館料組成的日本限定菜單

在蛋沙拉上添加鮮蝦、酪梨等

愛吃蛋的人無法抗拒的究極蛋堡

SOUTH2F 餐廳

eggslut

☆ エッグスラット

公園旁夾心漢堡 1274円～

誕生自洛杉磯的蛋料理專賣店。鎮店菜單蛋堡是以自製布里歐漢堡包將軟嫩的炒蛋包起來，可享受柔軟而綿密的新口感。

✆03-6712-5251 ⏰11:00～21:00

尤其 這裡 不能錯過！

SOUTH1F 咖啡廳·輕食

純喫茶&スナック 思ひ出

☆ じゅんきっさアンドスナックおもいで

昭和懷舊咖啡廳到了晚上會變成卡拉OK輕食店。咖啡廳菜單上有冰淇淋汽水、日式拿坡里義大利麵等招牌料理一字排開。入夜之後還會有來自全國各地的媽媽桑到此出差上班呢。

✆03-6712-6177
⏰24小時營業

懷舊的昭和氣氛 令人陶醉

布丁水果拼盤 770円

→擺滿水果的古早味卡士達布丁

SOUTH2F 餐廳

MIYASHITA CAFE

☆ ミヤシタカフェ

在福岡的人氣霜淇淋專賣店「Daimyo Softcream」的新型態商店。也供應虹吸式特製茶咖啡、季節限定菜單。

✆03-6712-5650 ⏰11:00～21:00

入口滑順 香醇濃厚的味道

Daimyo草莓霜淇淋 649円

→使用天然竹炭製成黑色甜筒，再盛上純白霜淇淋與草莓

琳琅滿目的時髦雜貨＆甜點

A 澀谷Hikarie
しぶやヒカリエ

直通流行文化集散地澀谷站的高樓層複合設施。從美食到雜貨，以流行敏銳度高的成熟女性為客群的商店無一不備。

☎03-5468-5892　📍渋谷区渋谷2-21-1
休無休　🕙10:00～21:00（咖啡廳＆餐廳6～8樓、11樓為11:00～23:00）　🚉直通JR等澀谷站
MAP附錄②P.16 E-4

©Shibuya Hikarie

B2、B3 食品
東橫暖簾街
☆とうよこのれんまち

東京百貨東橫店於1951年作為日本第一家食品名店街開幕，而東橫暖簾街於2020年5月入駐其中。從知名老店到最流行的品牌，約開設100間等級領域廣泛、品味陣容齊全的店鋪。與SHIBUYA SCRAMBLE SQUARE內的「東急Food Show Edge」、「澀谷 東急FoodShow」一起透過東急百貨，成為澀谷美食重要的「美食一大市集」之一。

➡B2的東橫暖簾街有許多適合當伴手禮的甜點、烘焙商品或葡萄酒等等

⬆B3的東橫暖簾街販賣熟食跟生鮮食品

KOONIES 1個411円

⬆餅乾、甘納許及巧克力的組合

B2 美食
MICHALAK
☆ミシャラク

巴黎發跡的著名法式甜點店

由巴黎知名甜點大師米夏拉克創立的法式甜點店。推出許多充滿玩心的精緻藝術甜點。
☎03-6427-3130

⬇步行10分（宮益坂～神宮通～公園通）

娛樂＆文化的發源地

B 澀谷PARCO
しぶやパルコ

集結美食、藝術、時尚等各種領域的商業設施。五花八門的店鋪齊聚於此，不時發展出嶄新多樣的文化。

☎03-3464-5111　📍渋谷区宇田川町15-1
休不定休　🕙10:00～21:00（餐廳為11:00～23:30）
　※部分店鋪有異　🚉東急東橫線、田園都市線、地鐵澀谷站A3、A6出口步行5分
MAP附錄②P.17 C-3

6F 遊戲、角色商品
Nintendo TOKYO
☆ニンテンドートウキョウ

限定商品也很齊全的官方商店

日本首間「任天堂」直營店。除了遊戲機、遊戲軟體之外，也有販售原創角色商品。
☎03-6712-7155

⬆人氣角色在門口迎賓

餅乾 水管 超級瑪利歐 2200円

5→瑪利歐的絨毛玩偶吉祥物共5種

⬆令人懷念的歷代瑪利歐遊戲包裝一字排開！

吉祥物 超級瑪利歐 Power-Up 1650円

©Nintendo

B1 性別友善酒吧
Campy! bar
☆キャンピーバー

重現酷炫的新宿2丁目！

跨越年齡與性別的性別友善酒吧。跟開朗又有魅力的工作人員痛快喝到天亮吧！

⬆約有40種酒，每杯900円～。23時過後也可以唱卡拉OK

☎03-5422-3015
🕙19:00～翌日4:00

滑板板身
Pokémon Center SHIBUYA
Graffiti Art 皮卡丘
13200円

反面　　　正面

⬆與澀谷的街頭文化很搭

店內為近未來風格的空間→

6F 角色商品
寶可夢中心澀谷店
☆ポケモンセンターシブヤ

澀谷的寶可夢新據點

酷炫設計令人印象深刻的寶可夢官方商品。能購買客製化T恤的「寶可夢設計實驗室」也備受矚目。
☎03-5422-3522

形形色色的設施齊聚於此！

澀谷地標巡禮

從年輕人到大人都被吸引而來的文化發源地——澀谷，這裡有多間各具特色的店鋪，先鎖定5個地標來去走走逛逛吧！

表參道
原宿·
P.40

日本橋
東京站·
丸之內
P.54

銀座
P.74

台場
P.86

澀谷

P.96

六本木
東京鐵塔·
P.106

上野
P.114

新宿
P.120

池袋
P.126

豐洲
P.128

月島
築地/
P.130

C

SHIBUYA109澀谷店
シブヤいちまるきゅーしぶやてん

時尚潮流的聖地

孕育眾多流行的時尚大樓。以廣受10~20幾歲女性歡迎的人氣品牌為中心，可以在此選購各種類型的當季商品。地下還設有甜點樓層。

☎03-3477-5111（綜合資訊）　励渋谷区道玄坂2-29-1　休無休　⌚10:00~21:00（7樓咖啡廳Ma Maison為~22:00；Cheeseとはちみつ為11:00~22:00）　励直通東急東橫線、田園都市線、地鐵澀谷站A2出口
MAP 附錄②P.17 C-4

↓ 步行4分（西班牙坂~文化村通）

售成的華麗洋裝　鞋子另以細緻高雅的蕾絲製

5F 時裝
MURUA
☆ ムルーア

講究細節的商品

以帥氣男性化風格結合女性韻味的獨特情調，推出適合現代女性的多種服飾。
☎03-3477-5152

開心果與紅樹莓（雙球）內用520円~

ViTO

↺ 微甜而清爽不膩的口感堪稱絕品！

B2F 美食
ViTO COFFEE
☆ ヴィトコーヒー

享受口感獨特的義式冰淇淋

這間店主打對身體無負擔的健康義式冰淇淋。以獨門製法將樸質的滑順口感與濃厚風味化為現實。
☎03-6427-8879

6F 甜美

寬袖蕾絲洋裝 9900円
dazzlin
☆ ダズリン

想走甜美女孩路線就來這

以「New sweet casual」為概念，可以實現新潮又成熟可愛的風格。
☎03-3477-5183

打褶寬褲 8690円

⌖經典打褶寬褲的高腰設計令修飾美腿的效果絕佳

↓ 步行5分（文化村通~神宮通）

產品、澀谷伴手禮也有販售日本各地的特色

2F 時裝·雜貨
BEAMS JAPAN SHIBUYA
☆ ビームスジャパンシブヤ

將日本魅力發揚成BEAMS流

供應以「究極的基本」為題的原創服飾、以和風素材點綴的物件。澀谷店限定的商品也值得關注。
☎03-5422-3974　⌚10:00~21:00

17·18F 餐廳
CÉ LA VI TOKYO
☆ セラヴィトウキョウ

有3個區域可供享受的大人社交場所

能品嘗創新現代亞洲料理的高級餐廳、休閒餐廳，乃至於營業到深夜的俱樂部休息室，有各式各樣的空間能夠使用。
☎0800-111-3065　⌚午餐11:00~14:00，咖啡廳14:00~17:00，晚餐17:00~23:00　¥服務費10%（俱樂部休息室費用不同）

從18樓的高級餐廳能狗一覽夜景

高雅的成熟高級空間

D

東急PLAZA澀谷
とうきゅうプラザしぶや

進駐「澀谷Fukuras」2~8樓、17、18樓的商業設施。集結不少以「打造供大人玩樂的澀谷」為概念，走在流行尖端的都市派商店。
MAP 附錄②P.17 C-5

☎03-3464-8109　励渋谷区道玄坂1-2-3 澀谷Fukuras內　休不定休　⌚10:00~21:00（部分視店鋪而異，需確認官網）　励JR澀谷站南剪票口西口即到；東急東橫線、田園都市線、地鐵澀谷站A5、1出口即到

↓ 步行5分（玉川通）

E

SHIBUYA STREAM
しぶやストリーム

多國籍的美食寶庫

建於舊東橫線澀谷站的月台、線路舊址等澀南區域的大規模複合設施。有眾多可滿足饕客味蕾的咖啡廳及餐廳。
☎0570-050-428（資訊服務台10:00~21:00）　励渋谷区渋谷3-21-3　休不定休　⌚視店鋪而異　励直通東急東橫線、田園都市線、地鐵澀谷站C2出口
MAP 附錄②P.16 E-5

3F 餐廳
XIRINGUITO Escribà
☆ チリンギートエスクリバ

在發源地超過25年仍人氣不減的海鮮料理

在這家海鮮餐廳能夠品嘗西班牙巴塞隆納被譽為「最好吃」的熱門海鮮燉飯。除了海鮮燉飯之外，也供應可搭配美味塔帕斯の料理的酒類。
☎03-5468-6300　⌚11:00~22:00

Escribà海鮮燉飯 M尺寸 3850円

慢燉而成以濃縮海鮮等美味精華的湯汁

培根起司堡 1650円

1F 餐廳
THE GREAT BURGER STAND
☆ ザグレートバーガースタンド

肉汁欲滴的豪爽漢堡

供應美味漢堡的人氣餐廳。以天然酵母麵包、粗絞肉製成的多汁厚實漢堡排，供應具南加州風情的漢堡品項。
☎03-6450-5332　⌚11:00~22:30

⌖豐厚的100%牛肉肉感十足！附薯條

澀谷咖啡廳
午餐 & 甜點

話題店聚集的激戰區！
Lunch & Sweets

多間時髦咖啡廳散布在澀谷，讓崇尚流行的年輕人趨之若鶩。日本哈日情報誌編輯部嚴選出幾間可享用精緻午餐或甜點的店，在此推薦給大家！

Guzman y Gomez 澀谷店

● グズマンイーゴメズしぶやてん

澳洲發跡的人氣墨西哥餐館。使用新鮮的食材，點餐之後才會開始烹調，所以總是能嘗到美味的墨西哥食物。

☎ 03-3461-3800 囧 渋谷区神南1-11-3 第二大外ビル1F 休無休 ⊡ 11:00~22:00 囨 JR澀谷站八公口步行6分

MAP 附錄②**P.17 D-3**

→ 在明亮而充滿朝氣的店內品嘗墨西哥捲餅、塔可餅等

塔可餅套餐
2捲 1130円~ /
3捲 1270円~

墨西哥捲餅套餐
一般 930円~ /
加大 1380円~

主餐可選墨西哥捲餅或塔可餅，並附上灑滿原創香料的薯條及飲料，是相當划算的套餐

身在東京卻能品嘗道地的墨西哥料理

這裡也值得關注
雖然氣氛休閒，卻也堅持打造出和餐廳一樣的品質

自家製塔塔醬的南蠻雞 午餐 979円

多汁的唐揚雞裏上清爽&香濃的特製醬料。附飲料吧為1144円

在夢幻的咖啡廳享用溫暖的和食午餐

這裡也值得關注
不只是氣氛，用心烹調的料理和甜點也很道地

時尚 午餐

從海外發跡的話題店到能享受氣氛的咖啡廳都有，不用再煩惱午餐景點。特別掛保證的店是這裡！

and people jinnan

● アンドピープルジンナン

以NY的廢墟為印象的咖啡廳。古董家具和雕刻、從天花板垂掛而下的眾多照明等獨特的室內擺飾，營造出夢幻的氣氛。午餐也提供烤魚等和食菜單。

☎ 03-6455-1354 囧 渋谷区神南1-20-5 VORT 渋谷 briller 6F 休不定休 ⊡ 12:00~23:00（飲品為~22:30）囨 JR澀谷站八公口步行5分

MAP 附錄②**P.17 C-3**

→ 天花板高聳的悠閒空間。各種類型的椅子和沙發坐起來十分舒服，似乎會待上很長時間

→ 濕潤濃厚的「熔岩巧克力蛋糕」638円。裡面有半熟的巧克力

Glorious Chain Café SHIBUYA

● グロリアスチェーンカフェシブヤ

生活風格品牌「DIESEL」經營的國際餐館。供應不限國籍、分量飽滿的豐富菜單。會隨晝夜改變的店內氛圍也是一大魅力。

☎ 03-3409-5670 囧 渋谷区渋谷1-23-16 cocoti 1F 休不定休 ⊡ 11:30~22:00 囨 地鐵澀谷站B1出口即到

MAP 附錄②**P.17 D-3**

世界觀的餐館
可體驗「DIESEL」

班尼迪克蛋料 1300円
附飲料
（平日午餐時段為1250円）

水煮嫩蛋與荷蘭醬、鹽味恰到好處的自製烤火腿是絕配

這裡也值得關注
一邊感受室內裝飾、餐具等品牌精髓一邊用餐

Zarigani Cafe

● ザリガニカフェ

這家店是因為老闆想要打造出會想起小時候的祕密基地的場所，於是便將這個想法付諸實現。從午餐到甜點都具備豐富多彩的菜單，可以搭配場合利用。

☎ 03-5459-0655 囧 渋谷区宇田川町6-11 原宿パークマンション1F C号室 休不定休 ⊡ 12:00~22:30（飲品為~23:00；週日為~22:00 飲品為~22:30）囨 JR澀谷站八公口步行10分

MAP 附錄②**P.17 B-2**

古董家具擺得很有品味的店內。一個人也容易走進去

這裡也值得關注
可以讓人忘卻澀谷喧囂的空間。午餐到17時也讓人開心

龍蝦咖哩 1100円
在使用雞絞肉的溫和咖哩中加入豪達起司，以提升香濃風味。附醃漬蔬菜

會想要待很久的悠閒隱密咖啡廳

原宿・表參道 P.40
東京站・丸之內日本橋 P.54
銀座 P.74
台場 P.86
澀谷
P.96
東京鐵塔・六本木 P.106
上野 P.114
新宿 P.120
池袋 P.126
豐洲 P.128
築地／月島 P.130

這裡也值得關注
彷彿經過烤製的生起司蛋糕，能夠享受兩種不同的口感

生動的粉紅
演繹女孩甜美風格

宇田川起司蛋糕 660円
在風味濃郁的起司蛋糕上澆淋酸甜藍莓醬的人氣餐點

流行趨勢 甜點
午餐過後再吃點心也不嫌飽！社群媒體瘋傳的咖啡廳、滿滿水果的豪華甜點，讓人超級滿足

專賣店才有的香濃法國吐司

這裡也值得關注
從特製麵包到發酵奶油、冰淇淋都使用嚴選食材

享受奢華感的幸福百匯

草莓百匯 1760円
大方擺滿紀之國屋採購嚴選草莓的百匯

這裡也值得關注
使用新鮮的高級水果，保證一試成主顧

Berry Deluxe 1980円
夾入奶油起司和莓果的果醬。充滿水果，色彩繽紛

Ivorish 渋谷
●アイボリッシュしぶや
以輕盈口感和豐富多彩的裝飾配料為特徵的法式吐司專賣店。法式吐司徹底講究素材和製法，連外觀都很華麗。期間限定的菜單也會登場。
↑位在大樓的地下樓層，沉穩的大人氣氛
☎03-6455-3040
⌂渋谷区宇田川町3-3 B1
休第1、3週二（逢假日則翌日休）
⌚11:00～19:00
🚉JR澀谷站八公口步行8分
MAP 附錄② P.17 C-2

Gourmand Market KINOKUNIYA SHIBUYA SCRAMBLE SQUARE店
●グルマンマーケットキノクニヤしぶやスクランブルスクエアてん
「紀之國屋」首間咖啡廳與酒吧附設店鋪，可以充分享受以水果為主角的甜點。
☎03-6803-8318
⌂渋谷区渋谷2-24-12 SHIBUYA SCRAMBLE SQUARE B1
休不定休（準同SHIBUYA SCRAMBLE SQUARE公休日）
⌚9:00～20:30（食品販售區為10:00～21:00）
🚉直通JR等澀谷站
MAP 附錄② P.17 D-5

→亦附設麵包店、熟食店

FLAMINGO
●フラミンゴ
以紅鶴為主題的咖啡廳＆餐館經過整修。常備DJ器材的開放式吧檯，營造出一種美式氣氛。營業至深夜這點也令人開心。

↑酒瓶塔讓店內搖身一變為大人氛圍

←繪在店內牆上的嘴唇圖案相當惹眼。電視節目來訪時也常用作拍攝場景
☎03-6416-5513
⌂渋谷区宇田川町10-2
休無休
⌚11:30～翌日2:00（週五、六、假日前日為～翌日5:00）
🚉JR澀谷站八公口步行9分
MAP 附錄② P.17 B-2

純洋食とスイーツ パーラー大箸
●じゅんようしょくとスイーツパーラーおおはし
以復古流行為主題的咖啡廳。由代代木上原星級法式餐廳「sio」的鳥羽周作主廚負責把關，從炸蝦等洋食菜色到懷舊甜點都能在此品嘗。
☎03-5422-3542
⌂渋谷区道玄坂1-2-3 澀谷Fukuras內 東急PLAZA澀谷 6F
休不定休
⌚11:00～23:00
🚉JR澀谷站南剪票口西口即到
MAP 附錄② P.17 C-5
→特列克作品的石造牆壁上飾有羅雅店內

這裡也值得關注
外表結實偏硬，內部則為滑順口感。不同滋味的碰撞令人感動！

米其林主廚的手作布丁

和諧的布丁 500円
焦糖的微苦凸顯了輕巧盛放於上頭的鮮奶油甜味！

tokyo salonard cafe : dub
●トウキョウサロナードカフェダブ
RENOVATION PLANNING親手打造的咖啡廳。具有年代感的吊燈柔和照亮的店內，有如廢墟中的祕密小屋一般。以沙發座位為主，可以悠閒地度過。
☎03-3463-0724
⌂渋谷区道玄坂1-11-3 富士商事ビル2F
休無休
⌚12:00～23:00（飲品為～23:30）
🚉JR澀谷站西口即到
MAP 附錄② P.17 C-5

↑「香烤法式吐司」900円帶有表面酥脆、裡面濕潤的新口感，讓人吃得開心

改建自住商混合大樓的祕密小屋咖啡廳

→店內的照明微亮，氣氛沉穩。也有吧檯座位

流瀉著舒適音樂的放鬆空間

具有開放感的天花板高聳，從前方是脫衣舞劇場。樓上也有藝廊

宇田川カフェ 別館
●うだがわカフェべっかん
位在大樓6樓的小咖啡廳。可以忘記喧囂好好放鬆的氣氛很有魅力。晚上也會舉辦現場演唱會和DJ活動等節目。
☎03-3464-9693
⌂渋谷区宇田川町36-3 営和ビル6F
休不定休
⌚18:00～翌日2:00（週五為～翌日4:00；週六為12:00～翌日4:00；週日為12:00～翌日2:00）
🚉JR澀谷站八公口步行7分
MAP 附錄② P.17 B-3

夜間咖啡廳
可以悠閒度過
在此介紹氣氛沉穩的咖啡廳，遊玩後或飯後都能利用。在講究的室內擺飾和音樂的包圍下度過一段療癒的時光吧。

→使用大量新鮮哩料的一澀谷乾咖哩 1045円

CAMELBACK
sandwich & espresso

●キャメルバックサンドウィッチアンドエスプレッソ

小間的外帶專賣店。正宗咖啡和三明治、溫馨的氣氛都很有魅力，受到當地攜家帶眷的客人和外國旅客的喜愛。在散步途中順路前往也很適合。

☎03-6407-0069　渋谷区神山町42-2 1F　休不定休　⏰9:00～18:00　地鐵代代木公園站2號出口步行5分　MAP 附錄②P.23 B-2

↑融入街道中的時尚外觀。坐在店前的長椅好好品嘗吧

↑由20多年交情的摯友2人所經營。舒服的待客態度和氣氛讓人想要多光顧幾次。

設計獨特

店內後方有整面落地窗的「編輯部」，

↑也有人氣雜誌和奇怪類型的書、雜貨，怎麼看都不會膩

步行3分

九滿喜歡書本的想法

貼近生活的書店

SPBS 本店

●エスピービーエスほんてん

企劃編輯公司所經營的書店。員工以讀者的角度挑選多種類型的書一字排開，每次造訪都能享受和書本的全新相遇。也會不定期舉辦講座活動。

☎03-5465-0588　渋谷区神山町17-3 テラス神山1F　休不定休　⏰11:00～23:00（週日為22:00）　JR渋谷站八公口步行13分　MAP 附錄②P.23 B-2

步行13分

JR澀谷站
八公口

一「帕瑪產生火腿和大片青紫蘇的玉子三明治」450円、「壽司店的玉子三明治」450円、「拿鐵」550円

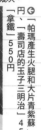

從5.5坪中誕生的美味相遇讓人感動

高級美食和店鋪聚集的街道

奧澀谷散步
成人的講究

遠離澀谷喧囂的神山町、富谷附近被稱為「奧澀谷」，聚集著能讓成人滿足的優質店鋪。前去和為生活增添色彩的美妙商品相遇吧。

↑簡單的店內有品味地擺放了嚴選商品。最適合送禮

步行即到

The Monocle
Shop Tokyo

●モノクルショップトウキョウ

資訊雜誌《Monocle》的東京分公司兼店鋪。從與知名品牌合作的聯名商品到原創商品，有如真的從雜誌的報導中飛出來的嚴選商品齊備。

☎03-6407-0845　渋谷区富ヶ谷1-19-2　休週一、二　⏰12:00～19:00（週日為～18:00）　地鐵代代木公園站2號出口步行5分　MAP 附錄②P.23 B-2

A5 必買的 Hardcover Linen Notebook 1本　3355円

國外雜誌社經營的選貨店

↑「濃縮咖啡」550円。搭配微甜的豆蔻捲480円

步行2分

挪威發跡、帶水果香的北歐風焙煎咖啡

↑改裝自老宅的店內可以感受到木頭的溫暖感覺

步行3分

NATA de Cristiano

●ナタデクリスチアノ

以葡萄牙的傳統點心——蛋塔廣受好評的店。蛋塔是在講究食材的塔皮中倒入雞蛋奶油，再用高溫烘烤而成，味道很道地。蛋塔以外的傳統點心也引人矚目。

☎03-6804-9723　渋谷区富ヶ谷1-14-16 スタンフォードコート103　休無休　⏰10:00～19:30（有可能售完）　地鐵代代木公園站2號出口步行3分　MAP 附錄②P.23 B-2

地鐵
代代木
公園站
2號出口

的磁磚是標誌。店前也有長椅

藍色的屋頂和可愛

「葡式蛋塔」1個220円。麵包的鹽味和奶油的甜味絕妙

在葡萄牙廣受喜愛的葡式蛋塔

步行2分

FUGLEN TOKYO

●フグレントウキョウ

挪威發跡的咖啡廳進軍海外的第1家店。在擺放著復古家具的店內，可以悠閒地享用以高品質咖啡豆細心沖泡的咖啡。

☎03-3481-0884　渋谷区富ヶ谷1-16-11　休無休　⏰7:00～翌日0:30（週一、二為～21:30）　地鐵代代木公園站2號出口步行3分　MAP 附錄②P.23 B-2

咖啡廳 347CAFE&LOUNGE
◆サンヨンナナカフェアンドラウンジ

☎ 03-5766-3798　MAP 附錄②P.17 D-3

彷彿在度假的游泳池畔咖啡廳

讓人聯想到南法度假村的開放式露天咖啡廳。供應上相的料理及甜點等，可享用五花八門的菜色。

所 渋谷区渋谷1-23-16 cocoti 3F
休 無休
⌚ 11:30~22:00
🚇 地鐵渋谷站B1出口即到

�’ 身在渋谷卻能忘記喧囂好好放鬆的露天座位

美食 T4 KITCHEN
◆ティーフォーキッチン

☎ 03-6452-5744　MAP 附錄②P.17 D-2

時尚的複合型桌球設施

融合了和食、洋食、中式料理的平價餐廳。提供各種類型的座位，例如附插座的吧檯座、寬敞舒適的沙發座、或包廂等等。也有原創的桌球桌。

所 渋谷区神南1-12-16 ASIA BUILDING1F
休 週二（需確認）
⌚ 11:30~23:30
🚇 JR渋谷站八公口步行6分

�’ 也有展示以桌球為素材的藝術作品

這裡也想去！

渋谷
しぶや
區域導覽

購物 CACAO STORE
◆カカオストア

☎ 03-3460-1726　MAP 附錄②P.23 A-1

Bean to Bar的巧克力店

「THE OBROMA」親自經營的巧克力選貨店，具備豐富多樣的商品。內用空間也提供使用巧克力的餐點。

所 渋谷区富ヶ谷1-6-8
休 無休　⌚ 11:00~20:00（週五、六、假日為~21:00）
🚇 地鐵代代木公園站1號出口即到

�’ 「奧澀巧克力 HACHI」2片裝490円。優質味道的巧克力餅乾

美食 Taco Bell 渋谷道玄坂店
◆タコベルしぶやどうげんざかてん

☎ 03-6427-8543　MAP 附錄②P.17 B-4

日本最大的墨西哥速食店

將多汁的肉塊、萵苣、切達起司以墨西哥薄餅包裹起來的塔可餅推薦必點。可享受酥脆墨西哥玉米餅＆鬆軟墨西哥薄餅的組合。

所 渋谷区道玄坂2-25-14
休 無休　⌚ 11:00~23:00（週六、日、假日為10:00~）
🚇 JR渋谷站八公口步行5分

�’ 脆硬墨西哥炸玉米餅的「CRUNCHY TACO」和柔軟墨西哥薄餅的「SOFT TACO」1個290円

玩樂 ヨシモト∞ホール
◆ヨシモトムゲンダイホール

☎ 03-5728-8880　MAP 附錄②P.17 B-3

這裡是渋谷的歡笑聖地！

以在電視上活躍的年輕藝人為中心，每天持續進行相聲或企劃表演的渋谷超級娛樂景點。可「親眼」觀賞笑料不斷的魅力演出！

所 渋谷区宇田川町31-2 渋谷BEAM B1
休 不定休
⌚ 視公演而異
🚇 JR渋谷站八公口步行7分
HP http://www.yoshimoto.co.jp/mugendai/

�’ 利用網站或電話預約吧

購物 Archivando
◆アルチヴァンド

☎ 03-5738-7253　MAP 附錄②P.23 B-2

把優質的生活用品存檔

販賣從前店鋪設計師的老闆從國內外精選的生活用品。從餐具類到雜貨等蘊含作者想法的商品一字排開。

所 渋谷区神山町41-5
休 週一、二
⌚ 12:00~20:00
🚇 地鐵代代木公園站2號出口步行5分

�’ 「鍋墊」5830円。黃銅製，質感會越用越好看

美食 喜樂
◆きらく

☎ 03-3461-2032　MAP 附錄②P.17 B-4

長年光顧的紛絲眾多！渋谷數一數二的名店

創業60年以上的老牌拉麵店。在醬油高湯中添加焦蔥的香濃滋味，一碗高完成度的簡單拉麵讓人著迷。

所 渋谷区道玄坂2-17-6
休 週三
⌚ 11:30~20:30
🚇 JR渋谷站八公口步行7分

�’ 放有許多肉厚餛飩的「豆芽菜餛飩麵」950円

玩樂 SHIBUYA CAST.
◆しぶやキャスト

☎ 視店鋪而異　MAP 附錄②P.17 D-2

充滿創意的空間

位於貓街入口的複合設施。有多家時髦的熟食店、商店。有時創作者也會在開放式花園舉辦活動等。

所 渋谷区渋谷1-23-21
休 無休
⌚ 視店鋪而異
🚇 各線渋谷站B1出口即到

�’ 要前往原宿或表參道也很方便的地帶

購物 金のとりから 東京・渋谷センター街店
◆きんのとりからとうきょうしぶやセンターがいてん

☎ 03-3464-5585　MAP 附錄②P.17 C-4

必定大排長龍的知名唐揚店

酥脆多汁又健康的唐揚是細長的獨特形狀。共8種香料可以自由使用，試試看各式各樣的口味吧。

所 渋谷区宇田川町25-3
休 無休
⌚ 11:00~22:30
🚇 JR渋谷站八公口步行4分

�’ 100g300円。因為是棒狀，所以適合邊走邊吃

美食 カレーやさん little shop
◆カレーやさん リトルショップ

☎ 03-3770-1304　MAP 附錄②P.17 A-4

CP值超高的大分量咖哩

有柴魚風味高湯入味的和風咖哩專賣店。活用素材鮮味的講究配菜擺放在上面，分量飽滿。

所 渋谷区円山町10-16
休 週日
⌚ 11:00~咖哩醬用完打烊
🚇 JR渋谷站八公口步行10分

�’ 放上大山雞的唐揚雞等配菜，飽足感十足的「特製咖哩套餐」800円

MIYASHITA PARK
P.99

玩樂 KitKat Chocolatory MIYASHITA PARK 渋谷店
◆キットカットショコラトリーミヤシタパークしぶやてん

☎ 03-6427-6811　MAP 附錄②P.17 D-2

「KitKat」首間體驗型店鋪

世界首創的獨特景點，內有製作「原創KitKat」、飾有「KitKat」設計的鋼琴演奏、可留影紀念的牆面藝術。在附設的咖啡廳及店鋪，拜倒在酥脆香甜的魅力之下吧！

所 MIYASHITA PARK South2F　準同MIYASHITA PARK
公休日
⌚ 11:00~21:00（咖啡廳為~19:00）

�’ 將喜愛的巧克力倒入模具，選擇4種配料製成「My KitKat」2200円（附1杯飲料）　※預約制（事先／當日），開始時間需確認官網

表原參宿・P.40
日本橋・東京之間P.54
銀座 P.74
台場 P.86
渋谷
P.96
六本木・東京鐵塔 P.106
上野 P.114
新宿 P.120
池袋 P.126
豐洲 P.128
月島／築地 P.130

充滿各國風情的流行都市

★とうきょうタワー★
東京鐵塔

★ろっぽんぎ★
・六本木

MAP
附錄②
P.18

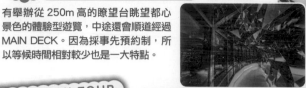

250m TOP DECK

⏱夜晚點燈營造出更夢幻的氛圍

有舉辦從 250m 高的瞭望台眺望都心景色的體驗型遊覽，中途還會順道經過 MAIN DECK。因為採事先預約制，所以等候時間相對較少也是一大特點。

5 TOP DECK
布滿幾何鏡的近未來風格空間，可以欣賞景色映於鏡中的獨特懸浮感

TOP DECK TOUR

1 櫃台
在FOOT TOWN 1樓的入口出示預約時收到的QR碼

2 MAIN DECK
搭乘專用電梯，首先前往150m高的 MAIN DECK

3 Tower Gallery
在只有遊覽參加者能通過的展覽室回顧東京鐵塔的歷史

4 迎賓區
通往TOP DECK的電梯入口處也有供應飲料等的服務

至今仍持續進化的東京象徵

東京鐵塔 升級了！

作為東京象徵一直備受世人愛戴的 333m 綜合電波塔。裡面有可感受歷史的展覽室、漫步瞭望台的遊覽之旅等，處處充滿魅力！

東京鐵塔官方吉祥物
諾朋兄弟

我們在東京鐵塔等你唷

生性害羞的哥哥（左）身穿藍色，個性活潑的弟弟（右）則身穿紅色吊帶褲。這對雙胞胎兄弟永遠都是10歲

東京鐵塔
●とうきょうタワー

高達333m的綜合電波塔。1958年開業，當時為全世界最高的自立式鐵塔。設有2座瞭望台，還有聚集了各式商店、餐飲店的 FOOT TOWN。

📞03-3433-5111　所港区芝公園4-2-8　休無休　⏰MAIN DECK 9:00～22:30，TOP DECK導覽 9:00～22:15（最後導覽）　※視人潮狀況可能會提早結束。FOOT TOWN視店鋪而異　🚇地鐵赤羽橋站赤羽橋口步行5分

	MAIN DECK	TOP DECK TOUR	
大人	1200円	網路事先預約 2800円 當日售票口購買 3000円	
高中生	1000円	網路事先預約 2600円 當日售票口購買 2800円	
兒童 (中小學生)	700円	網路事先預約 1800円 當日售票口購買 2000円	
幼兒 (4歲以上)	500円	網路事先預約 1200円 當日售票口購買 1400円	

※TOP DECK TOUR的費用已包含MAIN DECK的入場費。想前往TOP DECK就必須參加TOP DECK TOUR

MAP 附錄② P.18 F-5

東京站	羽田機場第1、第2航廈站
↓JR山手線	↓京急線(快特)※直通都營淺草線
浜松町站	
↓步行	
大門站	大門站
↓地鐵大江戶線	↓地鐵大江戶線
赤羽橋站	赤羽橋站
↓地鐵大江戶線	↓地鐵大江戶線
六本木站	六本木站
¥340円	¥500円
⏱約20分	⏱約45分

看看昔日的東京鐵塔吧！

至今依舊為人所熟知的東京鐵塔是日本戰後的代表性建築物之一。搭配珍貴的老照片一起回顧相關歷史吧！

↑1957年6月開工，僅花了1年半就完工
↑工程的進行主要仰賴專業工匠的手工作業

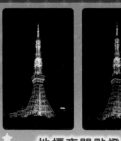

地標夜間點燈
眾所熟知的招牌點燈。有溫暖的冬季版本（右）與涼爽的夏季版本（左）2種造型

也不忘觀賞點燈後的模樣！

每天日落之後至24時會進行點燈的東京鐵塔。其中還有活動期間限定的特殊造型呢！千萬別錯過！

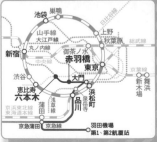

150m MAIN DECK

2019 年 9 月重新整修之後，四面所有的窗框、玻璃都改成了加大尺寸，如今能夠欣賞更加生動的景緻。

1F Skywalk Window

●スカイウォークウィンドウ

從鋪設玻璃的地板能夠一窺 145m 正下方的風景。除了原有的北側 2 處，南側也增設了 2 處。有不少人因為平常難得的刺激體驗而不經意停下呢！

1F Club333 ●クラブトリプルスリー

備有臨場感十足的音響設備、260 吋大型 LED 螢幕顯示器的多功能活動空間。會舉辦現場音樂表演、談話活動等使用影像的豐富節目。

333m

1-5F FOOT TOWN

位於鐵塔腳下的多功能設施。內有美食區、伴手禮店等，推薦在前往瞭望台前後抽空逛一逛。

3F Mother Farm CAFE

●マザーぼくじょうカフェ

提供以鮮奶製成的霜淇淋等可享受牛奶原本美味的多種甜點，也有販售酒精飲料、輕食。

☎03-6666-0333
⏰9:30～21:50

↑仿照美食區的座位空間用起來很方便

◆高約33．3㎝的「東京鐵塔百匯」800円

◆由共 14 層構成的「東京鐵塔堡」960円，高得嚇人！

2F 摩斯漢堡

位於美食區內。販售以特製辣醬為賣點、以東京鐵塔為發想的限定漢堡。

☎03-5425-6302 ⏰11:00～19:00

2F Pink dot. ●ピンクドット

可享用「可朗芙」、「吉拿棒」等各種甜點以及原創飲料。

☎03-5776-1845
⏰9:30～22:00

◆兼具鬆餅柔軟與可頌麵包酥脆口感的「可朗芙」。附香草冰淇淋430円

購物與美食需求皆能滿足！

伴手禮可至官方商店購買！

鐵塔內有 2 個官方商品商店，有空的話務必逛逛！為 MAIN DECK 的「THE SKY」與 FOOT TOWN 3 樓的「GALAXY」。

↑「水鑽鐵塔」（共4種）各1430円

MAIN DECK 2F
THE SKY ●ザスカイ

FOOT TOWN 3F
GALAXY ●ギャラクシー

景觀！藝術！美食！

在 六本木新城 暢快遊玩！

六本木新城是六本木數一數二的地標。有高檔的美食和逛街購物的天堂，可在此感受名流氣息。也別忘了來展望台欣賞絕美景觀喔！

東京街區一覽無遺！
絕景 令人感動！

充滿娛樂的經典觀光地
六本木新城
● ろっぽんぎヒルズ

匯集各種潮流的大型複合設施。進駐了200間以上的商店和餐廳，還有可將整個東京都盡收眼底的超高層展望台，以及美術館、電影院、電視台、庭園等許多值得一看的景點。

✆03-6406-6000（綜合資訊）
🏠港区六本木6 休視店鋪、設施而異 🚃直通地鐵六本木站1C出口
MAP 附錄②P.19 B-4

可說是六本木招牌的地標塔

SKY DECK ── 六本木新城展望台 東京城市觀景
── 森美術館 ➡ P.109
── 森大廈
── 東京君悅酒店
六本木欅樹坂街 ── HILLSIDE ── WEST WALK / METRO HAT
── NORTH TOWER
麻布十番方面 ── HOLLYWOOD PLAZA
朝日電視台 ➡ P.134 ── 毛利庭園
西麻布・六本木駅

森大廈52F
六本木新城展望台 東京城市觀景
● ろっぽんぎヒルズてんぼうだいとうきょうシティビュー

眼前是整片東京街景
位於森大廈52樓的室內展望台，可透過一整面玻璃觀景窗在高11m的挑高環繞式建築中欣賞絕景。可同時看到東京鐵塔和東京晴空塔®！

✆03-6406-6652
（森藝術中心畫廊）
休不定休 ⏰10:00～22:00
（SKY DECK為11:00～20:00）
💴費用變動制（SKY DECK費用另計。一般500円）

薄暮中的東京夜景十分浪漫

↑在可就近感受天空之藍的SKY DECK盡情空中散步

每月第4週五的觀星活動
六本木天文俱樂部日

在SKY DECK會定期舉辦由天文專家解說的觀星活動、天文研習。大人小孩皆可參加。放輕鬆參加看看吧。

在紀念品商店購買 **原創商品！**

在瞭望台欣賞完景色之後，不妨買些原創商品帶回家，作為來館紀念的伴手禮！

飯川雄大 餐盤
S1430円、M2860円
創餐盤
「Decoratorcrab -Mr.Kobayashi, the Pink Cat-」的原

美術家飯川雄大

One-and-Only 票卡夾
各1210円
➡以清爽水色為Logo設計的壓克力票卡夾

東京城市觀景 棉製托特包 黑／自然
各550円
➡保有側邊空間而便於使用，印有「TOKYO CITY VIEW」Logo的托特包

表參道·原宿 P.40
東京站·日本橋·丸之內 P.54
銀座 P.74
台場 P.86
澀谷 P.96
東京鐵塔·六本木
P.106
上野 P.114
新宿 P.120
池袋 P.126
豐洲 P.128
築地/月島 P.130

認識現代藝術的最新發展

森大廈53F
森美術館
●もりびじゅつかん

位於「六本木新城」森大廈最上層的國際化現代藝術美術館。以「藝術＋生活」為宗旨，積極舉辦藝術及建築、設計等多元豐富的企劃展。

📞050-5541-8600（代availability諮詢）
休不定休（展覽期間無休）
⏰10:00～21:30（週二為～16:30）
※可能會變更
¥視企劃展而異

企劃展info
聆聽地球四周的聲音：後疫情時代的身心狀態
2022年6月29日～11月6日

各式各樣必看的企劃展
沉浸在藝術中
在這裡休息

森大廈52F
THE SUN & THE MOON
●ザサンアンドザムーン

這家咖啡餐廳是由平價而舒適的咖啡廳，加上彷彿置身於天空之森的時尚餐廳所構成。

📞03-3470-5235（咖啡廳）、03-3470-0052（餐廳）
休不定休 ⏰咖啡廳11:00～21:00（飲品為～21:30），餐廳11:00～20:00（飲品為～21:00）
晚餐時段可眺望夜景

可在約1000㎡的寬廣會場悠閒欣賞藝術品

展示場景：「新·北齋展 HOKUSAI UPDATED」森藝術中心畫廊，2019年

悠閒地欣賞豐富的展覽
森大廈52F
森藝術中心畫廊
●もりアーツセンターギャラリー

位於森大廈52樓的藝廊。從世界著名美術館的館藏企劃展，到動漫作品、流行時尚等，推出各式各樣的展覽

📞03-6406-6652（10:00～20:00）
休不定休 ¥視企劃展而異
※展覽會展期以外閉館

企劃展info
愛麗絲 奇幻、奇妙的世界
2022年7月16日～10月10日
最新展覽資訊需至https://macg.roppongihills.com/確認

照片提供：森美術館
↑有很多新穎的企劃展，可了解藝術的現況

和菓子 結
●わがしゆい

名古屋製菓老店「両口屋是清」的姐妹品牌。推出了許多味道佳、外觀也美的和菓子。

📞03-5411-1133
休無休
⏰11:00～20:00

TOKYO遠望 4320円
以羊羹呈現六本木新城等東京街道的剪影
有效期限：製造日起30天

精選商店比比皆是
NORTH TOWER B1
美食＆禮品區

美食區有不少內用外帶皆宜的店鋪，禮品區則販售許多適合當作伴手禮或禮物的商品。還有其他地方吃不到的菜單及限定商品！

📞03-6406-6000（綜合資訊）
休視店鋪而異 ¥免費入場

品嘗口袋名單上的六本木美食！
與美食邂逅

Bicerin
●ビチェリン

1763年創業的義大利杜林最古老的老字號咖啡廳。本店以巧克力飲品「Bicerin」為首，可以享用各種嚴選咖啡。

📞03-6804-6767
休無休
⏰11:00～20:00

Roppongi Lingotto 10入3780円
新城限定
印有Roppongi Hills Logo的綜合限定商品
有效期限：製造日起90天

NEW STYLE GINZA SEMBIKIYA
●ニュウスタイルぎんざせんびきや

眾所熟知的水果專賣店經營的新型態商店，販售嚴選水果及甜點。也有休息室。

📞03-6447-0780
休無休 ⏰11:00～20:00（休息室為～19:30）

三角BOX三明治（各種）2入1080円～
夾入大量鮮奶油與草莓等水果的三明治
有效期限：1天

新城限定

Yammy's KYUU YAM TEI
●ヤミーズきゅうヤムてい

帶動香料咖哩熱潮的大阪名店。在此供應跳脫既有概念、獨一無二的咖哩。

📞03-6271-5553
休無休 ⏰11:00～21:00

Curry-Gear MAX 1650円
每月輪流提供4種咖哩的六本木新城限定菜單

厲害的義大利漁夫麵 2200円
使用大量松葉蟹、梭子蟹、全蝦等食材的義大利麵

Pasta and Pizza Uota
●パスタアンドピッツァウオタ

注重健康的義大利麵＆拿坡里披薩專賣店。堅持選用市場直送的新鮮海鮮與蔬菜。

📞03-6447-2216
休無休 ⏰11:00～21:30（午餐為～16:00）

午間套餐B 1600円
餐點有披薩，附生菜沙拉和咖啡。披薩有7種口味可選

◀店內是令人聯想到義大利南部港鎮的爽朗空間

GARDEN TERRACE 1F

Pizzeria trattoria Napule

ピッツェリア・トラットリア・ナプレ

大快朵頤使用正統柴窯烘烤的極品披薩

使用柴窯烘烤出嚼勁十足正統披薩的人氣義式料理店。可在明亮開放的氣氛當中，享用食材講究的義大利南部料理。可眺望花園的露台座最有人氣。

☎03-5413-0711　休無休
🕐11:00～14:00、17:30～22:00

午間自助百匯
3500円（週六、日、假日為3800円）
提供5種咖哩和前菜等30種以上的料理吃到飽

GARDEN TERRACE 1F

NIRVANA New York

ニルヴァーナニューヨーク

店名為「地上樂園」之意的印度菜餐廳

曾經深受紐約名流喜愛的傳奇印度料理店，可在高級豪華的空間，享用巧妙使用辛香料的料理。午餐時段提供自助百匯，晚餐時段提供全餐和單點料理。

☎03-5647-8305　休無休
🕐11:00～14:30、17:00～22:00

◀建議預約可一覽花園美景的露天座位

遊逛方式1 享用優雅的花園午餐

東京中城

とうきょうミッドタウン

匯集了國內外的人氣名牌店、餐廳和咖啡廳等約130間店家。另外還有美術館和舉辦各種活動的花園，整個空間就像一座城市。

☎03-3475-3100（11:00～20:00）
🏠港区赤坂9-7-1
休無休　🕐11:00～21:00（餐廳為～24:00）　※部分店鋪有異
🚇直通地鐵六本木站8號出口
MAP 附錄②P.19 B-2

高雅成熟的綠洲空間
東京中城的
遊逛方式

匯集許多能讓大人滿意的優質店家的複合設施。享用完可眺望露台的午餐後，再去品嘗國際級甜點師傅的甜點，之後再去逛逛充滿特色的商店吧。

遊逛方式2 在著名法式甜點店度過咖啡時光

GALLERIA 3F # JEAN-PAUL HÉVIN

ジャンポールエヴァン

刺激五感、香味濃郁的巧克力

世界頂級巧克力大師尚保羅・艾凡的巧克力精品店。可以在附設的咖啡廳與甜點一同享用「熱巧克力」等飲品。

☎03-5413-3676
休不定休　🕐11:00～21:00（咖啡廳為～20:30）

店內的櫥窗陳列著巧克力、蛋糕、馬卡龍等商品

巧克力冰淇淋
1386円
運用可可風味製成的濃郁雪酪

PLAZA 1F

Toshi Yoroizuka

トシヨロイヅカ

品嘗專屬於自己的特殊甜點

人氣甜點師傅鎧塚俊彥的甜點店。點完餐點後，可在沙龍看師傅在眼前製作頂級甜點。好想在吧檯席上度過奢侈的一刻。

除了沙龍內充滿了特別的感覺之外，也有豐富的外帶餐點

☎03-5413-3650　休無休
🕐11:00～20:00（沙龍為～19:00）

浮島 1430円
使用餡泥的和風蒙布朗，佐焙茶冰淇淋

小鳥拆信刀
各550円
以停在書桌或書架上的小鳥為意象的拆信刀。共7色

GALLERIA 3F

KONCENT

コンセント

最適合送禮的個性派商品

提供風格獨特且使用方便的生活用品等的設計商品店。以「＋d」為首，還有各式各樣點綴生活的品牌商品。

☎03-6432-9157　休無休　🕐11:00～21:00

路邊小草 各2200円
長有野花的小型玻璃花瓶與劍山套組。共8色

遊逛方式3 在流行敏銳度高的商店購物

Mighty
原子筆
各7150円～
伊東屋原創筆記用品系列的店鋪限定設計

topdrawer
「Bristol Journal」
1815円
以堅固書皮裝訂的筆記本。也很講究內頁選用的材質及顏色

GALLERIA 3F

topdrawer

トップドロワー

獻給對日常用品也有所講究的人

銀座文具專賣店「伊東屋」經營的品牌。以「讓創意時刻更美麗、更愉快」為題，陳列許多從國內外嚴選的品項。

☎03-3423-1108　休無休　🕐11:00～21:00

原宿·表參道
P.40

東京站·日本橋·丸之內
P.54

銀座
P.74

台場
P.86

澀谷
P.96

東京鐵塔·六本木

P.106

上野
P.114

新宿
P.120

池袋
P.126

豐洲
P.128

築地/月島
P.130

舉辦各式各樣的展覽

展示空間為日本最大級

運用寬廣空間舉辦的嶄新展覽獲得了廣泛年齡層的關注,吸引眾多參訪遊客。

整個街上都是藝術!

善用六本木藝術三角優惠
持展覽票根即可享有參觀費折扣的「ATR優惠」正在國立新美術館、森美術館(→P.109)、三得利美術館實施中。

Art Triangle Roppongi

參加六本木藝術之夜
一年一度的藝術盛典。以六本木為舞台,街上四處可見當代藝術品、表演活動、影像藝術等作品。
六本木藝術之夜2017,蜷川實花《TOKYO道中》 ©六本木アートナイト実行委員会/mika ninagawa

接觸公共藝術
六本木新城內的公共區域設有6件,朝日電視台腹地內設有3件。
路易絲·布爾喬亞《Maman》2002年(1999年)

↑建築物由世界級建築師黑川紀章所設計

國立新美術館
●こくりつしんびじゅつかん

波浪起伏的玻璃帷幕建築是六本不備受喜愛的地標。建築物本身就像是一座美麗的藝術作品。內有12間展示室,平時會舉辦各式各樣的展覽活動。

☎050-5541-8600(代館諮詢)
所港區六本木7-22-2 休週二(逢假日則翌日平日休) ⏰10:00~17:30(企劃展期間的週五、六為~19:30) ※視展覽而異
¥視展覽而異
🚇直通地鐵乃木坂站6號出口
MAP附錄②P.19 A-2

企劃展info

Photo © RMN-Grand Palais (musée du Louvre)/Michel Urtado /distributed by AMF-DNPartcom

羅浮宮美術館展 以愛為題
2023年3月1日~6月12日
羅浮宮美術館引以為傲,以「愛」為題的美麗畫作齊聚一堂!福拉歌納德《門閂》,約1777-1778年作於巴黎,藏於羅浮宮

接觸最先端藝術,磨練感性

在六本木美術館盡情感受藝術!

以3座著名美術館所形成的三角形為中心,六本木有非常多的藝術景點,也有很多具有豐富想像力的作品!

倒圓錐狀的特殊建築樣式。店家本身就如一件藝術作品

附咖啡或紅茶的「一蛋糕套餐」1540円

在這裡休息
2F Salon de Thé ROND
●サロン・ド・テ ロンド
提供優質紅茶、種類豐富的甜點和三明治的茶沙龍。圓形的外觀設計超時髦,在這裡聊天應該也會特別起勁。
☎03-5770-8162 ⏰11:00~17:30(週五為~18:30)

由1條手巾製成的「SLEEVE BAG」3630円

適合拿來送禮

有很多特別的商品,最

在這裡購物
B1·1F SOUVENIR FROM TOKYO
●スーベニアフロムトーキョー
國立新美術館附設的美術館商店。除了原創商品之外,還有來自世界各國藝術家所製作的個性商品。
☎03-6812-9933 ⏰10:00~18:00(週五、六為20:00)

21_21 DESIGN SIGHT
●トゥーワントゥーワンデザインサイト

由三宅一生、佐藤卓、深澤直人3位設計師擔任總監,從設計的視點出發,提供各種訊息及提案的設施。

☎03-3475-2121
所港區赤坂9-7-6 休週二、展覽替換期間 ⏰10:00~18:30 ¥1200円(視展覽而異) 🚇地鐵六本木站7、8號出口步行5分
MAP附錄②P.19 B-1

企劃展info
「2121年 Futures In-Sight」展
2021年12月21日~2022年5月8日

許多僅此才有的企劃
除了獨自舉辦的企劃展之外,也有實施國內外企業、教育、研究、文化機關所舉辦的計畫

感受深植於日常生活中的設計

↑世界級建築師安藤忠雄所設計的建築物也非看不可
©Masaya Yoshimura

在這裡購物
21_21 DESIGN SIGHT SHOP
●トゥーワントゥーワンデザインサイドショップ
陳列許多可將「設計的視點」帶回家的個性原創商品,也有展覽相關商品。
⏰10:00~19:00

↑「21_21手巾」1430円(左)、「21_21 小酒杯」1合1320円、5勺(90毫升)660円(右)

三得利美術館
●サントリーびじゅつかん

以「結合美,開創美」為美術館宣言,通過備具魅力的企劃展介紹繪畫、陶瓷、漆工藝、玻璃工藝等藝術作品。

在這裡購物
MUSEUM SHOP
●ミュジアムショッポ
除了以收藏品為概念的原創商品之外,還有許多豐富生活色彩的商品。
⏰10:30~18:00(週五、六為20:00)

↑「色鍋島小碟」

☎03-3479-8600
所港區赤坂9-7-4 東京中城 GALLERIA 3F 休週二、展覽替換期間 ⏰10:00~17:30(週五、六為~19:30) ¥視展覽而異 🚇直通地鐵六本木站8號出口
MAP附錄②P.19 B-1
↑平時沒有常設展,隨時會舉辦備具魅力的企劃展

企劃展info
大英博物館 北齋 - 與國內肉筆畫名作一同展出
2022年4月16日~6月12日

也有收藏國寶
收藏約3000件美術品當中,也包含日本的國寶和重要文化財,可欣賞到相當貴重的作品

可慢慢欣賞美術作品
©木奥恵三

創作お茶漬け専門店だよね。

和食 ● そうさくおちゃづけせんもんてんだよね

可以吃到風格獨特的茶泡飯專賣店。約有15種菜單，可自選喜歡的口味。加入脂眼緋、鰹魚、昆布等鮮味的熱騰騰湯頭也是極品！

☎ 03-5770-5563　🏠港区六本木4-12-4 清水ビル1F　休無休　⏰11：30～23：00　營業時間詳細資訊需洽詢店鋪　地鐵六本木站7號出口即到

MAP 附錄②P.19 B-2

炙燒和牛茶泡飯
1500円
使用了山形A5等級的上等肋眼排

↑挑嘴的人也讚不絕口招牌菜單不容錯過

家中無法品嘗到的獨創料理

→圍在廚房周邊的吧檯有12個座位。分量飽滿的茶泡飯不論是當午餐還是酒後的收尾料理都很適合

↑「鮭魚親子海鮮茶泡飯」（上）、「炙燒真鯛茶泡飯」（下）各1000円

用最划算的方式享用美食！
1500円以內的經濟實惠午餐

隨處可見外國人身影的六本木聚集了各式各樣的美食餐廳。在價位合理的店內品嘗午餐，享受輕鬆美好的午餐時光吧！

組合超過100萬種！能夠自由訂做的漢堡

特製漢堡
1490円～
提供5種餡料、超過10種起司、20種以上的醬料及配料，可以從中選擇自己喜歡的食材（照片為示意圖）

想分食的話點這個

→4個迷你漢堡「Minis」1490円～也適合小孩食用

THE COUNTER 六本木

漢堡 ● ザカウンターろっぽんぎ

洛杉磯發跡的漢堡餐廳。除了供應推薦組合「招牌漢堡」之外，從餡料到配料皆可自由選擇的「特製漢堡」也大受好評。超過20種基本配料不論選幾樣都無需加錢，這點也令人開心。

☎ 03-5413-6171　🏠港区赤坂9-7-4 東京中城 GALLERIA B1　休不定休（準同東京中城公休日）　⏰11：00～22：00　地鐵六本木站9號出口即到

MAP 附錄②P.19 B-2

←一個人來也能自在使用的店內吧檯

有助於尋找港區的餐廳
「MINATO FLAG」

● MINATOフラッグ

自2019年9月啟用的「Minato Flag」制度。凡是港區內不會拉客、遵守相關法規等，可供人安心遊樂的夜間營業店家就會被授予小旗子。試著找找看被列在「Minato Flag」的店家吧！店鋪一覽表可至港區首頁確認。

Minato Flag
We support a safe
MINATO NIGHT

日本料理名店 新創的和風湯頭拉麵

名產鴨湯飯套餐
1200円
能夠同時品嘗名產清燉湯麵與鴨湯飯

澄まし処 お料理 ふくぼく

和食 ● すましどころおりょうりふくぼく

因為和風湯頭搭配中式麵條的細膩拉麵「清燉湯麵」而掀起話題的日本料理名店。午餐若點附蓋飯的划算套餐，便能輕鬆享用到名店的美味。

☎ 03-5413-2989　🏠港区六本木6-10-1 六本木新城 森大廈 WEST WALK 5F　休不定休　⏰11：00～14：30，17：30～21：30（飲品為～22：00；週六、日、假日為11：00～14：30，17：00～21：30，飲品為～22：00）　地鐵六本木站C1出口即到

MAP 附錄②P.19 A-4

↑飄溢和風氛圍的店內。也有吧檯座

原宿・表參道 P.40
東京車站・日本橋・丸之內 P.54
銀座 P.74
台場 P.86
澀谷 P.96
＋
東京鐵塔・六本木 P.106
上野 P.114
新宿 P.120
池袋 P.126
豐洲 P.128
築地／月島 P.130

窯烤出爐的
道地絕品披薩

附當日現採20種三浦蔬菜的健康沙拉披薩午餐 1400円

熱門的披薩經過高溫快速烘烤而外酥內軟。沙拉也很豐盛！

Wine Dine Café Bar SAKURA

義式料理　●さくらアンドマルシェ

能悠閒享受道地義式料理的餐廳。以從拿坡里進口的窯烤披薩為首，供應許多色香味俱全的高品質料理。採用港口直送的海鮮、當日現採的蔬菜等嚴選食材。

☎03-5786-3939
🏠港區六本木6-1-12 21六本木ビル1F
休無休
🕚11:30～23:00（午餐為～15:00）
🚇地鐵六本木站3號出口即到
MAP 附錄②P.19 B-3

↑開放式廚房前方設有吧檯座，可以一邊觀賞烤披薩的過程一邊享用料理

↑從有紅酒店、麵包店等進駐的複合設施1樓進入。開放感使人得以輕鬆踏入店內

美味順口一吃就上癮的道地泰國料理！

泰式羅勒雞肉飯 1100円

雞絞肉炒羅勒。午餐時段附生春捲和湯品

Krung Siam 六本木店

泰式料理　●クルンサイアムろっぽんぎてん

↑以泰國攤販為概念，氣氛輕鬆，可隨興進入用餐

可品嘗到經驗豐富的泰籍主廚所烹製的料理。午間時段提供「泰式酸辣麵」和「海南雞飯」等豐富菜色。在攤販風格的店內，大快朵頤道地的泰式料理吧。

☎03-6434-9350
🏠港區六本木7-10-4
休無休
🕚11:00～14:30、17:00～22:00
🚇地鐵六本木站7號出口即到
MAP 附錄②P.19 B-2

以嚴選食材製成的湯頭遠近馳名　關西風高湯的烏龍麵

明太子奶油烏龍麵 1380円

富含優質明太子的鮮美滋味，香醇濃郁的奶油烏龍麵

麵匠の心つくし つるとんたん 六本木店

烏龍麵　●めんしょうのこころつくしつるとんたんろっぽんぎてん

源自大阪的烏龍麵店。大碗端出的烏龍麵特色是獨特的嚼勁與光澤，對食材十分講究，湯頭以北海道產上等昆布與4種嚴選魚乾製成。

☎03-5786-2626
🏠港區六本木3-14-12 六本木3丁目ビル1F
休無休
🕚11:00～翌日8:00
🚇地鐵六本木站3號出口步行3分
MAP 附錄②P.19 C-3

↑散發高級感的外觀。店面沿著外苑東通打造而成

頂級氣氛！ **精選的晚餐**

大人的城市六本木有許多氣氛高雅和以料理自豪的店家。不妨在來自美國的牛排館或可眺望東京鐵塔的餐廳，度過一個美好的微醺之夜吧。

・Stella Garden 空中酒館

●スカイラウンジ ステラガーデン

位於「東京皇家王子大飯店花園塔」33樓的酒館。從一大片窗戶可眺望充滿魄力的東京鐵塔，也有豐富的食物菜單。

☎03-5400-1170（餐廳預約電話）
🏠港區芝公園4-8-1 東京皇家王子大飯店花園塔33F
休無休
🕚17:00～翌日1:30（週六、假日前日為15:00～；週日、假日為15:00～23:30）
🚇地鐵赤羽橋站赤羽橋口即到
MAP 附錄②P.18 G-6

↑「Twilight方案」6500円（平日限定）
※鐵塔觀景保證席為9200円（服務費另計，一例）

為眼前的環繞美景乾杯

↑透過一整面的玻璃窗可將充滿魄力的夜景盡收眼底

使用熟成肉的頂級牛排

↑一盤裡面可同時品嘗到沙朗和菲力的「頂級牛排」22000円（服務費另計，2人份）

WOLFGANG'S STEAKHOUSE 六本木

●ウルフギャングステーキハウスろっぽんぎてん

紐約的人氣牛排館首間海外店。有很多菜色都可品嘗到使用了費時28天乾燥熟成的最頂級牛肉。

↑雅緻的店內

☎03-5572-6341
🏠港區六本木5-16-50 六本木デュープレックスM's 1F
休無休
🕚11:30～22:30
🚇地鐵六本木站9號出口步行4分
MAP 附錄②P.19 C-3

・RIGOLETTO BAR AND GRILL

●リゴレットバーアンドグリル

可品嘗到豐富的塔帕斯和窯烤披薩的成熟風休閒餐廳。寬敞的店內從站立席到包廂都有。

☎03-6438-0071
🏠港區六本木6-10-1 六本木新城 WEST WALK 5F
休無休
🕚11:00～翌日1:30（週五、六、假日前日為～翌日3:30；週日、假日為～22:30）
🚇地鐵六本木站1C出口步行3分
MAP 附錄②P.19 A-4

↑使用自家製醬的「RIGOLETTO漢堡」1540円

摩登又正統的大人社交場所

↑店內座位超過160席

在充滿自然、藝術、歷史的
上野公園漫步

綠意盎然的公園內，除了以貓熊聞名的上野動物園之外，還有許多美術館、博物館、寺院及神社等。輕鬆自在地四處漫步吧！

上野恩賜公園
うえのおんしこうえん

☎03-3828-5644 所台東區上野公園5-20 休無休 ⏰5:00～23:00（時間外禁止進入）¥免費 🚃JR上野站公園口即到 MAP 附錄② P.22 B-3

START! 上野站 公園口　步行即到

登錄在世界遺產名錄上
國立西洋美術館 こくりつせいようびじゅつかん

展示奧古斯特‧羅丹的《沉思者（放大版）》等作品。除了常設展之外，也參觀一下企劃展吧。
▶P.116

照片提供：國立西洋美術館

如一件作品外觀也很美麗，宛

步行8分

音樂界偉人也曾在此演奏、歌唱
舊東京音樂學校奏樂堂 きゅうとうきょうおんがくがっこうそうがくどう

建於1890年的東京音樂學校（現東京藝術大學音樂學部）校舍。作曲家瀧廉太郎、山田耕筰也曾站上這座舞台。

☎03-3824-1988 所台東區上野公園8-43 休週一（逢假日則翌平日休）※週四～六僅音樂廳未使用日可參觀 ⏰9:30～16:00 ¥300円，中小學生、高中生100円 🚃JR上野站公園口步行10分 MAP 附錄② P.22 B-2

←內有日本最古老的演奏用風琴
↑1987年移建並復原

步行5分

除此之外還有！推薦的博物館 P.116

東京國立博物館 とうきょうこくりつはくぶつかん	國立科學博物館 こくりつかがくはくぶつかん
↑館藏國寶及重要文化財	↑快樂吸收地球生命史新知
照片提供：東京國立博物館	照片提供：國立科學博物館

 稍微順路逛逛
上野大佛 うえのだいぶつ

也很受考生歡迎的大佛。原本是約6m的大佛，如今只剩下臉部了。
MAP 附錄② P.22 B-3

在清新舒適的空間內用餐
上野の森 PARK SIDE CAFE
うえののもりパークサイドカフェ

也有露天座位可享受綠意環繞的咖啡廳。供應使用當季食材的菜單、新鮮的花草茶等。

☎03-5815-8251 所台東區上野公園8-4 休無休 ⏰10:00～20:00（週六、日為9:00～） 🚃JR上野站公園口步行3分 MAP 附錄② P.22 B-3

↑「森林花園拼盤」1749円～（平日為11時～；週六、日、假日為10時～）

↑在公園漫步時可稍作休息的景點

步行7分

在上野這塊土地守護日本
西鄉隆盛像 さいごうたかもりぞう

明治維新的重要人物西鄉隆盛。鎮壓了固守上野山的舊幕臣派，為紀念其功績而在此地設立他的銅像。

☎03-3828-5644（上野恩賜公園管理所）所台東區上野公園5-20 ⏰自由參觀 🚃JR上野站不忍口即到 MAP 附錄② P.22 B-4

步行4分

位於池塘中央的能量景點
不忍池辯天堂 しのばずのいけべんてんどう

不忍池中的辯天堂祭祀著谷中七福神之一的辯才天。據說可保佑諸藝提升，還可加強財運，不妨來這裡求看看。

☎03-3821-4638 所台東區上野公園2-1 休無休 ⏰9:00～17:00 ¥免費 🚃JR上野站不忍口步行5分 MAP 附錄② P.22 A-4

↑現在的建築物為1958年重建而成著名的蓮池是都內屈指可數的名勝景點

步行即到
＼GOAL／
上野站 不忍口

街區介紹

上野的山上有美術館、博物館、動物園散布其間，一到春天就會成為賞櫻名勝。上野站周邊則是朝氣蓬勃的商店街，阿美橫丁，自古至今聚集了許多國內外的觀光客。

東京站	羽田機場第1、第2航廈站
JR山手線	京急線（快特）
	品川站
	JR山手線
上野站	上野站
¥160円	¥500円
⏰約8分	⏰約40分

西園／大貓熊舍

大貓熊

棲息在中國西南部的熊科動物。惹人喜愛的外表及動作招來了不少人氣。

上野動物園
人氣超高的大明星

去見見
可愛的動物！

飼料是這個！
竹子、竹筍、蘋果等

↑2011年來到這裡的雄貓熊力力

東京都恩賜上野動物園

● とうきょうとおんしうえのどうぶつえん

1882 年開園的日本首座動物園。位於東京都心卻能保有自然景觀，如今飼養著約 300 種 3000 隻動物。

✆03-3828-5171（代） 所台東区上野公園9-83 休週一（逢假日則翌日休） ⏰9:30~16:00 ¥600円，國中生200円，65歲以上300円 ※小學生以下及在東京都內居住、在學的國中生免費 🚉JR上野站公園口步行5分 MAP 附錄②P.22 A-3

在上野動物園
享受被各種動物
療癒的感覺！

飼養世界各地生物的上野熱門景點。
從貓熊開始，前去和各種動物見面吧！

2021年 雙胞胎貓熊誕生！

2011 年來園的真真與力力後來又誕下新貓熊！由真真所生的貓熊寶寶，如今健康長大的這對雙胞胎於 2022 年正式開放和民眾見面了。一定要去看看才行！

曉曉（雄性）
日文名：シャオシャオ
名字有「黎明初現的曙光帶來光明」之意。體重10.85kg，體長77.0cm

蕾蕾（雌性）
日文名：レイレイ
名字有「花苞盛放美麗花朵，向未來延續」之意。體重10.85kg，體長78.0cm

※體重、體長為2021年11月的資料

曉曉　　　蕾蕾

西園／非洲的動物

鯨頭鸛

以不太會動而為人所知的大型鳥類。兼具鷺科、鸛科、鵜鶘科特徵的珍貴物種。

靜止不動的模樣就像一件裝飾品

↑擁有與身體不太相稱的巨大鳥喙

飼料是這個！
鯉魚、竹莢魚、平頜鱲等

飼料是這個！
胡蘿蔔、牧草、稻草等

擁有溫柔眼神的大象

東園／大象居住的森林

亞洲象

體型比非洲象小，背高3m左右。喜歡吃樹葉、果實，一天當中有約18個小時都在進食。

↑雄象、雌象都有象牙，不過雌象的象牙短到幾乎看不見

飼料是這個！
青草（冬季為乾草）、粒狀飼料等

西園／非洲的動物

長頸鹿

以樹葉、嫩枝為主食的草食性動物，會使用將近 50cm 的長舌頭進食。到頭頂的高度約5m。

長脖子與身體花紋為其特徵

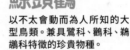

↓以陸地上最高的動物而聞名

近距離觀看時魄力十足！

↓在貓科動物中罕見地不怕水、也很擅長游泳

東園／金剛猩猩、老虎棲息的森林

蘇門答臘虎

主要棲息在蘇門答臘島的虎類。體長1.5m左右，是現存虎類當中體型最小的。

飼料是這個！
馬肉、雞頭、兔子等

照片提供：（公財）東京動物園協會

接近大自然與生命之謎
國立科學博物館
●こくりつかがくはくぶつかん

創立以來擁有140年以上歷史的綜合科學博物館。由可學習地球生命史和科學技術的「地球館」和了解日本列島自然生態的「日本館」組成，展覽內容多元豐富。

📞050-5541-8600（代館諮詢）　🏠台東區上野公園7-20　休週一（逢假日則翌日休）🕐9:00～16:30 ¥630円（特別展費用另計）🚃JR上野站公園口步行5分　**MAP** 附錄②P.22 C-3

特別展節目
○ 2022年2月19日～6月19日
○ 特別展「寶石 地球孕育的奇蹟」
○ 2022年7月16日～10月10日
○ 特別展「化石獵人展 ～戈壁沙漠的恐龍與喜馬拉雅的超大型獸」

↑「日本館」的建築物為日本的重要文化財
照片提供：國立科學博物館

CHECK週邊商品！
●「紙膠帶」寬15mm各330円、30mm各440円

想看這個！
地球館B1
暴龍和三角龍
全長10.3m的暴龍正在埋伏三角龍的復原模型

著名藝術作品齊聚一堂！
在上野的博物館來場藝術之旅

上野匯集了許多歷史悠久的美術館和博物館。不妨來此觀賞平時不易看到的貴重文化財和作品吧。

國寶和重要文化財的收藏數量為日本第一
東京國立博物館
●とうきょうこくりつはくぶつかん

暱稱「東博」、於1872年開館的博物館。以日本國內和亞洲的美術品、歷史資料為主，收藏了11萬件以上的作品，當中含89件國寶和643件重要文化財，收藏數量堪稱日本第一。

📞050-5541-8600（代館諮詢）　🏠台東區上野公園13-9　休週一（逢假日則翌日休）🕐（視時期而異）¥1000円🚃JR上野站公園口步行10分
MAP 附錄②P.22 C-2

想看這個！
東洋館11室
蛇神那伽上的佛陀坐像
柬埔寨大吳哥東南部高台No.61／吳哥時代‧12世紀／法國遠東學院交換品、東京國立博物館藏（展示期間：全年）
表現出蛇神那伽挺身而出為進入禪定中的佛陀遮蔽風雨的作品

↑本館為帝冠式建築
照片提供：東京國立博物館

CHECK週邊商品！
↑埴輪襪子（23～25cm）1雙440円，共7色

特別展節目
○ 2022年10月18日～12月11日
○ 東京國立博物館創立150週年紀念
○ 特別展「國寶 東京國立博物館的一切」

已登錄為世界遺產的美術館
國立西洋美術館
●こくりつせいようびじゅつかん

日本國內唯一由法國建築師勒‧柯布西耶所設計的美術館。常設展主要展示從中世紀～20世紀的西洋美術作品。

📞050-5541-8600（代館諮詢）
🏠台東區上野公園7-7
休週一（逢假日則翌日平日休）🕐9:30～17:00（週五、六為～19:30）¥500円等（企劃展費用另計）🚃JR上野站公園口即到
MAP 附錄②P.22 C-3

CHECK週邊商品！
↑「柯比意托特包／初期全體企劃案素描」1450日圓

莫內《睡蓮》1916年 油畫‧帆布
國立西洋美術館 松方收藏
想看這個！

照片提供：國立西洋美術館

↑「底層架空」的建築手法相當具有特色

特別展節目
○ 2022年10月8日～2023年1月22日
○ 畢卡索與其時代 柏林貝格魯恩國立美術館展
○ [小企劃展]以版畫「觀賞」演劇 浪漫主義描繪的莎士比亞與歌德

次文化也在企劃展中登場！
上野之森美術館
●うえののもりびじゅつかん

1972年開館以來，介紹了各領域美術作品的美術館。定期舉辦的公募展和現代美術館展等獨創企劃也值得關注。

📞03-3833-4191　🏠台東區上野公園1-2
休不定休　🕐10:00～16:30（可能視展覽變更）¥視企劃展而異　🚃JR上野站公園口步行3分　**MAP** 附錄②P.22 B-4

特別展節目
○ 2022年6月4日～26日
○ 木梨憲武展
○ Timing -瞬間的光芒-

↑以「西鄉先生」為發想的療癒美術館商品也很受歡迎

最適合當「通往藝術的入口」
東京都美術館
●とうきょうとびじゅつかん

1926年開館的美術館。一年內舉辦了將近260場特別展、企劃展和藝術活動。附設的咖啡廳和美術館商店也值得去逛逛。

📞03-3823-6921　🏠台東區上野公園8-36
休第1、3週一，特別展、企劃展為週一（逢假日則翌日休）🕐¥視展覽而異　🚃JR上野站公園口步行7分　**MAP** 附錄②P.22 B-2

↑建築物為現代建築大師前川國男所設計

特別展節目
○ 2022年4月22日～7月3日
○「THE GREATS 美的巨擘們」
○ 2022年7月23日～10月2日
○「波士頓美術館展 藝術×力量」
○ 2022年7月23日～10月9日
○「芬‧居爾與丹麥的椅子」

→彷彿來到國外的感覺

提供亞洲食品！

就在這裡！

在 阿美橫丁 逛街 購物大血拼

活力十足的激安商店街

觀光客絡繹不絕的阿美橫丁內有各式各樣的店家，不妨來此逛逛，盡情購物血拼一番吧！

What's 阿美橫丁
位於上野站到御徒町站高架橋下的著名上野商店街，匯集了許多個性十足的店家，有很多超便宜的好康商品，也深受當地訪客喜歡。
MAP 附錄② P.22 B-5

世界食品大集合！
阿美橫丁中央大樓
●アメよこセンタービル
位於阿美橫丁正中央的5層樓商業大樓。地下樓層匯集了來自世界各地的食材，可買到珍貴的食材和調味料。
☎03-3836-9450　所台東區上野4-7-8　休每月第3週三（12月為無休）　 ᒲ10:00~20:00　 ᔤJR上野站不忍口步行5分
MAP 附錄② P.22 B-5

↑高高聳立的中央大樓是阿美橫丁的地標

新井商店 ●あらいしょうてん
歷史悠久的進口食材店，專門提供來自菲律賓的食材。除了觀光客之外，還有許多追求故鄉口味的留日外國人會來。
☎03-3833-5209　所台東區上野4-7-8 アメ橫センタービルB1　休每月第3週三　 ᒲ10:00~19:00　 ᔤJR上野站不忍口步行5分
MAP 附錄② P.22 B-5

菲律賓的調味料
1瓶250円～
店內陳列的調味料都是日本沒有機會看到的罕見商品

二木の菓子 ●にきのかし
提供5000種以上琳瑯滿目的零食糖果。除了傳統零食和地方菓子之外，還可用超便宜的價格買到珍味商品。大量購買更加划算。
☎03-3833-3911　所台東區上野4-1-8　休無休　 ᒲ10:00~20:00　 ᔤJR御徒町站北口即到
MAP 附錄② P.22 B-5

熊貓巧克力
506円
以上野的人氣偶像熊貓為主題的巧克力，最適合買來當伴手禮

令人目不暇給！

商品多到令人目不暇給！

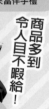
大包好吃棒（好吃棒各種口味）
1袋710円
一袋當中有40根好吃棒。一包大到需要捧著走，充滿震撼力的外觀！

志村商店門口進行叫賣

叫賣商品買到賺到！

會在店門口進行叫賣

志村商店 ●しむらしょうてん
以超嗨的巧克力叫賣聞名的糖果店。零食福袋裡面塞滿了看起來不只1000円的糖果零食。
☎03-3831-2454　所台東區上野6-11-3　休無休　 ᒲ10:00~18:00　 ᔤJR上野站不忍口步行4分
MAP 附錄② P.22 B-5

零食福袋 1000円
老闆不斷將巧克力放入袋中，搭配「再來一個」的吆喝聲，其畫面蔚為壯觀！

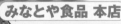
\想要好好吃一頓！/
吃正餐就來這裡

みなとや食品 本店
●みなとやしょくひんほんてん
便宜又美味的實惠海鮮丼和放有有大塊章魚的「章魚燒」4顆200円～最有人氣。排隊隊伍絡繹不絕。
↑放了5種配料的「特盛丼」750円
☎03-3831-4350　所台東區上野4-1-9　休無休　 ᒲ11:00~19:00　 ᔤJR御徒町站北口即到
MAP 附錄② P.22 B-5

西湖春 上海小籠包
●さいこしゅんしゃんはいしょうろんぽう
可品嘗中國人會當作早餐或午餐吃的道地小籠煎包（生煎包）。
☎080-4835-5288　所台東區上野4-7-8　休無休　 ᒲ10:00~20:00　 ᔤJR上野站不忍口步行5分
MAP 附錄② P.22 B-5
↗「小籠煎包」4個400円

中田商店 ●なかたしょうてん
陳列世界各國軍事用品的專賣店。除了軍裝之外，堅固耐用的靴子也很帥。品項多到令人吃驚。
☎03-3832-8577　所台東區上野6-4-10　休無休（逢假日則翌日休）　 ᒲ10:00~20:00　 ᔤJR御徒町站北口即到
MAP 附錄② P.22 B-5

要找軍事用品來這就對了！

↑位於陸橋下一隅。路標是巨大的黃紅招牌

俄羅斯軍用防寒帽
3600円
凜冬時會派上用場的柔軟俄羅斯帽。帽章另售

茶の君野園 ●ちゃのきみのえん
擁有90年以上歷史的老字號茶批發商。最有人氣的抹茶霜淇淋奢侈地使用了嚴選日本茶和宇治抹茶。
☎03-3831-7706　所台東區上野4-9-13　休第3週二　 ᒲ10:00~20:00（霜淇淋為~19:30）　 ᔤJR上野站不忍口步行5分
MAP 附錄② P.22 B-5

抹茶的美味全都濃縮於此

↑一進店裡面馬上就能看到霜淇淋販售處

綜合抹茶霜淇淋 300円
可一品嘗到濃郁的牛奶和芳醇的抹茶口味

享受上野人氣店&名店的美味

一直以來都有不少觀光客造訪的上野有很多餐廳，從老字號店到時髦餐廳一應俱全，可滿足所有人的口腹之慾。白天就能飲酒的場所眾多，也是此地廣受歡迎的原因之一。盡情享受無論何時都熙熙攘攘的街區美食吧！

花費一番功夫製成的法式多蜜醬汁廣受好評

名店午餐
香雅飯 1980円
可品嘗招牌法式多蜜醬汁的一道料理。熬至黏稠的醬料飽含食材的鮮美

黑船亭　くろふねてい

1902年創業。為配合日本人口味而經過調整的洋食菜單廣受各年齡層歡迎。尤其推薦味道香濃的「香雅飯」，是以耗時超過1週的法式多蜜醬汁澆淋而成。

☎03-3837-1617
所台東区上野2-13-13 キクヤビル4F　休無休　⏰11:30～22:45
🚉JR上野站不忍口步行3分
MAP附錄②P.22 B-5

↑法式多蜜醬汁是以嚴選食材熬煮而成

↑從洋溢時髦氛圍的店內眺望上野的街道

嚴選洋食さくらい
●げんせんようしょくさくらい

米其林必比登推介選出的洋食店。供應以嚴選食材製成的平價料理。招牌菜單「蛋包飯」也可以選擇分量減半，756円～即可購得。

☎03-3836-9357
所文京区湯島3-40-7 カスタムビル7-8階　休週一（逢假日則翌日休）　⏰11:30～14:30，17:30～21:00（週六、日、假日為11:30～14:30，17:00～21:00）
🚉JR 御徒町站北口步行3分
MAP附錄②P.22 B-5

↑裝潢典雅時尚的店內令人輕鬆愜意

米其林口碑保證的濃稠蛋包飯

名店午餐
蛋包飯 1540円
選用櫻島土雞及千葉產藥草蛋等食材。醬料可選擇自製番茄醬或法式多蜜醬汁

可享用正統洋食
創業110餘年的老店

名店午餐
炸豬排2970円
以柔軟口感為特色的招牌菜單。豬里肌肉以低溫下鍋，再慢慢升溫細心酥炸

洋食午餐

ぽん多本家
●ぽんたほんけ

初代曾擔任宮內廳廚師，負責明治天皇的飲食，後於1905年開店。可充分享受自創業初期傳承至今的「炸豬排」、炸物等傳統美味。

☎03-3831-2351
所台東区上野3-23-3
休週一（逢假日則翌日休）
⏰11:00～13:45，16:30～19:45
🚉JR御徒町站南口步行3分
MAP附錄②P.22 B-6

↑以上一代店面的天花板作為牆面設立的1樓吧檯座

上野精養軒
本店 レストラン
●うえのせいようけんほんてんレストラン

1872年創業的西洋料理店所經營的餐廳。供應以傳統法式多蜜醬汁製成的「香雅飯」1580円等，可充分享用代代相傳的美味。

☎03-3821-2181
所台東区上野公園4-58　休週一　⏰11:00～17:00　🚉JR上野站公園口步行5分
MAP附錄②P.22 B-3

↑設有露天座位的明亮店內

名店午餐
貓熊拼盤 2680円
受歡迎的洋食全部都盛裝在這一盤內，甜點會隨季節更換

可輕鬆品嘗西洋料理創始店的味道

原宿・表參道
P.40

日本橋丸之內東京站
P.54

銀座
P.74

台場
P.86

澀谷
P.96

六本木・東京鐵塔
P.106

上野
P.114

新宿
P.120

池袋
P.126

豐洲
P.128

月島/築地
P.130

➡熱門招牌菜單「豚平燒」450円

立飲みカドクラ
➡たちのみカドクラ

白天也能飲酒的立飲居酒屋。人氣菜單「豚平燒」等會在店門口的鐵板上煎烤，除此之外還有炸火腿排、串燒等多種下酒菜。

✆03-3832-5335
🏠台東區上野6-13-1 フォーラム味ビル1F 休無休 🕐11:00〜21:30（週五、六、假日前日為〜22:30）
🚉JR上野站不忍口步行3分
MAP 附錄②P.22 B-5

➡與重口味的小菜相當搭配的「酒壺馬格利酒」600円

推薦這一杯

➡近前方的吧檯座總是熱鬧非凡

Vinuls 上野站店
➡バニュルスうえのえきてん

這家餐廳供應西班牙加泰隆尼亞地區為主的正統西班牙鄉土料理。可以和料理一同品嘗為數眾多的優質紅酒。

✆03-5826-5753 🏠台東區上野7-1-1 アトレ上野1F 休無休 🕐11:00〜22:30（饗為〜14:45，歇賣為〜23:00）
🚉JR上野站中央剪票口即到
MAP 附錄②P.22 C-4

大啖西班牙料理與嚴選紅酒的異國氛圍

推薦這一杯

➡飄著柑橘香氣的爽口「Cermeno」單杯660円

➡吸飽高湯的「海鮮與雞肉的綜合西班牙燉飯」1738円〜

➡仿造西班牙本地街角酒館的店內

大統領 支店
➡だいとうりょうしてん

以「內臟串燒」每串90円的低廉價格為魅力，上野的代表性酒館。是本店位於陸橋下的內臟串燒店的分店，每每開店就人滿為患。燒酎、清酒的種類也很豐富。

✆03-3834-2655
🏠台東區上野6-13-2
休無休
🕐10:00〜23:00
🚉JR上野站不忍口步行3分
MAP 附錄②P.22 B-5

新舊居酒屋

來到上野就不能錯過的名店

➡「特上生馬片」580円等也很受歡迎。除了內臟串燒之外，生馬片、燉煮料理等也很受歡迎

推薦這一杯

➡庶民代表人氣飲品，以白蘭地為基底的雞尾酒「電氣白蘭」450円

➡無論單人還是團體入店都能盡情享受的吧檯座

Proost Tokyo
➡ブローストとうきょうソーセージアンドくんせいバル

可品嘗無添加手工香腸與煙燻料理的平價餐館。使用自備的煙燻機每天燻烤不同的當季食材，精心製作的料理與精釀啤酒非常搭配。來這裡享受芳醇的香味吧。

✆03-5817-4734
🏠台東區上野2-1-9 K-PLAZAビル6階
休不定休
🕐16:00〜24:00
🚉地鐵上野廣小路站A3出口即到
MAP 附錄②P.22 B-5

推薦這一杯

➡和香腸也很搭的「隅田川Brewing Cherry Rouge」968円

享受香腸與啤酒的黃金組合

➡可品嘗多種口味的「香腸綜合拼盤」1628円〜

➡可以在沉靜的氛圍中用餐

也品嘗看看老店的甜品

小倉冰淇淋起源老店
みつばち

創業約110年的甜品店。初代店主開發的「小倉冰淇淋」味道高雅而甘甜，使用了大量的北海道大納言紅豆。

✆03-3831-3083 🏠文京區湯島3-38-10 ハニービル1F
休無休 🕐10:30〜20:00（商店為10:00〜21:00） 🚉地鐵湯島站4號出口即到
MAP 附錄②P.22 A-5

➡淋上祕製黑蜜的「小倉白玉餡蜜」810円

內餡與餅皮的絕妙平衡
うさぎや

1913年創業的和菓子店。招牌「銅鑼燒」表面酥脆而內部軟嫩的餅皮堪稱絕品。能夠單個購買，品嘗剛出爐的美味。

✆03-3831-6195
🏠台東區上野1-10-10
休週三
🕐9:00〜18:00（16:00〜的購買需預約） 🚉JR御徒町站南口步行3分
MAP 附錄②P.22 B-6

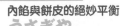

➡以柔軟帶光澤的顆粒豆沙為特徵的「銅鑼燒」1個230円

もつ焼き おとんば 上野店
➡もつやきおとんばうえのてん

以單串99円的「內臟串燒」為首，供應罕見部位串燒、新鮮生肝片等講究食材及味道的料理，且價格划算得驚人。打定主意要吃罕見部位的話，建議早點入店用餐。

✆03-6803-0291 🏠台東區上野6-7-13 休無休 🕐12:00〜21:00（飲品為〜21:30） 🚉JR上野站廣小路口步行3分
MAP 附錄②P.22 C-5

推薦這一杯

➡經過冷凍的金宮燒酎「syankin baisu」550円

便宜又好吃總是客滿的人氣酒館

➡「牛腱」、「豬下巴」等罕見部位串燒為99円〜。由低溫調理的生肝片、肝泥、馬鈴薯鄉村麵包組成的「肝三昧」638円

➡1、2樓皆有設吧檯座及桌位，從白天就很熱鬧

前往 直通新宿站 的 大樓！

在交通方便的購物大樓尋找最新流行商品！新宿觀光特使「哥吉拉」的商店也值得逛逛。

瓶子甜點 1個630円～
●裝在瓶內，拿著走也很放心！
四季主題陳列在前，各有風情

2F 站內設施
QBG Lady Bear
● キュービージーレディベア

蜂蜜、楓糖漿專賣廠商直營的自然派甜品店。講究天然的甘甜，有許多出自專屬甜點師的手工點心。

☎03-6380-4183
🕐8:30～21:30
（週六、日、假日為～21:00）
※準同設施

新宿最新的購物大樓
NEWoMan新宿
● ニュウマンしんじゅく

LUMINE經營的商業設施。新宿站MIRAINA TOWER剪票口裡外約進駐了100間商店，有流行敏銳度高的店家，也有許多初次引進日本的美食&甜點，更有從早營業到深夜的店家，是相當方便好逛的購物天堂。

☎03-3352-1120(代) 📍新宿區新宿4-1-6 休不定休 🕐11:00～21:30（週六、日、假日為～21:00）；站內美食為8:00～，甜點為8:30～（週六、日、假日為～21:00）；Food Hall為7:00～翌日1:00（部分店鋪有異）
💴免費入場（站內入場費另計）
🚃直通JR新宿未來塔剪票口

P.33 MAP 附錄② P.20 E-4

NEWoMan
MIRAINA TOWER 剪票口

MAP
附錄②
P.20

香辣肉丸 1767円～
●墨西哥辣椒的辛辣會讓人上癮的新宿店限定菜單

2F 站外設施
800°DEGREES NEAPOLITAN PIZZAERIA
● エイトハンドレッドディグリーズナポリタンピッツェリア

在美國西海岸掀起客製披薩風潮的店。能夠自選食材，製作喜愛的原創披薩。經過華氏800度窯烤的麵團可謂極品。

☎03-3353-1800 🕐11:00～22:30

卡布里喬莎 1767円～
●盛放菜薊、生火腿等的招牌風味

街區介紹

新宿站東口有百貨公司和劇場匯集，西口有東京都廳等超高大樓林立，是東京數一數二的大都會地區。3丁目一帶的時髦咖啡廳和酒吧也深受歡迎。

2F 站外設施
TORAYA AN STAND
● トラヤあんスタンド

以「有紅豆相隨的生活」為概念，使用老字號和菓子店虎屋的豆餡製作各種甜點、飲品供人享用。

☎03-6273-1073 🕐10:00～21:30（週六、日、假日為～21:00）

紅豆抹醬
右／紅豆沙 **972円**
左／黑糖與楓糖漿 **972円**
●人氣伴手禮。推薦抹在麵包或冰淇淋上！

1F
THE MATCHA TOKYO
● ザマッチャトウキョウ

堅持選用上等有機抹茶的飲料店。也有販售「抹茶胡桃巧克力」680円等多種甜點。

☎03-6457-7701 🕐8:00～21:15（週六、日、假日為～20:45）
●風味十足的抹茶還能選擇牛奶的種類，例如豆奶、杏仁牛奶等

抹茶拿鐵 各594円～

東京站

JR中央線

新宿站
💴200円
🕐約15分

羽田機場 第1、第2航廈站

京急線（快特）

品川站

JR山手線

新宿站
💴500円
🕐約50分

2F 站外設施
CARAMEL MONDAY
● キャラメルマンデー

以各種形式供應焦糖的焦糖點心專賣店，有許多吃了會感覺精神百倍的點心。

☎03-3355-7000 🕐11:00～21:30（週六、日、假日為～21:00）

成雙焦糖月亮 5入756円～

●以苦焦糖包裹生焦糖的夾心甜點

2F FOOD HALL
BAKERY&RESTAURANT SARAMURA
● ベーカリーアンドレストランさわむら

人氣麵包店&餐廳。可享用餐廳提供的多種適合搭配SAWAMURA麵包的料理及紅酒。

☎03-5362-7735 🕐7:00～22:00（麵包店為～21:00）※可能變動

SAWAMURA 特製漢堡 1650円
●使用SAWAMURA特製麵包、鮮嫩多汁的漢堡。午餐附湯

小憩片刻

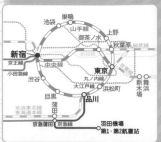

表參道・原宿 P.40
東京站・日本橋丸之內 P.54
銀座 P.74
台場 P.86
澀谷 P.96
六本木東京鐵塔 P.106
上野 P.114
新宿
池袋 P.120
豐洲 P.126
築地月島 P.128 P.130

大型購物中心
LUMINE新宿
● ルミネしんじゅく

由LUMINE1&LUMINE2組成的商業設施。LUMINE1匯集了各種時尚、雜貨品牌，LUMINE2則進駐了許多個性商店以及「LUMINE the YOSHIMOTO」。

☎03-3348-5211(代) 🏠新宿區西新宿1-1-5(LUMINE1)、新宿區新宿3-38-2(LUMINE2) 休不定休 🕐11:00~21:30(週六、日、假日為10:30~22:30 ※部分店鋪有異 🚃JR新宿站南口、東南口即到

LUMINE1 MAP 附錄②P.21 D-4
LUMINE2 MAP 附錄②P.21 D-4

南口・東南口

LUMINE1 B2
東京牛奶起司工房
● とうきょうミルクチーズこうじょう

使用優質牛奶的起司甜品專賣店。加入北海道產豪達起司等5種起司的霜淇淋為新宿店限定商品。

☎03-6279-0227
🕐10:00~22:00

海鹽＆卡門貝爾起司餅乾
10入1080円
↪鹹味餅乾的夾心為卡門貝爾起司巧克力

小憩片刻

這家咖啡廳供應許多使用100％植物性食材製成的餐點。也有百匯、可麗餅等豐富甜點。

米粉製餅皮裡面包有莓果和豆漿鮮奶油的全素可麗餅

烤布蕾可麗餅
BERRY&BERRY 1408円

LUMINE1 6F
wired bonbon
● ワイアードボンボン

☎03-6304-5755
🕐11:00~21:45(飲品為~22:00)

LUMINE2 1F
TODAY'S SPECIAL
● トゥデイズスペシャル

重視日常生活的女性特別喜歡的人氣選貨店，有食品、生活用品等許多會想用在「每日生活」中的商品。

☎03-6911-0201

手提購物袋
1100円

LUMINE2 2F
roomsSHOP
● ルームスショップ

時尚聯合展「rooms EXPERIENCE」所監製的店。主要商品嚴選自日本國內的創作者品牌，有豐富多元的雜貨可供挑選。

☎03-3342-0117

carmine
上／小型圓點皮夾
strawberry 16500円
下／長型圓點皮夾gold
23100円
↪可愛的亮面圓點皮革錢包

3F
ACCOMMODE
● アコモデ

現場有很多對「可愛小物」敏銳的女生會喜歡的流行時尚單品及雜貨，風格獨特的設計送禮自用皆宜。

☎03-5925-8278

GOOD FACE短夾
5390円
↪吸睛設計相當可愛的小型錢包

護手霜化妝包
2750円
↪也可當筆袋使用的多功能化妝包

HYDRATANTE CRÈME

左／草莓BONBON
1980円
右／迷你BONBON雙果
920円
※視季節改變水果

↪滿滿的當季水果！「迷你BONBON」為外帶限定

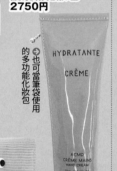

小憩片刻

8F (THE PARK內)
Cafe de paris
● カフェドパリ

剛於2021年6月開幕的韓國人氣水果百匯「BONBON」發源店。以繽紛水果妝點的視覺效果也令人驚艷！

☎03-6380-5524 🕐11:00~21:00(準同設施)

有許多男女流行服飾的店家
LUMINE EST新宿
● ルミネエストしんじゅく

時尚女性喜愛的人氣品牌和流行敏銳度高的男性服飾店，約有280間店進駐。7、8樓還有美食街「7&8 DINNER」，陣容多元豐富。

☎03-5269-1111(代) 🏠新宿區新宿3-38-1 休不定休 🕐11:00~21:30(週六、日、假日為10:30~，餐廳為~22:30) ※部分店鋪有異 🚃JR新宿站東口即到

MAP 附錄②P.21 D-3

東口

GODZILLA STORE Tokyo
● ゴジラストアトーキョー

全球第一間哥吉拉商品常設專賣店。有限定商品、公仔、雜貨、風趣的造型商品等約1500種品項可供挑選。以和風為主題的商品也很受外國人好評。

☎03-6709-9652 🏠新宿區新宿3-1-26 新宿丸井ANNEX 1F 休不定休 🕐11:00~20:30 🚃地鐵新宿三丁目站C1出口即到

MAP 附錄②P.20 F-3

逛『GODZILLA STORE Tokyo』血拚購物

全球唯一的哥吉拉商品專賣店裡面有很多獨家限定的商品。不妨來逛逛新宿伴手禮的新經典和個性十足的週邊商品吧。

小酒杯
662円
↪哥吉拉在街頭的圖案。是「GODZILLA STORE Tokyo」的人氣限定商品

GODZILLA STORE
馬克杯 1528円
↪哥吉拉的剪影加上店家名稱相當吸睛，是「GODZILLA STORE Tokyo」的限定商品

↪也有相同圖案的明信片

電影怪獸系列
日比谷哥吉拉廣場
GODZILLA STORE
限定ver.
2547円
↪日比谷的新地標「新哥吉拉雕像」立體化

GODZILLA STORE
T恤 3056円
↪「GODZILLA STORE Tokyo」的限定商品。簡單的設計充滿魄力

田島光二畫資料夾
194円

TM & © TOHO CO., LTD.

TODAY'S PLATE（午餐）
1000円（週六、日、假日為1200円）
＋今天的菜色內容是「番茄燉煮雞肉與蔬菜~香草風味~」※ 價格有可能變動

↑店內多採用木製裝潢，氣氛居家溫馨，彷彿來到熟人家中作客般

SCOPP CAFE
● スコップカフェ

隱身於大樓地下1樓的咖啡廳。每日更換的午餐最受歡迎，除了盤餐之外，還有義大利麵、鹹派等餐點可挑選。甜點使用當季食材手工製作。

☎03-6273-2767
🏠新宿区新宿2-5-11 甲州屋ビルB1
休無休
🕐12:00～23:00（週日、連假最終日為~21:30）
🚇地鐵新宿三丁目站C1出口步行3分　**MAP** 附錄②P.20 G-4

↑遠離塵囂的隱蔽咖啡廳

↑位於大樓地下1樓精緻講究的空間

有很多個性十足的咖啡廳

午餐
Lunch

「漢堡」午間套餐
1500円
↑附沙拉和法式薯條，分量充足！以沙拉為主食的午間套餐也是人氣餐點

↑所有座位皆為沙發座的店內加上講究的室內裝飾，有種懷舊氛圍

↑日西合璧的寧靜空間

ANALOG SHINJUKU
● アナログシンジュク

格窗、紙拉門等和式建材與古董家具相融合，可在獨特空間內休憩的咖啡廳。而且供應至17時的午餐每週都會更換菜單。

蕈菇法式多蜜醬汁的蛋包飯
1250円

☎03-3341-0075　🏠新宿区新宿3-12-12 吉田ビル4F
休無休　🕐12:00～23:00（午餐為~17:00）🚇地鐵新宿三丁目站E3出口即到　**MAP** 附錄②P.20 F-3

↑淋上滿滿自製法式多蜜醬汁的人氣菜單

Brooklyn Parlor SHINJUKU
● ブルックリンパーラーシンジュク

「BLUE NOTE JAPAN」所監製的咖啡廳，將音樂、書和空間融合在一起。店內陳列著各種領域的書籍，看到喜歡的也可以購買。

☎03-6457-7763　🏠新宿区新宿3-1-26 新宿丸井ANNEX B1
休不定休（準同新宿丸井ANNEX公休日）
🕐11:30～22:00（飲品為~22:30；週日、假日為~21:30，飲品為~22:00）
🚇地鐵新宿三丁目站C1出口即到　**MAP** 附錄②P.20 F-3

↑被音樂和書籍包圍的舒適空間

↑每週二都會舉行免費入場的音樂活動「Good Music Parlor」

↑店內裝潢為老闆親手打造

↑小巧可愛的「居家咖啡廳」

BOWLS cafe
● ボウルズカフェ

以著名的「丼飯」、盤餐、自製甜點等充滿質感的咖啡廳餐點為招牌。老闆親手精心打造的內部裝潢充滿溫馨感，待在這裡放鬆好舒適。

☎03-3341-4331　🏠新宿区新宿2-5-16 霞ビル1F
休不定休
🕐11:30～19:00　🚇地鐵新宿三丁目站C1出口步行3分　**MAP** 附錄②P.20 F-4

C午間套餐**1100円**
↑主食為「碗公沙拉」，另附小菜、小甜點和飲料

味道和氣氛都要講究

在新宿的舒適咖啡廳

午餐 & 美味甜點享用

新宿3丁目有很多對流行敏銳的女子支持喜愛的咖啡廳，不但餐點美味，氣氛也很棒。逛街逛到累的時候，不妨來這裡坐坐，度過悠閒時光吧。

燈光講究的溫馨咖啡廳

↑店內會視當天客群和時間播放不同音樂

cafe WALL ● カフェウォール

位於大樓3樓的居家咖啡廳。人氣午餐為每天更換主食限平日提供的「營養均衡飯」1050円，還可品嘗使用當季素材製作的甜點和拿鐵拉花。

↑拿鐵上的拉花會隨季節更換花樣

☏03-6380-5108 🏠新宿区新宿3-9-5 ゴールドビル3F 休無休 🕐12:00〜21:00 🚉地鐵新宿三丁目站C6出口即到 **MAP** 附錄② P.20 F-3

咖啡拿鐵 720円

酥脆司康（2個）750円
↓照片為「巧克力碎片」和「原味」，可外帶。

想要享用最與眾不同的一盤

美味甜點 Sweets

眾莓百匯 1600円
↓使用大量多汁草莓的珍品。高雅的造型也是一大特色！

遠離喧鬧之地度過平靜時光

↑店內擺設全是老闆精挑細選的物品

coto cafe ● コトカフェ

隱身在大樓2樓的小巧咖啡廳。特別推薦每日更換的午間套餐和常備4種以上的季節性甜品。平日可外帶自家製檸檬汽水等飲品，不妨在散步途中順道過來買一杯。

☏03-6233-7782 🏠新宿区新宿5-17-6 中田ビル2F 休無休 🕐11:00〜19:30（飲品為〜19:00）🚉地鐵新宿三丁目站E2出口即到 **MAP** 附錄② P.20 F-2

適合帶小孩一起來的舒適咖啡廳

↑可脫掉鞋子放鬆舒適的人氣可躺式座位，可帶嬰兒副食品入座

↓擺滿新鮮水果的奶油牛奶蛋糕。點餐後一片片仔細烤製而成

latte chano-mama ● ラッテチャノママ

以「為小孩和媽咪設想的咖啡廳」為概念。有營養均衡好入口的盤餐，也有色彩繽紛的甜點美食。

現烤白脫牛奶蛋糕 新鮮果實與打發鮮奶油 1451円

☏03-5341-4417 🏠新宿区新宿3-14-1 伊勢丹新宿店本館6F 休不定休（準同伊勢丹新宿店公休日）🕐10:00〜19:30 🚉地鐵新宿三丁目站B3、B4、B5出口即到 **MAP** 附錄② P.20 F-2

來自國外熱門店的午餐&甜點

新宿匯集了來自國外的人氣店，享用珍藏的餐點吧！話題菜單，尋找熱門

騷豆花 ● さおどうふぁ

以黃豆製成的健康甜點「豆花」專賣店。購入道地台灣食材及機器，堅持手工製作。除了豆花之外，還有不論晝夜都能品嘗的台灣美食。

☏03-3349-5828 🏠新宿区西新宿1-1-3 新宿MYLORD 7F 休不定休（準同新宿MYLORD公休日）🕐11:00〜22:00（飲品為〜22:30）🚉JR新宿站南口即到 **MAP** 附錄② P.21 D-4

草莓豆花 1474円
※季節限定商品
↓黃豆味道突出的滑順豆花。加入大量草莓及雪酪，最後再淋上煉乳

↑紅色燈籠令人印象深刻的店內。美食菜單也很豐富

Café Prunier Paris ● カフェブルニエバリ

2018年10月開張的「Café Prunier Paris」首間海外店。可品嘗到使用高級食材的稀有料理。

☏03-3352-1111（伊勢丹新宿店）🏠新宿区新宿3-14-1 伊勢丹新宿店本館B1 休不定休（準同伊勢丹新宿店公休日）🕐11:00〜19:30 🚉地鐵新宿三丁目站B3、B4、B5出口即到 **MAP** 附錄② P.20 F-2

↓座約，僅有10席的小巧吧檯店內空間

魚子醬馬卡龍 2640円
→與「PIERRE HERMÉ PARIS」合作推出的伊勢丹新宿店限定菜色

↑煙燻鮭魚三明治

煙燻鮭魚經典三明治 午間套餐1760円

表演 Hige Girl ひげガール

觀看充滿個性又性感的變性者們帶來華麗又有趣的舞蹈表演。表演每3個月會發表1次新作，數次造訪依舊趣味橫生。

📞03-5292-1275 🏠新宿区歌舞伎町1-2-8 第2ウィザードセブンビル5F ⏰週日（週一逢假日則營業）⏰18:00～翌日1:00 💰1組90分鐘6250円，延長30分鐘3750円，第二次以後的延長另計的餐位費2500円（食物、飲料費用另計）🚉JR新宿站東口步行7分
MAP 附錄②P.20 E-1

☝結合性感與妖艷的妝容讓人盾到出神

☝舞台離觀眾席很近，臨場感十足

☝表演時間約1小時。動感十足的舞蹈令人目不轉睛

華麗的表演與風趣的談話讓人目不暇給！

充分享受高科技陷阱與機關的樂趣！

有辦法在不碰到雷射陷阱的情況下順利通關嗎!?

營業時間	
OPEN	10:00
CLOSE	24:00

遊戲 超密室 實境體驗型 逃脫遊戲 ちょうみっしつリアルたいけんがただっしゅつゲーム

在被關入密室等密閉空間的情況下，試著解謎、努力逃脫的遊樂設施。可享受逃脫遊戲感覺身歷其境的樂趣。

📞03-6380-2240 🏠新宿区歌舞伎町2-14-12 光凜ビルB2 ⏰不定休 ⏰10:00～22:00 💰2500円（2人以上即可參加）🚉地鐵東新宿站A1出口步行5分
MAP 附錄②P.5 C-2

MANEDA 聖子

可以見到憧憬的聖子可愛又性感的舞台表演令人目不轉睛

公演時間	
❶18:00～20:30	
❷21:00～23:00	

表演 模仿秀館 KISARA そっくりやかたきサラ

電視上常見的實力派模仿藝人輪番上陣，讓整個會場陷入歡笑的漩渦。上半場可享用自助百匯的餐點。加1000円可坐在前5排的前方席（需預約）。

彷彿本尊來到現場 令人捧腹大笑的模仿秀

📞03-3341-0213 (15:00～23:30) 🏠新宿区新宿3-17-1 いさみやビル8F ⏰無休 ⏰上半場18:00～20:30、下半場21:00～23:00 💰上半場（表演+自助百匯+喝到飽）6000円、下半場（表演+喝到飽）4000円 🚉JR新宿站東口步行3分
MAP 附錄②P.20 E-3

☝120多名模仿藝人每天輪番演出。充滿魅力的舞台表演值得一看

娛樂場所

白天晚上均可遊玩！

上演搞笑喜劇及表演秀的劇場、展望室和新型主題樂園等，新宿有很多可以從早玩到晚的娛樂場所。在頂級的娛樂空間盡情玩耍吧！

近距離觀賞吉本興業搞笑藝人的超爆笑現場演出！

☝眾多人氣搞笑藝人登場。也有舉辦單獨LIVE和企劃表演

2019年M-1日本漫才比賽亞軍。山內健司（左）與濱家隆一（右）搭檔

公演時間	
11:00～21:30期間 1天數次	

※依日開始演、終演時間不同

表演 LUMINE the YOSHIMOTO ルミネよしもと

位於「LUMINE新宿 LUMINE 2」7樓，吉本興業東日本最大的常設劇場。由熟悉的電視節目當紅藝人帶來漫才、短劇等，可以每天觀賞現場的搞笑演出。

📞03-5339-1112(代) 🏠新宿区新宿3-38-2 LUMINE新宿 LUMINE2 7F ⏰無休 ⏰11:00～21:30 ※視公演而異（需確認官網）🚉JR新宿站南口、東南口即到
MAP 附錄②P.21 D-4

鎌鼬

2018年M-1日本漫才比賽冠軍。晟也（左）與粗品（右）搭檔

霜降明星

和牛

2018年M-1日本漫才比賽亞軍。由水田信二（左）和川西賢志郎（右）組成的實力派團體

營業時間	
OPEN	9:30
CLOSE	17:30（北展望室）22:00（南展望室）

展望室 東京都廳 とうきょうとちょう

位於第一本廳舍45樓高202m處有2個展望室，由此可眺望整個東京街景。展望室夜間也開放，可來此欣賞夜景。

☝從「南展望室」可看到摩天大樓群

展望室免費進場，可在此眺望會東京都的街景！

📞03-5320-7890（展望室專用導覽電話／平日10:00～17:00）🏠新宿区西新宿2-8-1 ⏰第2、4週一（北展望室）、第1、3週二（南展望室）、都廳檢查維修日、過年期間（1月1日除外）⏰北展望室9:30～17:00（南展望室為～21:30）💰免費 🚉直通地鐵都廳前站A4出口
MAP 附錄②P.21 A-4

遊戲 TOKYO MYSTERY CIRCUS とうきょうミステリーサーカス

日本最大級常設型解謎主題樂園。平時有15種以上遊戲可體驗。設施內還有提供獨特餐飲的咖啡廳「HIMITSU COFFEE」。

📞03-6273-8641 🏠新宿区歌舞伎町1-27-5 APMビル ⏰不定休 ⏰11:30～22:00（週六、日、假日為9:30～）💰免費或參加費視活動、遊戲而異 🚉JR新宿站東口步行7分
MAP 附錄②P.21 D-1

營業時間	
OPEN	11:30
CLOSE	22:00

☝在「HIMITSU COFFEE」推薦點「HIMITSU BLEND」500円。也可以試試「謎之配料」

☝「從某個監獄逃脫」是以10分鐘內逃脫為目標的熱門實境逃脫遊戲

有滿滿的體驗型遊戲

享用美食的同時還能
感受文化的全新感覺景點

SANAGI SHINJUKU

▲サナギしんじゅく

📞03-5357-7074
🏠新宿区新宿3-35-6
🕐不定休
🕐11:00～22:30（飲品
為～23:00）
🚃JR新宿
站東南口即到
MAP 附錄②P.20 E-4

位於JR新宿站東南口附近高架橋下的
咖啡廳&創意空間。以「亞洲與日本
的攤販村」為主題，進駐了4間充滿
特色的店家。也會舉行LIVE表演。

↑也有可脫掉鞋子放鬆
舒適的座墊席和榻榻米

「關東煮老闆的
馬鈴薯沙拉」
693円
先點一盤來乾杯
吧！最適合當下酒
菜的招牌菜色

「SANAGI的
檸檬沙瓦」660円
以使用整顆檸檬的原創檸
檬沙瓦為首，供應多種各
有特色的沙瓦菜單

NEO TOKYO BAR /RECEPTION BAR

風格獨特的站立式酒吧，有
很多適合小酌的飲品菜單！

百花繚亂燈籠橫丁
設有約200席的美食廣場。以泰式料
理為主，還有點心、關東煮、壽司捲
等無國籍料理，可自由品嘗享用

「點心爛漫塔」2420円
可享用5種人氣點心的驚天動地大綜合拼盤（視
進貨狀況可能變更菜單內容）

在 SANAGI SHINJUKU
三丁目的酒吧
時尚酌飲！

推薦給新手遊客「不夜城新宿」的好玩場所！

IL Bacaro

▲イルバーカロ

重現翡冷翠的大眾餐廳「Bacaro」的店家。可
在吧檯平價享用義大利直接進口的葡萄酒以及
約30種道地料理。

📞03-5269-8528
🏠新宿区新宿3-4-8 京
王フレンテ新宿三丁目
B2 🕐無休
🕐11:30～14:30、
17:00～21:30（週六、
日、假日為11:30～
21:30）
🚃直通地鐵新宿三丁目
站 C2 出口
MAP 附錄②P.20 F-3

「杯裝葡萄酒」260円、前菜110円～
照片為「自家製肉餅」160円、「鱈魚乾泥」
210円、「鮭魚」210円等

可在吧檯
前輕鬆飲酒！

↑店內也設有餐廳空間

喜歡啤酒的人齊聚的
小酒館

角屋本店

▲かどやほんてん

常備6種精釀啤酒和葡萄酒。料理全是以義式料
理為基礎的正統自家製料理。豐洲直送的海鮮
料理也很受歡迎。

📞03-3356-5633　🏠新宿区新宿 3-10-11 国久ビル
1F 🕐無休 🕐12:00～23:00（飲品為～23:30）；
週五、六為～翌日1:00（飲品為～翌日1:30）🚃地鐵新
宿三丁目站 C3 出口即到
MAP 附錄②P.20 F-3

↑除了小巧的1樓店面之外，
隔壁2樓還有間別屋

「火力全開的SUPER
DRY」640円、「培根
辣醬奶油麵」1390円
「火力全開」追求美味的
SUPER DRY啤酒和辣味培
根奶油麵堪稱絕配！

MARUGO II

▲マルゴセカンド

↑時間限定的菜單會寫在
店門口的黑板上

常備500種以上來自世界各地的葡萄酒，是新
宿首屈一指的葡萄酒吧。也有前菜等豐富的單
點料理，歡迎搭配葡萄酒一起享用。

📞03-3356-1052 🏠新
宿区新宿 3-9-4 🕐無休
🕐17:00～24:00（飲品
為～23:30；週六、日、
假日為15:00～）
🚃地鐵新宿三丁目站 C6
出口即到
MAP 附錄②P.20 F-3

主廚精選前菜3菜拼盤
1300円、「杯裝葡萄酒」600円
每天會更換不同菜色。這天的
菜色為醃芹菜章魚、調味炸茄
子雞肉、馬鈴薯沙拉

↓ 葡萄酒窖驚人壯觀，連稀有罕見的高級葡萄酒都有！

整面牆都是酒，
品嘗店家最
引以為傲的葡萄酒

景點！ 玩樂！ 美食！

在 **太陽城**
享受三大娛樂

美食、購物、娛樂包山包海的「太陽城」，
與誰同行都能盡興，就來這裡玩一整天，
玩個過癮吧！

若說到池袋地標就是這裡！

太陽城　●サンシャインシティ

擁有購物中心、水族館、瞭望台、天文館、主題公園……特色不勝枚舉的大型複合設施。還有引進最新技術的遊樂設施，充滿不會玩膩的魅力。

📞03-3989-3331　📍豐島區東池袋3-1
休止視設施而異　🚉JR池袋站東口步行8分
MAP 附錄②P.24 C-2

MAP 附錄② P.24

街區介紹

以「太陽城」為首，擁有豐富遊樂設施的街區。再開發計畫讓池袋進一步發展，吸引了劇場、大型購物中心等各種領域的文化進駐。

（水族館）

陽光水族館
●サンシャインすいぞくかん

日本首座都市型高樓層水族館。以環狀水槽、水母隧道等極具特色的展示，招來不少人氣。在室外區域「海洋花園」可以欣賞生物們活躍的模樣。

📞03-3989-3466　📍World Import Mart大樓頂樓　休無休　🕘9:30～20:00(秋冬為10:00～17:00)　※有可能變動
💴2400円，中小學生1200円，4歲以上700円

⏱追著餌食游泳的「餵食秀」必看

和企鵝一同在水中游泳的感覺！

天空企鵝

寬約12m的水槽就在頭頂正上方。黑腳企鵝游泳的姿態宛如飛過上空。

水獺的模樣 暖心又療癒

水獺們的岸邊

可以看到小爪水獺生活在接近原本生態系的環境。可愛又圓潤的眼睛萌到讓人受不了。

陽光岩礁水槽

有45種1500隻魚棲息，是設施內最大的水槽。可以觀賞大型紅魚等的泳姿。

巨大水槽近在眼前
感受自然的宏偉吧

水母區域「海月空感」

寬度約14m的日本國內最大規模海月水母展示水槽。能以全身感受水母魅力的人氣區域。

商品也要CHECK！

原創黑腳企鵝玩偶
2041円

JOIN Collection
「sunshine aquarium」
1次400円

⏱與扭蛋玩具製造商「Qualia」合作生產的模型

黑腳企鵝以玩偶之姿登場。很適合當作伴手禮。

沉浸在優游於微暗海中的水母世界

東京站	羽田機場 第1、第2航廈站
地鐵丸之內線	京急線(快特)
	品川站
	JR山手線
池袋站	池袋站
💴200円	💴570円
🕘約17分	🕘約50分

表參道·原宿 P.40
日本橋·東京站 P.54
銀座 P.74
台場 P.86
澀谷 P.96
六本木·東京鐵塔 P.106
上野 P.114
新宿 P.120
池袋
P.126
豐洲 P.128
築地/月島 P.130

東京高速飛行
500円

戴著VR眼鏡坐進大砲機裡。可感受魄力十足的4D體驗飛行之旅！

利用VR體驗彷彿在空中飛行的真實感

展望台 SKY CIRCUS
陽光60瞭望台
● スカイサーカスサンシャインろくじゅうてんぼうだい

將「景色優美的瞭望台」與趣味性相結合，成為「可以玩的瞭望台」而蔚為話題。使用VR設備的體驗型遊樂設施令人興奮不已！

☎03-3989-3457　所陽光60大樓60F　休無休
🕙10:00～22:00（視時期而異）
¥1200円，高中生、大學生900円，中小學生600円，4歲～學齡前兒童300円（VR設施費用另計，僅週六、日、假日可體驗）

真實的CG影像讓人有種身歷其境之感

馬賽克天空

馬賽克鏡子會映出外內景色完全反轉的畫面。可以在這拍出獨特的照片，務必挑戰看看！

風景映照在鏡上浮現出另一個世界

在巨大萬花筒空間留影紀念

無限空間

宛如身在巨大萬花筒中的光與鏡隧道。也適合團體入場遊玩。

空中彈跳床

一邊觀看地板螢幕映出的風景，一邊體驗垂直跳躍移動的樂趣。

暢快跳躍於東京名勝之上！

天文館 太陽城柯尼卡美能達天象儀館
「滿天」in Sunshine City
● コニカミノルタプラネタリウムまんてんインサンシャインシティ

整個圓頂投射星空的天象儀館。光與聲音交織的表演，讓星空體驗的臨場感更上一層樓。可「仰躺」的高級躺椅也很受歡迎。

☎03-3989-3546　所World Import Mart大樓頂樓　休不定休　🕙10:30～21:00（週六、日、假日為～22:00）¥1500円，4歲～小學生900円（療癒型天象儀影像一律1700円，小學生以下不可進場）
※「草坪座椅」、「雲座椅」費用另計

視野無盡延伸 把星空深深印在腦海裡

↑高級躺椅「草坪座椅」、「雲座椅」

主題公園 南夢宮主題樂園
● ナンジャタウン

NAMJATOWN是由5個區域構成的室內型主題公園。豐富的美食及遊樂設施讓人心滿意足，集結各地餃子的「NAMJA餃子競技場」也很有名。

☎050-5835-2263　所World Import Mart大樓2～3F
休無休　🕙800円，4～12歲500円（遊樂設施、飲食費用另計）

NAMJA 餃子競技場

洋溢昭和懷舊氛圍，能夠品嘗比較日本全國特色豐富的各地餃子。

博多っ子ぎょうざ「博多一口餃子」8個490円

在昭和街道品嘗當地餃子

商店 2021年2月OPEN
Gashapon Department Store 池袋總本店
● ガシャポンのデパートいけぶくろそうほんてん

集結大約3000台扭蛋機的世界最大規模扭蛋玩具專賣店。從最新商品到特殊玩具都有，品項相當豐富，切莫錯過稀有商品。

☎050-5835-2263　所World Import Mart大樓3F　休無休
🕙10:00～22:00
¥免費入場

以世界最大規模自豪 扭蛋玩具的新名勝

↑廣達約1256㎡的寬闊樓層設有成排的扭蛋機

2021年10月OPEN
NYAMJATOWN　800円／小時

個性豐富的貓咪們居住的「貓街」。可以撫摸貓咪、一起拍照。

能邂逅可愛貓咪盡情擼貓的公園誕生

釣起超巨大魚令人興奮的遊樂設施

NAJAVU 的爆釣魂
600円

透過整面巨大螢幕投影大魚的遊樂設施。臨場感十足的釣魚體驗。

豐洲市場美食
大快朵頤

開創新頁的豐洲市場。一般遊客可進入的餐飲、銷售區域天天人潮絡繹不絕。盡情享用以新鮮海產調製的豐洲市場美食吧。

設有市場的熱門臨海區域

豐洲 ★とよす

街區介紹

開發興盛的沿海街區。諸如從築地搬遷至此的「東京都中央批發市場 豐洲市場」、2020年誕生的鄰近商業設施「江戶前場下町」等，景點還在增加當中。

精通魚知識的職人捏製的
絕品江戶前壽司

好想吃啊！
壽司・海鮮丼

店長精選套餐
4900円

⬆除了店家精選的握壽司9貫、壽司捲、玉子燒之外，還可以自選1貫喜歡的食材請師傅捏製

貪婪
8點丼
2800円

⬆擺上鮪魚中腹、比目魚、蟹等8種食材的海鮮丼。也有附味噌湯

豪華海鮮盛宴！
奢華至極的丼飯

寿司大 ●すしだい
6街區 水產仲介批發賣場樓棟 3F

連挑嘴的人也會折服的人氣店。每天早上購入當季新鮮天然食材，以純熟技術供應料理。對「煮切醬油」及「岩鹽」也很講究。由於往往會客滿，建議在開店前的早上5時抵達。

📞03-6633-0042 🕐6:00～14:00（最後入店時間配合關店時間結束）

吧檯座前方可欣賞師傅捏製壽司的模樣

⬅醒目的綠色暖簾，店內裝潢明亮而簡潔

海鮮丼 大江戶 ●かいせんどんおおえど
6街區 水產仲介批發賣場樓棟 3F

以豐富菜單自傲的海鮮丼專賣店。食材是由眼光銳利的專家每早去採買，使用嚴選的當季聖品。所有海鮮丼都可以追加喜歡的食材當配料。

📞03-6633-8012 🕐6:30～15:30

⬆只有吧檯的店內。空間開放，感覺很寬敞

MAP
附錄②
P.4

東京站	羽田機場 第1、第2航廈站
⬇JR山手線	⬇京急線(快特) ※直通都營 淺草線
有樂町站	
⬇地鐵有樂町線	
豐洲站	新橋站
⬇百合海鷗線	⬇百合海鷗線
市場前站	**市場前站**
¥500円	¥850円
🕐約35分	🕐約60分

豐洲市場MAP

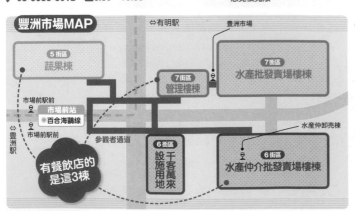

有明駅
豐洲市場

5街區
蔬果棟

7街區
管理樓棟

7街區
水產批發賣場樓棟

市場前駅前
🚇市場前站
●百合海鷗線
市場前駅前
⇔豐洲駅

參觀者通道

水產仲卸売棟

6街區
設千客萬來
施用地

6街區
水產仲介批發賣場樓棟

有餐飲店的
是這3棟

東京都中央批發市場 豐洲市場
●とうきょうとちゅうおう
おろしうりしじょうとよすしじょう

歷經約80年的築地市場步入歷史後，遷至豐洲的首都圈綜合市場。除了美食以外，還有鮪魚模型、小型載貨車展示等眾多看點，參觀時請遵守規矩。銷售區域的「魚河岸橫丁」也不要錯過了。

📞03-3520-8205 📍江東區豐洲6 🈺週日、假日、休市日 ※詳細資訊需確認官網
🕐5:00～17:00（餐飲、銷售視店鋪而異）
🚇百合海鷗線市場前站即到

MAP附錄②P.4 G-5

原宿・表參道 P.40

日本橋丸之內東京車站 P.54

銀座 P.74

台場 P.86

澀谷 P.96

六本木東京鐵塔 P.106

上野 P.114

新宿 P.120

池袋 P.126

豐洲

P.128

築地月島 P.130

鮮蝦·星鰻·扇貝定食 2100円

巨大炸蝦的存在感不容忽視。甘甜的炸扇貝也很美味

引出海鮮美味的極品炸物

7街區 管理樓棟 3F

とんかつ八千代

● とんかつやちよ

不只觀光客,也很受市場業者推崇的炸物專賣店。將生吃也很美味的食材裹上粗粒麵包粉,油炸得酥脆多汁。也推薦「炸竹筴魚定食」1500円。

☎ 03-6633-0333

⌚ 7:00～13:00

能夠品嘗每天早上從市場購入的「天然美味」

↑由握壽司10貫與壽司捲組成的人氣菜單。每天更換不同的食材與味噌湯

特上握壽司套餐 3980円

6街區 水產仲介批發賣場樓棟 3F

磯寿司 ● いそずし

這家壽司店供應的當季天然食材是由老練板前師傅所選,不會拘泥於產地。熱門餐點為能充分享用整隻鮪魚的「全鮪魚握壽司套餐」3300円。「全鮪魚丼」3300円也很受歡迎。

☎ 03-6633-0006

⌚ 6:40～15:00(視狀況而異)

↑從築地市場時代就有的厚實招牌相當吸睛

其實名店林立!

洋食

加了半熟蛋的奶油濃湯

特製套餐 1200円

←「加了半熟蛋的奶油濃湯」有附吐司、沙拉與飲料

6街區 水產仲介批發賣場樓棟 3F

千里軒 ● センリけん

1914年創業,從築地時代就長年備受愛戴的咖啡廳。供應三明治、吐司、咖啡果凍等豐富菜單。務必要品嘗加了半熟蛋的招牌奶油濃湯。

☎ 03-6633-0050

⌚ 5:00～13:00

↓以甜辣醬汁熬煮的濃稠叉燒,再加上2顆半熟荷包蛋

叉燒蛋定食 1400円

厚切叉燒與半熟蛋的最強組合

6街區 水產仲介批發賣場樓棟 3F

小田保 ● おだやす

散發懷舊居家氛圍的定食店,人氣招牌料理為「叉燒蛋定食」。季節限定「牡蠣綜合定食」1950円也很受歡迎,有許多粉絲滿心期待那個時節的到來。

☎ 03-6633-0182

⌚ 6:00～14:00

豪爽擺盤為其魅力!滿滿的當季食材

豪爽丼 2600円

↑人氣No.1菜單。擺滿海膽及當季食材6種的豪華海鮮丼

↓在管理樓棟入口附近,很容易找到

7街區 管理樓棟 3F

つきじ丼匠

● つきじどんたく

由身為批發買家的女老闆所嚴選,不吝擺滿當季食材的海鮮丼最為有名。除了招牌菜單「豪爽丼」之外,還有平價且CP值高的 生骨肉丼」1150円等人氣料理。

☎ 03-6633-0026

⌚ 6:00～15:00(視狀況而異)

◆ 競拍會場

↩可在參觀者通道觀看批發買家們的競價盛況。在水產批發賣場樓棟每天早上6點左右進行

◆ 頂樓綠化廣場

↩水產仲介批發賣場樓棟的廣場,誰都可以自由進出。可一覽東京灣的景色

◆ 鮪魚模型

↪展示於水產批發賣場樓棟的參觀路線。展示品實際仿照了至今以來的拍賣鮪魚中最大尺寸者

◆ 小型載貨車展示

↩水產仲介批發賣場樓棟有展示用來運貨的小型載貨車(俗稱turret)。可以坐上展示品的駕駛座拍照

盤點景點特色

美食以外也要玩樂!

市場的美食自不用說,除此之外還有很多適合玩樂的景點!

菅商店 ●すがしょうてん

在築地場外市場罕見的茶餐廳。使用日本國產黑豬的燒賣、肉包等很受歡迎。以店門口的蒸籠蒸煮而成，可品嘗剛出爐的美味。

肉餡厚實的燒賣

黑豬肉的鮮美在口中散開

☎ 03-3541-9941　所中央区築地4-10-2　休週日、假日、休市日　⏰6:00～15:00　地鐵築地市場站A1出口步行4分

MAP 附錄②P.24 C-4

招 **黑豬肉燒賣 110円**

↑以鹿兒島縣產黑豬肩里肌肉為餡料，扎實的燒賣

まるー 浜田商店 ●まるいちはまだしょうてん

以味道、外觀皆衝擊性十足的「關門海膽包 極」為首，提供很多種適合在築地漫步時享用的美食。

奢侈地大啖上等海膽

新 **關門海膽包 極 890円**

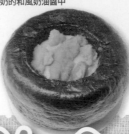

↑將生海膽加至海膽泥與豆奶的和風奶油醬中

☎ 03-3541-7667　所中央区築地4-13-3　休週日、假日、休市日　⏰5:00～12:00　地鐵築地市場站A1出口步行7分

MAP 附錄②P.24 C-4

築地場外市場

招牌&新店

隨口品嘗美食

生氣蓬勃的店面一字排開，築地場外市場可謂美食寶庫！一邊「隨口吃些好吃的」，一邊漫無目的地逛逛這些店吧。

MAP 附錄② P.24

滿滿玉米的鮮甜炸物串

味の浜藤 築地本店 ●あじのはまとうつきじほんてん

1925年創業的加工食品店。使用上等白肉魚等，追求食材原本的美味。其中的「炸玉米棒」亦為熱門商品，可充分感受玉米的鮮甜。

招 **炸玉米棒 350円**

↑使用味道很甜的品種超甜玉米

☎ 03-3542-2273　所中央区築地4-11-4 東急ステイ築地1F　休不定休　⏰7:00～14:30　地鐵築地市場站A1出口步行5分

MAP 附錄②P.24 C-4

紀文 築地総本店 ●きぶんつきじそうほんてん

以加工食品聞名的「紀文」本店。店門口陳列著廚房剛出爐的薩摩炸魚餅、人氣魚板、鱈寶等魚漿製品。僅築地才有的原創商品也很豐富。

以魚漿重現御好燒

☎ 0120-867-654　所中央区築地4-13-18　休週日、假日、休市日　⏰7:30～14:30　地鐵築地市場站A1出口步行5分

MAP 附錄②P.24 C-4

新 **炸御好燒 400円**

↑在魚漿中混入章魚、高麗菜、蝦等製成的絕品

つきぢ松露 本店 ●つきぢしょうろほんてん

提供壽司專用玉子燒的專賣店，特色是經過重重研究，開發出如何在冷卻後更顯醬汁美味。蛋以共同開發的飼料培育而成，蛋黃顏色有經過調整。

邊走邊吃或在店內用餐皆可，多元的享用方式

☎ 03-3543-0582　所中央区築地4-13-13　休無休　⏰6:00～15:00（週日、假日、休市日為7:00～16:00）　地鐵築地市場站A1出口步行4分

MAP 附錄②P.24 C-4

招 **shouro方塊 260円**

↑招牌商品玉子燒「松露」的適口大小

新 **玉子燒店的泡芙 350円**

↑以特製卡士達奶油與鮮奶油的雙重奶餡製成的商品

可享受2種口味的漸層風味

令人懷舊的古早味泡芙

街區介紹

在築地市場移至豐洲之後，依舊充滿活力的熱鬧街區。築地場外市場有各種豐富美食。悠久的寺院、神社也值得一看。

MAP 附錄② P.24

東京站	羽田機場第1、第2航廈站
↓ 地鐵丸之內線	↓ 京急線(快特) ※直通都營淺草線
銀座站	大門站
↓ 地鐵日比谷線	↓ 地鐵大江戶線
築地站	築地市場站
¥170円 ⏰約10分	¥500円 ⏰約45分

消災解厄、信仰興盛的神社

波除神社 なみよけじんじゃ

1659年創建的神社。以祈求消災解厄、生意興隆而聞名，立有「壽司塚」等市場相關食品公司的塚也是著名特色。

↑供奉著可避災、化險為夷的「天井大獅子」

☎ 03-3541-8451　所中央区築地6-20-37　休無休　⏰9:00～17:00　地鐵築地站1號出口步行7分

MAP 附錄②P.24 C-5

擁有管風琴的珍貴寺院

築地本願寺 つきじほんがんじ

以京都西本願寺為本山的都內代表性寺院。本堂內有許多動物的雕刻、彩繪玻璃以及管風琴等值得一看的特點。

↑建築師伊東忠太設計的古印度與亞洲佛教樣式外觀

☎ 0120-792-048　所中央区築地3-15-1　休無休　⏰6:00～16:00（傍晚的修行16:00～結束後會關門）　直通地鐵築地站1號出口

MAP 附錄②P.24 C-4

既然來到築地，也務必參觀一下淵遠流長的寺院及神社。

不單單只有美食！**2大參拜景點**

原宿・表參道 P.40
東京之丸・日本橋 P.54
銀座 P.74
台場 P.86
澀谷 P.96
東京鐵塔・六本木 P.106
上野 P.114
新宿 P.120
池袋 P.126
豐洲 P.128
築地／月島

從正統文字燒到變種文字燒應有盡有！名店林立的

文字燒街

下町的代表性美食——文字燒之街

月島

名店林立的文字燒街上可以看到各式各樣的文字燒。意外的組合搭配說不定會一吃就上癮!?

滿滿的市場直送海鮮！不容錯過的王道人氣菜單

月島名物もんじゃ だるま 粋な店
つきしままめいぶつもんじゃだるま いきなみせ

人氣名店「月島名物もんじゃ だるま」的最新姐妹店。招牌的文字燒自不用說，從豐洲直送海鮮菜單到肉類料理等豐富菜色一應俱全。

☎03-5534-8128
中央区月島1-22-1-123
休無休 ⏰11:30～22:00（飲品為～22:30）；週六、日、假日為11:00
地鐵月島站7號出口即到
MAP附錄② P.23 B-5

不倒翁文字燒★ 1606円
第一個想點的最推薦菜單，由大量豐洲直送海鮮堆疊盛盤

創新版
螃蟹味噌文字燒 2662円
從上松葉蟹的內行店家原創菜單。完成前加入沾滿蛋汁的蟹肉，讓鮮味更上一層樓！

↑桌位之間有擋板相隔，營造包廂感

つきしま

MAP附錄② P.23

路地裏もんじゃ もん吉本店
ろじうらもんじゃもんきちほんてん

位於小巷當中，很多藝人會來訪的人氣店。新鮮食材堅持每天從豐洲市場進貨，文字燒使用費時熬煮的高湯堪稱絕品。

☎03-3531-2380
中央区月島3-8-10
休無休 ⏰11:00～21:30
地鐵月島站7號出口步行3分
MAP附錄② P.24 B-5

↑店家位於充滿下町風情的小巷中

在復古懷舊的氛圍中享用文字燒

吉特製文字燒 1650円
章魚、花枝等鋪滿海鮮配料的海鮮文字燒，分量滿點。

創新版
蛋包飯風格文字燒 1650円
↑配料有番茄、米飯、雞蛋等。推薦另外加點起司

もんじゃ蔵
もんじゃくら

平日上午就開始有客人的人氣文字燒店。除了海鮮類的文字燒之外，還有在「蔵」特製的清湯中加入牛奶的白醬文字燒也很受歡迎。

☎03-3531-5020
中央区月島3-9-9
休無休 ⏰11:00～22:00
地鐵月島站7號出口步行3分
MAP附錄② P.24 B-5

↑店內寬敞，也很適合全家人一同前往

就算排隊也想吃到的人氣文字燒店

創新版
明太子鮮蝦奶油文字燒 1430円
↑自家製奶油白醬和明太子搭配絕妙

蔵特製文字燒 1450円
豪邁地加入了滿滿的鮮蝦、花枝、章魚等海鮮的人氣經典文字燒，猶豫不決時就選這道吧。

街區介紹

約有70間文字燒店林立的下町美食街，有許多名人也會去的名店。品嘗下町孕育出來的名產文字燒，感受這條街特有的風情吧。

東京站
JR山手線
↓
有樂町站
地鐵有樂町線
↓
月島站
¥310円
⏰約15分

羽田機場第1、第2航廈站
京急線(快特)※都營淺草線直達
↓
大門站
地鐵大江戶線
↓
月島站
¥500円
⏰約38分

向「もんじゃ蔵」的資深店員問問 HOW TO MAKE 文字燒

①拌炒配料

↑在預熱的鐵板上抹一層油，將碗中的配料倒到鐵板上拌炒，湯汁留在碗裡

②製作擋牆

↑生食都過火後，將配料圍成甜甜圈狀，做出一圈擋牆

③倒入湯汁

↑分2～3次將湯汁倒入擋牆中央，這樣可以增加文字燒的黏稠度

④拌炒所有配料

↑將擋牆和湯汁攪拌在一起，直到有黏稠度後，再將配料薄薄攤開整形

⑤完成

↑灑上青海苔，等到煎出焦痕即完成。用小鏟子將文字燒壓在鐵板上食用

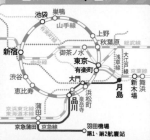

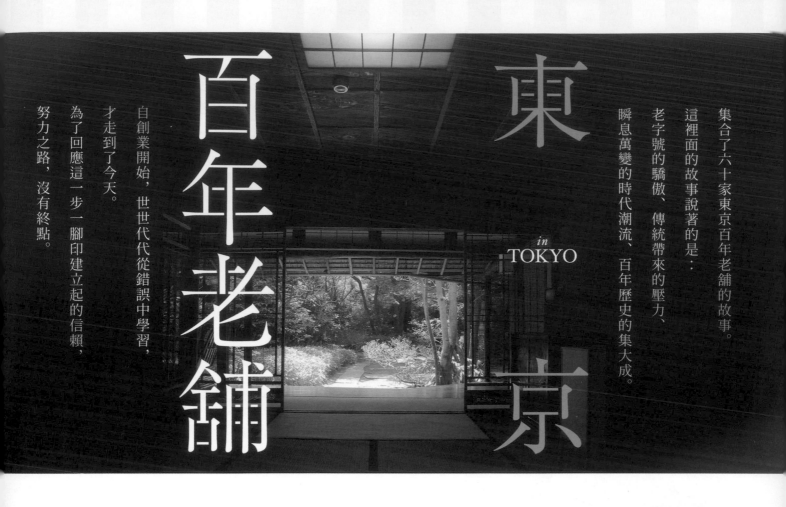

百年老舗
in TOKYO
東京

集合了六十家東京百年老舗的故事。

這裡面的故事說著的是：
老字號的驕傲、傳統帶來的壓力、
瞬息萬變的時代潮流、百年歷史的集大成。

自創業開始，世世代代從錯誤中學習，才走到了今天。
為了回應這一步一腳印建立起的信賴，
努力之路，沒有終點。

《東京百年老舗》
定價：300元

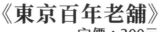

《東京職人》
定價：300元

《東京農業人》
定價：320元

《東京運將》
定價：320元

東京的人氣外出景點

還有好多有趣好玩的地方！安排東京行程時絕不能錯過，充滿特色的博物館、富含娛樂要素的遊樂景點，在此一舉公開。玩到盡興為止吧！

史努比博物館

南町田　東京站搭電車約1小時

探索《花生》的世界觀

★スヌーピーミュジアム

六本木的史努比博物館搬遷至「南町田Grandberry Park」內。本建築有3層樓，面積變成約2倍大，可以任此追尋體現原作者查爾斯・舒茲的人格、漫畫《花生》充滿幽默的故事。

☎ 042-812-2723　町田市鶴間3-1-1　休 不定休
10:00～17:30　¥2000円，國中生、高中生1000円，4歲～小學生600円　※皆為當日票　東急田園都市線南町田Grandberry Park站Grandberry Park口步行約4分

開放入場時間

①10:00～　②10:30～　③11:00～
④11:30～　⑤12:00～　⑥12:30～
⑦13:00～　⑧13:30～　⑨14:00～
⑩14:30～　⑪15:00～　⑫16:00～

※當日票可能會完售，所以建議至官網事先購買

↑充滿玩心的頂樓

© Peanuts

2-3F GALLERY

與《花生》的故事及充滿個性的夥伴們相遇吧

內容包括由故事人物介紹專區等構成的常設展覽室，以及向美國「舒茲美術館」借來的珍貴原畫組成的企劃展。能感受到舒茲對作品設定的構想。

常設展覽室除了擺設複製原畫、展覽板之外，也有劇場等設施

這裡也要關注！

←在史努比房間內，有好幾座巨大的史努比！

1F 參加 WORKSHOP 吧

搬遷之後增加的常設工作坊。想參加的讀者記得事前從官網報名喔！

¥每次的參加費用各有不同（只參加工作坊時，無需博物館入場費）

↑原創托特包、吊飾飾品等製作項視舉辦日而異

↑定期舉辦人氣玩偶的製作活動

1F 在 BROWN'S STORE 購買限定商品

所有品項都是「全世界僅此才有」的稀有商品。以查理・布朗為發想的店內，陳列著許多雜貨、點心、衣服等各式各樣商品。

※視時期可能會有無庫存之商品

→除了禮品之外，也要尋找給自己的小禮物

多美小汽車 880円
→史努比化身多美小汽車！

史努比玩偶制服 5500円
←身穿博物館員工制服的鬆軟玩偶

史努比立體鑰匙圈 880円
→將位於博物館入口的立體雕像做成鑰匙圈！

緊鄰著博物館

PEANUTS café

南町田Grandberry Park Park Life棟

☆ ピーナッツ　カフェ

根據《花生》世界觀，供應以花生幫愉快用餐為意象的多種餐點。

☎ 042-850-7390　休 準同史努比博物館休館日　10:00～18:00

這裡也要關注！

→上頭有史努比要去打網球可愛模樣的「保冷袋」4070円

以自帶餐點為發想菜單相當豐富的野餐為

花生幫野餐盒 2380円
→附限定野餐墊，可以直接就地去野餐！

野餐籃拼盤 1650円（1人份）
→可依喜好選擇主餐要肉丸還是烤雞

↑店內明亮，紅色屋頂的狗屋令人印象深刻

赤坂 東京站搭電車約13分

櫻花樹環繞的複合式娛樂設施
赤坂 Sacas
★ あかさかサカス

除了「TBS放送中心」之外，還有LIVE HOUSE、劇場等設施匯集的地區。春天約有100棵櫻花樹齊放，每個季節都會有TBS主辦的活動。

📍港區赤坂5-3-6　⏱視店鋪、設施而異　🚇直通地鐵赤坂站　🌐http://www.tbs.co.jp/
MAP附錄②P.4 E-3

↑Sacas廣場和TBS放送中心

TBS 赤坂 ACT 劇場
ティービーエスあかさかアクトシアター

2022年7月起《哈利波特：被詛咒的孩子》的表演首次整新開幕。

📞03-3589-2277　🈺不定休　⏱視公演而異
MAP附錄②P.4 E-3

在THE MARKET powered by TBS 購買伴手禮！

旗艦店　體現TBS企業承諾的

←蜂蜜蛋糕「福砂屋方塊」320円

除了TBS原創商品之外，也有販售據點設在赤坂的名店合作的商品

📞03-3505-7836　🈺無休　⏱11:00~19:00
MAP附錄②P.4 E-3

Sacas 廣場
サカスひろば

一整年都會舉辦燈光秀、美食等各種活動的廣場。有時也會在這裡錄製節目。

六本木 東京站搭電車約14分

可以看到最新的節目展覽
朝日電視台本社
★ テレビあさひ ほんしゃ

1樓的「中庭」可免費入場，內有節目相關展示及「朝日電視台商店」。在六本木漫步時有空就順路去逛逛吧！

📞03-6406-1111　📍港区六本木6-9-1　🈺無休　⏱9:30~20:30（週日為~20:00，咖啡廳為~18:00）　🚇地鐵六本木站1號出口步行5分　🌐http://www.tv-asahi.co.jp/
MAP附錄②P.19 B-4

↑面對六本木新城的毛利庭園

在朝日電視台商店 購買伴手禮！

↑「Go醬玩偶」1760円

「朝日電視台」的人氣節目商品一應俱全，也別錯過只有這裡才能買到的限定商品！

📞無休　⏱10:00~19:00
MAP附錄②P.19 B-4

中庭

有《哆啦A夢》和《MUSIC STATION》等人氣節目的展覽，可以感受電視裡的世界。也設有許多拍照景點。

→在中庭內的「EX GARDEN CAFE」，能夠待在與毛利庭園相鄰的綠意空間，享用以嚴選咖啡豆沖泡的咖啡

水道橋 東京站搭電車約10分

暢玩娛樂設施一整天！
東京巨蛋城
★ とうきょうドームシティ

集結「東京巨蛋」、「SPA LaQua」、遊樂園等，可以在此暢玩一整天的休閒勝地。也有附設可購物、用餐的「LaQua」，玩法很多元。

📞03-5800-9999　📍文京区後楽1-3-61　🈺視活動、設施而異　⏱視設施而異　🚉JR水道橋站西口即到
MAP附錄②P.4. E-1

TOKYO DOME CITY ATTRACTIONS
とうきょうドームシティアトラクションズ

可體驗雲霄飛車、摩天輪等超過20種遊樂設施。也別錯過活動！

📞03-3817-6001　🈺無休　⏱10:00~21:00（閉園）　※可能變更　¥免費入園；一日護照4200円，兒童2800円
MAP附錄②P.4 E-1

宇宙博物館 TeNQ
うちゅうミュージアムテンキュー

從各種角度介紹宇宙魅力的博物館。館內由9個區域構成，以4K超高畫質投影的「宇宙劇場」等魄力十足的展示千萬不能錯過。

📞03-3814-0109　🈺無休　⏱11:00~20:00（週六、日、假日、黃金週、春假、寒暑假期間為10:00~）　¥1800円，高中生、大學生、專科學校生1500円，4歲~中學生、65歲以上1200円　※未滿4歲不可入館（家庭日除外）
MAP附錄②P.4 E-1

汐留 東京站搭電車約4分

地標為宮崎駿設計的大時鐘
日本電視台 大廈
★ にほんテレビにっテレタワー

地下2樓~2樓的「日本電視台PLAZA」商店及餐飲店雲集，是一般遊客也能進入的區域。還有玻璃窗環繞的錄影棚「MY STUDIO」。

📞0570-040-040　📍港区東新橋1-6-1　🈺視店鋪、設施而異　🚉JR新橋站汐留口步行3分　🌐http://www.ntv.co.jp/
MAP附錄②P.24 A-5

↑從新橋站、汐留站也很近，交通方便

MY STUDIO
マイスタ

可透過玻璃窗觀摩現場直播的錄影棚。在「MY STUDIO前廣場」也會進行現場直播的錄製。

日本電視台大時鐘
にっテレおおどけい

為防止新冠病毒感染規模擴大，期間只有每天的15時、20時共2次表演。從表演前3分鐘，機關就會開始運作。

©Studio Ghibli

參觀《Hirunandesu！》
ON AIR
每週一~五11:55~13:55播出
參觀資訊
http://www.ntv.co.jp/hirunan/
從網站上報名。填入姓名、年齡、電話、地址、報名人數、報名日期。限19歲以上的女性參加。

在日テレ屋 購買伴手禮！

除了「空次郎」和節目相關周邊之外，還有販售吉卜力工作室的周邊商品。

📞03-6215-9686　🈺無休　⏱10:30~18:30
MAP附錄②P.24 A-5
↑「空次郎玩偶」2200円　©NTV

多摩　東京站搭電車約 60 分

和人氣角色度過夢幻時光

三麗鷗彩虹樂園
★ サンリオピューロランド

能和三麗鷗的人氣角色互動交流的室內型主題樂園。從兒童也能遊玩的遊樂設施到正統的音樂劇表演都有，各個年齡層都能玩得很開心。

☎ 042-339-1111　囲多摩市落合1-31　休不定休
🕐視日期而異（需確認官網）
¥3600円～，3～17歲2500円～　※可能變更
🚇京王相模原線、小田急多摩線多摩中心站步行5分
©1990, 2021 SANRIO CO., LTD. TOKYO, JAPAN 著作 株式会社サンリオ

KAWAII KABUKI ～Hello Kitty 劇團的桃太郎～
カワイイカブキ～ハローキティいちざのももたろう～

將三麗鷗角色們的「KAWAII」與日本傳統歌舞伎的「和」兩相結合，帶來光雕投影的表演等，相當前衛的參加型奇觀娛樂節目。

～美樂蒂＆酷洛米～ 美樂蒂之路的兜風遊
マイメロディアンドクロミマイメロードドライブ

搭乘酷洛米設計的「Eco My Melocar」巡遊美樂蒂與夥伴們居住的馬里蘭州遊樂設施。

Kitty 女士之家　レディキティハウス

以「卡哇伊X名流」為主題的Kitty女士名流生活體驗設施，也可以和Kitty女士拍紀念照片。購買照片1張1600円。

品川　東京站搭電車約 10 分

使用最先端技術的娛樂水族館

Maxell Aqua Park 品川
★ マクセルアクアパークしながわ

位於品川王子大飯店內的都市型娛樂設施。可看到採用聲光影像等高科技特效和生物們的聯合演出。距離品川站也很近，地理位置極佳。

☎ 03-5421-1111（語音導覽）
囲港區高輪4-10-30 品川王子大飯店內
休無休
🕐視時期而異（需確認官網）
¥2300円　🚇JR品川站高輪口即到
MAP 附錄②P.4 E-6

表演劇場　ザ スタジアム

採用水幕等各種演出效果的海豚表演。演出效果組合會隨季節和日夜變化，任何時候去都會有不同的樂趣。

沉浸式區域「Patterns」
イマーシブエリア「パターンズ」

可在這裡被數位藝術所包圍，沉浸於該世界觀中。會視季節及時間變化的表演及展覽必看。

在AQUA SHOP LUCE 購買伴手禮！

以「海洋世界」為概念，也有許多原創商品。

➡「品川鋸鰩（L SIZE）」4280円

神奈川／川崎　東京站搭電車約 50 分

接觸國民漫畫家的想像力

川崎市 藤子·F·不二雄 博物館
★ かわさきしふじこエフふじおミュージアム

可親身感受藤子·F·不二雄所講究的「SF微不思議」世界觀的博物館。眼前是一片令人返回童心、流連忘返的空間。許許多多可愛的展示品也讓人不禁會心一笑。

☎ 0570-055-245　囲神奈川縣川崎市多摩區長尾2-8-1　休週二　🕐10:00～18:00（指定入場時間開始30分以內進場）　¥1000円、國高中生700円、4歲～小學生500円
🚇JR 小田急小田原線登戶站生田綠地口搭川崎市營接駁巴士（付費）約9分
🏠http://fujiko-museum.com　**MAP** 附錄②P.3 A-4

購買票券！

入場時間 參觀博物館採完全預約制，無現場售票。決定好想去的日期和時間後，事先購票吧。

發售時間 每月20日開始販售下個月1日～15日的票，當月5日開始販售16日～31日的票。

預約方法 ●網路
🏠http://l-tike.com/fujiko-m/
●便利商店「LAWSON」門市機台Loppi

草原　はらっぱ

將《哆啦A夢》中熟悉的空地化為現實。還有立體的角色和「任意門」，是超熱門的拍照景點。

©Fujiko-Pro

樵夫之泉　きこりのいずみ

粉絲之間的著名橋段「樵夫之泉」。按下壓把「俊俏的胖虎」就會從泉中出現。

豐洲　東京站搭電車約 20 分

兒童為主角的職業、社會體驗設施

KidZania東京
★ キッザニアとうきょう

以3～15歲孩童為對象，可體驗約100種職業、社會環境的設施，專用貨幣「KIDZO」可讓孩童學習經濟機制。另外設有家長休息區。

☎ 0570-06-4646　囲都市船塢啦啦寶都豐洲 NORTH PORT 3F　休不定休　🕐第1場9:00～15:00、第2場16:00～21:00
※完全替換制
🚇地鐵豐洲站2號出口步行8分
🏠https://www.kidzania.jp/tokyo/
MAP 附錄②P.4 G-4

入場費用

類別	平日第1場	平日第2場	休日第1場	休日第2場	H.S第1場	H.S第2場
幼稚園（3歲～小學生以下）	4000円	3300円	5000円	4000円	6100円	4600円
小學生	4500円	3800円	5500円	4500円	6600円	5100円
國中生	4500円	3800円	5500円	4500円	6600円	5100円
成人（16歲以上）	2400円	2300円	2500円	2400円	2600円	2500円
銀髮族（60歲以上）	1300円	1200円	1400円	1300円	1500円	1400円

※2歲以下嬰幼兒無法參與活動　※需有1名以上成人、1名以上兒童（3～15歲）即可入場。
※國中生無成人陪伴也可入場　※連假期間（H.S）以KidZania東京所定的春假、黃金週、暑假、寒假期為對象　※當日券數量有限，建議事先預約

護理師　かんごし

體驗在新生兒室照顧小嬰兒。其他還有醫師、藥劑師、緊急救護技術員等醫院裡的工作可選擇。

消防員　しょうぼうし

朝起火的建築物噴水、投入消防活動。也能學到預防火災的知識、火災發生時的應對方法。

麵包師傅　パンしょくにん

學習完麵包的素材後，進行迷你可頌和丹麥棒的塑形作業。麵包可試吃。

湯島　東京站搭電車約 12 分

豪華洋館令人不禁流連忘返
舊岩崎邸庭園
★ きゅういわさきていていえん

建於明治29（1896）年，由康德所設計的洋館建築庭園。除了洋館之外還有和館，也可在飲茶空間休息小憩。

☎ 03-3823-8340　所台東区池之端1　休無休　時9:00～17:00（閉園）　￥400円　地鐵湯島站1號出口步行3分
MAP 附錄②P.22 A-5

↑可走進這棟氣氛極佳的復古懷舊洋館參觀

駒込　東京站搭電車約 17 分

眼前成排的美麗藏書令人神往
東洋文庫博物館
★ とうようぶんこミュージアム

展示「東洋文庫」收藏的東方文化珍貴資料及書籍。獨有的展示表演、陳列約24000本書籍的「Morrison書庫」景象實屬壯觀。

☎ 03-3942-0280　所文京区本駒込2-28-21　休週二（逢假日則翌日休）　時10:00~16:30　￥900円　JR駒込站南口步行8分
MAP 附錄②P.2 E-1

中庭→從挑高的巨大窗戶可眺望

←通往附設的「Orient Cafe」的「智慧小徑」

面陳列的「MORRISON書庫」

→將創設者岩崎久彌購買的書籍整

池袋　東京站搭電車約 25 分

製作和實物一模一樣的食品模型！
大和樣品製作所
★ やまとサンプルせいさくじょ

手工製作餐飲店櫥窗中常見的食品模型工廠。可從天婦羅、甜點等多樣種類中選做自己喜歡的食物。

☎ 03-5980-8099　所豊島区上池袋4-18-2 立松マンション101　休週三、四，其他不定休　時10:00~16:00各整點，天婦羅萵苣套組為週六、日、假日11:00～、12:00～、13:00～　￥1650円　東武東上線北池袋站步行5分　預約網站受理前一個月1日9:00開始預約　HPhttps://www.yamato-sample.com
MAP 附錄②P.3 D-1

→費用依食物的種類和大小

霞關　東京站搭電車約 5 分

守護首都東京的安全，讓人民安心
參觀警視廳總部
★ けいしちょうほんぶけんがく

能夠參觀學習警察勤務的「交流廣場警視廳教室」、展示歷史事件及警視廳創設以來珍貴資料的「警察參考室」、受理110報案和下達指令的「通信指令中心」。

☎ 03-3581-4321（代）　所千代田区霞が関2-1-1　休週六、日、假日　時9:00～、10:45～、13:00～、14:45～　￥免費　地鐵霞關站A2出口步行5分　預約電話受理6個月前的1日到前日預約　※詳細資訊請確認官網
MAP 附錄②P.4 E-3

→「警察參考室」陳列著警視廳創設以來的資料

駒込　東京站搭電車約 17 分

可感受日本之美，擁有豐富自然景觀的庭園
六義園　★ りくぎえん

德川綱吉的侍臣柳澤吉保花費7年歲月於1702年完成的迴遊式築山泉水庭園。已獲指定為日本的特別名勝。

☎ 03-3941-2222　所文京区本駒込6　休無休　時9:00～17:00（閉園）　￥300円　JR駒込站南口步行7分
MAP 附錄②P.2 E-1

點庭園→春天有枝垂櫻盛開，秋天有楓葉妝

©公益財団法人東京都公園協会

兩國　東京站搭電車約 15 分

近距離鑑賞日本引以為傲的藝術
墨田北齋美術館
★ すみだほくさいびじゅつかん

收藏並展示受西洋畫家影響的畫師葛飾北齋的作品。常設展中設有可觀賞作品的觸碰式螢幕，重現北齋畫室的模型也大獲好評。

☎ 03-6658-8936　所墨田区亀沢2-7-2　休週一（逢假日則翌日休）　時9:30～17:00　￥400円（企劃展費用另計）　地鐵兩國站A3出口步行5分
MAP 附錄②P.4 G-2

©Forward Stroke
↑建築物為妹島和世所設計　葛飾北齋《富嶽三十六景 神奈川沖浪裏》墨田北齋美術館藏

四谷　東京站搭電車約 10 分

東京23區內唯一的國寶，全年開放
迎賓館赤坂離宮
★ げいひんかんあかさかりきゅう

接待各國外賓的外交活動舞台。新巴洛克風格的宮殿建築是第一座明治時期以後獲指定為國寶的建築物。絢爛華麗的內部裝潢令人印象深刻。

☎ 03-5728-7788（僅能用日文對應）　所港区元赤坂2-1-1　休週三（視接待、活動可能暫停開放）　時10:00～16:00（庭園為～16:30）　￥庭園300円；本館、庭園1500円；和風別館、庭園1500円；和風別館、本館、庭園2000円　JR、地鐵四谷站赤坂口步行7分　預約庭園及本館、庭園不需預約。和風別館的參觀由官網受理　HPhttps://www.geihinkan.go.jp/akasaka/visit/
MAP 附錄②P.5 D-3

→舉辦官方晚餐會的「花鳥之間」
照片提供：內閣府迎賓館

外苑前　東京站搭電車約 15 分

介紹海內外的當代美術作品
華達琉美術館
★ ワタリウムびじゅつかん

該美術館以當代美術作品為主，舉辦企劃性強烈的展覽。販售美術相關書籍的書店和咖啡廳複合商店「on Sundays」也很受歡迎。

☎ 03-3402-3001　所渋谷区神宮前3-7-6　休週一（逢假日則開館）　時11:00～19:00（閉館）　￥視展覽而異　地鐵外苑前站3號出口步行8分
MAP 附錄②P.8 F-2

→建築師瑪利歐·波塔所設計的建築物

旅行一身輕！
聰明 行李打包術

出外旅行的時候，行李比平常更容易增加，
掌握盡可能小型＆輕便的訣竅，
來打包行李吧！

訣竅 1 不易產生皺褶而且體積小！
衣服的摺法

體積大的衣服只要捲起來就不易產生皺褶，還
能輕易地塞到行李的縫隙間。下身衣物也用一樣
的方法來縮小體積吧！

1 將下擺往外翻摺
2 將左右邊往內側摺疊
3 從衣領開始捲成筒狀
4 捲到底之後，把剛才外翻的下擺翻回來，包住筒狀部分
5 完成！

訣竅 2 重物也感覺變輕了!?
背包的收納法

適合在小旅行使用的背包，只要下點功夫收納就
可以使重量感有所改變。打包的時候，記得把重
心保持在較高的地方。

即使回程買了伴手禮也不必擔心，稍微留點空間就行了

重物要放到靠背側的上層

下層盡量收納較輕的物品

訣竅 3 這樣完美了！事先學起來
分類、行李的收納法

行李較多時會派上用場的硬殼行李箱與軟殼行
李箱。重物要擺在下層是收納重點。

硬殼行李箱
打開的時候，如果箱蓋
比較重會很難開，所以
書本等重物收納在承重
側底部為佳

軟殼行李箱
有時候не耐撞擊，所以
衣物收納在外側，容易
損壞的物品放中間比較
好

秋葉原 東京站搭電車約4分

外帶千葉名產
秋葉原 房の駅
★アキハバラふさのえき

位於「日本百貨店食品館」內的千葉縣直營商
店。以特產花生為首，供應點心、調味料、乾貨
等各式各樣的千葉美味。

☎03-3258-0051（日本百貨店食品館） 所千代田区
神田練塀町8-2 CHABARA內 休無休（準同設施公休
日） ⏰11:00～20:00 🚉JR秋葉原站電氣街口即到
MAP 附錄②P.4 F-2

→千葉逸品一字排開。尤以花生的種類特別豐富，加工品、豆菓也很受歡迎

小金井 東京站搭電車約40分

穿越時空到古代的街道
江戶東京建築園
★えどとうきょうたてものえん

將江戶時代到昭和中期的歷
史性建築物移建並復原於此
的室外博物館。另設有咖啡
廳和餐廳。

☎042-388-3300
所小金井市桜町3-7-1 都立
小金井公園內 休週一（逢
假日則翌日休）
⏰9:30～17:00（10～3月為～
16:00）
¥400円
🚉JR武藏小金井站北口搭
西武巴士往東久留米駅5
分，小金井公園西口下車步
行5分

→代表東京錢湯建築的唐破風建築令人印象深刻的錢湯「子寶湯」

高尾山 東京站搭電車約70分

充滿許多體驗型的藝術！
視覺藝術美術館
★トリックアートびじゅつかん

利用錯覺「欺騙眼睛的視覺藝術」美術館。有
看起來為立體狀的視覺畫，以及讓自己成為
作品一部分的機關藝術等多樣展示作品。

☎042-661-2333 所八王子市
高尾町1786 休不定休
⏰10:00～18:15（12～3月為～
17:15）
¥1330円 🚉京王高尾線高尾
山口站即到

→可以拍出攀登獅子的人面像，充滿魄力的照片

荻窪 東京站搭電車約25分

動畫相關的廣泛展覽充滿魅力
東京工藝大學 杉並
Animation Museum
★とうきょうこうげいだいがくすぎなみアニメーションミュージアム

可以學習日本動畫歷史和魅力的設施。有播
放動畫的大螢幕，還有體驗動畫製作的工作
坊。

☎03-3396-1510
所杉並区上荻3-29-
5 杉並会館3F
休週一（逢假日則翌
日休）
⏰10:00～17:30
¥免費
🚉JR荻窪站北口搭
關東巴士往北裏7分，
荻窪警察署前下車
即到
MAP 附錄②P.3 B-2

↑分成3層樓，分別展示動畫相關的各種

稻城 東京站搭電車約45分

五花八門的遊樂設施令人興奮不已！
讀賣樂園
★よみうりランド

除了遊樂設施之外，還有海獅秀以及「製造
業」體驗遊樂區「Goodjoba!!」等，是座可暢
玩一整天的遊樂園。

☎044-966-1111 所稻城市矢野口4015-1 休不定休
⏰10:00～20:00 ※視時期而異 ¥一日護照5800円（含
入園費用） 🚉京王相模原線京王讀賣樂園站搭空中纜
車「Sky Shuttle」，或讀賣樂園前站搭經由往寺尾台団
地的巴士5～10分，
讀賣樂園よみうりラン
ド站下車即到

↑遊樂設施區「SPACE factory」的「力保美達月亮太空船☆」

仙川 東京站搭電車約40分

實際感受美乃滋「原來是這樣！」
MAYO TERRACE
★マヨテラス

可學習美乃滋歷史和美味祕密的參觀設施。
配合不同年齡層準備了4種參觀路線，從嬰兒
到大人都能參加。也別忘了看看活動！

☎03-5384-7770 所調布市仙川町2-5-7 休週六、日、
假日（週六可能臨時開館） ⏰需確認官網（完全預
約制） 🚉京王線仙川站步行7分
预電話、官網受理2個月前第1營業日起的預約

MAP 附錄②P.3 A-3

↑450g尺寸的美乃滋50萬倍大的「美乃滋DOME」

↑可透過影像參觀分離蛋黃和蛋白的機器，1分鐘可分離600顆雞蛋

東京迪士尼度假區

東京迪士尼樂園的大規模開發終於揭開了神祕面紗，迎來大幅進化的東京迪士尼度假區。也別忘了看看迪士尼達人暨IG紅人Rina所傳授的小知識。

東京迪士尼樂園／東京迪士尼海洋

とうきょうディズニーランド／とうきょうディズニーシー

🏠 千葉県浦安市舞浜1-1　🈳 視季節、星期而異，需洽詢　🅿 總計約2萬輛（普通車平日2500円；週六、日、假日3000円）

MAP 附錄②P.2 G-5／H-6

◤CHECK

與角色一起拍照時，試著配合該角色的形象來營造整體感吧。如果和旅伴穿朋友裝的話，還會更加吸睛唷！

領航員
Rina

坐擁79000人追蹤數的IG紅人。 會隨時上傳拍照景點等東京迪士尼度假區的遊樂方法。

東京迪士尼度假區

Tickets

票券種類	全票 18歲以上	學生票 12~17歲 (中學・高中生)	兒童票 4~11歲 (幼童・小學生)	內容
一日護照	7900~9400円	6600~7800円	4700~5600円	可指定入園日期、園區的指定日期票券。園區開園起即可入場
指定入園時間護照 (10時30分~)	7400~8900円	6200~7400円	4400~5300円	可選擇一座園區，上午10時30分起可入場。10時開園的日子沒有販售
指定入園時間護照 (12時~)	6900~8400円	5800~7000円	4100~5000円	可選擇一座園區，中午12時起可入場
提前入園票券	3000円			僅供迪士尼飯店住宿遊客使用，上午8時起即可進入東京迪士尼海洋

Information

綜合服務 (10:00~15:00)	東京迪士尼度假區資訊中心 ☎0570-00-8632
語音資訊 (24小時)	東京迪士尼度假區資訊中心 ☎0570-00-3932
線上預約相關諮詢 (10:00~15:00)	東京迪士尼度假區線上預約&購票諮詢 ☎045-330-0101
官網	東京迪士尼度假區官方網站 HP https://www.tokyodisneyresort.jp

Access

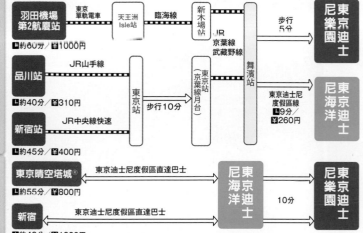

羽田機場第2航廈站 — 東京單軌電車 → 天王洲Isle站 — 臨海線 → 新木場站 — JR京葉線 武藏野線 → 舞濱站 — 步行5分 → 東京迪士尼樂園
🚃約60分/¥1000円

品川站 — JR山手線 → 東京站 — 步行10分 → 東京站(京葉線月台)
🚃約40分/¥310円

新宿站 — JR中央線快速 → 東京站
🚃約45分/¥400円

舞濱站 → 東京迪士尼度假區 🚃9分/¥260円 → 東京迪士尼海洋

東京晴空塔城® — 東京迪士尼度假區直達巴士 → 東京迪士尼海洋
🚃約55分/¥800円

新宿 — 東京迪士尼度假區直達巴士 → 東京迪士尼海洋
🚃約40分/¥1000円

東京迪士尼海洋 — 10分 — 東京迪士尼樂園

※羽田機場第2航廈站、品川站、新宿站標示的是到舞濱站的費用和所需時間

為了能夠安心遊玩！
東京迪士尼度假區的 防疫對策

為了防止疫情擴大，園區內有實施各種防疫措施。實現夢想的同時也要好好遵守規定唷！

❶ 保持社交距離
在園區大門及遊樂設施等處，設有各位來賓須保持指定距離的指標。此外，各設施的座位也有減少，以達到控制使用人數上限。同行親友不得在中途與代排隊的同伴會合，所以務必全員到齊再去排隊。

❷ 體溫量測、徹底消毒
入園時要量體溫。有超過37.5℃的發燒或感冒症狀時禁止入場。除此之外，還設有消毒液、櫃台前的透明擋板，也會定期擦拭清潔扶手等處。

❸ 使用二維條碼確認菜單
餐廳準備了二維條碼以取代紙本菜單。使用手機等裝置掃描條碼，即可看到菜單。也有部分設施首次引進了自助點餐系統。

園區票券NEWS!!

Ticket 透過官網或APP購買指定日期票券
目前園區票券只有提供指定日期票券（預售票），並未販售當日票或無特定日期票券。指定日期票券可透過東京迪士尼度假區線上預約&購票網站購買，官方APP則是約2個月前開始販售。若持有無特定日期票券可參加抽選，中選時即可入園。

Ticket 首次引進票券的價格變動制
2021年3月20日起開始施行園區票券的價格變動制。票券價格會根據時期及週幾而異，逢週末或大型連休的一日護照為全票9400円。也有僅限迪士尼飯店住宿遊客使用，8時即可進入東京迪士尼海洋的新票券登場。

Ticket 最新資訊需至官網確認
2022年1月時販售的票券只有左表所列4種，並未販售兩日護照、傍晚六點後護照、全年護照等。各票券的受理會視新冠病毒的狀況有所變動，所以最新資訊請至官網確認。

\ Rina親授 /
暢快遊玩園區的訣竅

先行了解沒有損失！

一定要先下載 迪士尼官方APP
讓遊園體驗變得更方便的官方APP。除了購買票券、取得快速通關、表演及遊行的抽選之外，想確認遊樂設施及餐廳的等候時間也是靠這個應用程式搞定！

迪士尼e票券 用手機購買很方便

票券為事先線上購買。用手機入園或是在家先列印出來，有2種方式可以選擇。使用手機入園時，只要出示票券畫面掃描後即可入園。

部分遊樂設施需要 預約等候卡

由於部分遊樂設施有遊玩限制，所以必須取得「預約等候卡」。入園後透過東京迪士尼度假區APP取得，再依照預約等候卡記載的時間去排隊。部分商店也會視時間而變成預約等候卡的適用對象。

部分表演的觀賞及迪士尼明星迎賓會適用 報名體驗

若想觀賞適用的表演及使用迪士尼明星迎賓會設施，必須完成「報名體驗」。於受理時間內透過東京迪士尼度假區APP進行申請，中選時即可使用。各設施1天內僅可申請1次。

申請 優先入席 就能以較少的等候時間用餐

只要於入園前日20時59分前在官網申請，當餐廳有空位時便能順暢地入內用餐。現場名額線上受理為9時開始，各餐廳店門口為10時開始。

迪士尼照片服務 可取得自己拍不了的相片

透過APP可以取得攝影師幫忙拍攝的照片，並購買中意的照片。也可以套用模板或編輯照片。先透過APP取得「Photo Key Card」，然後在攝影地點出示給攝影師看吧。

一踏入此區，率先映入眼簾的是野獸居住的城堡。深入留意每個細節吧

徹底解析
東京迪士尼樂園夢幻樂園
新區域！

夢幻樂園擴張後增設的新區域，能夠體驗迪士尼動畫《美女與野獸》的世界。完美重現的野獸城堡及街區，任何人見了都會興奮不已！

↑在音樂飄揚中走入貝兒居住的村莊，有種誤闖動畫世界的感覺

A 遊樂設施

美女與野獸「城堡奇緣」
美女と野獸"魔法のものがたり"

一起搭乘會隨《美女與野獸》樂曲舞動的魔法茶杯，巡遊動畫經典場景的遊樂設施。接待室、用餐室、有成排盔甲的走廊……前往搭乘處的途中也有許多讓人感到興奮的機關。盧米亞主辦的晚餐會場景堪稱壓軸！

↑入城之後一開始會被引領至接待室。變成腳凳的狗在暖爐前方抖動身體

搭乘魔法茶杯巡遊《美女與野獸》的世界

↑暖場表演時，彩繪玻璃上放映著動畫序幕

↑搭上不停旋轉的茶杯造型乘具，環遊動畫的4大場景
→在「獨自一人的晚餐會」中，盧米亞的歌聲及餐具們的舞蹈讓貝兒露出了笑容

夜晚的城堡更夢幻！

↑夜晚的城堡更夢幻！

序幕結束之後野獸與貝兒登場。目送著貝兒離去的身影，野獸看起來一臉哀傷

→野獸與貝兒心意相通的舞會場景相當浪漫

小吃與甜點齊全的加斯頓酒場

↑重現動畫中的酒館氛圍。也有提供生啤酒

sweet 加斯頓 450円

草莓果凍與芒果慕斯的雙層酸甜點心

大口吃肉可頌 單點750円

酥脆的可頌夾著帶骨香腸，分量十足

B 餐廳

加斯頓餐館
ラ・タベルヌ・ド・ガストン

仿造加斯頓酒館的餐廳。店內裝飾著加斯頓狩獵得到的鹿角等物，暖爐上方還有加斯頓的巨大肖像畫。供應飄著起司香氣，口味甜辣的「法式吐司三明治」750円等新奇菜單。

重現貝兒所居村莊中的3間商店

化妝包
3000円
以舞會上凝視彼此的野獸與貝兒為刺繡圖案的優質商品。縱長約19cm×橫長約23cm

玩偶徽章
各1800円
除了盧米亞與葛士華之外，還有貝兒及野獸、加斯頓等多種造型。高約24cm

抱枕
2300円
把加斯頓引以為傲的肌肉做成立體商品。橫長約60cm

除塵撢
1600円
以女僕雞毛撢子為造型，高約24cm的除塵撢

C 商店
村莊商舖　ビレッジショップス

以貝兒常逛的書店為首，仿造動畫中出現的村莊商店，由「彩知閣」、「小鎮貿易商」、「日安禮品」這3間店所構成。也很講究小物件及裝飾的店內陳列多達100種商品。

↑噴泉前一字排開的3間商店各有不同的氛圍

E 娛樂
夢幻樂園森林劇場
ファンタジーランド・フォレストシアアー

東京迪士尼樂園首座正統室內劇場。把米奇與夥伴們遇到各種迪士尼動畫音樂的旅程，以動態十足的演出及舞台裝置呈現，帶來原創表演「米奇魔法音樂世界」(→P.145)。大人不妨帶著孩子一起欣賞這場有趣夢幻的表演。

➊仿造劇場的「爆米花桶」2400円

佇立於森林之中園內首座正統劇場

↑繪有在迪士尼動畫中登場之動物角色的掛毯也值得一看

園區首次推出的新口味吉拿棒

來富吉拿棒
每條400円
蘋果香與焦糖的香甜味令人垂涎三尺。包裝上印有來富的圖案

D 餐飲店
來富點心舖　ル・フウズ

有點傻里傻氣、讓人討厭不起來的角色——加斯頓的小跟班來富所經營的點心店。能夠品嘗東京迪士尼樂園首次推出的蘋果焦糖口味吉拿棒。很適合在區域內漫步時享用。

↑緊鄰餐廳「加斯頓餐館」的商店

達菲的新同伴
奧爾梅爾登場＆新商品開賣!

達菲在尋找雪莉玫生日禮物的過程中，遇到一位喜歡音樂的烏龜奧爾梅爾。除了新朋友奧爾梅爾的相關商品開賣，在鱈魚岬燈塔旁也有增設拍照景點。

➊繪有6人行達菲＆朋友所有成員的「購物袋」1100円

➊奧爾梅爾是擅長彈奏烏克麗麗的烏龜男孩。達菲也非常喜歡奧爾梅爾所譜的美妙歌曲!

➊以達菲＆朋友的臉為造型的「餅乾」18入1500円。有3種口味

這裡也要CHECK!
人氣角色的當紅NEWS

以迪士尼＆皮克斯動畫《玩具總動員》系列為主題的飯店開幕等最新資訊報導。

➡相較於高檔的服務更能享受輕鬆住宿的樂趣簡單的房型

©Disney/Pixar　Slinky® Dog © Just Play LLC　Mr. Potato Head® and Mrs. Potato Head® are registered trademarks of Hasbro, Inc. Used with permission. © Hasbro, Inc. All Rights Reserved.

2022年4月, 東京迪士尼度假區玩具總動員飯店®開幕!

以迪士尼＆皮克斯動畫《玩具總動員》系列為主題的迪士尼飯店。設施內放置約4m的角色立像等，入住時可以沉浸在彷彿縮成玩具大小的感覺。

一熊抱哥花園咖啡及晚餐早餐以自助形式供應

©Disney/Pixar

➊以安迪房間為發想的客房內有許多宛如玩具的家具

©Disney/Pixar　©2022 Spin Master, Ltd. All Rights Reserved

©Disney

遊樂設施

心潮澎湃！

#實際體驗動畫的世界

⤵驚喜層出不窮的迴轉型遊樂設施

⤴負責拖動乘具的是與杯麵極為相似的醫療機器人們

POOH'S Hunny Hunt

CHECK
創造出小熊維尼居住世界的克里斯多福‧羅賓賓年紀尚幼，所以隨處可見拼錯的單字。連繪本裡的蜂蜜也拼錯了呢！

亦為拍照景點的巨大繪本即為遊樂設施的入口
乘著蜂蜜罐，深入小熊維尼夢見的奇妙夢境之中

⤵發現利用氣球飛上天空的小熊維尼，小豬和跳跳虎也在

(明日樂園)
③ 杯麵歡樂之旅
ベイマックスのハッピーライド

CHECK
體驗過程中還會放出掃描光線測量遊客的快樂程度等，遊戲趣味性十足♪

世界首座杯麵的遊樂設施
年輕發明家濱田廣所開發的乘具。當節奏輕快的音樂流淌，杯麵的醫療機器人同伴們就會以無法預料的動作拖拉乘具，帶著遊客四處兜轉！

所需時間：約1分30秒　乘載人數：2名

(夢幻樂園)
① 小熊維尼獵蜜記
プーさんのハニーハント

和小熊維尼在森林中尋找蜂蜜
舞台為各式各樣森林夥伴居住的百畝森林。搭乘隨機擺動的有趣蜂蜜罐，和小熊維尼一起踏上尋蜜之旅。旅途在抵達蜂蜜洞窟時迎來高潮，還飄出陣陣香甜味！
所需時間：約4分30秒　乘載人數：5名

(明日樂園)
④ 怪獸電力公司「迷藏巡遊車」
モンスターズ・インク"ライド&ゴーシーク!"

跟怪獸玩捉迷藏遊戲
大眼仔麥克與毛怪蘇利文舉辦的捉迷藏遊戲。使用乘具上配備的手電筒，尋找躲在怪獸電力公司大樓等處的奇異怪獸吧。

所需時間：約4分
乘載人數：9名

⤵瞄準怪獸所戴安全帽上的M標誌
⤵也能看到一身橘毛的原創角色Rocky的身影
©Disney/Pixar

(明日樂園)
② 幸會史迪奇
スティッチ・エンカウンター

⤵與史迪奇的對話惹得現場哄堂大笑

與史迪尼同步通訊
與映在螢幕上、愛惡作劇的史迪奇聯繫，充滿幽默與驚奇的體驗。被史迪奇點名的遊客能夠直接跟他說話，不妨戴上髮箍等時髦裝扮去玩。

所需時間：約12分
座位總數：189名

除了新區域之外，原本就魅力無窮的東京迪士尼樂園。將以遊樂設施為首，介紹無論體驗幾次依舊樂趣不減的設施。

輕鬆大口吃！
直接用手拿著吃

(西部樂園)
西部牛仔廚房ⓒ
煙燻火雞腿
800円
經過燻烤的火雞帶骨肉，爽快地大口吃肉吧

(西部樂園)
土撥鼠營地廚房Ⓑ
飯糰三明治
（牛五花）710円
以米奇為造型的香噴噴烤飯糰與牛五花超級搭

(世界市集)
甜心咖啡餐館Ⓐ
奶油起司咖哩餅
430円
有乾咖哩、番茄、洋蔥3種口味的套餐

※2022年1月的資訊。刊載的內容可能有變更或中止的情況。此外，圖片為以前所攝。
※部分當今的營運方針及安全衛生措施可能有異。詳細資訊請至東京迪士尼度假區官方網站確認

左側縱排標籤：
東京迪士尼樂園　東京迪士尼海洋　最新商品　迪士尼飯店

\ 還有好多好多！/
人氣遊樂設施

【探險樂園】
⑪ 加勒比海盜　カリブの海賊
前往海盜在暗地裡活躍的加勒比海
船隻急速下降，進行時間旅行。精彩冒
險在海盜死後的世界、砲彈飛舞的 17～
18 世紀加勒比海展開。
所需時間：約15分　乘載人數：20名

【探險樂園】
⑫ 叢林巡航：勇闖野生世界
ジャングルクルーズ：ワイルドライフ・エクスペディション
前往叢林的探險之旅。
搭乘船隻，前往野生動物棲息的叢林探
險。開朗船長的風趣談話每每惹人哄堂
大笑。驚險刺激的夜晚巡遊也很受歡迎。
所需時間：約10分　乘載人數：32名

【夢幻樂園】
⑬ 幽靈公館　ホーンテッドマンション
住著999隻幽靈的詛咒洋館
幽靈寫手的房間、眼睛發光的肖像畫、突
然發出聲音的鋼琴⋯⋯光怪陸離的現象接
踵而至。你會成為那第 1000 位同伴嗎!?
所需時間：約15分
乘載人數：3名

【明日樂園】
⑭ 巴斯光年星際歷險
バズ・ライトイヤーのアストロブラスター
和巴斯一起打倒邪惡之王！
以光線槍打落接連出現的 Z 標誌目標吧。
倒三角形的 Z 標誌可以一舉奪得高分，
要好好瞄準。
所需時間：約4分　乘載人數：3名

©Disney/Pixar

以時速 62km 衝下最大傾斜 45
度的軌道，潛入瀑布深潭！

【動物天地】
⑥ 飛濺山　スプラッシュ・マウンテン
從高達16m的瀑布爽快俯衝
乘坐圓木舟，與追尋「歡笑國」而踏
上旅途的布雷爾兔同行。原本一片光
明的旅程卻因為朝著荊棘叢墜落，瞬
間變了調！
所需時間：約10分　乘載人數：8名

#追求刺激者
不容錯過！

↑有鐘乳石洞、間歇泉等豐富看
點。也能看到珍奇小動物的身影

CHECK
「不要把我丟進荊棘
叢就好」布雷爾兔謊說
謊，邊逃往自己家的滑
稽場面

←正在架設陷阱的布雷爾
狐狸也值得一看

【明日樂園】
⑦ 太空山　スペース・マウンテン
在無邊無際的宇宙中穿梭！
搭乘巨大新型火箭踏上宇宙之旅。在銀河系和流
星群之間高速穿梭，無法預測動向，全程是連續
高潮迭起的刺激體驗。
所需時間：約3分　乘載人數：12名

↑從巨大蛋型太
空站出發，搭乘
美麗的流線型火
箭

【西部樂園】
⑤ 巨雷山　ビッグ サンダー・マウンテン
無人駕駛的採礦列車瘋狂奔馳！
採礦列車以猛烈的速度在靠近廢棄礦坑的岩山瘋
狂奔馳。山壁突然逼近眼前，不斷體驗急速下降
與急轉彎的感覺。車輪的嘎吱聲讓人心生恐懼。
所需時間：約4分　乘載人數：30名

#進到室內就不怕下雨！

CHECK
建築物正面的時鐘每隔
15分鐘就會出現24個人
偶。不分晝夜守護24小
時的場面值得一看

↑唱著《小小世界》的孩子們前來迎接
→在歐洲區會發現《冰雪奇緣》中的安
娜、艾莎、雪寶

【夢幻樂園】
⑩ 小小世界　イッツ・ア・スモールワールド
動畫角色等候光臨的幸福航程
從熱門迪士尼動畫 18 部作品中追加約 40 位角色，
一起踏上愉快的航程。經過歐洲、亞洲、非洲等，環
遊全世界。
所需時間：約10分 乘載人數：20名

【夢幻樂園】
⑧ 米奇魔法交響樂　ミッキーのフィルハーマジック
體驗魔法飛揚的演奏會
巡遊迪士尼動畫世界的魔法
演奏會。不時會有角色飛出
螢幕、徐風迎面吹來，可體
驗許多機關帶來的樂趣。
所需時間：約15分（表演時間約11分）　座位總數：454名

↑遇見正在享受
魔毯約會的阿拉
丁與茉莉

【夢幻樂園】
⑨ 仙履奇緣童話大廳　シンデレラのフェアリーテイル・ホール
前往人人憧憬的仙履奇緣世界
開放仙杜瑞拉與白馬王子居
住的灰姑娘城堡內部。展示
與故事相關的多件藝術作品。
所需時間：約8分

↑飾有仙杜瑞拉的寶座與玻
璃鞋的大廳。

【明日樂園】
汎銀河披薩港 Ⓗ
雞肉與番茄的卡頌 620円
填入香濃番茄醬與雞肉的
熱騰騰卡頌

【明日樂園】
小瑞電光餐廳 Ⓖ
三眼怪饅頭 360円
填入卡士達醬、草莓、巧
克力3種奶油餡的饅頭

【卡通城】
輝見杜兒路兒好時光
咖啡 Ⓕ
手套造型雞肉蛋刈包 600円
夾著雞肉的米奇手套造型
刈包

【夢幻樂園】
加斯頓餐館 Ⓔ
獵人派（牛肉濃湯） 750円
餡料為粗絞牛肉與馬鈴薯
泥的派。馬鈴薯＆飲料套
餐為1150円

【夢幻樂園】
鄉村西點 Ⓓ
Tipo Torta（甜薯） 350円
新口味Tipo Torta。酥脆
口感的餅皮填入香甜奶油
內餡

※可能出現內容或價格變動、完售等情形

↑皮諾丘與傀儡及木製玩具一起跳舞表演

↑可愛的米妮乘上戴著王冠的魔法掃帚

↑參加由瘋帽客主辦茶會的愛麗絲
↑乘上飛馬花車的米奇

↑樂佩、仙杜瑞拉、白雪公主以及奧蘿拉公主，迪士尼公主大集合

↑盧米亞招待貝兒與賓客享用晚餐

↑乘上魔毯的唐老鴨登場

最後壓軸是瑪麗・包萍與彼得潘、溫蒂的花車登場！

CHECK
要拍美照的話，推薦來灰姑娘城堡前。在卡通城內只能從單側觀賞，所以能輕易捕捉到角色看向鏡頭的畫面

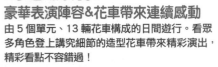

園區全域 日間遊行

奇想騰飛！ ドリーミング・アップ!
豪華表演陣容&花車帶來連續感動

由5個單元、13輛花車構成的日間遊行。看眾多角色登上講究細節的造型花車帶來精彩演出，精彩看點不容錯過！

演出地點：遊行路徑　演出次數：1天1～2次
演出時間：約45分

首次在遊行中登場的杯麵為戰鬥型態，身穿紅色動力裝甲。在杯麵身上的人是14歲的男主角—天才少年阿廣

肯定會心動不已！
2大遊行隊伍

↑胡迪等人帶著色彩繽紛的玩具同伴們登場

↑阿拉丁與茉莉在宮殿造型的花車上甜甜蜜蜜

↑天燈及魔法花朵、樂佩的金色長髮閃閃發光

↑重現仙杜瑞拉搭乘南瓜馬車場景的花車

↑米奇與米妮在機關車上跟大家揮手。由高飛負責操縱

園區全域 夜間遊行

東京迪士尼樂園 電子大遊行～夢之光
東京ディズニーランド・エレクトリカルパレード・ドリームライツ

包圍夜晚園區的光與聲音之祭典

當迪士尼音樂響起，絢爛奪目的花車接連登場，一邊演繹光的故事一邊浩大行進。看迪士尼角色們上演戲劇性十足的美好夜晚。

CHECK
推薦一定要觀賞《魔髮奇緣》的花車遊行。重現動畫中令人印象深刻的天燈升空場景，光彩奪目恍如美麗夢境，令人醉心不已

由唐老鴨操縱的表演船也很華麗

演出地點：遊行路徑　演出次數：1天1～2次
演出時間：約45分

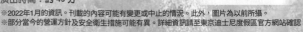

↑安娜、艾莎、雪寶在冰宮殿花車上跳舞

※2022年1月的資訊。刊載的內容可能有變更或中止的情況。此外，圖片為以前所攝。
※部分當今的營運方針及安全衛生措施可能有異。詳細資訊請至東京迪士尼度假區官方網站確認

東京迪士尼樂園
東京迪士尼海洋
最新商品
迪士尼飯店

IG紅人推薦
美照景點
※照片為以前所攝

「野獸居住的城堡」
在新區域誕生約30m的城堡。攝影的時候面對城堡，從左開始將城堡周圍的樹木及岩石、作為背景的山一起拍進去的話，看起來更有氣勢也更真實了！

超人氣「灰姑娘城」要拍攝城堡上方！
總是人潮洶湧而難以拍出美照的灰姑娘城，只要蹲坐往上拍攝，就不用擔心路人入鏡了！

「飛濺山」旁邊的塔

位於「動物天地」內的建築物。模樣很像樂佩的高塔，是迪士尼同好之間的熱門話題！

「卡通城」的街區
「卡通城」的繽紛街區到處都是拍照景點。訣竅就是配合穿搭來選擇拍照場景。

「米妮的家」
位於「卡通城」，色調賞心悅目的「米妮的家」。櫻花季節會是一片粉紅，可別錯失機會！

可以跟著一起跳舞！
精彩舞台表演

↑裝扮成搖滾巨星的唐老鴨。緊接著烏雲罩籠，迪士尼反派角色現身。

↑配合著主題曲，米奇與舞者帶來酷炫的舞蹈

↑迪士尼＆皮克斯動畫《汽車總動員》的麥坤也有登場

（明日樂園）
米奇俱樂部動感節奏　クラブマウスビート
澎湃的音樂與舞蹈讓人亢奮不已
米奇與夥伴們在人氣俱樂部「米奇俱樂部」帶來的現場娛樂表演。嘻哈歌曲、拉丁美洲音樂、流行音樂等曲調接連變換，還有豪華嘉賓登台。舞者們也在炒熱舞台氣氛。

演出地點：歌舞基地　　演出次數：預定1天4～5次
演出時間：約25分
※要觀賞表演必須在入園後透過專用APP報名體驗

↑愛麗絲與瑪麗・包萍也來參加盧米亞的晚餐會

↑米奇等人在森林深處發現巨大魔法音樂盒

↑仙杜瑞拉、茉莉、樂佩這3位公主的夢幻共演

（夢幻樂園）
米奇魔法音樂世界
ミッキーのマジカルミュージックワールド
迪士尼動畫名曲流洩之旅
內容描述因為神奇音樂盒的樂音逐漸消失，而踏上尋覓音樂之旅的米奇等人。由迪士尼夥伴們帶來動態十足的現場表演，精彩得令人目眩神迷。

演出地點：夢幻樂園森林劇場
演出次數：預定1天4～5次　演出時間：約25分
※要觀賞表演必須在入園後透過專用APP報名體驗

↑虎克船長登場後，故事迎來高潮

一輩子難忘的回憶！
迪士尼明星迎賓會

↑走過飾品間，終於能夠一睹米妮的風采！背景也會配合季節改變，辦公室飾有設計圖稿及夥伴們寫的信。隨處可見蝴蝶結與圓點的元素

（卡通城）
米妮時尚工作室
ミニーのスタイルスタジオ
和四季變換不同時尚穿著的米妮見面
世界知名時尚設計師米妮進行服裝設計、製作、攝影的工作室。參觀完米妮的辦公室、工作間之後會來到迎賓區，可以和身穿美麗服裝的米妮留影紀念。

↓享受獨占米奇的短暫時光

米奇

（卡通城）
米奇公館會米奇
ミッキーの家とミート・ミッキー
和米奇一起擺POSE拍照
對一般遊客開放滿是有趣機關的米奇住家。在後院的攝影棚，大忙人米奇會利用拍攝電影的空檔時間來跟大家見面。

（西部樂園）
土撥鼠迎賓小徑
ウッドチャック・グリーティングトレイル
露營的隊長風服裝穿起來相當般配
推出以迪士尼漫畫《Junior Woodchucks》的世界為主題的區域，唐老鴨與黛西在此靜候遊客光臨。

唐老鴨　黛西

↑身穿進行野外活動的《Junior Woodchucks》制服，模樣看起來有些得意的唐老鴨與黛西

喚起大人玩心，前往冒險又浪漫的世界

東京迪士尼海洋

以海洋相關故事、傳說為主題的東京迪士尼海洋，有豐富且規模壯闊的遊樂設施及表演。

爽快度120%！
遊樂設施

#想在空中飛翔！

地中海港灣

① 翱翔：夢幻奇航
ソアリン：ファンタスティック・フライト

環遊全世界的宏偉空中之旅
位於地中海港灣高地，讚揚人類試圖飛上天際之夢想的博物館。最吸睛的莫過於翱翔天際的乘具「夢想飛行器」。在全球名勝的上空及大自然中四處飛翔！

所需時間：約5分　乘載人數：87名

⬆夢幻奇航博物館入口

CHECK
描繪世界各地人們「想在空中飛翔」夢想的8張壁畫中皆有隱藏的米奇！都是真實剪影，試著找找看會很好玩喔

⬆一邊遊覽各種展示品，一邊在館內漫步
➡有舉辦潛心研究飛行的Camellia Falco生平回顧特別展
➡8張巨大的壁畫一字排開

能享受這些世界美景！

⬆憑藉滑翔翼在萬里長城空中漫步

萬里長城

雪梨港

馬特洪峰

⬆飛翔掠過浮在港灣上的帆船
⬆穿過雲層，山頂就矗立於眼前

地中海港灣
夜景十分漂亮。飛行體驗的過程中還能感受風及味道等

紀念碑谷

⬆橫跨美國猶他州南部至亞利桑那州北部地區一帶

輕鬆大口吃！
直接用手拿著吃

發現港
海邊小吃Ⓒ
救生圈饅頭（蝦）
1個500円
粉白交織的救生圈造型中式饅頭。富有彈性的蝦肉口感美味至極

美國海濱
鱈魚岬錦標美食Ⓑ
繽紛巧克力
附迷你點心罐
950円
有達菲、雪莉玫、星黛露等多種點心罐

地中海港灣
餅乾媽媽西點Ⓐ
大眼仔哈密瓜麵包
300円
大眼仔造型的鬆軟美味哈密瓜麵包！附紀念化妝包為1200円

還有好多好多！人氣遊樂設施

失落河三角洲

7 印第安納瓊斯冒險旅程：水晶骷髏頭魔宮
インディ・ジョーンズ・アドベンチャー：クリスタルスカルの魔宮

恐怖魔宮探險旅程

由印第安納瓊斯博士的助手帕可所規劃、尋找「青春之泉」的探險旅程，點燃了守護神水晶骷髏頭的怒火。

所需時間：約3分　乘載人數：12名

頭洛河三角洲

8 忿怒雙神　レイジングスピリッツ

在瀕臨崩塌的遺跡360度大旋轉

穿梭於古代神祇石像的考古現場。最後迎來驚險萬分的超級大迴轉，想不大聲尖叫都難。

所需時間：約1分30秒　乘載人數：12名

阿拉伯海岸

9 神燈劇場　マジックランプシアター

天馬行空的魔術表演

神燈精靈的個人秀。時而飛出螢幕，時而變變魔術，精彩好戲接連上演。

所需時間：23分(演出時間約9分30秒)
座位總數：322名

阿拉伯海岸

10 辛巴達傳奇之旅
シンドバッド・ストーリーブック・ヴォヤッジ

和辛巴達踏上冒險之旅

水手辛巴達和小悅虎就要揚帆航向7大海洋。相信心中的羅盤，追尋珍貴寶物吧。

所需時間：約10分　乘載人數：24名

《海底總動員2：多莉去哪兒？》登場人物大集合！

©Disney/Pixar

CHECK
因為有各種模式，所以每次去都覺得很新鮮。我最喜歡與海獺玩躲貓貓的場景

↑利鯨、命運也會和遊客打招呼　↑解說可縮成魚兒大小的祕密

發現港

4 海底巡遊艇：ニモ&フレンズ・シーライダー　尼莫&好友的海洋世界

化身成魚，在海底世界探險

乘上可縮成魚兒大小的潛水艇「海底巡遊艇」，用和尼莫、多莉們相同的視角在廣闊海中進行大冒險。可透過美麗的影像與乘具系統的運作來體驗海底世界。

所需時間：約5分　座位總數：122名

#最愛驚聲尖叫

CHECK
開園後立刻搭乘，讓情緒瞬間興奮起來！當然夜景也很精彩，不管搭幾次都很開心

神祕島

6 地心探險之旅　センター・オブ・ジ・アース

在地底世界探險時突然火山爆發！

坐上尼默船長發明的地底行走車，在地下800m深的地底世界展開冒險。沒想到火山活動卻意外發生，只好以度假區最快時速約75km逃出地面！

所需時間：約3分　乘載人數：6名

↑衝出地面的瞬間，園區景色躍入眼前
↑通過閃閃發光的水晶洞窟

#想和皮克斯夥伴一起玩

美國海濱

↑進入高達8m的胡迪大臉入口，彷彿自己縮成只有玩具大小

2 玩具總動員瘋狂遊戲屋
トイ・ストーリー・マニア！

在玩具的世界體驗射擊遊戲

在《玩具總動員》系列的玩具世界中，挑戰射擊遊戲。用射擊槍打倒接連出現在3D影像中的目標。後方會出現較多高分目標。

所需時間：約7分　乘載人數：12名

©Disney/Pixar

美國海濱

↑有眾多海洋夥伴們前來遊玩的S.S.哥倫比亞號海底展望室

3 龜龜漫談　タートル・トーク

和龜龜們談天說地

可享受和綠蠵龜爸爸──龜龜實際聊天的樂趣。多莉、尼莫的爸爸馬林、章魚漢克等角色也會登場。充滿活力、積極舉手的話，說不定有機會被選中當聊天對象呢。

所需時間：約30分　座位總數：238名

©Disney/Pixar

美國海濱

5 驚魂古塔　タワー・オブ・テラー

在恐怖飯店遭逢電梯下墜

自從飯店主人離奇失蹤以後就被封鎖的「高塔飯店」，如今可體驗參觀行程。抵達飯店頂樓的電梯在開門的瞬間，突然不斷地急速下降又急速上升。

所需時間：約2分
乘載人數：22名

↑高約59m的飯店造型瀟灑。有時候頂樓會閃過閃電般的光芒　↓下墜瞬間園區景色在眼前展開

神祕島 H
小吃站
法式多蜜吉拿棒(馬鈴薯) 每條500円
法式多蜜醬汁搭配吉拿棒的組合。柔軟的口感讓人上癮

神祕島 G
鸚鵡螺號小廚
餃子熱狗
500円
鬆軟麵團包有大量多汁餡料的招牌人氣菜單

阿拉伯海岸 F
蘇丹綠洲
長鑲(肉醬) 500円
內餡為肉醬與起司。分量飽滿，推薦與旅伴一起分食

失落河三角洲 E
探險隊伙食
猶加敦香腸熱狗捲
500円
夾有大香腸的香脆麵包，分量十足

發現港 D
海濱小吃亭
尼莫&朋友吉拿棒(橘子) 450円
以尼莫與馬林的身體條紋為發想的橘子口味吉拿棒

※可能出現內容或價格變動、完售等情形

不管看幾次都很感動！
舞台表演

BIG BAND BEAT

↑身穿華麗服裝的黛西登場。在一般版本聽不到的唐老鴨歌聲也很引人注目

美國海濱

動感大樂團
～匠心小歡樂～
ビッグバンドビート
～ア・スペシャルトリート～

歌聲與舞蹈相當迷人的特別歌舞秀

把「動感大樂團」的世界觀直接搬上舞台，調整部分演出內容及編排的表演。迪士尼夥伴們以搖擺爵士樂為中心，展現精妙的歌曲及舞蹈。米奇獨奏爵士鼓的英姿可謂壓軸巨獻。

演出地點：**百老匯音樂劇場**
演出次數：**預定1天4～5次** 演出時間：**約25分**
※要觀賞表演必須在入園後透過專用APP報名體驗

↑米奇與舞者們配合開場曲《It Don't Mean a Thing》華麗起舞

CHECK
超人氣表演以全新版本復活！更加強調角色們的魅力，尤其米奇演奏爵士鼓的模樣最帥了♡一定要來欣賞只有迪士尼夥伴的特別歌舞表演

↑米奇的爵士鼓演奏是動感大樂團最精彩的場面。夥伴們配合演奏在跳舞

↑米奇以鋼琴伴奏而米妮唱歌的浪漫場景。其後米妮也會表演跳舞
↑高飛與2名舞者帶來輕快的踢踏舞。還有米奇在中途加入的情節

美國海濱

漁村迎賓小屋
ヴィレッジ・グリーティングプレイス

與雪莉玫共度短暫的快樂時光

可以和達菲的好朋友雪莉玫交流。雪莉玫的服裝會視季節及活動更換，敬請期待。
※雪莉玫於2022年8月1日起將於鱈魚岬錦標美食旁登場，因此2022年8月1日～2023年1月9日期間暫停舉辦。

發現迪士尼夥伴們建立的昆蟲觀察紀錄。此外還有被挖掘出的遺跡等，以探險的心情遊玩吧

CHECK
抓準機會邂逅喜歡的角色。能夠和各個角色見面的時間，請先至設施入口的告示板查看

↑身穿黃色服裝登場。腰上還繫著從遺跡挖掘到的魚！

唐老鴨

↓與冒險家衣著風格非常匹配的米奇

米奇

迪士尼明星迎賓會

失落河三角洲

米奇&好友的迎賓小徑
ミッキー&フレンズ・グリーティングトレイル

唐老鴨入隊成為同伴！

位於枝繁葉茂叢林深處的迎賓會設施。能夠見到正在調查、研究古文明遺跡及植物的角色。

昆蟲的米妮
米妮
正在調查研究稀有植物及

※2022年1月的資訊。刊載的內容可能有變更或中止的情況。此外，圖片為以前所攝。
※部分當今的營運方針及安全衛生措施可能有異。詳細資訊請至東京迪士尼度假區官方網站確認

IG紅人推薦
美照景點
※照片為以前所攝

「翱翔：夢幻奇航」
「ソアリン：ファンタスティック・フライト」
遊樂設施的建築物本身是由白色與水藍色構成，既協調又美麗。以其外觀為背景拍照超漂亮！

從對岸拍攝
「美人魚礁湖」全景
「マーメイドラグーン」
站在河川旁的阿拉伯海岸側，就能拍下由珊瑚構成的「川頓王城堡」全景！

「S.S.哥倫比亞號」的甲板
「S.S.コロンビア号」
站上沒有多少人知道的客船甲板，就能獨占普羅米修斯火山的風景。這裡也是觀賞煙火的祕密景點

ロストリバーデルタ
失落河三角洲的街區
與吉拿棒
手持吉拿棒、戴上髮箍等把自己稍作打扮再入鏡，就能拍出臨場感十足的質感美照

ヴェネツィア風の街
威尼斯風街區
與達菲&雪莉玫
以宛如威尼斯的水都為背景，為達菲和雪莉玫拍照。就像在旅行一樣♪

現在開始了解
2023年開幕 新區域

↑主題港口內有瀑布、水池等

↑能眺望新主題港口的迪士尼飯店也即將誕生

還有新遊樂設施在探訪動畫《魔髮奇緣》中所描繪的天燈節

↑《小飛俠》區域內預計設置2座新遊樂設施

CHECK
3個區域的世界觀截然不同，究竟會是怎樣的主題港口，令人相當興奮，期待不已

新主題港口
魔法之泉 ファンタジースプリングス
預定誕生的第8座主題港口
主題是「由魔法之泉引領的迪士尼奇幻世界」。拓展出以迪士尼動畫《冰雪奇緣》、《魔髮奇緣》、《小飛俠》為題材的3個區域。還有新的迪士尼飯店！

愛喝酒就來這
可享用酒類的餐廳

地中海港灣
麥哲倫歡飲廳
マゼランズ・ラウンジ
可前往餐廳「麥哲倫」內2樓的歡飲廳，享用啤酒、紅酒以及開胃菜。在吧檯小酌一杯也OK。

↑推薦在此啜飲一杯葡萄酒，紅酒1170円、白酒970円

美國海濱
泰迪羅斯福歡飲廳
テディ・ルーズヴェルト・ラウンジ
冠以美國偉大總統之名，在S.S.哥倫比亞號2樓的歡飲廳。能在此享用三明治、沙拉等輕食以及多種用來搭配的餐酒。

季節限定的雞尾酒

↓超過50種雞尾酒！還有

美國海濱
櫻花餐廳
レストラン櫻
在這家餐廳可以配酒享用天婦羅、烏龍麵等以和食為基礎的招牌料理。園區內能喝到日本酒的地方只有這裡。

↑「櫻花餐廳自有品牌生酒」940円、「銘柄雞炸雞與烏龍麵膳」2080円等和食三昧

↑全心全意慶祝的布魯托和唐老鴨看起來興致高昂。記下舞步，一起跟著跳舞吧！

↑東京迪士尼海洋的大明星達菲與雪莉玫當然也會登場

↑讓幸福感更加閃耀的話語「Time to Shine」是開始跳舞的暗號

一起慶祝20週年！
港灣迎賓會

美國海濱
米奇與好友港灣迎賓會
「閃耀時刻！」
ミッキー＆フレンズのハーバーグリーティング"タイム・トゥ・シャイン！"

與米奇等角色共同慶祝20週年的特別時刻
慶祝東京迪士尼海洋20週年的水上迎賓會。米奇、米妮、唐老鴨和高飛狗穿著閃耀亮眼的服裝，搭船繞行地中海港灣一圈。

演出地點：地中海港灣
演出次數：預定1天2～3次 演出時間：約10分

CHECK
與拉丁美洲風服裝般配的達菲看起來興高采烈，或許可體驗一場不同於以往的交流!?

達菲

失落河三角洲
致候吾友迎賓船塢
"サルードス・アミーゴス！"グリーティングドック

↑請求達菲給個擁抱或一起拍張照吧

興致高昂的達菲真可愛
新鮮水果、漁村工藝品、樂器等攤販櫛次鱗比的市集裡，達菲在某個角落靜候光臨。墨西哥帽等配件跟拉丁美洲服裝最搭了！

抱枕 1個3000円 **A** **A**
繪有園區風景及角色的抱枕，邊長約43cm。正面和背面的圖案都不一樣

咖哩壺 3200円
碗 1400円
湯匙 1000円 **F**
由「鄉村頑熊劇場」的熊們所設計的餐具組

刺繡徽章套組 1600円 **E** **I**
也可以黏貼的3件成套刺繡徽章。享受手工趣味吧

肥皂架 1700円 **G**
把野獸泡澡的模樣變成肥皂架。可愛的表情引人注目

餐盤套組 1900円 **H** **E**
小熊維尼、小豬、跳跳虎、屹耳。直徑約13cm

多功能置物架 2800円 **G**
達菲的手跟頭可以活動，除了手機之外也能裝飾其他各種物品

玩偶 4000円 **G**
熱愛音樂的烏龜男孩奧爾梅爾是達菲等人的新朋友

士尼商品

2020年9月開幕的新區域特別商品、描繪在園區內玩耍的迪士尼夥伴們的商品等，想要納為己有的珍貴品項多到數不清！

T恤 1件2300円～ **A** **A**
以眾多氣球和角色為設計的T恤。從嬰兒尺寸到3L都有

棒球帽 2900円 **A** **A**
裝飾氣球刺繡的棒球帽，設計成平常也容易穿戴的樣子

手機包 2400円 **A**
米妮巨大的蝴蝶結很吸睛。附可改變長度的肩包

波士頓包 4500円 **A** **A**
高33cm×寬52cm×側面約20cm，尺寸容易攜帶，又不失容納功能的包包

梳子 1600円 **E** **F**
描繪在園區夜空閃耀的米奇造型煙火的梳子。附髮圈的套組

零錢包 1500円 **I**
看杯麵化身為可愛的口金零錢包。附三花貓吊鍊

時髦眼鏡 每副2100円 **C** **C**
以迪士尼動畫《101忠狗》為題材的彩色鏡片太陽眼鏡

口罩 各1000円 **E** **F**
讓離不開口罩的生活變得更有趣♪耳繩部分附有可調整鬆緊的配件

髮帶 1400円 **C** **H**
原樣呈現愛麗兒優雅游泳的動畫世界觀。寬約9cm

筆袋
1900円 G

拉緊繩子就是筆袋，鬆開反摺就變成筆筒的萬能商品

便條紙套組
1200円 I

圓形、三角形的燒瓶杯麵，造型獨特的便條紙。4種成套

筆記本套組
900円 D D

描繪暢遊園區的米奇及迪士尼夥伴們的筆記本，3本一組

文具用品

原子筆
<擦擦筆>
套組
1800円 I D

也有描繪迪士尼＆皮克斯動畫《玩具總動員4》中登場的新角色，原子筆5色套組

橡皮擦套組
600円 G

繪有美女與野獸角色的書本造型華麗橡皮擦

原子筆
2000円 D D

附有園區內販售的食物或甜點模型的原子筆

明信片＆紙膠帶
700円 G

達菲＆朋友們主角集合！明信片2張加紙膠帶2捲的套組

一發現就立刻購買！！

最新迪

精緻甜點

餅乾
900円 G

楓糖餅乾6入、奶油＆樹莓餅乾7入的套組

糖果
1000円 G

咖啡牛奶、冰淇淋汽水等各種口味的糖果。6入×4盒的套組

巧克力 **1500円** B B

錫蘭紅茶、阿薩姆紅茶、格雷伯爵茶口味各8片

花林糖
1200円 B B

蔬菜3包、白蜜2包的5包套組。和風圖案的包裝也很可愛

米果
1100円 B B

鹽味與咖哩口味的2種餅乾約30包入

蜂蜜蛋糕
1300円 B

包裝為乘船的米奇等角色。蜂蜜蛋糕上印有船舵的圖案

綜合餅乾
1300円 B B

3種餅乾共16入。米奇等角色的復古插圖很可愛

馬卡龍饅頭
1300円 B B

包有溫潤的內餡與奶油。口味有樹莓與巧克力兩種

※可能出現內容或價格變動、完售等情形

迪士尼

讓迪士尼美夢延續下去！

東京迪士尼樂園大飯店
●とうきょうディズニーランドホテル

麗緻型

➜維多利亞風格設計的富麗堂皇飯店

座落於東京迪士尼樂園正前方

維多利亞風格設計的飯店，華麗典雅的裝潢令人心動不已。共有706間客房，為迪士尼飯店中最大規模，當中有182間夢幻繽紛客房，彷彿成了故事中的主角。座落於東京迪士尼樂園入口正前方，地理位置極佳

☎045-330-0101（東京迪士尼度假區線上預約＆購票諮詢）※僅線上受理預約
HP https://reserve.tokyodisneyresort.jp/ 🏠千葉縣浦安市舞浜29-1 IN 15:00 OUT 12:00 ¥42500円～（1間）
🚃JR舞濱站南口步行8分 MAP 附錄②P.2 G-4

⬆高約30m的前庭大廳裡還有氣氛優雅的交誼廳

迪士尼美女與野獸客房
1間59000円～
（入住房間視人數而異）
裝潢來自貝兒看到的景色等電影的經典場景

迪士尼愛麗絲夢遊仙境客房
1間52000円～
（入住房間視人數而異）
充滿愛麗絲夢遊仙境的氛圍

迪士尼仙履奇緣客房
1間67000円～
（追加床+6400円人數上限4名）
藍色的空間仿自仙度瑞拉參加城堡舞會時穿的禮服

米奇客房
1間56500円～
（追加床+6400円人數上限4名）
床尾巾的圖案是米奇的紅色褲子和黃色釦子，可愛到不行！

⬇天花板上有迪士尼好朋友在藍天中翱翔的畫

史迪奇客房
1間47000円～
（人數上限3名）
色彩繽紛的夏威夷裝飾藝術客房。還可以看到史迪奇的腳印！

奇奇蒂蒂客房
1間47000円～（人數上限3名）
地板和床尾巾上面有橡果圖案好可愛

CHECK!

大廚米奇
店內隨處可見以米奇為主題的設計，能以自助形式享用日、西料理。

➜1930年代流行的華麗裝飾藝術相當奪目

經濟型
◎東京迪士尼樂祥飯店
可以在舒適空間享受簡單的度假氛圍，能以平價入住的迪士尼飯店。

標準型
◎東京迪士尼度假區玩具總動員飯店
位於東京迪士尼度假區內，可享受悠閒度假時光的迪士尼飯店。

麗緻型
◎東京迪士尼樂園大飯店
◎東京迪士尼海洋觀海景大飯店
◎東京迪士尼大使大飯店
位於東京迪士尼度假區內的頂級空間，可享受優雅華麗度假之旅的迪士尼飯店。

迪士尼大使大飯店
●ディズニーアンバサダーホテル

麗緻型

充滿好萊塢黃金時期的豪華氣氛

以1930年代的美國為主題的飯店。有許多以米奇、史迪奇等迪士尼明星為主題的逗趣客房。「大廚米奇」餐廳擁有屹立不搖的人氣，非住宿者也可使用，歡迎蒞臨用餐。

☎045-330-0101（東京迪士尼度假區線上預約＆購票諮詢）※僅線上受理預約
HP https://reserve.tokyodisneyresort.jp/ 🏠千葉縣浦安市舞浜2-11 IN 15:00 OUT 12:00 ¥33000円～（1間）
🚃JR舞濱站南口步行8分 MAP 附錄②P.2 H-5

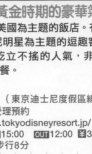

※住宿費用為2021年12月的資訊（～2022年2月14日）。刊載的內容可能有變更或中止的情況。最新資訊請至東京迪士尼度假區官方網站確認

飯店

有4間可在園區魔法環繞中入眠的夢幻旅宿，以下將推薦各間飯店的人氣客房。

⬅ 從東京迪士尼海洋看到的飯店外觀。彷如義大利的街道

麗緻型
東京迪士尼海洋觀海景大飯店
● とうきょうディズニーシー・ホテルミラコスタ

園區中唯一可住宿的飯店

園區內唯一可住宿的夢幻飯店。從餐廳和客房等處可眺望東京迪士尼海洋的景色，冒險餘韻猶存，令人難以忘懷。

BELLAVISTA LOUNGE

可品嘗義式料理的LOUNGE，整片透明玻璃可眺望東京迪士尼海洋宏偉的風景，還能從正面看到水上表演。

⬆ 挑高的大廳裝飾著蓋倫帆船，空間寬敞充滿開放感

威尼斯區精緻客房
1間54000円～（人數上限3名）
以義大利古都氛圍為主題的客房。窗外可看到整片威尼斯街景。

📞 045-330-0101（東京迪士尼度假區線上預約＆購票諮詢）
※僅線上受理預約
HP https://reserve.tokyodisneyresort.jp/
🏠 千葉県浦安市舞浜1-13　IN 15:00　OUT 12:00　¥ 49500円～（1間）
🚃 迪士尼度假區線東京迪士尼海洋站即到

MAP 附錄②P.2 H-6

米奇船長精緻客房
1間51500円～（人數上限3名）
主題為米奇船長和好朋友們的航海之旅。天花板一整面都是點綴夜空的星座圖

➡ 掛在牆壁上的框畫是米奇船長開拓的航海地圖

經濟型
東京迪士尼樂祥飯店
● とうきょうディズニーセレブレーションホテル

有2棟各異其趣的飯店建築，可輕鬆入住

由2棟以迪士尼主題園區為概念的飯店組成，各有不同名稱。館內有簡單的設備和迪士尼裝飾，提供遊客舒適的度假時光。

📞 045-330-0101（東京迪士尼度假區線上預約＆購票諮詢）※僅線上受理預約 HP https://reserve.tokyodisneyresort.jp/
🏠 千葉県浦安市明海7-1-1　IN 15:00　OUT 11:00　¥ 19500円～（1間）　🚃 JR舞濱站南口下車，從東京迪士尼樂園巴士＆計程車總站搭免費接駁巴士約20分

MAP 附錄②P.2 H-4

▼ 心願館 ▼
以「夢想」和「夢幻」為主題，館內有滿滿的迪士尼世界，裡面播放和園區相同的音樂！

心願館 標準客房
1間19500円～（人數上限4名）
迪士尼明星歡樂搭乘園區遊樂設施的壁面彩繪令人印象深刻

WISH Snacks & Sundries

飯店內的便利商店。除了食品和住宿用品之外，也有陳列眾多迪士尼設計商品。

▼ 探險館 ▼
以「冒險」和「發現」為主題的館，住進這裡彷彿變成了探險家。也有可住5名成人的客房，中庭有修剪為海盜船的造型園藝和寶箱，精彩有趣。

⬅ 也有提供僅限住宿遊客搭乘，直通園區的免費接駁巴士

探索館 三床房
1間22500円～（人數上限3名）
有3張標準床。牆上裝飾著畫有普羅米修斯火山的畫

⬆ 館內也有拍照景點，像是大廳的米妮立像等

探索館Café

提供簡單自助早餐的咖啡廳，菜色豐富。
營業時間為6:00～9:30。國中生以上1500円，4～小學生500円

⬇ 大廳有「海狸兄弟獨木舟歷險」主題沙發

住宿就會有這些好康 特惠！

★ 預先辦理入住
15時之前先辦理完入住手續的話，行李可以先寄放在飯店。

★ 單軌電車的免費券或免費接駁車
「東京迪士尼海洋觀海景大飯店」與「東京迪士尼樂園大飯店」可免費搭乘單軌列車。「迪士尼大使大飯店」與「東京迪士尼樂祥飯店」可免費搭乘接駁巴士。

★ 住宿遊客限定商品
能夠以1萬円購得「附迪士尼徽章的托特包」

～迪士尼飯店特惠～

～僅限麗緻型的特惠～

★ 飯店獨家設計的客房用品
每間飯店有不同迪士尼明星的客房用品可盡情使用

★ 行李運送服務
可幫忙運送行李至東京迪士尼度假區迎賓中心（付費）。

感受最新穎的歡欣雀躍！
TOKYO時尚住宿推薦

既然都來到東京了，住宿場所當然也不能馬虎。快來參考羅列的概念飯店、社群網站熱門飯店等當紅住宿，讓觀光行程更加充實！

寬敞的「D房型」客房散發木質溫暖，令人心曠神怡

被優質裝潢圍繞的舒適空間

※照片為其中一例

↑在飯店內的和食餐廳「WA」能夠品嘗日本全國各地的鄉土料理

這裡是流行之處！
大多數備品在樓下的「無印良品」店面就可實際購買。客房處處體現了「無印良品」的理念

→大廳附近的圖書館陳列著大約500本以「賞析日本」為題的書籍

銀座站 步行3分

MUJI HOTEL GINZA
● ムジホテルギンザ

日本首間體現「無印良品」理念的飯店。針對睡眠與姿勢研發的床墊、講究質感的浴巾、柔和的照明等，待在「無印良品」風格的優質放鬆空間中，紓解旅途中的疲勞吧。

📞03-3538-6101　🏠中央区銀座3-3-5　IN 15:00
OUT 11:00　¥T17950円～／W13950円～　🚇地鐵銀座站C8出口步行3分
MAP 附錄②P.12 E-2

↑也可以去世界旗艦店「無印良品 銀座」（→P.85）、餐廳「MUJI Diner」（→P.76）逛逛

新宿三丁目站 步行7分

ONSEN RYOKAN
由緣 新宿
● オンセンリョカンゆえんしんじゅく

悠閒泡在從箱根源泉運輸來的溫泉裡，享受奢華時光的旅館。在和風客房好好地休養身體，一邊欣賞坪庭一邊盡情享用和食餐廳「夏下冬上」的當季料理吧。

↑在能夠一覽新宿美景的源泉露天溫泉抒解旅行的疲勞

盡情觀光之後泡泡溫泉放鬆歇息

📞03-5361-8355　🏠新宿区新宿5-3-18　IN 15:00
OUT 11:00
¥T7000円～／W11000円～　🚇地鐵新宿三丁目站C7出口步行7分

Nacasa & Partners

↑充滿沉靜和風氛圍的「雙人床房」空間開闊，能夠好好放鬆

這裡是流行之處！
身處東京卻能享受溫泉。柔和而溫暖，是對保養肌膚有益的鹼性單純溫泉

MAP 附錄②P.5 D-2

東銀座站 步行1分

東京銀座
格蘭巴哈飯店
● ホテルグランバッハとうきょうぎんざ

概念為「以巴哈音樂與養生料理療癒身心的住宿」，提供音樂環繞的溫暖空間。在館內餐廳「Natural Dining Wald Haus」可享用由營養師與主廚精心調製的美味養生料理。

→伴隨設於2樓交誼廳的鋼琴自動演奏，迎接賓客的蒞臨。也會舉辦沙龍演奏會

藉巴哈音樂與美食療癒旅客的飯店

📞03-5550-2222　🏠中央区銀座5-13-12　IN 15:00
OUT 11:00　¥T11800円～／W9900円～　🚇地鐵東銀座站4號出口即到
MAP 附錄②P.12 E-5

這裡是流行之處！
所有客房皆有設置高音質的「聲霸」。2樓交誼廳可感受彈奏巴哈音樂的美麗鋼琴餘音繞梁

↑43㎡的「邊間加大雙人床房」。一到夜晚，大窗外的銀座美麗夜景在眼前展開

※S＝單人房，T＝雙人房，W＝雙人床。 ※刊登資訊為2021年12月採訪內容。費用可能會修改或視時期而變動。
此外，可能會另計住宿稅。單人房、多人共住除外，刊登的住宿費用為2人住宿時的每人應付費用。

HOTEL 1899 TOKYO

| JR新橋站烏森口 | 步行10分 |

● ホテルイチハチキュウキュウトウキョウ

以茶為主題的時尚飯店。在附設的日本茶專賣店咖啡廳也能嘗賣原創飲品及甜點。由國際建築設計公司操刀的設計及裝潢也很引人注目。

✆03-3432-1899 ⌂港区新橋6-4-1 IN 15:00 OUT 12:00 ¥ T22500円〜/W11500円〜 ⌘JR新橋站烏森口步行10分
MAP 附錄②P.4 E-4

↑以茶屋為發想的4種設計房間

這裡是流行之處！
不光是櫃台，連客房也備有正統茶具等，能充分感受茶文化的魅力

↑櫃台也會招待以茶壺沖泡的日本茶

右欄（直書）抒解旅行疲勞之餘，再次品味日本茶的魅力

OMO5東京大塚 by 星野集團

| 大塚站 | 步行1分 |

● おもふぁいぶとうきょうおおつかバイほしのリゾート

「享受街區」的都市觀光飯店。提供從觀光客角度設計的客房、能看到山手線的開放式交誼廳等，可作為東京觀光據點入住。

✆0570-073-099（OMO預約中心）⌂豊島区北大塚2-26-1 IN 15:00 OUT 11:00 ¥10500円〜 ⌘JR大塚站北口即到
MAP 附錄②P.3 D-1

左側直書：玩味街區魅力！留宿新感覺飯店！

↑大膽活用空間，宛如祕密基地的客房「YAGURA Room」

這裡是流行之處！
特徵是能夠體驗深入當地的魅力、與地區合作推出的「Go-KINJO」服務

↑參加鄰里導覽行程，即可遊覽東京都電車、商店街等充滿庶民風情的街區

OMO3東京赤坂 by 星野集團

| 赤坂見附站 | 步行3分 |

● おもすりーとうきょうあかさかバイほしのリゾート

2022年1月開張的星野集團都市觀光飯店。以赤坂創「發現好地方」為概念，提供專門導覽行程、「鄰里地圖」等可漫遊街區的獨特服務。還能享用與周邊店家合作的住宿遊客限定菜單。

✆0570-073-099（OMO預約中心）⌂港区赤坂4-3-2 IN 15:00 OUT 11:00 ¥4500円〜 ⌘地鐵赤坂見附站10號出口步行3分
MAP 附錄②P.4 E-3

↑1樓的咖啡廳「上島珈琲店 赤坂一木通店」有供應「真鯛湯飄香炒蛋三明治（照片中央）」等早餐菜單

←「雙人床房」備有160cm尺寸的大床。也有提供「雙床房」，可配合旅行目的選擇房型

透過「OMO」為有趣之意的款待
體驗深度都市旅居

這裡是流行之處！
由鄰里導遊OMO隊帶領探索赤坂不為人知魅力的導覽行程，可體驗不同於平常的旅行

←「鄰里地圖」記載著赤坂的隱藏店家及小餐廳等豐富美食資訊

行程滿檔的人會喜歡！ 觀光方便的飯店

離車站很近，前往觀光勝地也很方便的都市飯店正是旅遊首選！根據目的地選擇飯店，聰明地享受旅行吧。

東急澀谷卓越大飯店

| 澀谷站 | 步行1分 |
佇於都會的時髦飯店

● しぶやエクセルホテルとうきゅう

地理位置極佳的高樓飯店。分為使用方便的「標準客房樓層」、注重觀景的「高級客房樓層」和豪華的「優質樓層」等4個樓層。

✆03-5457-0109 ⌂渋谷区道玄坂1-12-2 澀谷Mark City內 IN 14:00 OUT 11:00 ¥S35271円〜/W24624円〜/T27951円〜 ⌘直通JR澀谷站
MAP 附錄②P.17 C-4

↑從交誼廳能夠一覽澀谷街區

右直書：很注重照明設備，能夠欣賞更美的夜景，也位於高樓層的優質樓層

該街區的觀光也很便利
◆原宿
◆表參道
◆新宿

淺草豪景飯店

| 淺草站 | 直達 |
眺望地標的特別住宿

● あさくさビューホテル

鄰近「東京晴空塔」及淺草寺，很適合作為觀光據點的飯店。亦有豐富的餐廳及酒吧，可以在26樓的「Sky Grill Buffet 武藏」享用以燒烤料理為主的日、西、中式料理。

✆03-3847-1111 ⌂台東区西淺草3-17-1 IN 15:00 OUT 12:00 ¥S43681円〜/T34485円〜/W23564円〜 ⌘直通筑波快線淺草站
MAP 附錄②P.7 B-2

右直書：從客房能夠欣賞晴空塔的非日常景色「東京晴空塔」

↑中央飾有神輿的住宿遊客專用大廳

該街區的觀光也很便利
◆東京晴空塔城®
◆上野
◆秋葉原

東京站酒店

| 東京站 | 直達 |
入住國家重要文化財的奢華體驗

● とうきょうステーションホテル

位於重要文化財東京站紅磚建築內，擁有百年以上歷史的飯店。在舒適高雅的空間內享受非日常的氛圍。無微不至的服務也是這間歷史飯店獨有的魅力。

✆03-5220-1111 ⌂千代田区丸の内1-9-1 IN 15:00 OUT 12:00 ¥T58590円〜/W43410円〜 ⌘直通JR東京站丸之內南口
MAP P.68 C-3、附錄②P.11 D-4

右直書：在位於站內建築中央頂層的賓客交誼廳「中庭」吃早餐

左直書：以歐洲風情為主調的古典客房

該街區的觀光也很便利
◆銀座
◆上野
◆東京迪士尼度假區

東京的交通指南

確保在東京移動時通行無阻且旅途舒適。將介紹如何善加利用 JR、地下鐵、巴士以及船等交通工具，讓觀光更有效率。

透過 MAP 確認從出發地至目的地區域或景點的路線、轉乘車站等資訊。先了解主要區域的交通網絡會比較安心。

一看就懂！
東京主要路線圖

※記載與本書關聯性較高的路線

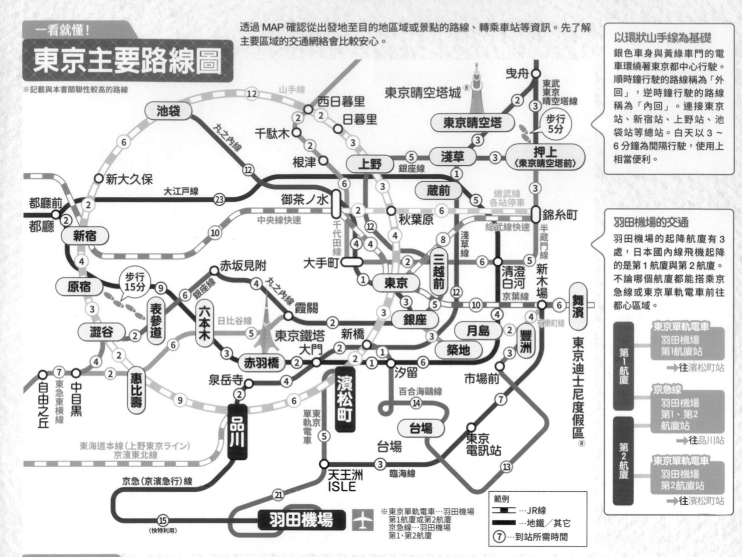

※東京單軌電車…羽田機場第1航廈或第2航廈
京急線…羽田機場第1、第2航廈

範例
▬ …JR線
▬ …地鐵／其它
⑦ …到站所需時間

以環狀山手線為基礎

銀色車身與黃綠車門的電車環繞著東京都中心行駛。順時鐘行駛的路線稱為「外回」，逆時鐘行駛的路線稱為「內回」。連接東京站、新宿站、上野站、池袋站等總站。白天以 3～6 分鐘為間隔行駛，使用上相當便利。

羽田機場的交通

羽田機場的起降航廈有 3 處，日本國內線飛機起降的是第 1 航廈與第 2 航廈。不論哪個航廈都能搭乘京急線或東京單軌電車前往都心區域。

第1航廈
- 東京單軌電車 羽田機場第1航廈站 →往濱松町站
- 京急線 羽田機場第1、第2航廈站 →往品川站

第2航廈
- 東京單軌電車 羽田機場第2航廈站 →往濱松町站

剪票好輕鬆！
交通IC卡乘車券&行動版

省去了每次都要買車票的流程，也不用再準備零錢。幾乎都會提供比一般車票還便宜的折價優惠。也能透過手機使用具備相同功能的 APP。

能夠交互利用的IC乘車券

以 Suica 及 PASMO 為首，在都心區也能使用下列的交通 IC 卡乘車券。

● Kitaca（JR 北海道）● TOICA（JR 東海）● manaca（名古屋鐵道／名鐵巴士／豐橋鐵道／名古屋市營地鐵／巴士）● ICOCA（JR 西日本）● PiTaPa（關西圈／岡山圈私鐵／地鐵等）● SUGOCA（JR 九州）● HAYAKAKEN（福岡市營地鐵／巴士）● nimoca（西鐵等）

※ 皆有票卡都不能跨區使用（部分區域除外）。例：從名古屋（JR 東海）前往新宿（JR 東日本）不能使用 TOICA

行動版Suica

JR 東日本的 APP。Android 終端裝置及 iPhone 皆有支援。

行動版PASMO

支援關東圈私鐵、巴士。也是 Android 終端裝置及 iPhone 皆有支援。

※ 皆有可能出現機型或 OS 版本不支援導致無法使用的情況

善加利用！
轉乘便利地圖

東京地鐵由東京 Metro 與都營地鐵 2 家公司經營。可透過月台柱或告示板上的「轉乘、出口導覽圖」來確認方便轉乘的車輛。JR 山手線等也有同樣的輔助工具。

標示出該車輛附近的電梯、樓梯、廁所等，以及鄰近出口可通往的設施等

※照片為示意圖。與實際刊物有所不同

非常方便！
即使站名不同仍能轉乘的車站

其實東京有不少站名不同，卻意外因為距離很近而能轉乘的車站，先記下來的話到時候旅行就會很方便。

大手町站（僅都營三田線）◀步行5分▶ 二重橋前（丸之內）站 ◀步行5分▶ 東京站（JR京葉線除外）

大手町站（僅東京Metro東西線）◀步行5分▶ 東京站（JR京葉綿除外）

日比谷站（僅都營三田線）◀步行5分▶ 二重橋前（丸之內）站

銀座站 ◀步行5分▶ 有樂町站 ◀步行7分▶ 東京站（僅JR京葉線）

六本木站 ◀步行10分▶ 乃木坂站

一定要下載！
轉乘導覽APP

不論是在出發前還是移動過程中，轉乘導覽APP都是觀光時的好幫手。雖然有各種APP可以利用，但這裡列出幾個比較推薦的。皆有提供鐵道、飛機的相關資訊。

Ekispert　ekitan　HYPERDIA by VOICE　駅探　Japan Transit Planner　NAVITIME

移動時推薦！
划算的車票

JR 及地鐵等有販售各種可自由上下車的車票。1 天用個好幾次就值回票價了。其中也有能在 48 小時、72 小時內使用的車票。這裡選出幾種特別划算的。

※ 標示★的車票也有 PASMO、Suica 版。詳細資訊請至官網確認

	價格	使用區域等	主要售票處
★ 都區内巴士	760円	東京23區内的JR東日本快速／普通列車的普通車自由座	東京23區内的JR東日本各車站的自動售票機／對號座售票機／綠色窗口
★ 東京Metro／都營地鐵通用一日乘車券	900円	東京Metro／都營地鐵全線	東京Metro／都營地鐵各車站的自動售票機
★ 東京Metro 24小時券	600円	東京Metro	東京Metro各車站的自動售票機
Tokyo Subway Ticket ※詳細資訊請確認官網	24小時券800円 48小時券1200円 72小時券1500円	東京Metro／都營地鐵全線	成田機場〔關東〕、山梨以外的部分便利商店機台等（購買優惠券）／東京Metro各車站／都營地鐵主要車站事務所等兌換乘車券
京急羽田／地鐵通用巴士	1200円	東京Metro／都營地鐵全線（附羽田機場第1、第2航廈站→泉岳寺站的單程1次）	京急線羽田機場第1、第2航廈站的自動售票機
★ 都營通票	700円	都營地鐵／都電／日暮里-舍人線全線／深夜巴士與江東01系統除外的都營巴士全線（深夜巴士若支付另計追加費用即可乘車）	都營地鐵各車站的自動售票機
百合海鷗一日乘車券	820円	百合海鷗線全線	百合海鷗線各車站的自動售票機

搭水上巴士 一邊觀光 一邊移動也不錯◎

TOKYO CRUISE
（東京都觀光汽船）

● トウキョウクルーズとうきょうとかんこうきせん

淺草往日之出棧橋、台場方向的觀光船。由各具特色的 9 種觀光船航行，其中也有具備甲板的船隻。一邊感受宜人海風，一邊欣賞東京景色吧。

🏠台東區花川戶1-1-1（淺草營所）🈳無休 💴HOTALUNA（淺草～日之出棧橋）1200円、（淺草～台場海濱公園）1720円等

日本橋 CRUISE®

● にほんばしクルーズ

繞行日本橋、神田川的航線，一趟 45～90 分鐘。各觀光船都會有個性鮮明的導遊隨行，為遊客解說相關歷史及特點等，帶您重新發現東京的魅力。

📞03-5679-7311（東京灣巡遊）🏠中央區日本橋1-9番地先 日本橋船着場 🈳視路線而異 💴神田川觀光船90分鐘航線2500円～等 🚇地鐵三越前站B6出口即到

Tokyo Mizube Line

● とうきょうみずべライン

從兩國路經淺草、竹芝，往台場的航線。參加夜晚巡遊能夠欣賞東京晴空塔、東京鐵塔的燈光秀，飽覽不同於白天的東京街區美景。

📞03-5608-8869 🏠墨田區橫綱1-2-13 HULIC RYOGOKU RIVER CENTER內（兩國 RIVER CENTER發抵處）🈳週一（逢假日則翌日休）💴兩國～台場1200円（來回為2400円 ※中途不能下船）等

免費or100円！
巡迴&社區巴士

作為來回各景點之間的交通工具自不用說，甚至可以把巡迴&社區巴士視為兼具遊覽東京功能的觀光巴士來使用。下列的巴士皆無需預約，而且乘車費用不是免費就只收 100 円，非常划算。

丸之內Shuttle
乘車免費

繞行丸之內（新丸大廈）至大手町、日比谷、有樂町地區。

Metrolink日本橋
乘車免費

繞行東京站八重洲口至日本橋周邊、京橋、寶町等地。

Megurin
乘車1次100円

循環繞行台東區內。行駛路線有利於淺草、上野周邊的觀光。

Chii-Bus
乘車1次100円

循環繞行港區內。青山及赤坂、麻布西等，總共有8個路線。

索引從P.161開始！

INDEX

人人趣旅行系列

日本絕景之旅
心動行動！立馬安排！
深入奇觀美景！

岡山／備中松山城

岐阜／白川鄉　　　上高地／大正池　　　北海道／Tausyubetsu橋

定價450元

【 MM 哈日情報誌系列 38 】

東京

作者／MAPPLE昭文社編輯部
翻譯／李詩涵、蔣詩綺、林庭安
編輯／林庭安、蔣詩綺
發行人／周元白
出版者／人人出版股份有限公司
地址／231028 新北市新店區寶橋路235巷6弄6號7樓
電話／（02）2918-3366（代表號）
傳真／（02）2914-0000
網址／www.jjp.com.tw
郵政劃撥帳號／16402311 人人出版股份有限公司
製版印刷／長城製版印刷股份有限公司
電話／（02）2918-3366（代表號）
經銷商／聯合發行股份有限公司
電話／（02）2917-8022
香港經銷商／一代匯集
電話／（852）2783-8102
第一版第一刷／2022年10月
第一版第二刷／2023年 2 月
定價／新台幣500元
　　　港幣167元

國家圖書館出版品預行編目(CIP)資料

東京 / MAPPLE昭文社編輯部作；
李詩涵、蔣詩綺、林庭安翻譯. —
第一版.— 新北市：人人，2022.10
面； 公分. —（哈日情報誌系列；38）
ISBN 978-986-461-310-6（平裝）

1.CST：旅遊 2.CST：日本東京都

731.72609　　　　　　　　111015138

Mapple magazine Tokyo'23
Copyright ©Shobunsha Publications, Inc, 2023
All rights reserved.
First original Japanese edition published by
Shobunsha Publications, Inc. Japan
Chinese (in traditional characters only) translation
rights arranged with Jen Jen Publishing Co., Ltd
through CREEK & RIVER Co., Ltd.

●版權所有‧翻印必究●